Build Your Running Body

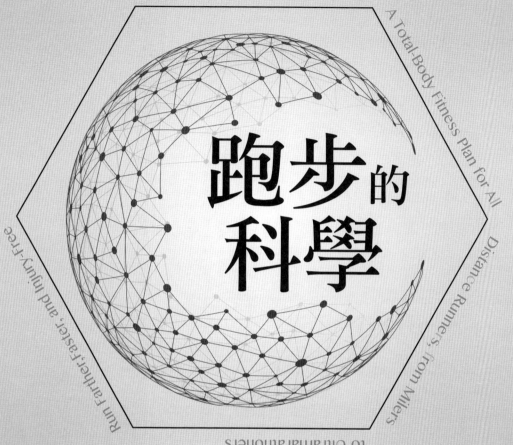

A Total-Body Fitness Plan for All

Distance Runners, from Milers

to Ultramarathoners

Run Farther, Faster, and Injury-Free

跑步的科學

掌握關鍵數據，調校9大身體機能引爆動力鏈，
讓你突破瓶頸，超越自己！

彼特·馬吉爾、湯瑪斯·舒華茲、梅莉莎·布瑞兒／著　　張簡守展、游卉庭／譯
Pete Magill　　　　Thomas Schwartz　　Melissa Breyer

U0027797

目錄
CONTENTS

各界推薦

這本書太棒了。老實說，我覺得這是有史以來最棒的跑步訓練書。

——鮑伯・安德森（Bob Anderson），慢跑權威刊物《跑者世界》創辦人，並創立 Double Road Race 15K 挑戰賽和雙倍訓練計畫（Double Training Program）

《跑步的科學》代表運動書市場一股全新且必要的潮流。若想跑得更快、更享受跑步樂趣，並且避免運動傷害的風險，這本書絕對是正確選擇。

——比爾・羅傑斯（Bill Rodgers），紐約市與波士頓馬拉松四屆冠軍

終於出現這樣一本跑步書籍，教導我們如何一輩子享受跑步的樂趣，這和跑步本身一樣有趣。

——凱薩琳・史薇哲（Kathrine Switzer），首位正式參加波士頓馬拉松的女性跑者、《Marathon Woman》作者

《跑步的科學》是我讀過最實用、資訊最豐富的全方位訓練手冊。教練會發現本書的珍貴價值，各種程度的跑者也會把此書奉為指南，依照指示順利達成目標。

——安比・伯富特（Amby Burfoot），一九六八年波士頓馬拉松冠軍、《跑者世界》特約編輯

很久以前，我就希望能有一本跑步的專門百科，要是《跑步的科學》早點出版該有多好。這本書涵蓋範圍甚廣，提供珍貴的相關指南資訊，即使是剛開始接觸跑步的初學者也能理解。

——賈桂林・韓森（Jacqueline Hansen），女性馬拉松雙屆世界記錄保持人、波士頓馬拉松優勝者、首位在兩小時四十分內跑完馬拉松的女性

完美結合跑步科學與實戰經驗，堪稱現代跑者的葵花寶典。彼特・麥基爾的每一句話，聰明的跑者必定會謹記在心。

——史考特・道格拉斯（Scott Douglas），《跑者世界》資深內容編輯

湯姆・史瓦茲教練擁有世界級的訓練及賽事經驗，他以創新的訓練計畫，有效提升我的耐力，使我在這項運動得以長期發展，而且最重要的是，他讓我擁有自信。是他將我推上冠軍的頒獎台。

——凱文・米勒（Kevin Miller），美國成人錦標賽年齡分組及年齡分級多屆全國冠軍

《跑步的科學》堪稱跑步界的大統一理論。本書提供豐富的建議和訣竅，閱讀起來有趣不枯燥，它將整個世紀的技術研究成果和實務智慧包裝成幾個容易消化的單元，不管是技術面、訓練菜單、能量系統與食譜、比賽策略、受傷防護，本書應有盡有！

——肯・史東（Ken Stone），MastersTrack.com 創辦人兼編輯

彼特・麥基爾一定找到了年輕之泉。我在大學擔任教練，他可以跑贏我隊上半數的學生！他肯定知道一些我們不知道的秘訣！

——史蒂夫・史考特（Steve Scott），美國一英里比賽前記錄（3:47.69）保持人、曾三度參加奧運、十度榮獲美國一英里比賽冠軍、最多場一英里時間少於四分鐘的世界紀錄保持人（總計一百三十六場）

《跑步的科學》絕對會讓你愛不釋手。學習彼特‧麥基爾的知識和經驗，就算少訓練一天也沒關係。只要有了這本書，各種年齡及程度的跑者都能更聰明地訓練。書中提供經年累月的各種常識和實務成果，據實以告絕不藏私。

──羅德‧迪克森（Rod Dixon），一九八三年紐約市馬拉松優勝者、奧運奪
　牌選手、兩度全球越野錦標賽獎牌得主、KiDSMARATHON 創辦人

　　《跑步的科學》精采分析跑步訓練的重要元素，讓你下次站上起跑線時，能夠更加開心、健康，跑出更好的成績！呈現的豐富知識無與倫比，不僅分享彼特‧麥基爾這位跑步大師在運動圈持續發光發熱的祕訣，對於懷抱夢想的跑者也能有所啟發。本書非買不可！」

──威爾‧里爾（Will Leer），二〇一三年美國室內田徑錦標賽一英里跑及三
　千公尺項目冠軍

跑得更快、更遠、更安全

當我收到《跑步的科學》序文邀約時，心想：「不會吧，又是訓練工具書。」由於長期從事運動相關工作，我看過太多類似的書，有的內容嚴肅、艱澀，充滿複雜的跑步生理學，甚至連我（執業醫師、跑步愛好者兼教練）都看不太懂。溝通的本質在於讓對方清楚地接收訊息，本書能夠做到這點嗎？

我和彼特‧麥基爾最早結識於南加州跑步俱樂部亞茲特蘭（Aztlan）的比賽中，交情已有三十年。我固定閱讀他在《跑步時間》（Running Times）的專欄，兩人也時常討論訓練大小事。他高超的跑步能力，以及在體壇和教練圈的成就，至今仍不斷讓人驚豔。

我在天主教使命大學預備中學（Mission College Preparatory High School）訓練美國中學跑步健將喬丹‧哈塞（Jordan Hasay）的那幾年，教練生涯備受檢視，當時彼特要我為他的跑步網站寫篇文章，闡釋我的訓練哲學。我主要寫了三件事，只要是我帶過的運動選手都知道：「保持理性，不要太貪心，就會有好事發生。」

年輕時訓練及比賽的方式、養成的習慣，往往會伴隨我們一輩子。理性的訓練方式，也就是著重於長期計畫、耐力，以及面對受傷和疾病等意外阻礙的彈性，就是跑者應該培養的重要習慣，也是朝成功邁進的動力。本書能否提供跑者這類方法，協助他們穩健達成目標，進而終身保持健康？

《跑步的科學》提供豐富的資訊，呈現方式簡明易懂，讀者一開始可能不

會注意到資訊的深度。第二部的開始介紹跑步解剖學及生理學，堪稱相當寶貴的資料。我相信，光是這幾章的廣泛知識，就能協助大多數初學者及跑步老手避免受傷的風險，在運動時受益良多。

不僅如此，書裡更進一步教導跑者擬定個人專屬訓練菜單，搭配重要的營養建議，以及有助於訓練的專業食譜。最後，所有資訊再與實務結合，著眼於多數跑者的終極目標：比賽表現。

本書有別於我所看過的跑步工具書，不僅引用跑步界傑出人士的觀點，其中一章更專門介紹對現代訓練方法做出重大貢獻的教練與生理學家。誠如書裡所說，作者「站在巨人的肩膀上」，將既有的豐富資訊佐以好幾十年的親身經驗，再以獨特的方式呈現出來。這種按圖索驥的編寫方式，使得資料全面而完整，無論是跑步初學者，或是像我一樣跑了四十年以上的老手，都非常合用。

《跑步的科學》能否確實傳達資訊？協助各年齡層跑者終其一生享受跑步樂趣，而且跑得更快、更遠，遠離受傷風險？

我相信絕對沒問題。這都要感謝彼特、梅麗莎和湯瑪士！

阿曼多・西格羅斯（Armando Siqueiros）

內科醫師、Cal Poly Distance 俱樂部教練、二○○九年美國田徑錦標賽全國最佳培訓教練

INTRODUCTION

寫給二十一世紀跑者的訓練書

你現在翻開這本書一定有原因。

或許你喜歡封面，想看裡面有沒有更多照片。有的，書裡收錄約四百張專家示範照片，完整介紹跑步相關訓練項目、運動及練習，是一本全方位的跑步指南。這是刻意設計的，我一直希望跑步（以及相關的練習、增強式訓練、阻力訓練、伸展操、瑜伽滾輪等其他運動）能像舉重、有氧運動、武術以及其他運動一樣，有一本附詳盡圖示的訓練工具書，現在有了。

不過，你之所以翻開這本書，絕對不只是照片的關係。

你是認真想了解新的跑步訓練計畫（或改善現有訓練），想知道本書是否有助於達成健身目標；你也想知道《跑步的科學》和其他跑步書有什麼不同；不僅如此，你還想知道書中的訓練計畫值不值得信任，希望確定作者並非只是推廣跑步運動，或是提供速成減重法。

這些問題的答案都是肯定的。

無論你是剛開始訓練的初學者，或是希望提升五公里或馬拉松個人成績的資深老手，《跑步的科學》提供的獨特訓練法都將幫助你達成目標。

我們體認到每位跑者的情況不盡相同，在開始訓練前，個人體質、運動史及設定目標多少有所差異，因此，不強迫要求所有人都要跑到特定的距離或速度（大多數訓練計畫都採用由上而下法），而是協助跑者從頭鍛鍊體能，學習精進跑步所需的個別要素，包括肌肉、結締組織、心血管系統、神經系統、荷

爾蒙等，並專心訓練與目標最相關的部位。跑者完全不需盲目猜測，也不需只靠意志力撐過訓練。

我在二〇一二年春天著手擬定《跑步的科學》大綱時，便針對熟悉健身的運動愛好者，把本書設定為適合二十一世紀跑者的訓練專書。

回顧一九七二年之前，法蘭克・修特（Frank Shorter）尚未在慕尼黑奧運衝破馬拉松終點線進而引爆跑步熱潮，只有少數喜歡跑步這項運動的怪咖會在野外或跑道上競賽。但到了二〇一三年，已有五千萬個美國人穿上慢跑鞋外出跑步，另外還有五千萬人加入健身俱樂部。

近年來，人們從事的運動不只跑步，包括舉重、有氧運動、飛輪、皮拉提斯、瑜伽、游泳、拳擊有氧等，並在私人教練、營養師和物理治療師的協助下訓練。人們關心膽固醇指數，依照碳水化合物及蛋白質含量選擇運動飲料，甚至每年花在營養補給品的開銷高達三百億美元。

運動、營養、健康及養生相關研究蔚為風尚，人們希望這些訓練計畫能運用最新的科學研究成果，為運動帶來新氣象，同時也希望這些計畫能透過經驗老道的教練及運動員親身試驗、精心調整、去蕪存菁。結合科學研究與親身經驗，是我在自我訓練以及擔任教練時，不斷精進的養分，也是希望透過本書傳達的訊息。

《跑步的科學》將帶領你來趟精采的身體巡禮，你會先認識組成肌肉的微小纖維，然後沿著長達六萬英里的血管，逐一瀏覽與跑步相關的身體部位，最後來到大腦中不具形體的任務控制中樞。你將知道每個部位如何在跑步時發揮作用，並學習如何鍛鍊它們：

首先，各部位會進一步分解成更小的單位（例如心臟和血管是心血管系統的一部分），而你將透過每章的「訓練建議」，學習如何集中鍛鍊這些更細微的組成要素。

接著，在介紹每個跑步組成要素的章節後面，你會看到以照片為主的訓練指導，針對各個部位提供完整的訓練（或是告訴你，從書中哪一頁可以找到相

關訓練）。

最後，本書會教你如何將各部位的訓練整合起來，規劃成十二週的訓練計畫，並在第十五章為各種程度的跑者（初階、中階、進階）提供範例菜單。

當然，《跑步的科學》不只提供訓練建議和菜單。在跑步及擔任教練四十年後，我深刻體會跑步不只是運動，更是一種生活方式，若要成功建立這種生活方式，必須要有各方面的實務建議才行。

於是，本書第一部著眼於動機、跑步歷史（瞭解上個世紀的訓練方法）、跑步裝備以及跑步術語，最後還搭配了名詞解釋，提供超過兩百五十個跑步專門術語定義。

同樣地，第三部有一章專門介紹受傷防護，附錄的對照表更列出四十種以上跑步常見的受傷類型，並提供預防與復健的專業指導。第四部有整整六章介紹飲食及營養，直到第五部終於進入核心，為競賽型跑者詳細解說賽前準備和比賽技巧。

書裡還針對各種跑步型態收錄配速表，為大部分訓練項目編寫熱量消耗表，並從專家角度討論各種主題，舉凡跑步風潮、PED（提升表現的藥品），到製造商偷偷加入食物中的糖，不一而足。

仔細閱讀前，建議你不妨先快速翻閱本書，瀏覽照片說明、讀幾行訓練建議、瀏覽圖表，再翻到飲食與營養相關章節查看食譜。

《跑步的科學》撰寫的目地，在於方便二十一世紀的跑者一次找齊相關訓練、跑步運動以及這種生活方式的所有資訊，我們將從首次購買慢跑鞋開始談起，一路陪伴你達成終極目標。

提升跑步表現與全身體能狀態並非未解之謎，教練、運動員及運動生理學家持續在這兩個方面努力了好幾十年，在健身參與度、比賽結果和健康意識上的重大突破不言可喻，重點就在於跑者如何借助訓練上的重大突破，進而達成個人的健康目標。

每個人難免會嚮往神奇的訓練妙計，深信只要在訓練記錄填滿特定的里

程、細數每分鐘步數或效法流行的飲食，就能在跑步這項運動上登峰造極。但事實上，人體是擁有數百種零件、極其複雜的機器，而理想的訓練必須鎖定所有部位，缺一不可。

《跑步的科學》可以一個簡單的原則總結：如果你要成為更好的跑者，就必須開始將身體鍛鍊成更適合跑步的體魄。

祝你好運！

彼特·麥基爾

二〇一四年一月十六日

第一部

掌握四個跑步基本知識：動機、歷史、配備與術語

第一章

培養跑步動機

你為什麼想跑步？是什麼原因讓你穿上慢跑鞋，前往操場報到？每個人跑步都有理由，簡單的動機（例如想變得健康或減肥）可以有效激勵你出門運動，但這只能成功一、兩次或持續幾週，若想持之以恆地訓練，無論下雨、低溫、疲累或（幸運地）達到預設目標時仍能堅持不懈，你需要能夠說服自己的理由才行。

本章正好提供許多這類的理由。首先，養成跑步的習慣後，你不僅能清楚感受到心肺功能有所改善，甚至成功甩掉幾公斤肥肉，身體所有細胞就像脫胎換骨一樣，比以往更有活力；另外，你也會對訓練帶來的效益感到訝異，而且終生受用；最後，你將和數百萬名跑步愛好者一樣，發現一件事：適度的跑步訓練充滿樂趣！

顯然你已受到激勵和鼓舞，繼續翻閱本書就是最好的證明。你跨越了一道門檻，不再空口漫談如何擬定新的體適能計畫，而是將計畫化為實際行動。你已經跨出困難的第一步，朝著「更健全的跑步體魄」目標邁進。

什麼是跑步動機？

跑步動機（motivation）是督促個人持續訓練的動力，通常不會只有一個，而且不盡相同。動機是流動的概念，經常改變。大多數跑者會視當天狀況，以不同動機激勵自己，隔天可能又換成另一個更有效的理由。

今天，你可能受到激勵而讀完這本書，然後明天就穿上慢跑鞋，出門散步或慢跑、做十分鐘的運動，甚至為自己準備健康的一餐。但有經驗的跑者會從書中發現平常忽略的訓練細節，例如調節神經系統、改善胸腔彈性回縮（elastic recoil）機能，或是增加心輸出量，並在接下來幾週進一步嘗試新的訓練方法。

老子曰：「千里之行，始於足下。」動機開啟了你在訓練這條路上的漫長旅程，而後續採取的行動，將讓你在這條路上持續邁步前進。

十個常見的跑步動機

跑步動機的首要原則，就是一次只專注於一項訓練。傑出的跑者都了解兩件事：

1. 執行跑步計畫沒有所謂的完美時機，不是非得醞釀了長期訓練的動機，才可以展開任何類型的訓練。
2. 你唯一要做的是讓自己進入下一項訓練，因此動機應聚焦在這點上。

你不必今天就下定決心達成所有體適能目標、完成十二週訓練計畫、立刻甩掉五公斤或參加五公里路跑賽，也不必征服馬拉松比賽。你只需確實完成今天的訓練，明天的訓練，明天再做就好。

同時，若能了解長期跑步帶來的諸多好處，將能提供多元的動機，支持你每天持續不懈地訓練。一般人在成為跑者之前，經常對於精心規劃的全面訓練計畫所產生的龐大效益感到驚訝。這不是譁眾取寵的誇大說詞，透過這類訓練，你不僅能擁有更強健的跑步體魄，還能成為一個更棒的人。

BUILD YOUR RUNNING BODY

動機為訓練提供動力，但萬萬不可過度膨脹。許多跑者剛開始都試圖展現跑步熱情，往往過於激烈地訓練、嚴格控制飲食或是購買昂貴的裝備。慢慢來，不要操之過急。健康是一種生活方式，不像沖泡乳清蛋白那麼簡單。持續漸進的訓練，才是維持長期動機的不二法門。千萬別妄想一步登天，而破壞了跑步的興致。

生理健康

每個跑者都曾聽過「你不怕膝蓋受傷嗎？」這類勸告。其實我們不擔心膝蓋受損，跑步不僅對膝蓋有益，對身體其他方面也是。

為了解跑步對身體的影響，史丹佛大學自一九八四年開始一項長期研究，持續追蹤五百二十八名跑者和四百二十三名不跑步的人，最後在二〇〇八年發現「跑步可以改善血壓問題」。

參與研究的詹姆士・弗萊士（James Fries）博士表示：「跑者比較不會發生血凝塊和靜脈曲張問題，他們的骨骼更強健、密度更高。跑步不僅能預防骨質疏鬆，也有助於防止髖關節和脊椎骨折。韌帶會長粗變壯，保護關節免於鬆動，進而減少關節磨損。肺功能會更強大，生理儲備量也會增加。」

這份史丹佛研究還有以下結論：

▶跑者肢體殘障的機率較低。

▶跑步可讓因老化而行動能力退化的現象延緩將近二十年。

▶跑者需要人工膝關節的機率比一般人少七倍。

▶跑者比較不容易罹患癌症。

▶跑者的神經系統比較不容易發生問題。

▶跑步不會造成髖關節、背部或膝蓋問題。

▶相較於不跑步的人，跑者英年早逝的機率減少一半。

跑步不僅有益健康，還能為身體帶來正面的轉變。

BUILD YOUR RUNNING BODY

減重

千萬別相信那些宣稱運動對減肥沒有幫助的報告。不管是慢跑、跑步或競賽，每跑約一‧六公里，就能燃燒大約一百卡熱量。一般而言，若比攝取的熱量多燃燒三千五百卡，就能減掉約半公斤的體重（詳見第二十三章，深入了解如何成功減重）。不過，跑步的減肥功效勝過計算卡路里減肥，這也是跑步的神奇之處。

在二〇一二年的報告中，美國勞倫斯柏克萊國家實驗室（Lawrence Berkeley National Laboratory）找來三萬兩千兩百一十六名跑步愛好者，以及一萬五千兩百三十七名喜歡走路的受試者參加實驗，比較兩組人馬的減重成果。

經過六年後，即使兩組人馬燃燒的卡路里數相同，跑步減掉的體重著實比走路多了九〇%，不僅體態變得輕盈精瘦，還可以跑得更快，即使體適能其他方面皆未改善，只要體重下降，就能達到同樣的效果。你可以參考表 1-1，了解減掉多餘體重後，跑完五公里和馬拉松的時間可以縮短多少。

表 1-1　健康減重對比賽表現的影響

起始體重	5 公里起始時間：15:00			馬拉松起始時間：2:30:00		
（磅）	-5 磅	-10 磅	-20 磅	-5 磅	-10 磅	-20 磅
120	14:33	14:01	n/a	2:25:26	2:20:15	n/a
160	14:41	14:17	13:31	2:26:46	2:22:49	2:15:14
200	14:45	14:26	13:49	2:27:34	2:24:23	2:18:13
240*	14:49	14:33	14:01	2:28:07	2:25:26	2:20:15
280*	14:51	14:37	14:10	2:28:30	2:26:12	2:21:43
起始體重	5 公里起始時間：20:00			馬拉松起始時間：3:15:00		
（磅）	-5 磅	-10 磅	-20 磅	-5 磅	-10 磅	-20 磅
120	19:24	18:42	n/a	3:09:04	3:02:19	n/a
160	19:34	19:03	18:02	3:10:48	3:05:40	2:55:48
200	19:41	19:15	18:26	3:11:51	3:07:42	2:59:41
240	19:45	19:24	18:42	3:12:32	3:09:04	3:02:19
280	19:48	19:30	18:54	3:13:03	3:10:03	3:04:13

BUILD YOUR RUNNING BODY

起始體重	5 公里起始時間：25:00			馬拉松起始時間：4:00:00		
（磅）	-5 磅	-10 磅	-20 磅	-5 磅	-10 磅	-20 磅
120	24:14	23:22	n/a	3:52:42	3:44:23	n/a
160	24:28	23:48	22:32	3:54:50	3:48:31	3:36:23
200	24:36	24:04	23:02	3:56:07	3:51:00	3:41:09
240	24:41	24:14	23:22	3:56:58	3:52:42	3:44:23
280	24:45	24:22	23:37	3:57:35	3:53:55	3:46:44
起始體重	5 公里起始時間：30:00			馬拉松起始時間：4:45:00		
（磅）	-5 磅	-10 磅	-20 磅	-5 磅	-10 磅	-20 磅
120	29:05	28:03	n/a	4:36:20	4:26:28	n/a
160	29:21	28:34	27:03	4:38:52	4:31:21	4:16:57
200	29:31	28:53	27:39	4:40:23	4:34:20	4:22:37
240	29:37	29:05	28:03	4:41:24	4:36:20	4:26:28
280	29:42	29:14	28:21	4:42:08	4:37:46	4:29:15
起始體重	5 公里起始時間：35:00			馬拉松起始時間：5:30:00		
（磅）	-5 磅	-10 磅	-20 磅	-5 磅	-10 磅	-20 磅
120	33:56	32:43	n/a	5:19:58	5:08:32	n/a
160	34:15	33:19	31:33	5:22:53	5:14:12	4:57:31
200	34:26	33:41	32:15	5:24:39	5:17:39	5:04:05
240	34:34	33:56	32:43	5:25:50	5:19:58	5:08:32
280	34:39	34:07	33:04	5:26:41	5:21:38	5:11:46

本表列出各種體重的跑者在健康減重後，跑完比賽的約略時間（請參照第二十三章）。例如體重 120 磅、15 分鐘跑完 5 公里的人，若能減重 5 磅，就有可能在 14 分 33 秒左右跑完預計距離。

備注：本表數據是作者採用美國運動醫學會（American College of Sports Medicine）的公式，計算最大攝氧量（VO₂ max）後推估而得。

*這些體重相對應的時間不太可能達成。

紓壓

一般認為壓力足以致命，不過在導致死亡前，壓力早已對人體造成許多傷害：降低免疫力、增加發炎風險、減緩身體復原速度、降低骨骼密度、減少肌肉質量、推高血壓、增加脂肪，並加劇血糖不穩的現象。因此，每當談到「紓壓」，要注意的不只是減輕焦慮，而是全身防護計畫。壓力若是身體裡的白

蟻，跑步就是殺蟲劑。此外，跑步能增加腦內啡（「跑者愉悅感」產生的原因）、改善睡眠，也帶來自我反省和思考的寧靜時光。

變聰明

跑步可以刺激大腦。

二〇〇三年，喬治亞大學（University of Georgia）曾針對幾項研究深入探討，發現次最大強度（submaximal）的有氧運動（例如輕鬆的長距離跑）能改善人體處理資訊的穩定度。

二〇〇四年，加州大學洛杉磯分校（UCLA）研究顯示，持續運動有助於提振大腦的神經機能。

二〇〇五年，瑞典研究將海馬迴（hippocampus）中細胞增長的現象歸功於跑步，該部位在記憶和憂鬱等方面扮演了關鍵角色。

二〇一〇年，維也納醫學大學（Medical University in Vienna）發現，耐力跑可幫助上了年紀的人延緩認知功能退化的時間，讓他們年屆退休之時，仍能擁有清晰的腦袋。

二〇一一年，巴塞隆納生物醫學研究所（Institute of Biomedical Research of Barcelona）的報告指出，有氧運動具有防止神經退化的功效。

顯然，跑步不只是聰明的選擇，也是讓你變聰明的運動。

不使用就退化

一過二十五歲，男女的骨骼肌重量開始減少（骨骼肌是身體移動所需的肌肉，像是二頭肌、腹肌和腿後側肌群），流失速度可達每年一％。肌肉細胞一旦流失，就永遠消失了。同樣地，你的步幅（stride length，跑步時每跨出一步的距離）也會經歷相同的過程，在沒有其他因素干擾下，邁入七十歲時，你的步幅會縮短到只剩四〇％，而透過正確的訓練，將能大幅縮減這些退化現象。

結交新朋友

光是美國，就有幾千個跑步社團和數十萬名社員，還不包括各地數以萬計

的訓練團體，這些熱愛跑步的男女老少每週碰面一到兩次，運動之餘也互相認識。在各種同儕團體中，跑步是目前最健康、友善，包容性最強的一種活動。

親近大自然

美國有超過六百萬名跑步愛好者定期到山林間跑步。林間步道不僅減緩下半身的衝擊力道，也讓跑者有機會接觸大自然，擁有遊山玩水的悠閒感受，還能暫時躲進較單純的世界。

比賽

二〇一二年有超過一千五百萬名美國人完成路跑比賽。比賽是大部分跑者在意的大事。無論你志在跑完全程，還是與其他跑者一別苗頭，對大多數長期跑步的人來說，比賽通常是訓練的一部分。

公益

有些跑者發現，為公益而跑是他們認為最有價值的訓練成果。每年公益路跑可以募集將近二十億美金，其中美國癌症協會（American Cancer Society）的「抗癌接力」（Relay for Life）活動就能募到超過四億美金。

飲食

耐力運動員可以吃任何想吃的東西，這個迷思並非事實。耐力運動員大多身材精瘦，因為他們非常注意飲食。如果持之以恆地訓練，偶爾是可以擺脫罪惡感，大嗑高熱量食物，而不需要擔心腰圍、臀部或大腿變胖走樣。

一定要有趣才行

談到這麼多實行訓練計畫的絕佳理由，別忘了兩個決定訓練能否持續的最重要因素：

▶樂趣

▶訓練成果

太多跑者都忘了（或從未體驗過）訓練應該充滿樂趣，訓練如果枯燥乏味，遲早會讓人放棄。「一定要有趣才行，」歷時近四十年的史丹佛大學研究

中，弗萊士博士談到長期跑步的人如何維持對這項運動的熱情，「跑步絕對要讓你在當晚或隔天回味無窮，並且樂在其中。如果你想搭配交叉訓練或其他項目，只要覺得有趣就儘管去做，跑步不應該變成自討苦吃的運動課程。」

那要怎麼維持樂趣呢？以下提供十個建議：

1. 找朋友一起跑步。
2. 加入跑步社團。
3. 變換訓練項目。
4. 交叉訓練。
5. 如果想暫時停止跑步，可改做其他運動，例如騎自行車。
6. 挑一場比賽作為訓練目標。
7. 擔任地方性的比賽的志工。
8. 自願擔任孩童或國高中生的跑步教練。
9. 撰寫跑步記錄。
10. 最重要的是，訓練量和強度務必保持適度。

除了樂趣之外，跑步計畫最終要有點成績才行。訓練成果相當重要。在訓練過程中，你遲早（希望能儘快看到改變）會明顯變得體力更好、速度更快、身體更強健、步調更輕盈、身材更纖瘦，而且更健康快樂。

長久下來，樂趣和訓練成果才是動機持續的關鍵。若能達成設定目標，同時又樂在其中，一般人就很有機會繼續跑下去。

BUILD YOUR RUNNING BODY

第二章

瞭解跑步歷史

跑步是人類最古老的運動（和性愛、打架並駕齊驅，但這裡先不談）。耐力跑是人類比多數陸地動物更擅長的幾種身體活動之一。以同樣使用雙腳的動物相比，鴕鳥四十五分鐘就能跑完一趟馬拉松，而人類最快的記錄是兩小時左右。至於四足動物，只有雪橇犬、駱駝和叉角羚足可匹敵。

有些學者認為耐力跑是推動人類演化的助力，早在四百萬年前，南方古猿就赤腳跑出非洲森林，飢腸轆轆地踏上熱帶草原獵捕動物，補充平時以灌木、螞蟻和白蟻為主的飲食。

不過，我們也得坦然面對事實：人類擅長長跑的能力並非天生。賽跑可以追溯至古埃及，但人類的跑步能力直到過去一百年間才大幅提升。這個現象其來有自，幾世紀以來，跑者始終仰賴走路和慢跑作為主要訓練，直到二十一世紀科學家轉而研究跑步生理學，才改變了這項運動的發展。

了解跑步史是認識本書訓練內容的重要一環，真正讓人類從生物中脫穎而出的要素不是演化，而是創新能力。我們可能具備跑步天分，但仍需透過學習才得以精進這項能力。

跑步史的啟示

跑步的歷史涵蓋三大要素：

▶演化（Evolution）

▶創新（Innovation）

▶激勵（Inspiration）

人類在演化過程中，發展出適合耐力跑的特質（以下將提到幾個重要能力），這點無庸置疑，但不代表光有這類適應能力，就能造就每個人在長跑方面擁有一致的天賦。大部分的人（個人條件不同）不是太高、太壯、太矮，就是骨架過大或太胖，或缺乏優良、充分的訓練指導而肢體不協調，導致對馬拉松比賽一籌莫展。

這就是我們需要創新的原因。跑步競賽可以追溯至西元前三千八百年，但直到近代，跑者的表現才有重大突破，例如到了二十世紀，一英里競賽和馬拉松的世界記錄分別大幅提升百分之二十和百分之三十，如此顯著的進步不能歸功於演化，真正原因在於創新的訓練，而在本書中，你將見識到許多這類創新的方法。

最後，若沒有激勵人心的事蹟，跑步不會激發太多人的興趣，進而寫下歷史。要不是菲迪皮底斯（Pheidippides）在馬拉松戰役中，為了傳遞希臘戰勝波斯大軍的捷報而奮力跑回雅典，最終不幸過勞斃命，會有人開始跑馬拉松嗎？若不是羅傑・班尼斯特（Roger Bannister）在一九五四年打破一英里競賽的四分鐘記錄，往後會有超過一千三百名跑者接連創下記錄嗎？

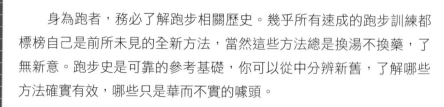

新手指導

　　身為跑者，務必了解跑步相關歷史。幾乎所有速成的跑步訓練都標榜自己是前所未見的全新方法，當然這些方法總是換湯不換藥，了無新意。跑步史是可靠的參考基礎，你可以從中分辨新舊，了解哪些方法確實有效，哪些只是華而不實的噱頭。

若沒有激發士氣的事件，就不會有奧運、波士頓馬拉松，以及各地舉辦的五公里路跑賽。美國現在有五千萬名跑者，其中五十萬人在二〇一二年完成了菲迪皮底斯辦不到的事情——成功跑完馬拉松賽。

訓練面面觀

跑步潮流

尋求捷徑是人類的天性。為什麼要用不同的方式跑步？如果有人宣稱，不需拚命訓練就能跑得更快，所有人絕對趨之若鶩。以下十種跑步方法曾經蔚為風潮，有些甚至流傳至今，成為熱門的速成訓練法。某些紅極一時的方法在優良的訓練計畫中確實有效，但若單獨使用，恐怕無法達到預期效果。

1. **長距離慢跑（LSD）**：一九六九年，《跑者世界》（Runner's World）前主編喬·韓德森（Joe Henderson）提出「長距離慢跑」一詞，提倡以能夠聊天的緩慢速度長距離跑步，避免傳統訓練方式常見的「痛苦和折磨」。只是在這種有氣無力的跑步模式下，長距離慢跑往往會淪為「耗時龜速長跑」。

2. **赤腳與極簡式跑步**：克里斯多福·麥杜格（Christopher McDougall）在二〇〇九年著作《天生就會跑》（Born to Run）中，提倡極簡鞋款和赤腳跑步，成為二十一世紀首波流行風潮。然而，二〇一三年研究證實，這種極簡化的跑步方式會導致受傷遲久不癒或加劇，並降低跑步經濟性（running economy），極簡鞋款的市占率因此減少了三〇％。

3. **Tabata 間歇運動**：這種挑戰極限的高強度間歇訓練（HIIT），主打在短時間內竭盡全身力氣反覆完成動作，而且休息時間更短（見一八八頁）。提倡者宣稱可以因此增加最大攝氧量。幾十年來，資深跑者戲稱這類間歇運動是「速成把戲」，意指快速提升的表現在維持六週後，就會以相同的速度走下坡。

4. **核心訓練**：這是二十一世紀另一帖仙丹靈藥，號稱只要改善身

體核心部位（腹肌、骨盆、下背和其他四肢以外的肌肉組織）的穩定性，就可以提升跑步能力。當然，核心肌群的最佳訓練方法就是（一直都是）跑步，其反覆動作的頻率可達每英里一千次。其實做些核心訓練加強肌肉平衡也不錯，但多做無益。

5. **姿勢跑法與氣功跑步（ChiRunning）**：姿勢跑法傳授跨步技巧，著重於一氣呵成的完美跑步「姿勢」；氣功跑步強調核心力量、姿勢、放鬆、腳掌著地以及善用重力。這兩種技巧都會降低跑步經濟性（見四十五頁），更與研究得出的共識背道而馳：在兼顧表現和預防受傷的雙重考量下，跑步的最佳跨步方式還是必須「依個人狀態調整」。

6. **低里程、高強度**：奧運一千五百公尺雙屆冠軍賽巴・科歐（Seb Coe）是這個概念的始作俑者。他宣稱訓練強度才是成功奪冠的關鍵，而不是里程。後來外界輾轉得知，科歐對外宣稱的里程數，並未將暖身、緩和跑或慢跑的距離計算在內。事實上，他每週所跑的距離約為七十到一百英里，換句話說，就是高里程的訓練模式。

7. **泡冰水澡**：艾德溫・摩西（Edwin Moses）一連拿下一百二十二場國際四百公尺跨欄冠軍，並奪下一九七六年、一九八四年的奧運金牌。當時摩西建議一天洗三次冰水澡以減少發炎機率，此話一出，創造了三十幾年的漩渦浴風潮，外加一堆人冷到渾身發抖。可惜的是，以這種方法減少運動後發炎的現象，可能會減慢身體復原的速度，對健康的益處也很有限。

8. **肝醣超補法**：人體的肝醣（儲存在體內的醣）在起跑後大約九十分鐘就會消耗殆盡，因此肝醣超補法對超過九十分鐘的比賽相當有用。不過，運動員往往誤認為，對馬拉松有用的方法一定也適合五公里比賽，甚至適用於一千五百公尺短跑競賽。可想而知，在短跑前吃下一堆義大利麵，只是徒增身體負荷，拖慢跑步速度。

9. **通氣鼻貼**：這種小貼片可支撐鼻孔，確保運動時呼吸道暢通無阻。不過這會遇到兩個問題：其一，人類運動時，會用嘴巴呼

吸；其二，吸入更多空氣不會影響運動表現，況且你已經呼吸夠多空氣了。如何從空氣中擷取氧氣，經由血管輸送到肌肉，最後轉變成能量，才是決定運動表現的關鍵。

10. **裸奔**：這絕對無助於改善表現，但確實曾經蔚為風潮！一九七三年，不管愛不愛跑步，所有人一致決定脫掉衣服在路上狂奔！馬里蘭大學（University of Maryland）五百三十三名學生創下不穿衣服跑步的先例後，「裸奔」一詞隨即躍上檯面。雷‧史蒂芬斯（Ray Stevens）順勢推出歌曲＜裸奔＞（The Streak），該專輯在一九七四年狂銷五百萬張，盤據美國告示牌（Billboard）百大歌曲排行榜三週之久。

還有許多方法也曾流行一時，包括腳踝沙包、動作控制鞋、DMSO（二甲基亞碸）、按摩、鹽片、倒退跑，以及在間接訓練過程中閉氣等。其實從現況來看，跑步本身就是一項流行，而且是風行了三百年的主流運動。

跑步與演化

大約四百萬年前，人類在演化樹上的直系祖先（南方古猿）從樹上來到地面，開始以雙腳走路，原因不明。幾百萬年後，巧人（Homo habilis）和直立人（Homo erectus）演化出從走路加快步伐到慢跑的特質。

二〇〇四年，哈佛大學人類演化生物學教授丹尼爾‧李伯曼（Daniel E. Lieberman）與猶他大學生物學家丹尼斯‧布蘭博（Dennis M. Bramble）明確指出這些特質及其所提供的優勢，包括：

▶**肌腱更強韌**：減少跳躍等動作所需的力氣

▶**足弓**：如彈簧一般吸收及回傳能量

▶**步幅更長**：加快行進速度

▶**臀部更大**：增加運動時軀幹的穩定度

▶**肩膀、手臂和髖關節的旋轉更流暢**：跑步時能適時保持身體平衡

▶流更多汗：汗水蒸發可提高散熱效果

▶體毛更少：提高對流率（有助於散熱）

李伯曼和布蘭博做出結論：「人類因為走路及跑步而演化出長途旅行的能力，這是相當合理的假設。」

二〇〇八年，威斯康辛大學麥迪遜分校（University of Wisconsin, Madison）一項研究中，動物學家凱倫・史都鐸（Karen L. Steudel-Numbers）和西雅圖太平洋大學（Seattle Pacific University）的生物學家卡拉・沃爾雪佛勒（Cara M.Wall-Scheffler）試圖確定人類祖先跑步時的前進速度，結論是以前的人類只能長時間步行，偶爾以緩慢的速度跑步。這衍生出一個迫切的問題：原本只走路（偶爾慢跑）的人類，如何成為地球上第五快的馬拉松跑者？

跑步創新

如果你想知道近代人類的跑步表現如何突飛猛進，只要觀察一英里競賽的記錄便可知曉。

一八五五年，來自英國的查理斯・韋斯托（Charles Westhall）創下一英里競賽第一個世界官方記錄：四分二十八秒；九十九年後，羅傑・班尼斯特跑出三分五十九秒四的佳績，打破了四分鐘障礙；三十五年後，摩洛哥的希查姆・蓋魯伊（Hicham El Guerrouj）以三分四十三秒十二的成績，創下保持至今的世界記錄。

不過，一英里競賽並非記錄快速刷新的唯一跑步項目。自一九〇〇年以來，男子五千公尺世界記錄已從十五分二十九秒八進步到十二分三十七秒三十五；馬拉松男子組世界記錄也從一九〇八年的二小時五分十八秒縮短至最新記錄二小時三分二十三秒。女子記錄的進步幅度更是驚人，但由於女性直到二十世紀後半期才能參賽，若以相同的方式比較，不免有失公允。

究竟，人類為什麼能跑得這麼快？

一九〇〇年之前的跑者並不缺乏大量訓練，也知道衝刺跑、赤足跑、調整

飲食習慣等方法，跑步表現也並非毫不重要。

　　古埃及時期的赫卜賽德節（Heb Sed Festival），法老王會沿著儀式中象徵國土界碑的地標跑一圈，藉此證明他的統治能力。遠古希臘時期，奧林匹克賽跑（奧運最早的單場比賽，約兩百公尺）冠軍之名會成為該年起四年期間（亦即奧林匹克週期）的名稱，直到下一次奧林匹克冠軍產生為止。十七世紀，英國貴族時常下注大把賭金，打賭哪個馬車車夫能從跑步比賽勝出。

　　從法老王時代開始，跑步就具有重大意義，但現今一個傑出的中學跑步選手就能超越一百年前的世界紀錄！如果想找到合理的解釋，著眼於二十世紀運動生理學的發展與其採取的訓練方法絕對沒錯。只用了一世紀，一連串的創新訓練就讓人類從緩步慢行的哺乳類動物，搖身變成擅長耐力跑的兩腳機器。

阿奇博爾德・維維安・希爾、乳酸與最大攝氧量

　　阿奇博爾德・希爾（Archibald V. Hill）是跑者轉職的生理學家，他在二十世紀初的實驗，預告了有氧和無氧訓練時代來臨。希爾的實驗將乳酸與無氧的能量產生方式連結起來，凸顯最大攝氧量對跑步表現的重要性，證明運動員不僅能比預期中承受更多訓練壓力，還能因此成長及進步。

帕沃・魯米、均速跑與階梯訓練

　　素有「芬蘭飛人」（Flying Finn）之稱的帕沃・魯米（Paavo Nurmi）從一九二〇年的國際跑步比賽開始嶄露頭角。他一生共創下二十二項世界紀錄（從一千五百公尺到二十公里等項目都有傑出表現），奪得九次奧運金牌，並在連續一百二十一場比賽中稱冠。魯米親身體會到均速跑的好處，在訓練和比賽中總是碼錶不離身，以便隨時維持穩定的速度。另外，他也練習「階梯訓練」（terraced training），在訓練中涵蓋不同距離的跑步項目（包括短跑衝刺），其間穿插休息時間。

葛斯塔・赫姆與法特雷克變速跑

　　一九三〇年代，葛斯塔・赫姆（Holmér, Gösta）將隨性的快跑、衝刺跑以及強度較低的持續跑混合在同一項訓練中，命名為「法特雷克」（fartlek，意

思是「速度遊戲」）。在法特雷克訓練中，有氧和無氧訓練同等重要。一九二〇年代，赫姆率領的瑞典越野賽代表隊慘敗給魯米的芬蘭國家隊後，促使他發明這種新式訓練法。

沃德馬‧蓋施樂、漢斯‧任德爾與間歇訓練

一九三〇年代晚期，德國教練沃德馬‧蓋施樂（Woldemar Gerschler）受到心臟科醫師漢斯‧任德爾（Hans Reindell）影響，設計出一套短距離反覆跑的訓練方式（目的是將心跳提高至每分鐘一百八十下），過程中穿插「間歇」休息。在間隔的休息時間中，心臟內部的壓力會因為回流的血液大幅增加，進而把心室撐大。他找來三千名受試者接受為期三週的實驗，結果顯示受試者的心容積平均擴大二〇%，心輸出量（心臟送出的血液量）也隨之增加。間接訓練問世後，四百公尺和八百公尺的世界記錄隨即以顯著差距刷新。

接下來的幾十年間，艾米爾‧哲托貝克（Emil Zátopek）提出四百公尺跑六十趟的訓練方式，米哈利‧伊格羅依（Mihaly Igloi）則採取高強度反覆數次，並縮短訓練的休息時間，各自利用間歇訓練的改良方法寫下世界紀錄，培育出世界記錄保持人。

亞瑟‧利迪亞與週期化訓練

亞瑟‧利迪亞（Arthur Lydiard）親自充當白老鼠，執行知名的「一人實驗」，歸結出強調有氧的「基礎訓練」以及週期化訓練（periodization）。週期化訓練把訓練過程分成數個階段：適應的基礎期，所有運動員每週跑一百英里；加強期（上坡跑）；四週的無氧訓練期；以及比賽期。一九六〇到一九七〇年代，利迪亞訓練的紐西蘭運動選手是體壇不容忽視的一股勢力。

比爾‧鮑爾曼與難易訓練交替法

「找個沒受過訓練、弱不禁風的人，比如說大學新生，先叫他舉重，或跑或跳，然後休息。接下來，神奇的事情發生了，他會稍微有點進步，」肯尼‧摩爾在《奧勒岡傳奇：鮑爾曼》（Bowerman and the Men of Oregon，暫譯）中引用了比爾‧鮑爾曼（Bill Bowerman）這段話，「加壓、復原、進步，就算

是運動白痴也辦得到。」只是跑者普遍不這麼認為。

鮑爾曼利用這種難易訓練交替法（hard-easy approach），訓練出三十一名奧運選手和二十四名全美大學體育協會（NCAA）冠軍，並四度在 NCAA 田徑賽中稱冠，此外更將慢跑風氣帶進美國。他還製作手工鞋（以妻子的鬆餅烤盤製作鞋底），日後與菲爾・奈特（Phil Knight）共同創立知名品牌 Nike。

傑克・丹尼爾與節奏跑

傑克・丹尼爾（Jack Daniels）不是發明節奏跑的人，但他寫了一本有關節奏跑的書，或者說，至少是他的書讓節奏跑蔚為流行。《丹尼爾博士跑步方程式》（Daniels' Running Formula，一九八八年出版）建議採取「臨界速度」（threshold pace，簡稱 T pace）提升乳酸閾值。他建議搭配節奏跑和巡航間歇跑（這個訓練法是他提出來的，不過借用了迪克・鮑爾（Dick Bower）提倡的游泳訓練名稱），維持在「痛快」（comfortably hard）的狀態，也就是能夠持續大約一小時的配速。

激勵人心的跑者

創新造就訓練上的突破，讓跑者的跑步表現更上一層樓，但如果沒有激勵人心的代表人物，也無法吸引積極、有天分的大量年輕跑者投入，發揚這些創新訓練的成果。舉凡魯米、哲托貝克、班尼斯特、澳洲的羅恩・克拉克（Ron Clarke）、紐西蘭的彼得・史奈爾（Peter Snell）、衣索比亞的阿比比・比基拉（Abebe Bikila）、肯亞的基普・凱諾（Kip Keino），以及美國的吉姆・萊恩（Jim Ryun）等巨星級跑者，在他們的影響和帶動下，才能確保人才不致匱乏，在全球各個角落嶄露頭角後，一躍成為體壇的明日之星。

一九七二年，法蘭克・修特（Frank Shorter）在慕尼黑奧運摘下馬拉松金牌後，帶動了跑步熱潮，這項原本乏人問津的活動，演變成數百萬人共襄盛舉的運動，大眾為了提升體能和健康而努力訓練，這在人類歷史上前所未見。

一九七六年，凱薩琳・史薇哲（Kathrine Switzer）跑完波士頓馬拉松，寫下馬拉松第一個女性官方記錄，一九八四年瓊・本諾伊特（Joan Benoit）在奧運首屆女子馬拉松奪冠，將近二十年訴求女性在耐力跑項目平等參賽的努力終於圓滿落幕，進一步鞏固了女性不願在這場體能革新中缺席的決心。

雖然不是每個人受到激勵後都能成為奧運選手，但要成為一位出色的跑者，前提是願意從歷史經驗學習，接受形塑人類體態的演化結果，同時擁抱可以激發潛能的創新訓練法。想跑得更快，不能全憑感覺臆測、玩弄花招，更不能盲目追隨流行或崇尚快速健身法。套句牛頓的名言，想成為更棒的跑者，必須「站在巨人的肩膀上」。前人已開拓出一條通往人類耐力極限的康莊大道，你唯一要做的，就是邁開雙腿跑向終點。

BUILD YOUR RUNNING BODY

第三章

備齊跑步配備

《跑者世界》官方網站之前改版時，拿掉了「跑步穿搭」（What to Wear）功能，它主要根據氣溫、訓練強度以及其他因素，建議跑者如何挑選跑步服裝。沒想到網友紛紛反應希望保留此功能：身處溫暖地區的跑者，想知道遇到寒冷的天氣時該如何穿搭；剛接觸跑步的新手，需要購買比賽裝備的建議；年紀較長的跑者，則對於新款纖維材質感到困惑。網站索性順應民意，恢復了這個功能（runnersworld.com/what-to-wear），以免一九七〇年代的裸奔風氣捲土重來。

二〇一三年，美國的跑步裝備銷售數字高達四十五億美金，除了運動鞋，還得賣出很多裝備，才能達到這個天文數字。現在，跑者不管是走進運動用品店、跑步裝備專賣店，或是瀏覽網站，面對琳琅滿目的服裝和配備，總是免不了滿腹疑問：我真正需要什麼？這個問題沒有標準答案，因為取決於居住地、訓練項目、預算，還有你對高科技裝置的喜愛程度。

什麼是跑步裝備？

　　跑步裝備是個統稱，泛指任何與訓練相關的物品。本章將「裝備」定義為跑步時穿戴的物品，以此來討論下列五類裝備：

1. 基本裝備
2. 跑鞋
3. 特定環境專用配備
4. 科技裝置
5. 消耗品

　　本書不推薦任何品牌，但考慮到跑步裝備的樣式和型號瞬息萬變，建議有興趣的讀者參考傑夫・登蓋特（Jeff Dengate）在《跑者世界》的評比文章，以了解最新的裝備建議（runnersworld.com/person/jeff-dengate）。

基本裝備

　　先來決定穿著吧！在第一次上路前，你至少要擁有基本的跑步裝備：

▶一雙跑鞋

▶兩件慢跑褲

▶兩件跑步上衣（棉質或機能布料皆可）

▶（女性）運動內衣

　　新手和非職業跑者只需購足基本裝備，等確定完全投入訓練時，再添購其他配備也不遲。

　　登蓋特表示：「裝備的選擇實在太多了，再多的預算都不夠用。」他在《跑者世界》擔任跑鞋和裝備編輯，他是裝備玩家，也是歷經二十幾場馬拉松的資深跑者，尤其熱愛山徑越野跑和雪鞋，「跑鞋是你最該花時間挑選的重要裝備，它是跑步時的護具，就像美式足球選手配戴護胸，跑者則仰賴跑鞋。」

　　如果你認為，購買愈多裝備代表愈認真投入訓練，那麼，登蓋特會告訴你：「裝備愈多，不保證跑步頻率就會增加。」

新手指導

　　剛開始，建議將心思放在跑步上，不要將熱情投注在毫無節制的購物慾望中。先準備一雙跑鞋和兩套簡單的跑步服裝，包括短褲和上衣（棉質 T 恤或 Dri-FIT 排汗衫都可以），等到你確定自己真的喜歡跑步，再添購裝備也不晚。

跑鞋

　　二〇一三年賣出的跑鞋將近五千萬雙。面對市面上數十種品牌、幾百種款式的跑鞋，跑者該如何挑選合適的鞋子呢？大多數跑者以是否「合腳」為標準，穿起來感覺不錯就買了。可惜的是，合腳不一定能轉化成跑步機能，而且並非所有店家都願意讓你穿到戶外試跑。在這種情況下，與其他跑者討論交流、參考網路資料、閱讀評比文章，以及從經驗借鏡就顯得相當重要。

　　除此之外，隨時注意你最喜歡的鞋款在結構設計上有什麼改變，因為你上次購買（而且深愛）的款式，在下次準備入手時，可能已經和當初截然不同。

一個人需要幾雙跑鞋？

　　登蓋特建議：「如果你不是時常參加比賽，兩雙跑鞋就夠了，如果哪天遇到滂沱大雨，隔天還有雙乾的鞋可以替換。」

　　如果你買了兩雙訓練鞋（請參考「平底訓練鞋」部分），不妨輪流穿，這麼做可以讓鞋子撐久一點。另外，建議購買不同品牌的跑鞋，因為設計不一樣，練跑時可以感受稍微不同的著地觸感，有助於改善肌肉平衡，也消除特定鞋子與其設計缺失造成的負面影響。

　　雄心壯志的跑者需要準備額外的跑鞋：練習節奏跑、重複跑和法特雷克時，你需要輕量訓練鞋或平底比賽鞋，前者主要加強防護，後者可以提高跑步速度。如果你喜歡挑戰崎嶇不平的山路，建議選擇越野跑鞋。練習重複跑時，若是一般道路，穿平底比賽鞋就好；要是在操場跑道練跑，不妨換上釘鞋。

BUILD YOUR RUNNING BODY

平底訓練鞋

練習長距離跑時，跑者大多會穿平底訓練鞋。這種堅固耐穿的鞋款可以在雙腳著地時發揮保護功用，以免衝擊力過大。一趟訓練進入最後幾公里時，肌肉往往已經過於疲勞而無法吸收衝擊力道，這時鞋子的防護機能尤其重要。

有些跑者偏愛穿輕量訓練鞋上場，但在恢復跑時，他們反而選擇質量較重的跑鞋；有些跑者有嚴重的技巧問題，需要仰賴更重、更穩定的鞋子。大致而言，訓練時，穿著最輕盈的跑鞋，讓自己舒服地跑步，才是最理想的選擇。只要把握一個原則：別讓身體增加額外的負擔。

極簡式跑鞋

極簡跑步在過去幾年曾紅極一時，其實十九世紀末就已出現這個概念，那時橡膠鞋底、布製鞋面的輕量跑鞋才剛問世。現代的極簡跑鞋極度輕盈，縮短了腳跟和腳尖的高度落差，鞋頭內的空間也更為寬敞。提倡極簡鞋款的人宣稱，這種跑鞋可讓步伐更加自然，登蓋特則認為，「極簡跑鞋讓雙腳更貼近地面，如此一來，你更能清楚感受雙腳的感覺。這種鞋款不含泡沫橡膠，也不具備任何穩定功能，只是單純穿在腳上的輕薄膠底，最大功用是保護腳底免於踩到碎石而受傷。」

越野跑鞋

美國的越野跑者多達六百萬人以上，因此專為陡峭山路地形設計的越野鞋款銷量劇增，可說一點也不意外。越野跑鞋的鞋身較深、鞋底紋路較為大膽，這些設計是為了增加摩擦力。「越野跑中，最重要的事情是站穩腳步，」登蓋特說，「鞋頭和鞋側也要加強保護機能，萬一踩到樹枝或石塊，才不會刺穿鞋體，傷及腳部。」其他特色還包括防水內襯（想像在泥地上跑步）、保護片（減緩尖銳石頭和樹根的衝擊力），以及極簡設計。

平底比賽鞋與釘鞋

平底比賽鞋極其輕巧，部分款式的單腳重量只有三至四盎司（訓練鞋大多介於十至十五盎司）。這種跑鞋與腳型相當貼合、鞋墊很薄，這些設計都是以

增加速度為目的。根據估計，鞋子重量每減少一盎司，每英里的時間就能縮短一秒。此外，多份研究指出，鞋子若能減輕四盎司，跑馬拉松就能大幅進步三分鐘左右。

釘鞋是跑者最常穿上跑道的專業鞋款。這種跑鞋採用輕量化設計，貼近地面（或沒有鞋跟），前腳掌底部設有鞋釘片，用來固定「鞋釘」（鞋底突出的釘狀物，通常介於三至八顆），進而增加摩擦力。

一般而言，長距離跑者偏好緊貼腳型的釘鞋，鞋跟處會斟酌添加護墊（因為重複跑的訓練量可能長達好幾英里），並在鞋底裝上四顆鞋釘；短跑選手通常避免使用腳後跟鞋墊，同時偏好較多鞋釘。大部分的全天候跑道規定，鞋釘長度不得超過十六分之三英寸；至於越野賽跑，通常會使用長一點的鞋釘（八分之三至二分之一英寸），以應付泥巴路段和厚實的草地。

短褲

除了跑鞋之外，短褲也是跑者衣櫃中不可或缺的服裝，畢竟各城市都明文禁止赤身裸體上街跑步。建議選擇機能布料（例如 Nike 的 Dri-FIT 材質）製成的短褲，穿在身上不只感覺輕盈，還能吸收汗濕的水氣。雖然目前趨勢傾向褲管較長的短褲，不少跑者還是偏愛較短的慢跑褲（或稱為「田徑短褲」），以便從事高速訓練和比賽，因為流汗後，長褲管會黏附在腿上，阻礙跨步。

體格較壯的跑者通常喜歡較長的跑褲（甚至緊身運動褲），以免大腿內側摩擦紅腫，女性跑者有時會選穿三角跑褲和超短緊身褲。這些運動褲穿起來很舒服，不僅通風透氣效果好（有助於散掉體熱），而且能讓你感覺跑得更快（千萬別低估這種心理優越感）。

需留意的是，若選擇附口袋的短褲，手臂自然擺動時，拇指可能會勾到口袋；確定短褲是否附鑰匙袋（如果能量果膠對你很重要的話，也能選擇有額外口袋的短褲，方便比賽和長跑時攜帶）；有些跑者會在跑褲裡再穿件內褲，有些則不穿。無論如何，只要找到最適合自己的穿搭法即可。

上衣

　　跑者通常會依照天氣狀況選擇上衣。或許南加州的跑者全年都穿棉 T，但大多數人還是會選擇機能布料，除了吸汗，也有助於維持體溫：氣溫降低時，可以保持身體熱能；氣溫上升時，能發揮散熱效果。

運動內衣（女性）

　　女性跑者還需要添購運動內衣。運動內衣通常款式和尺寸齊全，可以滿足女性跑者的需求。壓縮式運動內衣（compression bras）採用緊繃可伸縮的堅韌布料，以便在跑步過程中固定胸部；罩杯式運動內衣（encapsulation bras）則類似傳統內衣，為乳房提供杯狀空間，從底部支撐托起。

　　胸部較豐滿的女性似乎偏愛罩杯式運動內衣，但建議兩種都試穿。試穿時，妳可以上下跳動、左右轉身以及模擬跑步的情形，確定身上的內衣可以提供妳想要的支撐效果。最後，若考慮購買帶胸罩的上衣（非杯狀胸罩），建議仔細挑選，因為這類上衣通常缺少貼身的罩杯支撐，也不像運動內衣特別加強固定效果。

特定環境專用配備

　　備妥基本裝備後，還需要依照特定訓練項目增加其他配備，以符合訓練需求。這類裝備大多取決於天氣、訓練時間，以及你打算達到的跑步速度。

在溫暖的天氣訓練

　　天氣暖和時，建議換上吸汗快乾的服裝，使用防曬用品，以及方便隨時補充水分的配備。基本入門品項包括：

▶聚脂纖維上衣

▶寬鬆短褲

▶有帽沿的帽子

▶太陽眼鏡

▶防曬乳

▶手持水瓶

如果你擦了防曬乳或頭髮茂盛，可考慮使用遮陽帽（代替有邊的帽子）。若不想一路拿著水瓶，可嘗試使用水壺腰帶，隨身攜帶幾個三百毫升的水瓶。

雨天跑步

根據氣溫選擇適合在雨天使用的裝備，如果天氣溫暖，只需要以下配備：

▶有帽沿的帽子：防止雨水打在臉上，讓你跑步時不至於太狼狽。

▶夾克或背心：建議挑選拉鍊在正面的款式，要是雨停了，可以調整拉鍊位置，幫助身體散熱。盡量將拉鍊作為跑步的恆溫調節器使用。

若天氣寒冷，則需要增添幾項配備：

▶緊身褲或長褲：這類跑褲的正面通常採用防水設計（背後大概沒有），以免雨水浸濕。

▶機能跑步襪：試著每次跑步都穿這種襪子，尤其雨天。棉襪容易導致起水泡。美麗諾羊毛（Merino wool）兼具保暖和除臭效果。

備齊合適裝備後，下雨就不再是停止練跑的藉口了。

在下雪與嚴寒的地區跑步

在下雪和寒冷的天氣中跑步時，穿太多衣服是一般人最常犯的錯誤，因為容易導致體溫過高。為了避免這個問題，不妨嘗試三層式穿法：

▶第一層：這是與皮膚接觸的最裡層，建議穿合成纖維材質（類似聚酯纖維）的衣物，以吸收皮膚上的汗水和濕氣。

▶第二層：這是隔熱層，建議選擇比一般 Dri-FIT 材質更厚的衣物。如果衣服採半拉鍊設計，且添加些許彈性纖維（spandex）而產生蓬鬆效果，會是不錯的選擇。

▶第三層：最外層可套上防風夾克（如同罩住其他層的外殼）。這一層應該要有拉鍊（腋下或全開式拉鍊），以發揮恆溫調節器的效果。下半身也可以如法炮製，採取這種三層式穿法：

1. **內褲**：非棉質，最好具有防風褲襠設計（到時你會為此慶幸）。

2. **緊身褲**：混合聚酯纖維和彈性纖維的一般緊身褲。

3. **跑步長褲**：比緊身褲寬鬆一些，天冷時可穿在第二層，或是套在緊身褲外面當作第三層。

你也可以戴上帽子（美麗諾羊毛帽是不錯的選擇）和手套。在極度寒冷的天氣中，你需要連指手套，最好是附帶連指手套功能的折疊式手套。若遇到下雪，建議穿上多功能越野跑鞋，其 Gore-Tex 鞋面可讓雙腳保持溫暖乾燥。

高地訓練

水瓶或水壺腰帶是高地訓練不可或缺的配備。身處高海拔時，人體水分會快速流失，如同登蓋特所說：「高海拔地區很難找到水，因為水往低處流。」

科技裝置

熱愛科技裝置的人會企圖說服你，科技是提升跑步表現的關鍵因素。以下介紹三種熱門裝置，以及一種傳統配備，你可以自行評判。

GPS 運動手錶

誰不想知道自己跑了多遠、消耗了多少熱量，以及每英里的配速和整體平均配速？況且還能同時查看跑步路線圖，即時接收配速警示訊息。GPS 運動手錶可將每次跑步轉化成重要的訓練數據，不過有些跑者將其定位為提供資訊回饋，對他們來說，GPS 就像電玩一樣，跑者必須超越上一次的紀錄才行，這種使用心態比較危險。話說回來，如果能夠買支 GPS 運動手錶，將是跑步時相當美好的事。

心率監測器

心率監測器可隨時監視心率變化，以便判斷運動強度。建立訓練區間後，心率監測器便能顯示有氧訓練、無氧訓練，以及達到臨界速度的時間。如果你是在實驗中接受測試的菁英跑者，心率監測器可協助你穩定保持在訓練區間內。不過，對於新手和一般跑者，心率監測器可能會揠苗助長。「大部分跑者

不需要心率監測器，」登蓋特坦白地說，「這是很棒的工具，但跑者大多會深陷數據泥沼，搞不清楚眾多數據的真正涵意。」

MP3 隨身聽

沒有任何一件事，可以像「跑步時是否應該使用 MP3 隨身聽」這個問題一樣，清楚劃分跑步族群。贊成者認為，音樂有激勵人心、減少疲勞感受，以及排遣無聊等功用；反對者則深信音樂會擾亂配速、阻礙跑者感受生理反饋，同時把跑者與外在環境隔離（包括無法注意周遭其他跑者），因而產生危險。如果你決定在跑步時聽音樂，建議購買體積夠小的 MP3 隨身聽，才方便夾在衣服上、收進口袋或臂帶裡，同時最好搭配高音質的防汗、防水耳機。

水壺腰帶

這不是什麼高科技產品，但隨身攜帶相當便利。建議挑選不會在跑步過程中逐漸上移而壓迫到腹部的腰帶，有些跑者會因為這類缺點而感到惱怒。盡量讓腰帶自然垂放在臀部上，跑步時就不會隨意晃動。

消耗品

童話故事《仙履奇緣》中，教母告誡灰姑娘，務必在午夜前離開皇宮舞會，如果太晚離開，王子就會親眼目睹馬車變回南瓜、車夫變回老鼠。在意裝備的跑者同樣需要謹記這項建議：午夜鐘聲響起前，趕快換掉裝備，以免鞋底早已磨平的跑鞋對雙腳造成傷害，或是眼睜睜地看著跑褲滑到膝蓋。時間一久，裝備總須汰舊換新，而難處就在於判斷合適的汰換時機。

跑鞋

當跑鞋出現嚴重磨損，甚至橡膠鞋底已經磨破，就是該和它道別的時候了。同樣地，若是鞋面破損，也應考慮換雙跑鞋。一雙跑鞋通常可跑三百至五百英里左右。愈優良的製作品質可讓鞋子更耐穿，因此每雙鞋的評估基準莫衷一是。除此之外，你必須隨時留意雙腳的感覺，登蓋特表示，「如果雙腳疼痛卻找不到原因，或許就該考慮換雙新鞋了。」他的意思是把舊鞋丟掉或回收。鞋子是買來穿的，不需要像獎牌一樣永久收藏。

短褲、運動內衣與長褲

　　如果衣物逐漸失去彈性，就是該汰換的時候了，縫合處一旦脫線，代表布料可能散開。以前短褲只能穿幾個月，現在一件可以穿上好幾年，但別以為永遠不需要汰舊換新。

上衣

　　上衣和短褲一樣，使用壽命較以前延長不少，品質優良的 Dri-FIT 排汗衫甚至可以撐過多年寒暑。不過，到了某個時間點，上衣還是難免會發臭。登蓋特指出，服裝公司正嘗試新方法，讓衣服具備抗菌能力。在一勞永逸之前，若衣服從洗衣機拿出來時，味道和清洗前一樣，代表那件衣服該丟了。

　　蒐集各式裝備自有其樂趣，但請記住，想成為更優秀的跑者，有計劃地訓練才是關鍵，而不是採購裝備。簡單來說，你需要跑鞋、短褲、上衣，如果你是女生還需要運動內衣。除此之外，其他裝備都只是額外輔助，無法讓你成為更出色的跑者。

BUILD YOUR RUNNING BODY

第四章

熟悉跑步術語

有個跑者説：「我應該做些核心訓練，來提高最大攝氧量。」以下何者是正確答案？

A.什麼是最大攝氧量？

B.聽起來不錯。

C.比起跑步經濟性，我認為最大攝氧量不是那麼重要的表現指標。

正確答案是 C。

這個小測驗能看出你是否了解這兩個跑步術語，同時説明了核心訓練對提升最大攝氧量並沒有幫助。答案 A 可以加分，至少你很誠實；若你選擇答案 B，等於間接承認對跑步術語一知半解，日後當他人討論跑步話題時，你可能只能在一旁陪笑。

跑步術語並非只是專有名詞的統稱，而是討論這項運動的基本用字。若你希望深入了解這項運動，就必須使用它的專門用語。

十二個常見的跑步術語

　　凡是討論跑步時，所有使用及聽到的詞語、慣用語都算是跑步術語。光是跑步術語就能寫好幾頁，以下先介紹常見的十二個名詞，讓你快速進入狀況。

有氧

　　「以有氧的方式」跑步，意思是跑步所使用的氣力（或配速）幾乎來自消耗氧氣所產生的能量。這種有氧能量會在細胞內形成，無法在缺氧的狀況下產生。當然，有氧能量的生成不只是為了運動，身體平常就會不斷產生有氧能量，當你坐著時，身體幾乎所有能量都是以這種方式產生，但是記得：跑馬拉松時也是一樣，九九％的能量來自有氧。即使短跑衝刺，還是需要用到有氧能量，例如一百公尺短跑最多可耗用二〇％的有氧能量（詳見第十章「鍛鍊跑步能量系統，才能提升跑步表現」）。

無氧

　　無氧能量也是在細胞內形成，但不需要耗用氧氣。這不代表細胞中沒有氧氣，相反地，細胞內隨時都有氧氣，但是當身體需要的能量超過有氧系統可以供應的速度時，就會產生無氧能量。端視身體需要無氧能量的時間長短而定，無氧系統生成能量的速度可以比有氧系統快上一百至兩百倍。

　　無氧能量的缺點在於無法持久，全速生成大約一分鐘後就會逐漸消失。對於跳高、舉重或短跑等運動，這是理想的能量供應形式，但若從事長跑、足球、自行車、游泳等運動，反而不太適合（詳見第十章「鍛鍊跑步能量系統，才能提升跑步表現」）。

最大攝氧量

　　最大攝氧量指身體一分鐘可以「消耗」的最大氧氣量，換句話說，這是有氧系統能夠消耗，並用來產生能量的最大氧氣量。由於血液中沒有用於產生能量的氧氣，因此不計入最大攝氧量。想提高最大攝氧量，就要改善身體輸氧（也就是心臟血管系統）以及細胞使用氧氣的能力，最大攝氧量愈高，身體能產生的有氧能量愈多（詳見第八章「鍛鍊身體的發電站，提高最大攝氧量」）。

跑步經濟性

跑步經濟性（running economy）主要衡量身體在特定跑步速度時的耗氧效率。在相同配速下，如果比其他跑者使用更少氧氣，代表你的跑步經濟性較佳，就像汽車的耗油量一樣。至於最大攝氧量和跑步經濟性，哪個對跑步表現較為重要，跑步圈至今仍眾說紛紜，莫衷一是，我的答案是同等重要（詳見第十一章「調節神經系統，讓跑者表現往上升級」）。

乳酸

近一個世紀以來，乳酸一直是跑者聞之色變的名詞，大家認為乳酸是無氧能量生成的副產品，也是激烈跑步後導致肌肉疲勞和痠痛的元兇。不過，新的證據顯示，乳酸不會在肌肉中形成，反而會產生兩種不同物質：乳酸鹽（lactate）和氫離子（hydrogen ion）。乳酸鹽是肌肉用來產生有氧能量的燃料；氫離子雖然會導致酸中毒（acidosis），一般認為是造成疲勞的原因，但在較長距離的跑步中，這並非主要因素（詳見第九章「平衡跑步 pH 值，增強肌肉緩衝能力，中和酸中毒」）。

重複跑與間歇跑

一般跑者通常會混用重複跑和間歇跑，不過較謹慎的跑者知道兩者的意思不同。重複跑和間歇跑都是以特定配速反覆短距離跑的一種訓練（例如兩百公尺跑八趟，或是一英里跑三趟），每趟當中穿插恢復時間，可以走路、慢跑，或只是隨意站著。技術上來說，「重複」意指劇烈跑步的距離，而「間歇」則是每趟跑完後的休息時間。間歇訓練源於一九三〇年代（衍生自一九二〇年代的類似訓練），目的在於增加心搏量（心臟每跳一下所輸出的血液量，詳見第七章「鍛鍊心血管系統，提高氧氣輸送效率」）。

分段時間

分段時間有兩種涵意，其一是比賽途中記錄的時間，通常以均等距離為單位，例如在五公里路跑中，你或許想知道起跑後第一英里所用掉的時間，這就是你的「英里分段時間」（mile splits）。若以「分段均速」（even split）跑

BUILD YOUR RUNNING BODY

步，代表每個分段皆維持相同配速，而「後段加速」（negative split）則指比賽後半段提高配速。

分段時間的第二個涵意，是將訓練切割成不同部分。長距離跑時，你可能會利用 GPS 運動錶查看每一英里的分段時間；在間歇訓練中，你可以記錄每趟訓練的分段時間；練習重複跑時，跑者時常會藉助達成特定的分段時間，為即將到來的比賽做準備，希望能在比賽中一路保持相同的分段時間，直到跑完整場（詳見第七章示範教學的表格，參考目標分段時間的範例）。

節奏跑

節奏跑或許是最常受到誤解的跑步訓練，它是指以你能維持至少一小時的配速，持續不斷地跑上十至四十分鐘（高階長距離跑者有時會延長訓練時間）。傑克·丹尼爾教練在他的專書《丹尼爾博士跑步方程式》中提倡這項訓練，並以「痛快」來形容節奏跑的賣力程度，進而帶動流行風氣。

節奏跑可促進訓練的適應能力（training adaptation），不僅有利於產生有氧能量，還能消除無氧能量生成時附帶產生的有害副產品，是長距離跑者最喜歡的訓練方式。美中不足的是，許多跑者將節奏跑當成計時模擬賽，除了適得其反，也使自己筋疲力竭，無法繼續下一項訓練（詳見第七章至第九章）。

法特雷克

瑞典語中，法特雷克意指「速度遊戲」，應用到訓練中，則是不依循特定規則，將不同配速套用在長短不一的距離上，同時達到有氧和無氧的訓練效果。經過一開始的暖身後，跑者便開始反覆快跑，其間隨意穿插恢復跑。快跑時間可以短至幾秒，長至幾分鐘。

如同前述，法特雷克包含長時間的重複跑、衝刺和上坡跑，每段之間以輕鬆配速的恢復跑加以區隔。不過，法特雷克還是有創新的空間，例如亞瑟士俱樂部的總教練喬·盧比歐建議跑者在電線桿之間輪流練習快跑和恢復跑。有些跑者喜歡預先規劃涵蓋各種地形的跑步路線，像是上坡、林間小徑、草地或一般馬路，並在過程中隨興切換成恢復跑（詳見第五章的示範教學）。

年齡分級

如果你已經超過四十歲，就需要了解年齡分級。每位跑者的完跑時間，根據其年齡的預期最佳表現計算出百分比，其中一〇〇%代表最高的預期分數。各年齡最佳成績，以比賽距離和所有年齡組別的世界紀錄曲線計算而得。

舉例來說，假設四十歲的男性以十六分鐘跑完五公里，可得到八五%的分數，但五十歲的男性在相同時間內跑完，則可以獲得九二%高分。至於五十歲的女性需要在十八分十秒跑完全程，才能同樣得到九二%。透過年齡分級，完賽表現以百分比表示，讓不同年齡層的跑者可以相互比較。

粒線體

如果有個一定要知道的科學名詞，非粒線體（mitochondria）莫屬。粒線體是細胞中的微小結構，負責生成有氧能量，人體每天耗用的能量約有九〇%源自於此。你吸入的每一口氧氣，都會被粒線體所使用。透過訓練可增加肌肉細胞中粒線體的數量和大小，體內的粒線體愈多，產生的有氧能量也愈多，進而推升你的跑步速度（詳見第八章「鍛鍊身體的發電站，提高最大攝氧量」）。

本體感覺

本體感覺（proprioception）是近期興起的熱門跑步術語，指大腦追蹤身體空間位置的能力，並據以調整身體動作。經由肌肉、韌帶、器官和內耳的神經網路，大腦能夠接收感覺回饋（sensory feedback）；接著，本體感覺的決策機制便指示身體執行各種活動，例如走直線或在黑暗中伸手拿鬧鐘。

跑步時，無論是通過不平坦的地形、跑過柔軟的沙地，或是確實踏穩腳步以降低扭傷腳踝的機率，這些時候都必須仰賴本體感覺。本體感覺訓練可提升跑步各方面的能力，包括姿勢、步幅和著地方式（詳見第十一章「調節神經系統，讓跑步表現往上升級」）。

追加術語：彈性回縮

彈性回縮（elastic recoil）是跑步圈極少討論的詞彙，但對於成功的跑者

而言，這大概是最重要的一個促成因素，只是很少跑者了解箇中道理罷了。「回縮」意指結締組織（例如肌腱和筋膜）每次伸展後儲存能量的能力，當肌肉收縮時，組織便釋放蓄積的能量，同時縮短結締組織。最好的例子是阿基里斯腱，每跨一步，該部位就會明顯延展。跑步時每前進一步，就有高達五〇%的推進力來自回縮作用（詳見第六章「鍛鍊結締組織，避免運動傷害的風險」）。

認識這些簡單的跑步用語後，你應該可以聽懂大部分的跑步討論，進而參與其中。若想知道更多跑步術語，可以翻到本書附錄的專有名詞，或是繼續閱讀後續章節。

新手指導

不要害怕跑步術語。剛開始，你或許會覺得術語牽涉太多科學知識而艱深難懂，但這只是因為你還不熟悉這些字詞和詞彙。一旦開始使用這項運動的用語，你會發現沒有其他字詞能夠如此貼切地表達跑步的訓練、觀念和策略。術語可說是進入跑步世界的大門鑰匙。

第二部

鍛鍊跑步的體魄：
調校九個跑步身體機能

鍛鍊體魄的首要課題，就是明白身體各部位環環相扣這個道理。

肌腱連接了肌肉與骨頭；肺部靠血液流動與細胞產生連結；大腦透過神經系統，命令腿後側肌群、小腿和阿基里斯腱如何動作；筋膜幾乎包覆了身體的每一寸部位，一體連貫。

就跑步而言，沒有哪個身體部位是毫無關連的孤島。

相反地，身體是講究合作的團隊，而成員就是跑步時徵召到的「組成要素」，包括肌肉、結締組織、心血管系統、體內發電站（粒線體）、pH 值控制、神經系統、能量系統、賀爾蒙及大腦。它們是你能夠跨出每一步的原因，若要跑出最佳成績就必須個別訓練，以發揮最大潛能。

可惜的是，沒有哪一種訓練（例如長跑）就可以全面提升所有能力，就像美式足球的前鋒球員訓練方式不會和四分衛一樣。換句話說，你必須針對各要素在跑步中的作用，個別施以專屬訓練才行。

訓練自然會有重複之處，你的目標不是截然區分個別要素、獨立訓練，而是將各部位訓練至最佳狀態，然後加以整合，使身體在跑步時發揮最大潛能。在這個前提下，第二部各章將如此安排：

首先，按照生理部位詳細分類解說，例如第五章將跑步肌群分為慢縮肌（slow-twitch）、中等快縮肌（intermediate fast-twitch）和快縮肌（fast-twitch）等肌肉纖維（細胞），你將學會每種肌肉的基本生理知識，像是肌肉在跑步中的功能。

其次，附有「訓練建議」，針對各生理部位提供專門的訓練忠告。

最後，訓練建議提到的所有運動、伸展法和練習，將搭配圖片進行示範教學（如果與其他章重複會註明頁數）。如果需要所有訓練菜單範例，請參考第十五章。

訓練面面觀

五公里難度設定與配速指導

接下來的章節會時常要求你採取五公里配速，或是根據該五公里配速，選擇一種訓練難度（例如輕鬆完成長距離跑的配速）。

「五公里配速」指的是你最近一次的五公里比賽時間，它可以確實反映你的體能狀態，因此適合當成參考基礎，決定大部分跑步訓練所需採取的配速。這個五公里比賽時間，不能用以前長距離跑的成績，也不能是尚未達成的目標配速。如果近期沒有跑過五公里也不用擔心，還有其他簡單方法可以協助你設定配速。

長距離跑時，忽略每英里配速建議，以「聊天配速」（能夠邊跑邊聊天的速度）進行訓練，確保你吸入足夠的氧氣，讓訓練維持有氧狀態（也就是保持在游刃有餘的範圍內）。

至於重複、間歇訓練，請參考以下兩項原則：

1. 根據建議的配速，「推測」大致相等的訓練難度。不管目標是五公里、一英里或其他比賽配速，以你覺得正確的費力程度去跑，接著在重複跑期間捫心自問：「如果這是真正的比賽，而不是訓練，我能不能維持這種體力狀況跑完全程？」如果答案是肯定的，就維持當下的配速，反之則放慢速度。

2. 設想重複跑的情境。重複跑結束後要能感覺游刃有餘，如果教練要求多跑一或兩趟，必須有足夠的體力應付。只要不過度使勁，就能不斷進步。跑步時過於賣力（例如跑到筋疲力盡）只會適得其反。

若能時常提醒自己遵照上述原則，你很快就會發現體力明顯改善，進而有能力跑完五公里，之後就能善用配速表了。

BUILD YOUR RUNNING BODY

第五章

訓練跑步肌群，增進耐力，提高速度

很少有跑者自認肌肉發達。其實無論是美式足球員、健美選手，或沙灘上惡意朝瘦小跑者踢沙的惡霸，他們的肌肉可能都沒有分別。

人體約有六百五十條肌肉，像我們這種熱愛跑步的人幾乎會動用到所有肌肉。當然，要讓這六百五十條肌肉協同運作，不像把新車開回家那麼簡單：取車時，你只要轉動鑰匙，踩下油門就能前進。

在肌肉沒有受過訓練的情況下，試試看：立刻換上跑褲和跑鞋，出門來場激烈的越野跑。包準你接下來幾天都會癱在沙發上，即便走到廚房拿顆止痛藥，也會痛到眼角泛淚。

話說回來，肌肉擁有新車沒有的獨特優勢。新車零件的最佳性能是固定不變的，就像四缸引擎不會突然間變成 V-8 引擎，但肌肉不一樣，它會隨著訓練日漸強壯。如果肌肉是四缸引擎，總有一天可能變成 V-8 引擎，不過這無法光憑許願就美夢成真。身體可以透過訓練逐漸進步，這是一種神奇的能力，但不是憑空發生的奇蹟，必須鎖定正確肌群，再施以合適訓練才能順利獲得成效。

什麼是跑步肌群？

　　人體有三種不同肌肉：一種是心肌（cardiac muscle），存在於心臟內；一種是平滑肌（smooth muscle），控制消化和血壓等非自主功能；此外還有骨骼肌（skeletal muscle），這是身體移動所需的肌肉，也是健身愛好者熱愛鍛鍊的部位，包括二頭肌、三頭肌、腹肌和胸肌，所有跑步肌群都屬於這個類別，它占了身體三分之一的重量。

　　「跑步肌群」代表跑步時需要用到的所有肌肉，若個別鍛鍊將是艱困至極的任務，幸好，跑者在訓練上可以採取不同策略。相較於一次針對一種肌肉訓練，我們鎖定三類肌肉纖維：若要增進耐力，就訓練慢縮肌纖維；若希望提升速度，可以鎖定快縮肌纖維；而中等快縮肌纖維則對兩種能力都有幫助。所有骨骼肌都由這三種肌肉纖維組成，因此鍛鍊這三類肌纖維，等於所有跑步肌群都一併訓練了。

　　這不代表「肌肉」一詞在跑步領域中的意義有何不同。對跑者來說，腿後側肌群拉傷所代表的意思，和健美選手、有氧教練或美式足球前鋒球員的認知並無二致。當談到伸展運動或阻力訓練時，我們會回到一般對於肌肉的認識，但討論跑步時，肌纖維才是我們所指的重點。

肌肉纖維

　　肌肉纖維是肌肉細胞的專業說法（換句話說，兩者所指的對象相同）。肌

新手指導

　　鍛鍊跑步的體魄時，務必記住欲速則不達的道理。所有人都可能跑得太快、太遠或過於激烈，最後以受傷、生病或筋疲力竭收場。相反地，你應該仔細衡量訓練量，確保隔天還能繼續跑步，甚至兩、三天後的訓練不至於中斷。耐心和長期規劃是成功的不二法門。即使速度較慢，但只有踏穩每一步，才能早日達成目標。若一味追求速度，往往無法順利達陣。

訓練面面觀

什麼是 DOMS？

　　DOMS（Delayed Onset Muscle Soreness，延遲性肌肉痠痛）是跑者在大量運動後，接下來幾天會經歷的肌肉痠痛現象。資深跑者發生 DOMS 的原因，通常是訓練強度或時間突然改變；至於跑步初學者，多半是前幾天的訓練過於激烈所致。DOMS 的症狀因人而異，從輕微的肌肉疲軟到難以忍受的劇烈痠痛都有可能，這些感覺通常在運動後二十四到七十二小時達到顛峰。

　　一般認為，離心肌肉收縮（eccentric muscle contraction）會破壞肌肉，成為 DOMS 的主因。其他可信度稍差的理論，則將此歸因於結締組織遭到破壞以及肌肉 pH 值（酸鹼狀態）偏高。此外，神經系統可能也是肇因之一。二〇一三年丹麥研究指出，運動一開始的使力會讓神經系統過度反應，但持續用力反而會觸發「先天性的脊椎保護機制，防止產生肌肉痠痛」。

　　肌肉在用力時被迫伸長（亦即收縮和延長）時，會發生離心肌肉收縮的現象。舉例來說，跑步時，股四頭肌（大腿前側肌肉）會在前腳著地時收縮用力，如果該部位的肌肉沒有收縮，身體將會不支倒地。不過，股四頭肌也會同時拉長，這樣膝蓋才能彎曲。這種在用力時拉長肌肉的動作，讓肌肉纖維內部產生強烈張力，一旦這股張力超過肌肉纖維能夠承受的力道，就會導致 DOMS。

　　跑步後採取預防措施，或許可以減緩 DOMS 的嚴重程度，有效的方法包括泡冷水澡、使用冷凍噴劑、按摩和通電刺激。普羅芬（Ibuprofen）與其他消炎藥物可以提供短期舒緩效果，但抑制發炎會干擾身體的正常療癒程序，可能延緩肌肉組織的修復和復原時間。對某些人而言，適量的運動有助於減輕痠痛。如果其他方法都沒效，試著徹底放鬆休息，或一開始就避免運動過量！

　　痠痛症狀通常五到七天內會消失，而且最棒的是跑者偶爾發生一次 DOMS，就能避免時常產生痠痛的情形。

BUILD YOUR RUNNING BODY

肉纖維狀似圓筒，集結在一起形成圓柱狀的肌束（fascicles），試想一包義大利麵的樣子，就不難想像肌肉纖維堆疊成肌束的樣子。肌束進一步聚集，便形成骨骼肌。

骨骼肌中，有三種不同的肌肉纖維：

▶ 慢縮肌纖維（I 型）：比起其他兩種類型，這種小型肌纖維的收縮速度較慢，力道也比較小，但由於其在有氧（耗氧）耐力上的潛能，因此備受長距離跑者的重視。這類肌纖維就像電池廣告中的粉紅兔一樣，可以持續不斷地作用。

▶ 中等快縮肌纖維（IIa 型）：這類肌纖維蘊含龐大的有氧潛能，能產生比慢縮肌纖維更大的力道，收縮的速度也相對較快。這類肌纖維兼具良好的耐力和速度，因此相當適合中程距離跑步。

▶ 快縮肌纖維（IIx 型）：這類大型肌纖維是肌肉細胞中的主要速度推手。在三種肌纖維中，這類肌肉的收縮速度最快，力道也最大（以前 IIx 型的人體肌纖維遭誤判為 IIb 型，但這類肌肉其實存在於嚙齒目動物體內，而嚙齒目動物時常是科學研究的受試對象。人體中的快縮肌纖維應歸類於 IIx 型）。雖然有氧潛力有限，但這類肌肉相當適合在短時間內產生龐大力量，例如短跑和跳高所需的爆發力就源自於此。

雖然跑步肌群含有這三種肌肉纖維，但不同跑者體內各類肌纖維的比例不盡相同：馬拉松選手的肌肉大多是慢縮肌纖維（八〇％或更多），而短跑選手通常擁有同比例的快縮肌纖維。人體各類肌纖維的比例由基因決定，但訓練可以改變這些肌纖維的機能。

肌肉訓練

不論跑者多麼求好心切，大部分跑步計畫都會在三十天內結束，很多不會超過一週。太多跑者認為，跑步計畫的第一步就是大口呼吸，盡量從事「心肺運動」，希望能暢快揮汗，感受這項運動的魅力。但訓練過度激烈、進度太

快，往往會導致雙腿痠痛（詳見五十五頁的「什麼是 DOMS？」）和疲勞，反而無法改善健康和體能。

你必須先強化肌肉，等到虛弱的肌纖維變得強壯，而且步伐穩定、肌肉平衡之後，才算做好激烈訓練的事前準備。這絕對不是訓練一天就能達到的目標，甚至無法列入第一週（或第二、三週）的努力目標。跑步不是一蹴可幾的運動，必須循序漸進的訓練才能進步，而訓練的第一課，就是打穩基礎、強化肌肉，以支持你完成日後的所有訓練。

本章將討論三種有助於達成此目標的方法：

▶跑步

▶阻力訓練

▶伸展運動與柔軟度

人體用於適應活動的能量有限，因此明智使用這些能量便顯得相當重要，務求將心力花在最需改善的地方。對初學者而言，最需要加強的地方就是肌肉。萬一新手無視「先學走，再學跑」的準則而魯莽訓練，無疑是讓自己暴露在受傷的風險中。同樣地，受傷初癒或休息了一段時間的資深跑者，也應該將加強基本肌力列為首要之務。所有跑者都應該適度訓練肌力，確保肌肉永遠強健。

跑步

跑步的魅力在於簡單，只要穿上跑鞋、走出戶外，就能開始運動！不需自備籃球或七號鐵桿，不需呼朋引伴組成球隊，也不需記住武術招式或複雜的舞步。相反地，跑步是一再反覆的簡單動作：有時速度加快，有時放慢；有時費盡全力，有時從容不迫；有時跑過平坦路面，有時在崎嶇不平的地形上跋涉前進。

即便跑步的運動形式如此簡單，但不代表訓練能夠馬虎敷衍。

根據特殊性原則（specificity），你必須根據運動過程中希望使用肌肉的確切方式，鍛鍊特定的肌肉纖維。

換句話說，不能只靠游泳訓練，就希望具備跑者應有的能力；只以緩慢的

速度跑短距離，就希望擁有短跑所需的快縮肌纖維；甚至不能訓練某種運動仰賴的慢縮肌纖維，就希望能強化另一項運動需要的慢縮肌纖維。波士頓馬拉松和環法自行車賽選手都相當倚賴慢縮肌纖維，但馬拉松的訓練無法協助你成為出色的自行車手，反之亦然。

想鍛鍊出適合耐力跑的肌纖維，唯一有效的方法，就是透過耐力跑訓練肌肉纖維！更複雜的地方在於，你的身體會視活動需求，徵召（使肌肉作用）最少數量的肌肉完成活動。舉例來說，如果僅透過輕鬆的長距離跑來增強慢縮肌纖維，身體很有可能只使用了一部分慢縮肌纖維。剩下的慢縮肌纖維則與中、快縮肌纖維一同處於閒置狀態，彷彿一組十人的團隊中，只有兩人真正下場比賽，其他人在旁觀賽一樣。

跑步過程中，你必須徵召所有肌纖維，才能達到正確的訓練效果。要做到這一點，你必須先了解肌纖維梯狀圖。

肌纖維梯狀圖

跑步時，人體徵召肌纖維的情形會呈現梯狀分布：在低強度的運動中（例如步行），少部分的慢縮肌纖維就能提供所需能量，這是梯狀圖的最低階層；隨著運動所需的力量增加，身體會徵召更多慢縮肌纖維，接著（大約從慢跑轉變成輕鬆跑時）開始加入中縮肌纖維，此時你已逐漸往肌纖維梯狀圖的高處邁進；要是同時使用慢縮和中縮肌纖維後，仍無法順利達成目標（例如一英里跑的配速），則會進一步徵召快縮肌纖維，它位於梯狀圖的最高階層。

愈往梯狀圖高處邁進，並不會減輕慢縮肌纖維的工作，相反地，身體會在早已作用的肌纖維之外，額外加入其他肌纖維。當身體徵召中縮肌纖維時，事實上已經使用了中縮及慢縮肌纖維，最後增加快縮肌纖維後，代表三種肌肉纖維都已同時使用。圖5-1說明不同跑步難度如何適用這個原則：輕鬆的慢跑只要用到一小部分慢縮肌纖維；半程馬拉松等級的活動，需用到所有可用的慢縮肌纖維，外加大部分中縮肌纖維；短跑則必須徵召三種肌纖維的所有可用肌肉才能應付得了。

訓練面面觀

肌纖維要如何才能變得更壯？

　　肌肉不會神奇地無故長大茁壯，畢竟它不是能夠瞬間變大的恐龍玩具，丟到水中就能膨脹成原來的六倍大小。相反地，肌纖維訓練是一個漸進過程，其中牽涉肌纖維內部元素的分解及修復（或者說是取代）。

　　組成每束肌纖維的是肌原纖維（myofibril），肌原纖維內含肌小節（sarcomere），而肌小節中又有蛋白質肌絲（myofilament），其中包括肌動蛋白（actin）和肌凝蛋白（myosin）。

　　肌肉纖維收縮時，肌動蛋白和肌凝蛋白會共同作用，將肌纖維縮短（亦即收縮）。一旦使用頻率太高或力道太強（例如跑步訓練），脆弱的肌動蛋白和肌凝蛋白會因而受損。出現受損情況後，由於纖維和相關組織仍承受其他壓力，因此身體會接獲指令，增加肌絲的大小和數量。在快縮肌纖維中，這通常是因為蛋白質合成（產生新的蛋白質）速度加快所致，而在慢縮肌纖維中，現有蛋白質分解速度變慢，往往是促成此過程的主要原因。

　　要是後來生成的肌原纖維變得太大（因為肌絲的大小和數量增加），就會自行分裂。因此，產生的新肌絲若是愈大，所形成的新肌原纖維也會變大，進而影響肌纖維的大小。與肌原纖維不同的是，肌肉纖維不會分裂，只會不斷愈長愈大。最後，這些更大、更強壯的肌肉纖維，就會集結成更大、更強壯的肌肉（肌肉肥大，hypertrophy）。

　　觀察頂尖的長距離跑者，不難發現一個現象：經過耐力訓練的慢縮肌纖維，不會像快縮肌纖維一樣明顯變大。原因在於慢縮肌纖維增加的體積，時常會因為同一肌肉的快縮肌纖維萎縮（縮小）而相互抵消，使得整體肌肉的大小幾乎不會增加，跑者與其他肌肉訓練成果的差異也更加顯著（詳細請參考第四十三頁的「為什麼訓練讓肌肉愈來愈小？」）。

　　重點總結：只有增強肌纖維中的肌絲和肌原纖維，肌纖維才能日漸強壯。

圖 5-1　肌纖維梯狀圖

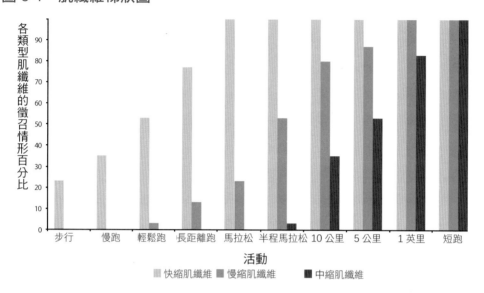

圖 5-1 說明在不同配速下，長距離跑者（肌肉大多屬於慢縮肌纖維的跑者）如何徵召不同類型的肌纖維。在較不激烈的運動中（例如步行），人體幾乎只徵召了慢縮肌纖維，隨著活動更為費力，身體會逐漸增加更多慢縮肌纖維和部分中縮肌纖維；採用半程馬拉松配速時，人體徵召了所有可用的慢縮肌纖維、一半可用的中縮肌纖維，以及少數快縮肌纖維；短跑則需要徵召三種肌纖維，使用率達到百分之百。當然，不同跑者的肌肉組成各不相同，在費力程度和配速不一的活動中，各自的肌纖維徵召情形也會有所差別。

　　要特別留意的是，身體不會使用任一種類型的所有纖維，相反地，只會徵召「可用」纖維，亦即大腦和神經系統能夠指揮身體使用的肌肉纖維。這是人體內建的安全機制之一，若同時使用所有肌纖維將產生過於強烈的力道，難保不會損傷甚至撕裂肌肉。

　　大致了解身體在不同配速下使用肌纖維的情形，是成功完成訓練的必要因素。舉例來說，正在準備五公里比賽的跑者，若只是規律跑個輕鬆的距離跑，勢必無法順利鍛鍊比賽所需的中等快縮肌纖維，最後將以失望的成績收場，外加幾天難受的 DOMS。

　　一般而言，促使你往肌纖維梯狀圖高處移動的推力有兩種：

▶力道：雙腿需要產生更多力量時，代表你正往梯狀圖高處邁進，方法
　　包括提高跑步配速，或將跑步地點從平地轉移到陡峭的上坡路段。

▶疲勞：當某類肌纖維的能量（儲存的碳水化合物）耗盡，代表你正朝梯狀圖高處移動。舉例來說，在兩、三小時的長距離跑過程中，慢縮肌纖維所儲存的能量可能會用完，進而強迫中縮肌纖維提供支援，甚至快縮肌纖維也必須適時輔助。

真實世界的跑步情境，不會完全符合圖 5-1 的線性進展模式。身體會視實際需求，適時徵召收縮速度較快的肌纖維，不受整體的配速限制（況且這類肌纖維容易疲勞，無法長時間使用）。跑步過程中，有時需要使用收縮速度較快的肌纖維，部分例子如下：

1. 起跑階段
2. 加速時
3. 爬坡或下坡路段（不管持續多久時間）
4. 跨步的力量需由收縮速度較快的肌纖維支援時

同樣地，這些還是屬於例外狀況。增強各種肌纖維的最佳作法，是設計一套能夠持續徵召某種肌纖維的訓練菜單，讓它獲得最大的訓練量。

例如慢縮肌纖維需要大量耐力訓練，快縮肌纖維需要短時間、高強度的訓練，因此無法仰賴同一種訓練方法來鍛鍊這兩種類型的肌纖維，這也是跑者訓練時要採取各種配速的原因。想鍛鍊不同類型的肌纖維，使其發揮最大潛能，這是唯一有效的方式。

訓練建議

　　若想藉由跑步增強肌肉纖維，需要結合多種配速的訓練方法。如要鍛鍊慢縮肌纖維，長距離跑（詳見七十四頁）是最佳選擇；若是中縮肌纖維，需要更激烈的跑步訓練，例如加速跑（詳見七十六頁）、上坡跑（詳見七十七頁和一七三頁）或法特雷克（詳見七十二頁）最為有效；至於快縮肌纖維，沒有比上坡加速跑（詳見七十七頁）更有效的方法了。後續章節介紹的訓練方法，可協助你持續強化肌肉，但務必具備一些基礎肌力後，再開始訓練。

阻力訓練

　　阻力訓練增進肌力的方式，是強迫你對抗反方向的力道，有效的方法包括自由重量訓練（free weights）、機械器材重量訓練，以及徒手訓練（利用自身的體重訓練）。阻力訓練可從五大方面鍛鍊你的跑步體魄：

1. **改善肌肉平衡**：一旦增強拮抗肌（例如股四頭肌和腿後側肌群互為拮抗肌）並達到肌肉平衡之後，就能減少受傷風險。

2. **改善步幅**：一旦肌力增加，就能拉大步幅，提升跑步經濟性。一般而言，初學者普遍的缺點就是肌力不足。

3. **改善核心肌力**：虛弱的核心肌群會影響跑步的穩定性，也會減少身體產生的能量。身體搖晃不穩定時，其實很難產生力量！

4. **改善臀部肌力**：臀部肌群軟弱無力的話，不僅影響穩定性，還會減少身體產生的力量。二〇一三年的澳洲文獻探討結果發現，相較於健康的跑者，第一次受傷的跑者在臀部肌力方面明顯較為虛弱。

5. **改善神經肌肉控制能力**：留待第十一章詳盡說明。

　　重點歸納：阻力訓練可改善步幅、穩定跑步姿勢、增加力量，同時減少受傷機會，效益可說利大於弊。

訓練建議

　　新手應先專注於全身運動，改善整體肌力和穩定性（詳見七十八至八十三頁的「跑者三六〇」運動），二至四週後，再開始加入重量訓練。中階和高階跑者，可從一開始就將完整的阻力訓練列入訓練計畫。若需要重量訓練（詳見八十四至九十四頁），建議選擇加強全身體能的訓練項目，搭配不至於讓神經系統過度疲累的訓練組數。如果時間有限，可考慮選擇「跑者三六〇」。

伸展運動

近年來，伸展運動的風評欠佳，舉例來說，二〇一二年克羅埃西亞的整合分析報告回顧了一百項研究後指出，運動前的靜態伸展運動會折損五%的體力，爆發力也會因此減少將近百分之三，光是這些數據，就足夠說服選手避免在劇烈的訓練和比賽前從事靜態伸展運動！

不過，並非所有伸展運動都是靜態的，訓練完畢後再進行靜態伸展，有助於改善隔天訓練時身體的僵硬程度。有效的伸展運動能增加肌肉的可動範圍，藉此增強肌力、減少受傷風險。下列四種伸展運動可以考慮放進例行訓練中：

▶ **靜態伸展**：透過維持特定姿勢來伸展肌肉，可舒緩肌肉長時間累積的僵硬感。

▶ **動態伸展**：控制腿部和手臂的擺動幅度，藉以擴大可動範圍，在跑步前舒展核心肌群。

▶ **本體感覺神經肌肉促進法（Proprioceptive Neuromuscular Facilitation，PNF）伸展**：將肌肉伸展至最大可動範圍後，讓肌肉收縮五至八秒，接著放鬆，使受到的阻力下降，以便進一步延展。經過另一次五至八秒的收縮後，你可以直接結束伸展運動，或是維持姿勢三十秒，不過後者往往令人聯想到靜態伸展，可能影響力量和爆發力。這是擴大可動範圍最熱門的方法。

▶ **主動單一肌群伸展法（Active Isolated Stretching，AIS）**：AIS 主要運用反向肌群，將肌肉推到伸展位置（例如拉緊股四頭肌，使腿後側肌群達到伸展效果），接著輕拉伸展繩，進一步擴大伸展範圍一、兩秒。AIS 不需要「維持」伸展姿勢，因此不會觸發肌肉的牽張反射（stretch reflex，不自主的肌肉收縮現象，保護肌肉免於過度伸展。詳見六十六頁的「肌梭與牽張反射」）。這種伸展法可大幅增加可動範圍，備受許多世界級頂尖耐力運動員的青睞。然而，如同靜態伸展和PNF 伸展一樣，長時間施行也會稍微影響體能和爆發力。由於肌肉不

會產生牽張反射，因此過程中必須小心避免過度伸展。

動態伸展是訓練前用來熱身的絕佳方法，例如慢跑或輕鬆跑十至十五分鐘。如果你的目的是增加可動範圍，AIS 和 PNF 就是訓練結束後的理想選擇，不過 PNF 最好能有訓練夥伴從旁協助，以發揮最佳效果。

如果身邊沒有伸展繩和訓練夥伴，或是找不到平坦乾燥的空間（應該不會有人願意為了 AIS，在雨中的碎石步道躺十五分鐘），靜態伸展倒是一個可以考慮的選項。

若是長時間做了 PNF 或 AIS 伸展後，感覺體力或爆發力下降，此時靜態伸展就是不錯的替代選項。

肌梭與牽張反射

肌梭（muscle spindles）是肌肉中的牽張接受器（stretch receptor），與肌纖維平行生長，可感覺肌肉長度的變化。

肌肉伸展時（無論是刻意伸展或運動時自然延伸），肌梭會傳遞訊息至脊髓，由脊髓發出回應，命令肌肉收縮。這種收縮機制可確保肌肉免於過度伸展而受傷，達到保護效果。此外，肌梭也能衡量跑步時肌肉所能承受的伸展上限，據以決定步伐長度。

訓練面面觀

為什麼訓練讓肌肉愈來愈小？

大多數人都會把「肌力」和大肌肉劃上等號，一說到猛男，大家腦海會浮現巨石強森，而不是小賈斯汀。既然頂尖的長距離跑者花了大把時間增強肌纖維，為什麼他們看起來還是這麼瘦？難道一英里跑、上坡跑、短跑，以及所有跑步操練和訓練，都無法造就像健美選手那樣的壯碩體格？

我的回答是「不會」。這也算好事一樁，否則馬拉松參賽選手跑過紐約五大行政區時，難保紐約不會像南加州大地震一樣搖晃。相反

地，全球頂尖跑者的上半身幾乎算不上壯碩，而且大腿精實，小腿比一般人更纖瘦。

開始跑步（以及強化肌纖維，擺脫虛弱的肌絲）之後，你的肌纖維 DNA 必須做出以下決定：

▶ 使用肌纖維有限的調適能量，催生更大的肌肉。

▶ 利用肌纖維的調適能量，在肌纖維內部打造更強壯的有氧動力源（粒線體）。

如果你希望成為頂尖的競賽型長距離跑者，通常無法兩者兼得。身體經過充分訓練後，生理反應會避免產生強壯的二頭肌，同時提升有氧動力，以因應各種訓練。若你希望成為身體強健、速度敏捷，但外表又不顯得削瘦的出色跑者，上述生理限制還是有辦法克服。

對於競賽型長距離跑者而言，選擇很簡單：鍛鍊有氧動力源！大量（高里程）的訓練就能達到這個目的，同時還能增加肌纖維周圍的微血管（體內最小的血管）數量。

微血管愈多，代表人體產生動力的能力提升後，也能獲得更多氧氣和營養。一旦動力源和燃料增加，就能夠產生更多能量，這也是防止疲勞的主要關鍵。等到肌肉能用更少的能量支撐人體，以耐力訓練而鍛鍊出來的肌肉中，快縮肌纖維就會開始萎縮；雖然慢縮肌纖維確實會變大，但不足以填補快縮肌纖維縮小的體積。

在這場快縮肌纖維萎縮（縮小）與慢縮肌纖維肥大（成長）的拉鋸戰中，萎縮的一方最終會勝出，導致肌肉變小，但生理效率提升。

不過這會遇到一個問題：你或許不願為了下一場五公里路跑或馬拉松的成績稍有進步，而犧牲強狀的體格。別擔心。高強度訓練（例如重量訓練或上坡衝刺）可刺激肌纖維生長，使肌肉體積變大。只要分開進行高強度訓練與耐力訓練（完成長距離跑後，先等幾個小時再開始重量訓練），加上耐力訓練量不要太大，你就能身兼路跑達人和健身楷模的雙重角色。

這不代表訓練量大的競賽型跑者應該省略重量訓練。耐力訓練的目的並非只是不讓肌肉發達的健美選手專美於前。耐力訓練前幾週（有

時需要幾個月），身體所增加的體力，主要來自於神經系統的調節，而非肌肉生長。無論體格是否變得更為壯碩，競賽型耐力運動員都會因此而更加強健。

關於肌肉因為大量的耐力訓練而縮小的問題，答案很簡單：小肌肉在跑步時較有效率。你的身體不是傻瓜，當然會自行調整到最適合跑步的狀態。

訓練建議

跑步後，新手應先做點靜態伸展（詳見一○二至一○四頁），兩、三週後再嘗試動態伸展；中高階跑者可直接在訓練計畫中，加入動態伸展（詳見一○○至一○一頁）、AIS（詳見第六章，一三四至一三六頁），以及 PNF 伸展（詳見九十五至一○○頁）。經過無數次反覆訓練後，肌梭會發展出調適能力，在不平坦的地形上跑步（例如步道和公園草地）可協助肌梭適應各種步幅和施力方向。訓練過程中，務必提高跑步速度，讓肌梭適應比賽所需的步幅。

肌纖維轉型

關於訓練能否改變肌纖維的類型（例如將快縮肌纖維轉變成中縮肌纖維），目前尚無定論。雖然實際的轉變情形仍眾說紛紜，但經過訓練後，收縮速度較快的肌纖維，可具備收縮速度較慢的肌纖維特性。

肌纖維的功能變化可能非常大，例如只要在短短一個月內接受大量阻力訓練，就能讓大部分的快縮肌纖維（IIx）產生中縮肌纖維（IIa）的行為。如果

第二部 鍛鍊跑步的體魄：調校九個跑步身體機能

表 5-1　訓練引發的肌纖維變化

未經訓練的男性	訓練重點	訓練後的肌纖維組成	
		慢縮	快縮
慢縮肌纖維 = 47% 快縮肌纖維 = 53%	800 公尺	48%	52%
	1500 公尺	54%	46%
	3 公里	60%	40%
	5 公里	66%	34%
	10 公里	72%	28%
	半程馬拉松	78%	22%
	馬拉松	84%	16%

未經訓練的女性	訓練重點	訓練後的肌纖維組成	
		慢縮	快縮
慢縮肌纖維 = 52% 快縮肌纖維 = 48%	800 公尺	53%	47%
	1500 公尺	59%	41%
	3 公里	65%	35%
	5 公里	71%	29%
	10 公里	77%	23%
	半程馬拉松	83%	17%
	馬拉松	89%	11%

表 5-1 列出肌纖維在訓練前後功能轉變的概略情形。左欄是跑者受訓練前的肌纖維平均比例，而跑者在針對「訓練重點」的比賽項目長期訓練後，其肌纖維的組成比例則呈現在「訓練後的肌纖維組成」一欄。請注意，「快縮」一欄合計了中縮肌纖維與快縮肌纖維。

停止阻力訓練，不僅新的假性中縮肌纖維會恢復成快縮肌纖維，其他中縮肌纖

維也會開始（永久）轉變成快縮肌纖維。如果你正好是短跑選手，希望增加快縮肌纖維比例，這倒是不錯的作法。相反地，如果你從未參加過訓練（亦即肌肉有如生鐵般未經鍛鍊），突然針對右腳進行耐力訓練八至十二週，左腳維持未曾訓練的原始狀態，理論上，右腳的快縮肌纖維，最後會稍具左腳慢縮肌纖維的外觀和特性。

當然，這種假性轉型的現象有其限制。尤賽恩・波特（Usain Bolt）是目前全球跑得最快的男人，他大可在未來的人生中只練習長距離跑，但其慢縮肌纖維的機能，永遠也無法媲美頂尖的長距離跑者，原因在於快縮肌纖維不可能完全變成機能完整的慢縮肌纖維（中縮肌纖維比較容易改變）。一來，快縮肌纖維是由較大條的神經所控制（這點留待第十一章討論），再多的訓練都無法改變這個生理事實；二來，快縮肌纖維缺少有利於耐力運動的許多細胞要素，而這在慢縮肌纖維中含量豐富。

　　改變肌纖維的機能特性，仍然是訓練中的重要手段。從表 5-1 中，大概就能知道肌纖維機能可以產生多大的改變。請記得，這樣的效果無法在一夕之間輕易達成，就大部分人而言，要達到這種變化，必須歷經好幾年的訓練才行。

跑步肌群的訓練菜單簡介

　　增強肌纖維是所有跑步訓練計畫的基礎，本章訓練菜單的動作如下：

▶步行

▶慢跑

▶輕鬆跑

▶入門法特雷克

▶距離跑

▶加速跑

▶上坡跑

▶上坡加速跑

▶阻力訓練

▶動態伸展

▶靜態伸展

▶PNF 伸展

　　其他章介紹的訓練也具有提升肌力的效果，其中包括：

▶阻力帶、彈力繩運動（第六章）

▶AIS 伸展（第六章）

▶反覆訓練（第七章）

▶交叉訓練（第九章）

▶增強式訓練（第十一章）

若想了解這些訓練項目如何與你的整體訓練計畫相結合，請直接跳到第十五章「規劃訓練菜單」該章會提供範例供各種體能水準和能力的跑者使用。

跑步肌群的訓練菜單——專家示範教學

跑步訓練

　　這個階段的訓練目的在於補強各種類型的肌纖維，你需要淘汰虛弱的肌絲，以較強壯的肌絲取而代之。接下來，你將利用各種跑步訓練，個別鍛鍊心血管、神經肌肉和其他系統，讓它們能更為強健，同時也鍛鍊各種肌纖維以促進能量生成、平衡以及抗疲勞等能力。

　　若要一併達到所有好處，每週訓練菜單至少必須包括三次步行、跑步或步行／跑步訓練；如果你的目標為參加競賽，則應該增加次數。以下由美國女性越野障礙賽前記錄保持人、長青田徑錦標賽現任世界記錄保持人——葛蕾絲·帕狄拉（Grace Padilla）示範訓練方式。

步行　　技巧難度：初階

　　對於毫無訓練背景的初學者來說，最基本的運動就是開始鍛鍊跑步肌群中慢速肌纖維的最佳方法。

1 慢走：梭羅（Henry David Thoreau）曾說：「清晨的散步，將帶來一天的幸福。」如果算不上幸福，至少是好的開始。慢走可幫助慢縮肌纖維做好慢跑和跑步的準備。

2 快走：可徵召稍微較多的慢縮肌纖維，有助於調整肌梭，以應付後續較長的步幅。不管選擇慢走或快走，一開始先設定十至十五分鐘，之後再慢慢延長為三十分鐘以上。

步行／慢跑　　技巧難度：初階

準備進入下一訓練階段的新手，以及休息一段時間準備重返跑道的資深跑者，都應利用步行／慢跑循序漸進地訓練，這能加強更大範圍的慢縮肌纖維。

1 步行：先從走路開始，接著再轉換成各段慢跑之間的緩和運動，至少應走到感覺完全恢復體力才行。

2 慢跑：以舒服的配速慢跑。只要呼吸明顯急促，就立即放慢腳步至走路的速度。這種結合步行／慢跑的訓練應維持二十至四十分鐘。

慢跑／輕鬆跑　　技巧難度：初階

對於體能良好的初學者，或是休息後想要重新跑步的人，若能持續慢跑或輕鬆跑，將是鍛鍊跑步所需慢縮肌纖維肌力的絕佳方式。

1 慢跑：對於新手來說，除了遵守「先學走，再學跑」的原則，在跑步前還應該練習慢跑，它算是低強度的跑步運動。

2 輕鬆跑：放輕鬆去跑步，不要急著體驗跑步的「快感」。在激烈跑步前，確定肌肉足以承受較高強度的訓練，否則最後只會換來 DOMS 的下場。無論選擇慢跑或輕鬆跑，時間至少持續十五至四十分鐘。別擔心配速問題，只要不斷往前跨出下一步就對了。

入門法特雷克　　技巧難度：初階、中階

輪流練習輕鬆跑和稍微激烈的快速跑，有助於徵召更多慢縮肌纖維，同時也加強中縮肌纖維。

1 輕鬆跑：一開始先慢跑十至十五分鐘，接著在法特雷克訓練中，穿插慢跑／輕鬆跑來恢復體力。法特雷克快速跑後，切記先充分休息恢復體力，等到身體迫不及待開始下一輪快跑時，再繼續訓練。

2 法特雷克快速跑：在瑞典語中，法特雷克是「速度遊戲」的意思，這也道盡了訓練內容：輪流練習輕鬆跑和快速跑（持續三十秒至三分鐘），比重可依個人體能和希望的難度自行調整。不過這不是短跑衝刺！盡量維持在傑克‧丹尼爾教練說的「痛快」速度。

輕鬆長距離跑　　技巧難度：所有程度

輕鬆長距離跑是輕鬆跑的延伸，只是現在你必須稍微依照個人體能狀態，盡量達到建議的配速。這種訓練不僅可強化慢縮肌纖維，也需要用到少許中縮肌纖維。

1 進入「輕鬆長距離跑」的階段後，新手跑者會體驗到耐力的全新極限。這項訓練比慢跑更難一點，但仍然是能夠邊跑邊聊天的速度。中高階跑者通常把這視為簡單的訓練項目，或是作為恢復跑使用。
如果你最近跑過五公里比賽，可根據跑完全程的時間（實際花費的時間，不是設定的目標時間），對照表 5-2 找出建議的配速。若最近沒有跑過五公里，則保持可聊天的速度。無論如何，都要以身體實際感受作為調整依據，畢竟輕鬆跑就是要「輕鬆地跑」。

BUILD YOUR RUNNING BODY

表 5-2 　輕鬆跑配速參考

5公里時間	每英里配速	每公里配速
14:00	6:53–8:05	4:17–5:01
14:30	7:06–8:20	4:25–5:11
15:00	7:20–8:36	4:33–5:20
15:30	7:33–8:51	4:41–5:30
16:00	7:46–9:06	4:49–5:39
16:30	7:59–9:20	4:57–5:48
17:00	8:12–9:35	5:06–5:57
17:30	8:25–9:50	5:14–6:06
18:00	8:37–10:04	5:21–6:16
18:30	8:50–10:19	5:29–6:25
19:00	9:03–10:33	5:37–6:33
19:30	9:15–10:48	5:45–6:42
20:00	9:28–11:02	5:53–6:51
20:30	9:41–11:16	6:01–7:00
21:00	9:53–11:30	6:08–7:09
21:30	10:05–11:44	6:16–7:17
22:00	10:18–11:58	6:24–7:26
22:30	10:30–12:12	6:32–7:35
23:00	10:42–12:26	6:39–7:43
23:30	10:55–12:39	6:47–7:52
24:00	11:07–12:53	6:54–8:00
24:30	11:19–13:06	7:02–8:09
25:00	11:31–13:20	7:09–8:17
26:00	11:55–13:47	7:24–8:34
27:00	12:19–14:13	7:39–8:50
28:00	12:42–14:39	7:54–9:06
29:00	13:06–15:05	8:08–9:23
30:00	13:29–15:31	8:23–9:38
31:00	13:52–15:56	8:37–9:54
32:00	14:15–16:22	8:51–10:10
33:00	14:38–16:46	9:05–10:25

34:00	15:00–17:11	9:19–10:41
35:00	15:23–17:36	9:33–10:56
36:00	15:45–18:00	9:47–11:11
37:00	16:07–18:24	10:01–11:26
38:00	16:29–18:48	10:14–11:41
39:00	16:51–19:11	10:28–11:55
40:00	17:12–19:35	10:41–12:10
41:00	17:34–19:58	10:55–12:24
42:00	17:55–20:21	11:08–12:39

表 5-2 是根據跑者完成 5 公里的時間，給予輕鬆跑的配速建議。請從左欄找到你跑完 5 公里的時間，對照右邊的建議配速範圍。

長距離跑　　技巧難度：所有程度

正常長距離跑的速度需要比輕鬆跑更快，但仍然可以邊跑邊聊天。你可以用這個速度探訪更多地方，滿足冒險的渴望，同時鍛鍊慢縮肌纖維和部分中縮肌纖維。

1　大部分跑步訓練都將比照這個難度。距離跑是耐力跑訓練計畫的成功基礎。請根據你最快的五公里路跑成績（不是設定的目標），參照表 5-3 找出建議的配速範圍。切勿超過速度範圍上限，這樣可能會過度疲累，增加受傷風險。記住，表中建議的配速只是參考，應配合天氣和疲勞程度適時調整。若不清楚目前狀態跑完五公里所需時間，不妨維持可以邊跑邊聊天的速度。所有跑者都應以身體的實際反應作為最終基準，而長距離跑也應保持舒適的感覺（有別於節奏跑或計時賽）。

表 5-3 正常跑配速參考

5公里時間	每英里配速	每公里配速
14:00	6:00–6:53	3:44–4:17
14:30	6:11–7:06	3:51–4:25
15:00	6:23–7:20	3:58–4:33
15:30	6:35–7:33	4:05–4:41
16:00	6:46–7:46	4:13–4:49
16:30	6:58–7:59	4:20–4:57
17:00	7:09–8:12	4:27–5:06
17:30	7:21–8:25	4:34–5:14
18:00	7:32–8:37	4:41–5:21
18:30	7:44–8:50	4:48–5:29
19:00	7:55–9:03	4:55–5:37
19:30	8:06–9:15	5:02–5:45
20:00	8:18–9:28	5:09–5:53
20:30	8:29–9:41	5:16–6:01
21:00	8:40–9:53	5:23–6:08
21:30	8:51–10:05	5:30–6:16
22:00	9:02–10:18	5:37–6:24
22:30	9:13–10:30	5:44–6:32
23:00	9:24–10:42	5:51–6:39
23:30	9:35–10:55	5:57–6:47
24:00	9:46–11:07	6:04–6:54
24:30	9:57–11:19	6:11–7:02
25:00	10:08–11:31	6:18–7:09
26:00	10:30–11:55	6:31–7:24
27:00	10:51–12:19	6:45–7:39
28:00	11:13–12:42	6:58–7:54
29:00	11:34–13:06	7:11–8:08
30:00	11:55–13:29	7:24–8:23
31:00	12:16–13:52	7:37–8:37
32:00	12:37–14:15	7:51–8:51
33:00	12:58–14:38	8:03–9:05

BUILD YOUR RUNNING BODY

34:00	13:19–15:00	8:16–9:19
35:00	13:39–15:23	8:29–9:33
36:00	14:00–15:45	8:42–9:47
37:00	14:20–16:07	8:54–10:01
38:00	14:40–16:29	9:07–10:14
39:00	15:01–16:52	9:20–10:29
40:00	15:22–17:14	9:33–10:42
41:00	15:42–17:36	9:45–10:56
42:00	16:03–17:58	9:58–11:10

表 5-3 是根據跑者完成5公里的時間，給予正常跑步的配速建議。請從左欄找到你跑完5公里的時間，對照右邊的建議配速範圍。

加速跑　　技巧難度：所有程度

加速跑是新手鍛鍊中縮肌纖維一種安全又有趣的方式，也是所有跑者在激烈的訓練和比賽前，用來暖身的方法之一。

1 加速跑是「快速」跑步前的短暫加速。「快速」不代表用盡全力，因為這不是短跑衝刺；相反地，加速跑應維持在你預期跑完五公里的配速。若是激烈訓練或比賽前的暖身，則應設想較費力的路段期間所預期達到的速度，以此作為配速去跑。一次加速跑可以設定在四十至一百五十公尺（或英尺，距離不需確切要求），時間持續五至二十秒，需在平坦的地面練習。

上坡跑　　技巧難度：中階、高階

　　上坡跑是含有大量上坡路段的長距離跑變化型訓練，不僅能鍛鍊所有類型的肌纖維，也能加強身體其他機能，使身體更適合跑步。

1　這項訓練包含長距離的連續上坡路段，大約介於四分之一英里至兩英里左右，實際長度依個人體能以及所在地區的地勢而定，包含些許平地和下坡路段也沒關係。只要盡力跑上坡就好，不必刻意衝速度。每次練習上坡跑之前，記得先輕鬆跑十二至十五分鐘。

下坡跑　　技巧難度：中階、高階

　　下坡跑時，動用到的肌纖維需採離心收縮，除了增加身體負荷之外，肌力也會發展出更強的適應能力，有助於預防股四頭肌疼痛。

1　在坡道上跑步不會永遠只有上坡。以「感到痛快」的狀態跑下坡（入門法特雷克或節奏跑的費力程度），會對股四頭肌產生離心負荷。雖然這徵召了較少肌纖維，卻能帶來更大的訓練刺激，有助於對股四頭肌痠痛免疫。一開始先嘗試跑三分鐘，後續每次下坡跑再適度延長幾分鐘（全程最長可到十二至十五分鐘）。練習下坡跑之前，務必先以慢跑或輕鬆跑熱身。

上坡加速跑　　技巧難度：中階、高階

　　要熱開所有跑步肌纖維（包括快縮肌纖維），短距離的上坡加速跑是最快、最有效率的方法。

1　不能選擇過於陡峭的陡坡，以免無法用平常的步伐跑步。建議以一英里比賽的賣力程度跑個十至二十秒，然後走下坡，將每趟上坡跑之間的總時間控制在一至三分鐘。第一次訓練時，先跑四至五趟即可，之後再逐漸增加為八至十趟。

BUILD YOUR RUNNING BODY

跑者三六〇　技巧難度：所有程度

跑者三六〇可全面提升肌力，適合喜歡戶外或自家客廳勝過健身房的跑者。安琪·戈卡（Angie Stewart Goka）擁有公共衛生碩士（MPH）學位及肌力與體能訓練師（CSCS）證照，她特地將這項運動設計成能在十二分鐘內完成的訓練，並針對跑者需要的肌肉加以鍛鍊，以增強肌力和身體平衡為目標。

這項運動由安琪示範，確保姿勢正確，她在個人網站（angiestewartfitness.com）提供多種訓練，方便想多加鍛鍊的跑者使用。下列先簡述這項運動的五大原則：

1. 每個動作需依序進行，各為時一分鐘；2. 如果是左右邊需要個別訓練的動作，則左右各三十秒；3. 盡力做完最多下，過程中務求維持正確姿勢（不要為了多做幾下而犧牲姿勢）；4. 記錄每個動作完成的次數，以便追蹤進步狀況；5. 若需增加強度，可重複進行整套運動（最多重複三次）。

這項運動由以下十二個動作組成，必須從頭到尾一氣呵成做完。

毛毛蟲棒式

毛毛蟲棒式有助於喚醒肌肉，同時加強柔軟度和肌力。如果身體不夠柔軟，做這個動作時，膝蓋可以微彎。

1　雙腳站立，雙手向上直舉，用最快的速度執行以下動作，姿勢要保持正確。

2　身體前彎，雙手摸地。

3　雙腳打直（不行的話可以微彎），雙手撐住身體往前延伸，形成棒式姿勢。

4　做一下伏地挺身，接著雙手撐地移回腳邊，站起回到立姿。重複上述動作。

下蹲－腿後伸登山者

此為鍛鍊臀肌（屁股）、股四頭肌和腿後側肌群的絕佳方法。

1 雙腳微開站立，雙臂自然垂放在身體兩側。

2 屈膝蹲下，手掌平貼地面，與肩同寬。

3 腹肌用力撐住，雙腿向後跳，形成伏地挺身姿勢。

4 雙腿在胸部下方模擬「攀岩」動作五秒鐘，膝蓋盡量往上提，臀部壓低。接著雙腿往前跳縮，恢復成蹲下的姿勢，站起回到立姿。重複上述動作。

屈膝弓箭步跳躍

此為加強小腿肌最有效的訓練動作，另外，這個動作也能鍛鍊髖外展肌、臀肌、股四頭肌和腿後側肌群。

1 雙腳站立，與臀同寬。

2 右腳向左後方跨一步，落在左臀部左方，同時右膝放軟向下，左膝彎曲。

3 左腳往上跳，右膝順勢上提，帶動左肘向上及向前擺動。重複上述動作三十秒，然後換腳。

蠍式戰鬥姿

鍛鍊肩膀和核心肌群,同時伸展腹斜肌(oblique)和髖屈肌(hip flexor)。

1　一開始呈伏地挺身姿勢,雙腳墊在板凳或椅子上。

2　左膝彎曲,移到身體下方,盡可能朝右肩膀靠近。

3　腹肌用力撐住,雙腿向後跳,形成伏地挺身姿勢。接著反轉方向,將左膝向上抬,臀部往左上方拉提,左腳盡量朝右肩延伸。重複上述動作三十秒,然後換腳。

側棒式抬腿

這個動作對髖外展肌很有幫助:能改善身體穩定度,同時也能鍛鍊腹斜肌、背肌、臀肌、股四頭肌和腿後側肌群。

1　一開始呈棒式姿勢,雙臂完全伸直。

2　轉向側面,以右手掌撐地平衡身體(手腕在肩膀正下方),另一隻手臂向上伸直。

3　左腳上下擺動,臀部保持不動。重複上述動作三十秒,然後換腳。

棒式推撐

棒式推撐可一併鍛鍊到手臂、肩膀、背肌和核心肌群。

1 一開始呈伏地挺身撐起的姿勢。

2 右手肘彎曲，改以右前臂撐住身體。

3 左手肘彎曲，改以左前臂撐住身體。

4 抬起右手肘，以便右手掌能平貼地面撐起身體，接著換左手，訣竅一樣。回到一開始的姿勢後，重複上述動作三十秒，接著改從左手開始，同樣做三十秒。

側向跑

同時鍛鍊髖外展肌和髖內收肌（hip adductor），以及許多核心肌群。

1 雙腳站立，與臀同寬，雙臂自然垂放在身體兩側。

2 跳到右邊，僅以右腳著地，左腳抬起置於右腳後方，維持身體平衡。同時左臂前伸，右臂往後擺，模擬跑步姿勢。

3 跳到另一邊，重複上述動作，過程中，專心調整速度及控制身體動作。

雨刷式

雨刷式可全面鍛鍊腹肌，對於提升穩定性也有極佳功效。

1. 平躺在地，雙臂向左右張開、手掌朝上，大腿抬起與地板垂直，雙膝彎曲呈九十度。

2. 維持臀部和膝蓋彎曲的狀態，將併攏的雙腿擺動到身體一側。上身務必緊貼地面。

3. 雙腿移回中間，接著擺動到另一側，重複上述動作。

棒式旋轉

這個傳統棒式的變化型可深度鍛鍊核心肌群，對於肩膀也有所助益。

1. 一開始以前臂撐起身體，呈棒式預備姿勢，只是雙手前臂必須交叉放在一起。

2. 轉動身體面向左側，手肘位於肩膀正下方，右手叉腰。雙腳重疊，身體挺直。轉回中間，接著轉動身體面向另一側，重複上述動作。

單腳提舉

改善平衡感和穩定性的絕佳動作，用以訓練核心肌群、臀肌和腿後側肌群相當有效。

1. 雙腳站立。

2. 腰桿打直，上身前傾下探，同時單腳抬起並往後伸直（與脊椎成一直線），雙手試著觸碰地面。恢復一開始的姿勢。重複上述動作三十秒，然後換腳。

BUILD YOUR RUNNING BODY

橋式跨步

這是很適合訓練臀肌的運動，同時也能鍛鍊腿後側肌群和下背部（這個動作時常用於紓解下背痛）。

1. 平躺在地，雙腳與臀同寬，屈膝平放於地。

2. 臀部向上抬起，呈「拱橋」姿勢。

3. 朝胸部方向抬膝，模仿跨步走，一次抬一邊。背部記得挺直。

女超人／超人棒式

跑者三六○的最後一個動作，可鍛鍊核心肌群、肩膀和背部。

1. 一開始呈伏地挺身撐起的姿勢。

2. 將右臂往前伸展，同時左腳往上抬起。保持身體平衡，維持動作三秒。

3. 手腳恢復到伏地挺身姿勢後，換另一邊重複上述動作（另一種較輕鬆的替代方式是採取跪姿，將雙手、雙膝放在地上）。

跑者的重訓菜單

喜歡傳統阻力訓練方式的跑者可以選擇重訓菜單。前美國武術冠軍艾迪‧安德雷（Eddie Andre）將跑步當成訓練體能的方法之一，以下由他示範幾種基本阻力訓練動作。

先從鍛鍊不同肌群（例如胸肌、肩膀、腹肌和股四頭肌）的數個動作開始，然後隨著體能逐漸進步，再增加更多（也更困難的）運動。以下是五個訓練原則：

1. 前兩週只練習輕重量訓練，每個動作最多六至十次，做一至兩組。
2. 除非另有說明，否則重訓項目應限制重覆六至十二次，最多一至三組。
3. 訓練至少間隔一天（例如每週一、三、五訓練）。
4. 每組之間預留二至三分鐘休息時間。
5. 每組動作（或訓練項目）中，切勿耗盡所有力氣。如果需要有人從旁輔助，下次可選擇減輕訓練份量。

訓練面面觀

自訂重訓菜單

如果才剛接觸重訓，務必謹慎選擇訓練項目，以免神經系統和肌肉過度負荷。

沒有重訓經驗的跑步新手，應利用兩至六週的時間適應以下訓練項目。每種運動先從一組開始做起，兩週後增加一組，隔一週後再增加一組：

1. 抬腿
2. 俄式傾斜旋轉
3. 空氣椅
4. 徒手弓箭步
5. 舉踵——膝蓋打直
6. 伏地挺身
7. 啞鈴單臂平舉

略有阻力訓練經驗的跑者，可從以下運動項目開始，隨時間增加訓

練內容，或鎖定相同項目調高難度（例如將深蹲換成負重深蹲，或把登階換成手持啞鈴登階）：

1. 抬腿
2. 俄式傾斜旋轉
3. 伏地挺身或啞鈴臥推
4. 單臂啞鈴划船
5. 啞鈴單臂平舉
6. 登階或手持啞鈴登階
7. 空氣椅
8. 徒手弓箭步
9. 舉踵——膝蓋打直

在日漸熟悉重訓菜單後，再根據訓練目標增減運動項目。以下提供幾個大原則，實際情形需視個人計畫而定：

提升整體健康：經過一段時間後，可嘗試本章介紹的其他動作，最後就能將負重深蹲、弓箭步，甚至槓鈴上搏（cleans）同時放入訓練菜單中。

短跑和中距離跑者：將進階的抬舉動作加入訓練菜單，例如深蹲、弓箭步、槓鈴上搏和硬舉。較少的重覆次數（三至五下）可訓練神經系統，增加次數則可鍛鍊肌肉。

長距離跑者：許多長距離跑者偏愛循環訓練，而不是這種動作分明的訓練方法。建議增加動作次數，快速做完每一項運動。

抬腿　　技巧難度：所有程度

抬腿可加強腹部肌群，改善穩定性和膝蓋抬舉的力道。

1　躺在地上，膝蓋微彎，以腳跟著地，雙手置於後腦杓。

2　膝蓋維持彎曲，雙腳上抬四十五度，然後放下雙腳，使其幾乎碰地。重複上述動作。一開始先做十至十五下，之後慢慢增加為四十至五十下。

俄式傾斜旋轉　　技巧難度：所有程度

這是增強腹斜肌（側邊腹肌）的極佳動作，若姿勢正確，也能減少下背痛及改善步伐的穩定性。

1　坐在地上，以臀肌平衡身體，雙手交握置於胸前，雙腳微彎抬離地面。

2　扭腰轉向右側，雙腳保持穩定，雙手碰觸右側地面。

3　身體轉到左邊，重複上述動作。一開始每邊先做十至十五下，之後再增加為二十五至三十下。

伏地挺身　　技巧難度：所有程度

伏地挺身是一項很棒的徒手運動，不僅可用來提升手臂和肩膀肌力，同時還能鍛鍊核心肌群、背肌和股四頭肌，進而增加穩定性。

1　臉朝下俯臥在地上，雙手張開比肩膀稍寬。

2　雙手將身體撐離地面，背部到腳保持一直線。一開始先做十至十五下，再慢慢增加，盡力在一分鐘內完成愈多下愈好。

變化型：如果正常的伏地挺身太困難，可改成右圖跪姿，再按上述步驟執行動作。

BUILD YOUR RUNNING BODY

啞鈴臥推　　技巧難度：中階、高階

這是鍛鍊胸肌和三頭肌的絕佳運動。使用啞鈴（而非槓鈴）有助於訓練肌肉平衡，給予左右兩邊相同的訓練量。

1 平躺在長凳上，雙手持啞鈴與肩同寬，啞鈴應在胸部兩側。

2 將啞鈴向空中推舉，直到手臂完全伸直，專注使用胸肌的力量。維持姿勢一下子，然後緩慢恢復成一開始的姿勢。

單臂啞鈴划船　　技巧難度：中階、高階

這項運動能鍛鍊背肌和二頭肌，正好與啞鈴臥推互補。

1 將右手和右膝放在長凳上，左腳伸離長凳撐住地面，以維持身體穩定。用左手抓住啞鈴（置於肩膀下方）。下背稍微拱起，脊椎其他部位打直，同時避免抬頭或低頭。

2 利用手肘向上的力量，將啞鈴拉近胸廓下緣。接著，將啞鈴向下放回一開始的位置，手肘保持微彎。做八至十二下後，換另一手臂重複上述動作。

BUILD YOUR RUNNING BODY

啞鈴單臂平舉　　技巧難度：所有程度

　　這項簡單的運動已在跑步圈盛行好幾十年，它模仿跑步動作，透過鍛鍊上半身肌肉，使手臂平衡擺動。

1. 雙腳站立，與臀同寬。手臂放在跑步時習慣擺動的位置，雙手各持一個低磅數的啞鈴。

2. 上下擺動手臂，模仿跑步時手臂自然擺盪的動作。抬頭挺胸，不要駝背。雙手至少各做十五下，次數不限。

登階　　技巧難度：所有程度

加強股四頭肌和臀肌的絕佳動作。

1. 站在距離踏階（箱子、板凳或其他台階）一步的位置。過程中，背部記得挺直。

2. 左腳踏到高起的台階上，確定腳掌完全貼合平台表面。膝蓋彎曲的角度不應超過九十度，否則就代表台階太高。

3. 站上台階，注意應以彎曲那一腳的肌肉施力，另一腳只能輔助身體保持平衡。反向進行上述步驟，站回地面。重覆八至十二次之後，換腳重複上述動作。

手持啞鈴登階　　技巧難度：中階、高階

登階時，手握啞鈴可以增加難度，讓肌肉不斷適應而進步。

1　站在距離踏階（箱子、板凳或其他台階）一步的位置。背部挺直，手持啞鈴（先從低磅數開始）置於身體兩側。

2　左腳踏到高起的台階上，確定腳掌完全貼合平台表面。膝蓋彎曲的角度不應超過九十度，否則就代表台階太高。

3　站上台階，啞鈴保持在身體兩側，注意應以彎曲的左腳肌肉施力，右腳只能輔助身體保持平衡（必要時可踏上台階穩定身體）。反向進行上述步驟，站回地面。重覆八至十二次之後，換腳重複上述動作。

徒手弓箭步　　技巧難度：所有程度

此為加強股四頭肌、腿後側肌群和臀肌的絕佳方法，同時也能模擬步行／跑步的跨步動作。

1　上身挺直站立，雙臂自然垂放於身體兩側，或是雙手叉腰，雙腳微張與臀同寬。

2　往前跨一步，膝蓋彎曲下蹲，直到大腿大致與地面平行為止。前腳膝蓋切勿超過腳趾，腳掌貼地。反向進行上述步驟，回到站姿。先做三至五下，日後再逐漸增加到十下。

空氣椅　　技巧難度：所有程度

空氣椅是徒手訓練版的深蹲，對於鍛鍊股四頭肌、腿後側肌群和臀肌具有絕佳效果。

1　上身挺直站立，雙腳與臀同寬，手臂自然垂放於身體兩側。腳趾向外微開（深蹲時可減少膝蓋承受的壓力）。

2　膝蓋彎曲，下蹲時臀部後推，直到大腿與地面平行為止。在此同時，手臂往前伸直與肩膀同高，這能與臀部向後坐的力量相互平衡。以股四頭肌的力量將身體往上推，恢復成原來的姿勢。一開始先做五下，日後再逐漸增加為十至十五下。

單腳深蹲　　技巧難度：中階、高階

單腳深蹲的強度更高，相較於空氣椅，更能維持臀肌和雙腳肌肉平衡。

1　單腳站立，左腳稍向前伸，以保持身體平衡。手臂往前伸直與肩膀同高，身體同樣保持平衡，如果搖晃不穩，可扶著身旁穩固物體。

2　緩慢下蹲至深蹲的姿勢（想像坐椅子），膝蓋和腳掌保持一直線。千萬別蹲太多而無法重新站起！單腳深蹲時，可允許稍微做不到位。先做五至十下，然後換腳重複上述動作。

變化型：可以在板凳上做單腳深蹲，雙手握啞鈴往前伸，藉以保持身體平衡，不支撐身體重量的另一腳可放得比板凳還低。

BUILD YOUR RUNNING BODY

靠牆深蹲　　技巧難度：所有程度

乍看之下，這個動作或許易如反掌，但可為股四頭肌帶來紮實的訓練。

1　靠牆站立，身體緩慢下滑，直到膝蓋呈九十度。維持這個姿勢不動。一開始先維持三十秒，之後隨著肌肉愈來愈壯，可逐次增加十五秒。

變化型：若要提高難度，可像右圖一樣，將雙臂向前伸直，保持與肩同高。

舉踵——膝蓋打直　　技巧難度：所有程度

　　膝蓋打直的踮腳尖運動可密集訓練小腿，尤其是腓腸肌（gastrocnemius，小腿最主要的肌肉），有助於比賽時發揮腳尖的力量，對於中距離跑者來說，這是必備的基本功。

1　雙腳與臀同寬，以腳掌站在台階上，腳跟懸在台階之外，上半身向牆壁或其他穩固物體傾斜，雙手支撐身體以維持平衡。腳跟下放，使其低於台階（只是稍微伸展，千萬別拉傷阿基里斯腱），新手跑者可先在地面練習，之後再站上台階。

2　盡全力墊起腳跟，以腳尖支撐身體重量。在最高點停留一至兩秒，然後放下腳跟並重複動作。一共做十至十五下，最多做到三十下也沒關係。

舉踵——膝蓋微彎　　技巧難度：所有程度

　　膝蓋微彎的踮腳尖運動也能大量訓練小腿肌，不過這個動作可分別訓練比目魚肌（soleus，深層小腿肌）和腓腸肌，同時保護腿後側肌群下半部分免於拉傷。

1. 雙腳與臀同寬，腳掌在台階上，腳跟懸空；雙膝彎曲，模仿跑步時雙腳微彎的姿勢。腳跟下放，使其低於台階。新手可先在地面練習，之後再站上台階。

2. 盡全力墊起腳跟，以腳尖支撐身體重量。膝蓋記得保持微彎。在最高點停留一至兩秒，然後放下腳跟並重複動作。做十至十五下即可，別一口氣做太多下！

深蹲　　技巧難度：中階、高階

　　就加強股四頭肌、腿後側肌群和臀肌而言，深蹲是非常棒的徒手訓練運動之一。如果希望鍛鍊肌肉，可做六至十二下；若訓練重點在於神經系統，建議最多做到五下。

1. 上身挺直站立，肩負槓鈴。雙腳張開與臀同寬，腳尖向外微開（一開始最好利用槓鈴架輔助訓練，先調整到肩膀高度，再由肩膀從架上承接重量）。

2. 雙腳站穩，臀部向後推放，同時膝蓋彎曲，身體緩緩下蹲，直到大腿幾乎與地面平行。避免駝背或動作速度太快。反向進行上述步驟，回到一開始的姿勢。

弓箭步　　技巧難度：中階、高階

負重弓箭步能徵召更大範圍的肌纖維（以及更多類型的肌纖維），同時又能模擬步行／跑步的動作。做六至十二下可以鍛鍊肌肉；若要調節神經系統，建議最多做五下。

1　上身挺直站立，肩負槓鈴。雙腳張開與臀同寬，腳尖向外微開。採正手握法，大拇指扣住槓鈴桿，以增加穩定性。

2　往前跨一大步，膝蓋彎曲，直到前腳大腿與地面幾近平行。前腳膝蓋不應超過腳趾，腳掌平貼地面。維持這個動作，然後反向進行上述步驟，回到一開始的姿勢。

變化型：像右圖一樣，左右手各握一個啞鈴，掌心朝內，雙臂自然垂放，完全伸直。

硬舉　　技巧難度：中階、高階

硬舉可以鍛鍊下背部、穩定脊椎的肌肉、臀肌、股四頭肌、腿後側肌群和小腿。若想鍛鍊肌肉，可做六至十二下；若是為了促進神經系統機能，建議最多做五下。

1　採取正反手握法。一開始，槓鈴先放在地上。臀部向下蹲，直到大腿幾乎與地面平行，接著背部打平，雙眼直視前方。手臂應放在膝蓋外側。雙腳張開與臀同寬，腳趾向外微開。

2　雙腿站起，將槓鈴往上拉起。雙腳打直，順勢帶動臀部、背部和肩膀。切勿全靠雙臂的力量「硬拉」。槓鈴應筆直向上拉起，避免搖晃。維持姿勢幾秒鐘，接著反向進行上述步驟，把槓鈴放回地面。

BUILD YOUR RUNNING BODY

槓鈴上搏　　技巧難度：中階、高階

　　此全身運動能充分訓練從腳踝到肩膀的肌肉。若想鍛鍊肌肉，可做六至十二下；若是為了促進神經系統的機能，建議最多做五下。

1　雙手與肩同寬（或再寬一點也無妨），以正握姿勢握住地上的槓鈴桿。背部微拱，腳趾伸進槓鈴桿下方，肩膀置於上方。

2　將槓鈴穩定往上拉（切忌突然用力使勁猛拉），讓槓鈴貼近身體，幾乎碰觸到膝蓋。

3　使力向上踮跳，加快上拉的速度，同時聳起雙肩。

4　手肘朝外張開，將槓鈴上拉至肩膀的過程中，依然盡量貼近身體。

5　身體移動到槓鈴下方，以肩膀接住槓鈴，然後雙腳微彎，吸收槓鈴下壓的力道。藉助目前半蹲的姿勢，將身體向上挺直。接著，把槓鈴流暢地緩緩放到地面，記得全程出力，避免任由槓鈴下墜著地。重複上述步驟。訓練時，先從低磅數開始，畢竟你必須先確保所有動作都能平穩達成，才適合增加負重。

本體感覺神經肌肉促進法（PNF）伸展運動

技巧難度：所有程度

PNF 伸展運動不僅能增加肢體的可動範圍，還具有增強肌肉的功效，不過最好能有訓練夥伴從旁協助。下列的動作示範教學中，加州帕薩迪納（Pasadena）CATZ 物理治療機構的碧昂卡·古茲曼（Bianca Guzman）將協助兩度奪下 NCAA 大學二級全國田徑錦標賽冠軍（一萬公尺項目）的唐雅·瑟弗姜（Tanya Zeferjahn）完成一連串的跑者 PNF 伸展運動。

開始前，請謹記以下五點 PNF 訓練原則：

1. 伸展前，先做點簡單的心肺暖身運動（例如慢跑十至十五分鐘）。
2. 伸展時，先將準備伸展的肌肉移動到初始的最大可動範圍（別用蠻力硬推，試著「找到」這個點）。
3. 接著以最大肌力二〇％至三〇％的力道，讓伸展的肌肉收縮五至八秒。
4. 放鬆肌肉，由訓練夥伴將伸展至極限的肌肉進一步推到更遠的可動範圍（每次只能小幅度增加）；或者也可以利用彈力帶，自行推移處於極限狀態的肌肉。接下來有兩個選擇：維持這個姿勢三十秒，或立即進入另一次收縮。保持伸展姿勢是傳統慣用的手法，但或許會讓人聯想到靜態伸展，可能導致體能和力量短暫下降。
5. 重複四至五次。

以下七項伸展運動（從 PNF 腿後側肌群伸展到 PNF 髖屈肌群伸展）可個別單獨施行，也可以與其他運動結合，成為連續的訓練課程。

PNF 腿後側肌群伸展

這個伸展動作可有效鬆開腿後側肌群，使肌肉保持在放鬆的狀態。這是避免腿後側肌群拉傷的絕佳方法之一，面臨較激烈的運動時，也能預防腿後側肌群出現緊繃的現象。

1　平躺在地，一腳平放伸直（柔軟度欠佳的跑者以彎曲九十度），另一腳打直，由訓練夥伴推到初始的最大可動範圍。接近以最大肌力二○%至三○%的力道，讓腿後側肌群回拉（收縮）五至八秒（可視個人需求在頸部下方墊著毛巾或小枕頭）。

2　放鬆肌肉，讓訓練夥伴放鬆正在伸展的部位，減少伸展幅度。

3　訓練夥伴將腿後側肌群推到新的最大可動範圍，切記每次只能小幅度增加！維持姿勢三十秒。重複步驟 1 和步驟 2，反覆伸展四至五次。

> 變化型：或者，你也可以使用伸展繩或彈力帶，單獨完成伸展運動。

PNF 小腿伸展（一）：腓腸肌

這項小腿伸展運動主要針對腓腸肌，這是決定小腿外觀形狀的主要肌肉。

1　平躺在地，準備伸展的那一腳放在訓練夥伴的大腿上。訓練夥伴以手掌包覆你的腳跟，同時利用前臂壓制腳掌，將腓腸肌推到可動範圍的極限。接著，以最大肌力二○%至三○%的力道，將腳掌推向訓練夥伴的前臂五至八秒。

2　放鬆肌肉，讓訓練夥伴放鬆正在伸展的腓腸肌。

3 訓練夥伴將腓腸肌推到新的最大可動範圍，切記
每次只能小幅度增加。維持姿勢三十秒。重複步
驟 1 和步驟 2，反覆伸展四至五次。

變化型：你也可以獨自完成小腿伸展。席地而
坐，腰桿挺直，不伸展的那一腳彎曲九十度，將
伸展繩或彈力帶套在另一腳的前腳掌拉緊伸展
繩，腳掌前推五至八秒，放鬆，伸展繩進一步拉
緊，維持姿勢，然後重複上述動作。

PNF 小腿伸展（二）：比目魚肌

第二種小腿伸展運動主要針對比目魚肌，
該肌肉在皮膚下的位置比腓腸肌更深層，範圍
從膝蓋下方一路延伸至腳踝。

1 臉朝下俯臥在地，腳踝下方可墊條毛巾。訓練
夥伴以手掌包住抬起那一腿的腳跟（小腿與地
面垂直），接著利用前臂下壓腳掌，找出比目
魚肌的最大可動範圍。以最大肌力二〇%至三
〇%的力道，將腳掌推向訓練夥伴的前臂五至
八秒。

2 讓訓練夥伴放鬆正在伸展的比目魚肌。

3 訓練夥伴將比目魚肌推到新的最大可動範圍，
切記每次只能小幅度增加。維持姿勢三十秒。
重複步驟 1 和步驟 2，反覆伸展四至五次。

變化型：你也可以獨自完成小腿伸展。席地而
坐，背部挺直，伸展的那一腳彎曲九十度，將伸
展繩或彈力帶套在另一腳的前腳掌，請參照前述
指示進行。

PNF 臀肌伸展

這項伸展運動能有效紓解臀肌緊繃的感覺。如果身體柔軟度不佳，注意別過度伸展臀肌，這可能會導致下背部拉傷。

1 平躺在地板上，由訓練夥伴將你的膝蓋輕緩推向你的胸部。訓練夥伴一手放在膝蓋下方，一手從腳掌往前推，以此方式控制膝蓋移動的速度。到達初始的最大可動範圍時，試著將抬起的腿伸直，以最大肌力二〇%至三〇%的力道施力五至八秒。

2 放鬆肌肉，讓訓練夥伴放鬆正在伸展的臀肌。

3 訓練夥伴將臀肌推到新的最大可動範圍，切記每次只能小幅度增加。維持姿勢三十秒。重複步驟 1 和步驟 2，反覆伸展四至五次。

> 變化型：在沒有訓練夥伴的情況下，你可以將膝蓋抱於胸前，重複施行上述步驟。

PNF 髖內收肌伸展

髖內收肌是使大腿可以朝身體中線併攏的肌群。伸展髖內收肌不僅可以增加該肌群的可動範圍，也能減少腿後側肌群疼痛的現象。

1 側躺在地，頭放在枕頭上，雙手自然置於身體前方。臀部與地面垂直，訓練夥伴抬起其中一腳，一手扶住臀部，一手放在膝蓋下方。抬起的那一腳屈膝，跨放在訓練夥伴的大腿上。到達初始的最大可動範圍時，以最大肌力二〇%至三〇%的力道收縮髖內收肌（將大腿向下壓）五至八秒。

2 讓訓練夥伴放鬆正在伸展的髖內收肌。

3 訓練夥伴將髖內收肌推到新的最大可動範圍，切記每次只能小幅度增加。維持姿勢三十秒。重複步驟 1 和步驟 2，反覆伸展四至五次。

變化型：在沒有訓練夥伴的情況下，你也可以獨自完成伸展。平躺在地板上，將伸展繩或彈力帶套在腳掌中央。該腿往側邊伸擺，利用伸展繩的拉力模擬前述「伸展、收縮、放鬆、伸展」等一連串伸展步驟。

PNF 股四頭肌伸展

這是對股四頭肌極有助益的伸展運動，但在將肌肉推到最大可動範圍時，務必克制「推送」力道，避免對膝蓋施加太大的壓力。

1 臉朝下俯臥在墊子上，由訓練夥伴將你的腳跟朝臀部推壓。輕緩推腳時，訓練夥伴一手應握住腳踝，另一手放在臀部上穩定身體姿勢。當股四頭肌達到初始的最大可動範圍時，以最大肌力二〇%至三〇%的力道，朝訓練夥伴的手掌施力五至八秒。

2 放鬆肌肉，讓訓練夥伴放鬆正在伸展的股四頭肌。

3 訓練夥伴將股四頭肌輕推到新的最大可動範圍，切記每次只能小幅度增加。維持姿勢三十秒。重複步驟 1 和步驟 2，反覆伸展四至五次。

變化型：你也可以獨自完成伸展運動。側躺在墊子上，一手從身後抓住上面那一腿的腳踝（下方的另一腿也可以彎曲）。模仿上述步驟完成伸展。

PNF 髖屈肌群伸展

下背出現輕微的肌肉緊繃現象時，這項髖屈肌群伸展運動也有助於舒緩症狀，千萬注意別過度伸展了！

1　臉朝下俯臥在墊子上，訓練夥伴一手握在彎曲的膝蓋（約九十度）下方，另一手壓在臀部上，以穩定身體姿勢。訓練夥伴抬起大腿，使其達到初始的最大可動範圍，接著換你用最大肌力二〇%至三〇%的力道下壓五至八秒。

2　放鬆肌肉，讓訓練夥伴放鬆正在伸展的髖屈肌群。

3　訓練夥伴將你的腿抬得更高一些，將髖屈肌群推到新的最大可動範圍，切記每次只能小幅度增加。維持姿勢三十秒。重複步驟 1 和步驟 2，反覆伸展四至五次。

動態伸展運動　　技巧難度：中階、高階

動態伸展是訓練或比賽前用來增加可動範圍的最佳運動。不同於靜態伸展的地方在於，跑步前實施動態伸展有助於改善表現！以下提供幾種簡單的動態伸展方式，許多運動選手會搭配第十一章介紹的幾種技巧練習項目，讓動態伸展的效果加倍。在開始任何伸展運動之前，務必先做十至十五分鐘的暖身。

以下兩種擺腿伸展可單獨施行，或與其他運動結合成為連續的訓練課程。

前後擺腿

前後擺腿有助於喚醒核心肌群，增加雙腿的可動範圍。

1　單手扶著牆壁或其他穩固的物體。抬頭挺胸，與扶牆那一手同側的腿前後擺動，注意
　　必須動到臀部肌肉。

2　擺盪的那一腳可以微彎膝蓋（約一〇％），上身應全程挺直。每腳至少做十下，有助
　　於擴大肌肉的可動範圍。

側邊擺腿

側邊擺腿可改善髖外展肌和髖內收肌的可動範圍。

1　雙手扶著牆壁或其他穩固
　　物體。身體稍微前傾，右
　　腿擺盪到身體另一側，高
　　起時，留意腳趾是否確實
　　朝上。上身保持不動，以
　　鎖定髖內收肌加以伸展。

2　將右腿擺盪至另一邊，利用
　　髖外展肌盡量把腿抬高。每
　　腳至少做十下，便能有效擴
　　大肌肉的可動範圍。

靜態伸展運動　　　技巧難度：中階、高階

　　對大多數跑者而言，靜態伸展最好在訓練結束後施行，可減少跑步帶來的肌肉僵硬感，若未適時伸展，這種不適感會持續到隔天的跑步練習。將靜態伸展視為一種「放鬆」運動，此時不應強迫拉長肌肉，而應該徹底放鬆。

　　從腿後側肌群（靜態伸展），乃至於髂脛束（IT Band）的靜態伸展，都是以下六種伸展運動的涵蓋範圍，除了適合單獨施行之外，也可以搭配其他伸展運動，組成連貫的訓練課程。

腿後側肌群伸展

　　以下示範腿後側肌群靜態伸展的兩種變化型。無論採取哪一種，都能在訓練結束後，有效舒緩腿後側肌群的緊繃感覺。

變化型 1：這是坐式跨欄伸展法。坐在地上，腰桿打直，一腿往前伸直，另一腿彎曲，以腳掌抵住另一腳的大腿內側。彎腰前傾（避免駝背），盡量伸手碰到腳趾。千萬別過度伸展。達到可動範圍的極限時，就應立即停止，並保持姿勢三十秒。

變化型 2：一開始採取站姿，雙手放在臀部上，以單腳腳跟撐在台階上。接著彎腰，屁股後推，直至腿後側肌群達到可動範圍極限。維持姿勢三十秒。

髖屈肌群和股四頭肌伸展

這個簡單的伸展動作可以放鬆股四頭肌和髖屈肌群。

1　手扶牆壁（或其他穩固物體）站直。屈膝彎起單腳，以同一邊的手抓住腳掌上緣，輕輕往後、往上拉，直至股四頭肌和髖屈肌群達到可動範圍極限。維持姿勢三十秒。這項動作的關鍵在於過程中必須收縮臀肌。

股四頭肌伸展

這是股四頭肌最有效的靜態伸展運動，同樣也適合用來伸展髖屈肌群。

1　左腳在前單膝跪下，左手放在前腳膝蓋上（可以扶著穩固物體維持身體平衡）。接著，另一手抓住後腳往上拉，達到股四頭肌的初始最大可動範圍時，有兩種調整伸展的選擇：將臀部向前推，增加髖屈肌群的伸展幅度；或把抬起的後腿再拉高，擴大股四頭肌的伸展範圍。維持姿勢三十秒，換腳重複上述動作。

小腿伸展

伸展小腿有許多方式，但下面這種效果極佳！

1　一開始呈伏地挺身姿勢，臉朝下，手臂打直，背部挺直，雙腿向後伸。接著，將一腳跨放到另一腳上方，調整重心，讓下方的腳呈現腳踝背屈（轉向脛骨）的姿勢。膝蓋伸直，維持姿勢三十秒。

下背和髖外展肌伸展

這個伸展動作可以同時放鬆下背和髖外展肌,但柔軟度欠佳的跑者應多加留意,避免過度用力而超過自然的可動範圍。

1 平躺在地,一腳跨過身體,讓膝蓋落在另一側。一手放在膝蓋上,不需要用力推!雙肩保持接觸地面,下方的另一腳伸直,避免臀部朝伸展方向轉動。維持姿勢三十秒。

髂脛束伸展

這項伸展運動有助於防止及治療髂脛束摩擦症候群(IT band syndrome)。髂脛束位於腿部外側,從臀部延伸至膝蓋,一旦過於緊繃或發炎,臀肌或膝蓋外側就會感覺疼痛。

1 這個伸展動作是跨欄伸展的「改良版」。坐在地上,一腳往前伸,另一腳彎曲置於臀部旁。雙膝距離三至五公分(大腿幾乎平行)。頭部稍微下壓,眼睛注視打直的膝蓋。此時應該感覺得到腿部外側的「牽引感」。維持姿勢六十秒。換腳重複上述動作。

BUILD YOUR RUNNING BODY

第六章

鍛鍊結締組織，避免運動傷害的風險

跑者鮮少注重結締組織，大多等到不幸受傷後才如夢初醒。一般人頂多知道人體內有骨頭及韌帶等支撐結構，以防人體變成一團軟爛的肉泥，但通常瞭解僅止於此。

換句話說，要不是發生阿基里斯肌腱炎、足底筋膜炎或髂脛束摩擦症候群，我們根本不會主動深入瞭解。或者非等到扭傷腳踝、膝蓋軟骨撕裂，甚或飽受壓力性骨折之苦，才終於三折肱而成良醫，懂得如何自我保護。

接著是求助醫生或足踝外科，認識受傷部位的結締組織，然後開始漫長的生理治療，同時自責以前忽略這麼重要的身體組織，未能及時加以鍛鍊。我們之所以勤奮地亡羊補牢，都是因為一個嚇人的事實：一旦結締組織受傷，通常就很難（有時甚至一輩子都無法）復原。

什麼是結締組織？

　　顧名思義，結締組織就是連結身體肌肉、器官、血管、神經等結構的組織，能在人體跑步時支撐、包覆、強化、緩衝及保護身體部位，並且儲存身體所需能量。換句話說，結締組織是將身體黏合在一起的幕後功臣。

　　結締組織是一種統稱，舉凡將皮膚與肌肉黏附在一起，有如凝膠般的網狀組織，或是組成骨骼的堅硬骨頭，都屬於結締組織。結締組織是凝膠狀或硬如石頭，取決於細胞外間質（extracellular matrix）中的纖維密度，而除了纖維之外，結締組織細胞周圍充斥著蛋白質、碳水化合物、礦物質、鹽、體液及其他物質。肌腱與韌帶屬於高密度的結締組織，而脂肪則是膠狀的結締組織，其纖維組成較為鬆散。

　　本章主要介紹五種結締組織：

▶骨骼

▶肌腱

▶韌帶

▶軟骨

▶筋膜

血液、脂肪和皮膚也是結締組織，但留待後續章節介紹。

結締組織訓練

　　結締組織大多能適應跑步訓練，但適應速度比肌肉慢很多，當肌肉發展的速度快於結締組織的適應情形，最後就可能以受傷收場。跑者開始訓練後，肌力會快速進步，一旦感覺上手，便增加訓練的強度和距離，雖然肌肉看起來毫無異狀，但結締組織無法承受增加的訓練負擔。不用多久，阿基里斯肌腱炎、脛骨肌腱炎或腿部的壓力性骨折就接踵而來。

新手指導

訓練面面觀

跑步會不會傷害膝蓋？

　　第一章曾談過這個問題，但我仍要不厭其煩地再次強調：不會，跑步不會傷害膝蓋。事實上，真相與你的認知相反：跑步其實對膝蓋有益。史丹佛大學在二〇〇八年發表一項長達三十年的研究報告，指出有跑步習慣的人需要接受膝關節置換手術的機率少了七倍，而且類似的發現還不僅如此。

　　二〇一三年，《運動醫學與科學》期刊（Medicine & Science in Sports & Exercise）有一篇研究比較跑步與走路導致骨關節炎的機率，這種退化性關節病變會造成膝蓋和髖關節的軟骨受損及流失。在將近七萬五千名跑者中，只有二・六%的人在七年研究期間罹患骨關節炎；將近一萬五千名步行者中，則有四・七%的人診斷出骨關節炎。至於跑步以外的其他運動，造成骨關節炎的機率比跑步高出二・四%。換句話說，相對於較不費力的運動，跑步反而能減少骨關節炎的發生率。研究人員推測，跑步對於減重（確切來說是減少脂肪）的成效，甚至比不上跑步對於預防骨關節炎的效果。

　　衝擊力道更大的跑步運動，對膝蓋的傷害怎麼可能比相對溫和的走路還少？二〇一三年的《運動醫學與科學》另一篇研究提出一個很簡單的理由。這項研究監測十四位受試者跑步及走路的情形，結果發現，雖然跑步的衝擊力道比走路大，但走完相同距離所需的步數更多，累積下來的衝擊力道與跑步不相上下。沒錯，無論跑步或走路，膝

BUILD YOUR RUNNING BODY

蓋受到的衝擊其實相同。

　　骨關節炎或韌帶受損，通常是膝蓋長期磨損的主因。由於跑步能減少膝關節炎發生的機率，且有助於強化骨骼和肌腱，膝蓋反而更健康，不會因為跑步而受到傷害。所以，下次有人問你膝蓋的狀況時，不要被惹毛，你應該寄予同情，畢竟他們的膝蓋磨損速度是你的七倍，而且身體機能想必不會太好。

　　有些結締組織不太會因為訓練而日漸強壯，對於這類組織（例如軟骨及韌帶），重點應擺在防範受傷，務必加強會直接影響這些組織的肌肉（傳統重量訓練項目時常忽略較小的肌群），並利用伸展及按摩舒緩組織緊繃的張力。

　　最重要的是，鍛鍊結締組織需要耐心，速成的健身方法很少真正在短時間內發揮健身功效，只會帶來一身傷。

營養建議

促進骨骼健康的十種食物

　　大部分的人都知道想維持骨骼健康，需攝取鈣質和維他命 D，其實骨骼需要的營養遠多於一杯牛奶。想擁有健康的骨骼，還需要攝取充分的蛋白質、鎂、鉀、磷、氟化物及維他命 K。以下食物富含好幾種上述營養，可以有效幫助骨骼發展：

1. 杏仁
2. 香蕉
3. 沙丁魚罐頭
4. 柳橙汁
5. 葡萄乾
6. 烘焙南瓜子仁
7. 大豆製品
8. 波菜及花椰菜
9. 麥麩
10. 優格

骨骼

成人的身體是由大小不一的二〇六塊骨頭組成，它們構成平衡且對稱的骨架，即使最傑出的樂高積木作品都不免相形失色。骨骼也是人體對抗重力的主要武器，光是股骨（大腿骨）就能支撐三十倍體重的重量。

當然，跑者喜歡在對抗重力時挑戰極限。跑步過程中，每踏出一步，產生的衝擊力道約莫是體重的兩至三倍，若以實際的體重計算，假設一般體格的男性跑者體重六十八公斤，每英里跑一千步，代表他的骨架每英里必須承受一五〇至二二五噸的衝擊力。

跑愈快，承受的力道也愈大（全力衝刺下，此力道甚至高達體重的七倍），再乘以每週的跑步里程，如果新手跑者堅持達到自己設下的新年目標，而在柏油路上賣力奔跑，那麼受傷只是遲早的事。

骨骼是活的！

幸好骨骼屬於活組織，能夠不斷再生，正常情況下，約有百分之四的骨骼會透過重塑過程（remodeling）汰舊換新。跑步時，骨骼更新的速度會加速，就像身體藉由汰換受損的肌絲以強化肌肉纖維，身體也會利用重塑與塑形（modeling，以額外骨骼組織強化骨頭的另一種程序）等方法，產生更大、更強健、更健康的骨骼。

重建及強化骨骼需要時間。重塑之初，破骨細胞（osteoclast）會清掉受損的老舊骨骼組織，在骨骼上留下小縫隙；接著，成骨細胞（osteoblast）需要三至四個月的時間生成新的骨骼，以填補這些小洞。

在這段期間，骨頭充斥大量孔洞，因此相當容易受傷，一旦跑步太用力或時間太長，通常就會以壓力性骨折收場。若發生壓力性骨折，骨骼生成的時間便會延長，因為身體需要三至四個月才能修復骨折部位，如果太快恢復訓練，難保不會二度受傷。

訓練建議

訓練骨骼必須從營養開始著手（請參閱前頁的「促進骨骼健康的十種食物」），營養攝取不足會造成骨骼易脆。若飲食含鈣量不足，會迫使身體轉往骨骼或牙齒（身體九九%的鈣都儲存在這裡）挖取礦物質。萬一不幸發生壓力性骨折，水中跑步（Pool Running，詳見二一二頁）就是最適合你的交叉訓練項目。阻力訓練（第五章）有助於提升骨骼強度，不過中高階跑者需要將訓練次數和組數增加二〇%至二五%，鍛鍊結締組織才會有效。

肌腱

肌腱將肌肉和骨骼連結在一起，使肌肉產生的力量可以傳送到關節，進而到全身。但肌腱不只是人體的有機傳輸線，它也是肌肉的重要拍檔，不僅可以活動，還能產生反應。這兩種組織關係密切，一般合稱為肌肉肌腱單位（muscle-tendon unit）。

肌肉和肌腱之間沒有清楚的界線，不過有個過渡區——肌肉肌腱區（musculotendinous zone）。在此部位，肌纖維和肌腱合為一體，以單元的形式共同運作。過了這個區域後，肌肉開始減少，肌腱的比例逐漸升高，並開始顯露白色光澤，纖維狀的外觀也變得明顯而具體，最後與骨骼連接。

肌腱損傷

每條肌纖維接到肌腱的地方，也就是肌肉肌腱連接處（myotendinous junction），都是肌肉脆弱的連結部位，大部分肌肉拉傷都發生在這裡。力道強大的離心收縮會對這個連接處造成損傷，或是傷及鄰近上方部位。幸運的話，只有幾條纖維受傷，引發短暫痠痛；若不幸肌肉嚴重撕裂，則可能需要動手術及接受物理治療才能復原。值得慶幸的是，肌肉肌腱區可從肌纖維獲得充足的血液供應，癒合速度幾乎與肌肉不相上下。

阿基里斯腱受傷一直是跑者夢魘（尤其是四十歲以上的跑者），是因為肌

腱過度使用而造成的損傷，通常伴隨著疼痛和發炎。輕則導致阿基里斯肌腱炎（Achilles Tendinitis），重則完全斷裂。反觀阿基里斯肌腱病變（Achilles Tendinosis）則涉及細胞的退化性損傷，雖然不見發炎，卻會產生慢性疼痛。

一九九〇年代之前，普遍認為阿基里斯肌腱疼痛症狀起因於肌腱炎。如今，醫界已知道阿基里斯肌腱疼痛大多是肌腱病變所致。阿基里斯肌腱病變的治療方法（以及最佳預防方式）非腳跟點水莫屬（詳見一三九頁），這是瑞典骨科醫師哈坎·艾佛瑞德森（Hakan Alfredson）發現的療法。

艾佛瑞德森閒暇之餘喜愛跑步，阿基里斯肌腱卻產生嚴重疼痛。在一次與《英國運動醫學雜誌》（British Journal of Sports Medicine）的播客（podcast）訪談中，他提到會請老闆為他的肌腱動手術。可惜天不從人願，他的老闆答道：「要是我們幫你動刀，你就必須請病假修養。我們診所承受不起這個代價⋯⋯想都別想我會幫你做阿基里斯腱手術。」一心希望開刀的艾佛瑞德森索性將錯就錯，企圖利用大量踮腳跟的力道扯斷阿基里斯腱，不料傷勢反而日漸起色。

《英國運動醫學雜誌》於二〇一二年刊登了一篇研究，文中調查踮腳跟這個動作所產生的長期影響。研究人員鎖定五十八名曾治療過阿基里斯肌腱退化病變的患者，要求他們每天踮腳跟一百八十下，並且持續十二週。研究結果指出，經過五年後，將近百分之四十的患者表示不再感到疼痛。

研究人員還注意到，其他兩個類似研究恰巧也鎖定踮腳跟的長期影響，而且提出更樂觀的研究結果：分別有高達八八％和六五％的患者表示，他們很少或幾乎不再感覺疼痛。有趣的是，改善原因並非小腿肌力增強，而是肌腱本身受到的壓力，加上後續的調適能力，才使患部逐漸痊癒。

在沒有主動治療（例如踮腳跟）的情形下，萬一白色纖維狀部位的肌腱（亦即連接骨骼之前血液供應不充足的地方）受傷，情況則不太樂觀。二〇一三年的丹麥研究試圖確定這個部位的組織汰換率，在這之前的研究指出，預估時間從兩個月到兩百年都有可能。

研究人員挑選一九五五年至一九六三年期間的人當受試者，因為這段時期的核爆測試頻繁，大氣中的碳十四濃度最高。他們測量受試者肌肉和阿基里斯

腱中放射性碳十四的殘留量。結果顯示，受試者的肌肉完全檢測不到碳十四。相反地，肌腱的碳十四含量完全沒有改變，即使核爆測試已結束好幾十年，殘留量絲毫未減。受損的肌腱要多久才能長出新的組織？根據這個研究的結果，大概永遠都不必期待了。

彈性回縮

如果將跑者比喻為超級英雄，彈性回縮就是他們的超能力。跑步過程中，當身體將儲藏在肌腱和筋膜（詳見八十八頁的「筋膜」一節）的能量轉換成推力時，就會發生彈性回縮。這股推力其實不小，事實上，彈性回縮產生的強大力道可在跑者跨出每一步時，提供高達百分之五十的推進力。

回縮的主要推動力來自肌腱。肌腱不是富含彈性的組織，但具有產生彈力的特質，它就像能夠承受拉力的繩子：放鬆時，肌腱內堅韌的膠原纖維會呈波浪線條般平行排列；拉緊時，這些波浪狀纖維便會挺直緊繃，進而拉長百分之四至百分之六。由於肌腱質地硬挺，要加以延展勢必需要不少能量。跑步過程中，這股能量來自雙腳著地的衝擊力道，它會同時延展你的阿基里斯腱和腿部筋膜，而且短暫蓄積在肌腱和筋膜之中。一旦小腿肌肉收縮，就會帶動釋放能量，產生彈射作用（彈性回縮），使肌肉本身產生的力量因而加倍。只要經過適當訓練，跑起步來簡直就像踩著螺旋彈簧前進！

最棒的是，彈性回縮完全仰賴衝擊力道作為推力，不會耗用氧氣和熱量。

訓練建議

第五章介紹的跑步和阻力訓練運動會使肌腱產生僵硬感，第八章和第十一章的訓練項目也在所難免。平衡板和彈力帶運動（詳見一二一至一二九頁）可進一步強化整個動力鏈（kinetic chain，包括肌肉、結締組織，以及從髖關節到腳趾的神經），有助於防止肌腱發炎和磨損。主動單一肌群伸展法（AIS，詳見一三四至一三六頁）對於鍛鍊肌肉肌腱連接部位頗具功效，因為 AIS 迴避了可能導致此部位拉傷的牽張反射機制。

回縮幅度取決於肌腱的僵硬程度，其代表延展肌腱時需要的力量，施加的力量愈大，回縮幅度也愈顯著。不過，肌腱延展幅度一旦超過四%至六%就可能產生危險，超過八%便可能斷裂。

韌帶

韌帶是連結骨骼的橋梁，主要功能在於穩定關節。韌帶主要是由膠原纖維所組成，既堅韌又富有彈性，這些纖維以交叉形式排列，可提升韌帶處理側面受力的能力。如同保齡球道邊緣的擋桿防止保齡球洗溝一樣，韌帶的功用在於引導骨骼（以及骨骼之間的關節）保持在正常的可動範圍內活動。

韌帶之於跑步還有另一項重要功能：韌帶內有本體感覺系統，當韌帶延展的幅度過大，便能適時向神經系統傳遞訊號。這不僅能讓你隨時察覺雙腳位置（如此才能以正確的姿勢著地和避開障礙物，是相當重要的一種能力），也能適時指示神經系統收縮肌肉，減少韌帶承受的壓力。

二〇一一年研究發現，患者接受前十字韌帶（anterior cruciate ligament，ACL）手術時，若是選擇保留 ACL 的殘餘組織，而不是加以削除，在復原過程中，膝蓋功能的穩定性可以恢復得更好。重新利用 ACL 的殘餘組織可保留原有的本體感覺細胞，這是促進穩定性的主要功臣。正常作用的強健韌帶不只能告知你當下所處的位置，更是你抵達目的地的關鍵要素。

韌帶鬆弛

跑者韌帶受傷的地方通常發生在腳踝和膝蓋。腳踝受傷大多與扭傷有關，只要是以奇怪的方式著地，例如外翻、內傾、扭轉，或因為其他不自然的著地姿勢而導致腳掌不平穩，就可能扭傷腳踝。扭傷會過度延展或撕裂韌帶，時常導致關節不穩定。如果跑者的腳踝缺乏彈性、神經肌肉的活化效率不彰，或跑者的肌肉、肌腱或韌帶同時虛弱乏力，就可能扭傷腳踝。在不平坦的地面跑步，甚或在過於疲勞的情況下跑階梯或林徑步道，也都可能增加受傷風險。

這不代表永遠都不能在不平坦的地方跑步。雖然跑在步道、草地以及其他

自然地形上會導致腳部頻繁「搖晃」，可能為韌帶和關節帶來過大的壓力，但些許左右平移的動作，也能強化這些關節。另一方面，平坦硬地（例如人行道和柏油路）會增加衝擊力道，雖然能增強關節，但受力過大的話，無疑也會導致傷害。最保險的作法是輪流在自然地形和人造地面上跑步。

膝關節受傷（軟骨未受損）最容易波及兩組韌帶：前十字韌帶和後十字韌帶（Posterior Cruciate Ligament，PCL），以及內側副韌帶（Medial Collateral Ligament，MCL）和外側副韌帶（Lateral Collateral Ligament，LCL）。十字韌帶位於膝蓋中央，連接股骨和脛骨（小腿骨），主要控制前進及後退等動作。副韌帶則沿著膝蓋內外側垂直延展，控制橫向移動。若其中任一條韌帶受傷，膝關節的穩定性就會受到影響。

韌帶可承受適度延展，但突然又強勁的延展力道可能導致韌帶過度拉長或撕裂。由於韌帶的血液和營養供應不佳，復原速度如同適應速度一樣緩慢，受傷後，可能需要幾個月到幾年的漫長時間才能完全康復，即使完全恢復，新的韌帶組織也會比較脆弱。同一條韌帶再次受傷的機會將增加，進而導致韌帶鬆弛（關節「鬆動」，起因於韌帶過度拉長），使關節的穩定度大打折扣。萬一不幸受傷，最好能實行預防膝蓋二度損傷的運動，而且務必確實執行。

軟骨

人體每一根骨頭都是從軟骨開始生成的。嬰兒在子宮時，是這種堅韌的結

訓練建議

對於預防韌帶受損及復原，平衡板和彈力帶（詳見一二一至一二九頁）是重要的器材（平衡板訓練的功效斐然，腳踝重複扭傷的機率可因而減少將近五〇％）。健康飲食和規律伸展也很重要。平衡感練習（詳見第十一章，二八三至二八五頁）有助於調節神經肌肉反應，避免腳步不穩而受傷。

締組織讓骨架更有彈性，有利於擠身狹窄的空間中。隨著年齡增長，從學步兒、青少年到成人，大部分軟骨都會轉變成骨骼堅硬的組織，最後體內只剩下耳朵、鼻腔、支氣管和肋骨（以及對跑者最重要的關節）還保有軟骨。

跑者口中的軟骨，通常是指關節軟骨（articular cartilage），它在骨骼表面形成平滑薄層，有了這一層低摩擦力的薄膜，骨骼之間便能摩擦滑動，關節內部也就有了富含彈性的緩衝層。股骨、脛骨和髕骨（膝蓋骨）都有關節軟骨。

雖然已有研究證實，孩童活動力強可增加軟骨厚度，但類似的成人研究也顯示，在軟骨厚度上，運動員和一般人並沒有差異。反觀一輩子懶散不想運動（以及不幸癱瘓）的人，軟骨相對較薄。運動員的膝關節面積通常較大，至於這是基因（像是籃球選手的身高）還是訓練適應所導致的結果，目前未有定論。

向軟骨損傷說不！

關節軟骨受損可說是不幸的消息。由於軟骨缺少神經和血液供應，些微損傷可能難以察覺，更重要的是，可能因此而遲遲無法修復。若是受傷情形日漸惡化，可能會嚴重影響穩定性。以退化性膝關節病變的骨關節炎為例，關節內的空間可能縮小到骨骼直接觸碰，以致於關節發炎、疼痛，活動力變差，甚至喪失部分功能。

跑者大多認識一兩個膝蓋軟骨撕裂的朋友，通常是半月板（meniscus）受傷，而不是關節軟骨受損。外側與內側半月板是兩個纖維軟骨墊片，可吸收膝蓋撞擊力道，並具有支撐人體結構的功用。

成人受傷時，受影響的軟骨通常需要動手術加以修復或移除。

訓練建議

直接切入重點：所有增強軟骨的訓練機制都無法像其他組織一樣，以同樣的速度鍛鍊出預期的適應能力，所以請牢記結締組織的黃金原則：切勿一開始就弄傷軟骨！年紀較大的跑者若是頻受慢性膝關節疼痛或發炎之苦，應考慮照 X 光，確定軟骨是否受傷。

訓練面面觀

赤腳跑步可以降低受傷風險嗎？

赤腳跑步不是什麼新鮮事，田徑和越野跑者打著赤腳，在運動場草地、地區性高爾夫球場進行間歇運動已持續數十年，儼然成為春季盛事。再說，一九六〇年羅馬奧運，衣索比亞的阿比比・比基拉就是赤腳跑完比賽。

新鮮的地方在於，有人宣稱赤腳跑步比穿鞋更有益健康。

哈佛人類學家丹尼爾・李伯曼在二〇一〇年的研究指出，人類的非洲始祖長時間狩獵，需要長距離步行和跑步，因而演化出適合耐力活動的絕佳能力。這項研究顯示，赤腳跑步通常以腳掌中段或腳尖著地，產生的撞擊力道比穿鞋跑步（通常以腳跟著地）更小。

李伯曼認為，由於赤腳跑步造成的衝擊較小，加上這種運動形式更貼近自然，或許可以減少受傷機率。這番建議後來催生了赤腳和極簡跑步風潮，成為提倡者堅信不疑的信仰。但事實真是如此嗎？

赤腳跑步可以減少受傷風險的主張，立論基礎在於百分之八十到八十五以腳跟著地的跑者，一旦脫掉鞋子跑步，就會改以腳掌中段乃至於腳尖著地，然而，他們的跑步習慣並未因此改變。事實上，仰賴腳跟的跑者當中，多達百分之八十的人依然以原本的方式跑步，差異之處僅在於少了鞋子而已。

熱門網站「運動科學」（The Science of Sport）的共同作者羅斯・塔克（Ross Tucker）博士在一篇文章中表示，「在著地部位不變的情況下，赤腳所負荷的衝擊力道是穿鞋跑步的七倍。」提倡赤足和極簡跑步的人回應，這類跑者需要更多時間才能轉換著地部位。

但在為期一項十週的研究中，十九名跑者遵照研究人員指示，將跑鞋換成五指鞋（一種模擬赤腳跑步的極簡式鞋款），結果顯示十名跑者的骨骼受傷，其中兩人是壓力性骨折（stress fracture），而且整體的跑步距離也縮短了。執行這項實驗的莎拉・芮吉（Sarah Ridge）博士認為，受試者之所以跑不遠，是因為「他們的腳會痛」。

赤腳提倡者還宣稱，不穿鞋子能提高跑步經濟性（耗用更少氧氣和能量），有助於提升耐力跑的表現，但研究數據似乎並不支持這項主張。二〇一〇年，科羅拉多大學（University of Colorado）一項研究比較了赤腳和穿上輕量化跑鞋跑步所消耗的能量。十二名「擁有長期赤足跑步經驗」的受試者站上跑步機，以相同配速分別赤腳和穿鞋跑步。研究證實，穿上輕量化跑鞋後，跑步經濟性較高。一好球。

　　到了二〇一三年，麻州大學（University of Massachusetts）研究結果顯示，不論是天生以腳跟著地的跑者，或是原本腳尖著地、後來被迫改成腳跟的受試者，跑步時用腳後跟著地都是較具經濟性的跑法。兩好球。

　　當時楊百翰大學（Brigham Young University）的生物力學講師伊恩・杭特博士（Dr. Iain Hunter）錄下二〇一〇年美國奧運資格賽一萬公尺項目的比賽過程，研究參賽選手的著地方式。有人腳跟先落地，有人以腳尖著地，也有人使用中段腳掌，有人的腳掌甚至扭曲，或根本著地部位不定。就全國最快的跑者來看，著地方式根本不是影響跑步表現的因素。三好球，三振出局！

　　無可否認，跑者受傷的機率異常地高，但完全怪罪於鞋子或赤腳似乎有點愚蠢，兩者都會導致受傷，不應由其中一種因素概括承受。或許塔克的說法最為中肯：「我必須不厭其煩地強調，受傷的原因在於訓練不足。」

筋膜

想像身體裡住了一隻擁有超能力的蜘蛛，它每天吐絲羅織一張連續不斷的網，包覆住皮膚底下的身體，同時這層網更往內延伸，滲透包裹住每塊肌肉、每條神經、每個器官和每根骨頭，身體內所有結構、腔室和組織無一遺漏，這張網簡直無所不包！好吧，蜘蛛本身除外。這張由膠原纖維和彈性蛋白纖維構成的細密網狀結構就是筋膜，其厚度會隨部位調整，或薄或厚，形成薄膜、薄片、索狀組織及軟骨等各種形式。

筋膜一度被視為人體的保鮮膜，不甚受到重視，不過近來有些研究人員認為，筋膜的重要性不僅如此。他們將筋膜視為一種反應組織，相信筋膜能像肌肉一樣收縮和放鬆（雖然速度較慢）、像肌腱一樣回縮、像神經一樣提供感覺回饋（sensory feedback），並將六百五十條肌肉串連成一個運動單位。對了，他們還將跑者大多數的慢性疼痛和受傷情形歸咎於筋膜。

筋膜研究專案（Fascia Research Project）主持人羅伯特・史萊普（Robert Schleip）博士於二〇〇九年接受《男性健康》（Men's Health）專訪，他把筋膜形容為「結構補償」（structural compensation）的工具。

換句話說，筋膜與姿勢息息相關。當我們爬樓梯或懶散坐在書桌前，姿勢都會改變，而且可能固定下來。在這種模式下，筋膜就像一件毛衣，只要拉動毛衣一角，整件衣服就會移動。

由此觀點來看，某一部位受力緊繃時，與這相關姿勢的所有部位都會連帶受到影響。受傷造成的筋膜表面沾黏可能產生慢性疼痛，並且傳導到全身。因此足底筋膜炎（plantar fasciitis）不只是單純腳部受傷，有可能是臀部、背部或肩膀問題所致。

史萊普和筋膜研究領域中的其他學者相信，肌筋膜放鬆運動和特定的伸展動作可以改善姿勢、減少疼痛，並且解決受傷的煩惱。

訓練建議

你不必和史萊普一樣深信筋膜至關重要，也能體認到伸展、瑜伽滾輪（詳見一三一至一三三頁）及擴大可動範圍等運動確實有其價值。這些運動可見於阻力訓練、增強式訓練，乃至於姿勢練習（後兩項留待第十一章說明）。

表 6-1　結締組織訓練與訓練方法成效

改善方法	結締組織類型					
	骨骼	軟骨	韌帶	肌腱（白色部位）	肌肉肌腱	筋膜
瑜伽滾輪	Ø	Ø	很低	很低	高	很高
補充營養	高	很低	低	低	高	高
肌筋膜放鬆	Ø	Ø	很低	很低	高	高
跑步訓練（超出正常訓練 25%）	中	Ø	Ø	Ø	中	高
跑步訓練（超出正常訓練 50%）	中	Ø	Ø	Ø	高	很高
徒手肌力訓練	中	Ø	Ø	中	高	高
伸展運動	Ø	Ø	低	低	很高	很高
彈力帶／彈力帶	低	低	中	中	高	很高
重量訓練（超出正常訓練 25%）	中	Ø	Ø	Ø	中	高
重量訓練（超出正常訓練 50%）	中	Ø	Ø	Ø	高	很高
平衡板	Ø	Ø	中	中	高	高

表 6-1 針對提升結締組織的適應能力，預估不同訓練方法的有效程度。舉例來說，即使瑜伽滾輪在強化及放鬆筋膜等方面的成效顯著，但對於骨骼或軟骨的鍛鍊就派不上用場。

結締組織的訓練菜單簡介

訓練結締組織時，切記「為所應為」的原則。表 6-1 清楚列出不同訓練法之於結締組織的價值。表中有關跑步和重量訓練的項目，其超過正常訓練的百分比是代表一次訓練的總量，不是訓練強度（記住，你必須增加訓練壓力，促使身體機能有所進步，這裡指的就是重量訓練的量）。

在接下來的動作示範教學中，重要的結締組織訓練包括：

▶平衡板運動

▶彈力帶／彈力帶運動

▶瑜伽滾輪運動（肌筋膜放鬆）

▶AIS（主動單一肌群伸展法）

▶居家型運動後預防受傷訓練

其他章節中，有助於加強結締組織的訓練包括：

▶跑步（第五章）

▶肌力訓練（第五章）

▶增強式訓練（第十一章）

▶技巧與姿勢練習（第十一章）

▶平衡感練習（第十一章）

若想了解上述訓練項目如何與你的整體訓練計畫相互結合，請直接翻到第十五章「規劃訓練菜單」，該章提供範例給所有體能水準和能力的跑者。

結締組織的訓練菜單——專家示範教學

平衡板

這套平衡板運動可以鍛鍊整個動力鏈（相互連結的肌肉、神經、結締組織，以及跑步體魄的其他組成要素），有助於加強下腿部，免除脛前疼痛、足底筋膜炎、阿基里斯肌腱炎和肌腱病變、髕骨行徑失調（patellar tracking syndrome），以及髂脛束摩擦症候群。

平衡板是由底部凸出的「球體」所支撐。球體較小的平衡板容易搖晃，因此以下訓練採用球體稍大的 Thera-Band 平衡板，確保運動過程中的穩定程度。每組訓練中間可預留二、三分鐘的恢復時間。

以下由尚恩·布洛斯南（Sean Brosnan）示範這套訓練，他在八百公尺和一英里項目分別擁有一分四十八秒和四分鐘的佳績。

前後運動　　技巧難度：中階、高階

這是加強及穩定踝關節蹠屈（plantarflexion）和背屈（dorsiflexion）的絕佳運動，可預防下腿部受傷，即使不幸受傷，也能加快恢復速度。

1 手扶椅背或其他堅固的支撐點。單腳站立，將身體重心調整至平衡板中央。向前傾斜，使平衡板前緣碰地（或盡量貼近地面）。盡可能避免膝蓋彎曲施力，專心運用腳踝的可動範圍完成動作。

2 向後傾斜，直到觸碰地面為止（或盡量貼近地面）。前傾和後傾各一次即完成一下。一開始先做五至十下，接著每週最多增加十下，總計不超過一百下為原則。

BUILD YOUR RUNNING BODY

左右運動　　技巧難度：中階、高階

這項運動有助於提升穩定性，防止內翻和外翻（腳步向內或外轉動）。

1　預備姿勢與上一個動作
　　相同，這次改朝內傾
　　斜，使平衡板邊緣地或
　　盡量貼近地面。

2　向外傾斜，直到觸碰地
　　面（或盡量貼近地面）。
　　分別內傾和外傾一次即
　　完成一下。一開始先做
　　五至十下，每週最多增
　　加十下，總計不超過一
　　百下為原則。

順時針運動　　技巧難度：中階、高階

透過順時針和逆時針的平衡板旋轉運動，進一步提升前一項平衡板運動鍛鍊而得的肌力和穩定性。

1　先將平衡板往前傾斜，使前緣碰地（或盡量貼近
　　地面），接著朝順時針方向旋轉，平衡板邊緣需
　　全程碰觸地面。旋轉一圈後，逆時針進行上述動
　　作。增加次數的規定同上一個平衡板運動。順時
　　針和逆時針各旋轉一圈即完成一下。

結締組織的阻力繩或彈力帶訓練

　　針對臀部和下腿部的阻力繩（或彈力帶）運動有利於提升肌力，協助跑者在跑步及比賽過程中維持穩定度，並保護髖關節至腳趾之間的結締組織免於受傷。務必使用適合個人肌力和體能狀況的阻力繩或彈力帶。以下運動使用的 Thera-Band 阻力繩和彈力帶具有八種阻力重量，分別以不同顏色標示。每個動作之間，記得保留二、三分鐘的恢復時間。

側向跨步　　技巧難度：所有程度

　　在提升髖外展肌的肌力和穩定性，側向跨步是不錯的運動。下腿部結締組織受傷，大多起因於虛弱無力的髖關節。這項運動適合使用阻力繩或彈力帶。

1　將阻力繩套在膝蓋上方（阻力最小）、膝蓋下方（阻力適中）或腳踝處（如圖所示，阻力最大）。膝蓋微彎，雙腳與臀同寬。

2　一腳往側邊跨步，拉緊阻力繩以產生大量阻力（跨步距離依所能承受的合理阻力大小而定）。接著，處於原地的一腳向跨出的一腳靠攏，恢復成一開始的姿勢。重複上述側跨動作，朝同一方向移動三至六公尺，然後再反方向移動。每個方向各做一組，之後再逐漸拉長移動距離。

怪獸走路　　技巧難度：所有程度

怪獸走路可訓練髖屈肌、髖伸肌和髖外展肌，是一個全面提升臀部肌力的鍛鍊方式。這項運動適合使用阻力繩或彈力帶。

1　將阻力繩套在膝蓋上方可減少阻力，調整到膝蓋下方（如圖所示）則阻力較大。膝蓋微彎，雙腳與臀同寬。雙臂自然下垂放在身體兩側。

2　朝右前方四十五度的方向跨步，膝蓋保持彎曲，手臂垂放於身體兩側。接著朝左前方四十五度的方向跨步。左右交替，持續前進三至六公尺，之後再逐漸拉長移動距離。

拉力走／拉力跑　　技巧難度：所有程度

藉由拉力走和拉力跑，動力鏈可獲得扎實的全面訓練，這也是增強膝蓋肌力（尤其是前十字韌帶）不可或缺的運動。

1　將低阻力的阻力繩綁在門擋上（或門把等其他堅固物體），另一端綁在腰間的皮帶上。背對門擋站立。

2　往前步行或慢跑幾步，感受到身後的拉力時，順著力量往後步行／慢跑回到一開始的位置。重複上述步驟直到疲勞為止（千萬別拖著疲累的身體硬撐）。

倒退拉力走／拉力跑　　技巧難度：所有程度

倒退拉力走和拉力跑，可延續前進拉力走／拉力跑的效果，持續鍛鍊膝蓋（尤其是前十字韌帶）的肌力。

1. 將低阻力的阻力繩綁在門擋上（或門把等其他堅固物體），另一端綁在腰間皮帶上。面對門擋站立。

2. 往後步行或慢跑幾步，感受到阻力時，面對同一方向，讓阻力繩將你拉回一開始的位置。重複上述步驟直到疲勞為止。

拉力跳躍　　技巧難度：中階、高階

拉力跳躍是較具爆發力的拉力走／拉力跑，能對動力鏈的調適能力和膝蓋肌力（尤其是前十字韌帶）產生更大的刺激。

1. 將低阻力的阻力繩綁在門擋上（或門把等其他堅固物體），另一端綁在腰間的皮帶上。背對門擋站立。

2. 運用爆發力單腳向前彈跳（跳躍），用另一腳著地。接著，以落地的那一腳往後跳，回到一開始的位置。重複上述步驟直到疲勞為止，然後換腳重複上述動作。

拉力側跳　　技巧難度：中階、高階

拉力側跳是較具爆發力的側向跨步。如同這項運動的其他變化型一樣，拉力側跳也能鍛鍊動力鏈的調適能力和膝蓋肌力（尤其是前十字韌帶）。

1　將低阻力的阻力繩綁在門擋上（或門把等其他堅固物體），另一端綁在腰間的皮帶上。側對門擋站立

2　用離門擋最近的那腳往側邊跳躍（遠離門擋），以另一腳著地，接著跳回一開始的位置。重複上述步驟直到疲勞為止，然後換腳重複上述動作。

髖關節內收　　技巧難度：所有程度

跑者時常忽視髖關節內收肌力，經過這項運動訓練後，從跨步到著地的過程中，髖關節便能輕鬆保持穩定。

1　將彈力帶綁在門擋上（或其他與腳踝同高的穩固物體）。雙腳站立，把彈力帶套在靠近門擋那一腳的腳踝上，另一腳稍微往後站。一手扶著穩固物體，維持身體平衡。

2　膝蓋打直，套著彈力帶的那腿往內側拉，越過另一腿，然後緩慢回到一開始的位置。重複上述步驟直到疲勞為止（千萬別拖著疲累的身體硬撐），接著換腳重複上述動作。

BUILD YOUR RUNNING BODY

踝關節背屈　　技巧難度：所有程度

踝關節背屈（腳掌朝脛骨拉）訓練對預防脛前疼痛極為有效。

1　坐姿，一腳平放地面伸直，另一腳膝
　蓋彎曲。將彈力帶套在腳掌上緣，另
　一端綁在穩固的物體上。如有需要，
　可在阿基里斯腱下方墊塊毛巾。一開
　始，腳尖先朝前方翹起。

2　腳掌往脛骨的方向回拉。達到背屈動
　作的極限時，腳掌緩慢回到原來的位
　置。重複上述步驟直到疲勞為止，然
　後換腳重複上述動作。

踝關節蹠屈　　技巧難度：所有程度

踝關節蹠屈（腳掌往前推）訓練有助於治療及預防內脛疼痛（脛骨內側疼
痛，又稱為後脛肌腱炎）。

1　坐姿，一腳伸直，另一腳膝蓋彎曲。將彈力帶套在腳掌上，另一端用手抓牢。

2　腳掌往前壓。達到蹠屈動作的極限時，腳掌緩慢回到原來的位置。重複上述步驟直到
　疲勞為止（千萬別硬撐），然後換腳重複上述動作。

踝關節內旋　　技巧難度：所有程度

這是預防及治療內脛疼痛（脛骨內側疼痛）的最佳運動。

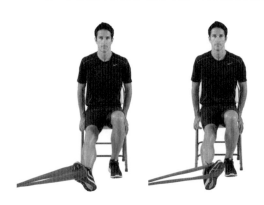

1　坐在椅子上，彈力帶一端綁在門擋或其他與腳踝同高的穩固物體上，另一端套在腳掌有弧度的那側（內側）。

2　腳掌往內側拉，動作只局限在下腿部，膝蓋保持伸直。腳掌達到最大可動範圍時，緩慢回到原來的位置。重複上述步驟直到疲勞為止，然後換腳重複上述動作。

變化型：把閒置的那一腳，跨到預備訓練的另一腳上方，一手拉緊彈力帶，用閒置的那隻腳保持穩定（如右圖）。

踝關節外旋　　技巧難度：所有程度

腳踝扭傷後，可利用踝關節外旋運動加強肌力，平時也能用來預防受傷。

1　坐在椅子上，彈力帶一端綁在門擋或其他與腳踝同高的穩固物體上，另一端套在腳掌外側。

2　腳掌往外側拉，記得動作只局限在下腿部，膝蓋保持伸直。腳掌達到最大可動範圍時，緩慢回到原來的位置。重複上述步驟直到疲勞為止，然後換腳重複上述動作。

變化型：你可以一手拉緊彈力帶，用閒置的那腳保持穩定（如左圖所示）。

弓箭步訓練

　　雖然第五章已介紹過弓箭步，但還有兩種弓箭步訓練是治療許多髖關節和膝關節問題的絕佳良方。就像大多數訓練結締組織的動作一樣，這些運動也能鍛鍊整個動力鏈。每項運動之間，務必預留二、三分鐘的恢復時間（若有必要也能自行延長）。

弓箭步走路　　技巧難度：中階、高階

此動作可同時鍛鍊耐力和肌力，提升跑步的穩定度。

1　雙腳站立，手臂自然垂放於身體兩側。

2　向前跨一大步，膝蓋彎曲下蹲，直到大腿幾乎平行地面，前腳膝蓋維持在腳掌上方。從這個弓箭步姿勢，改換後腳往前跨出一大步，再度形成弓箭步。一開始先以弓箭步的方式前進六至九公尺，之後再逐漸拉長距離（有些運動員甚至可以走到一百公尺遠）。

變化型：前進時，雙手可以拿顆藥球（medicine ball）往前伸直，有助維持姿勢。

時鐘弓箭步　　技巧難度：中階、高階

　　時鐘弓箭步可從所有角度鍛鍊肌力和穩定性。這項運動最好在墊子上進行，可用膠帶貼成「米」字標示方向。

1　雙腳站立在米字中心點，手臂自然垂放於身體兩側。

2　往「十二點鐘方向」跨一步，膝蓋彎曲下蹲，使大腿與地面平行（做一下弓箭步）。

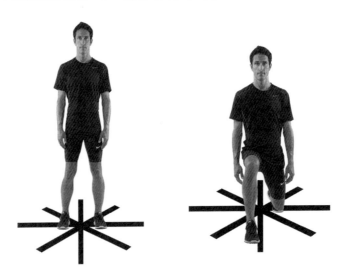

3　向後跨一步，回到原來的位置。

4　現在，依序朝「各整點方向」跨步，連續做弓箭步，也就是向前、斜前、側向及後方，以此類推。過程中，身體一律面向前方，不必隨弓箭步的方向改變而轉向。每腳輪流做一至兩組。

瑜伽滾輪訓練

瑜伽滾輪的重點，在於盡量達到深層組織按摩的功效。這是單人版肌筋膜放鬆術，目的是釋放筋膜緊繃的張力，紓解筋膜、肌肉和皮膚之間的黏附現象。每個肌群滾動六十至九十秒，做一至兩次即可。以下由唐雅示範。

腿後側肌

先從腿後側肌開始做起，藉此舒緩緊繃感之後，便能放鬆小腿和下背，以利下一項運動發揮更大功效。

1　坐姿，瑜伽滾輪放在膝蓋下方。雙手置於身後，支撐身體重量。

2　臀部抬離地面，雙腿往前伸直。

3　滾輪一路滾到臀部，然後往下回到膝蓋。

小腿

這是舒緩小腿（腓腸肌和比目魚肌）很棒的方法，可緩解肌肉僵硬、痠痛以及緊繃所造成的疼痛和壓力。

1　將瑜伽滾輪放在前方地板，接著雙腳小腿跨放到滾輪上。雙手保持放在身後，支撐身體重量。

2　臀部抬離地面，滾輪往膝蓋滾。

3　反轉方向，朝腳踝的方向往下滾。

髂脛束

　　髂脛束從臀部沿著腿和膝蓋外側一路延伸下來。許多跑者都曾有過髂脛束緊繃的經驗，通常會導致膝蓋或臀部外側疼痛，髖關節也可能產生異常聲響。此動作是有助於髂脛束保持放鬆的絕佳方法。

1　側躺，將瑜伽滾輪放在臀部下方。上側腳的膝蓋彎曲，跨過另一腳垂放到地上，腳掌平貼地面。下側前臂和另一手的手掌也應平放於地面上。

2　利用腳掌、手肘和手掌的力量推拉身體，使滾輪保持在腿部外側，並在髖關節和膝蓋之間來回輕柔滾動。過程中，腹肌持續用力，全身保持一直線。

變化型：若要提高壓力，可以交疊雙腳。若有某些部位特別緊繃，可縮短滾動距離，增加來回的頻率。

股四頭肌

　　股四頭肌（大腿肌）容易在坡道跑（尤其是下坡跑）和快速跑時受到損傷。這項運動是保養股四頭肌的極佳方法，讓肌肉在吸收衝擊力道後獲得紓解。

1　臉朝下俯臥，瑜伽滾輪放在股四頭肌下方，兩手前臂撐在地面上。

2　以手臂和手肘的力量推動滾輪，滾動範圍控制在股四頭肌上端到膝蓋上方。

變化型：若要提高壓力，可以交疊雙腳。若有某些部位特別緊繃，縮短滾動距離，增加來回頻率。

臀肌

以滾輪滾動臀肌，是紓解梨狀肌（臀肌中位於坐骨神經上方的小塊肌肉）壓力的極佳方法，坐骨神經平時累積的壓力也能因而獲得釋放。

1 坐在瑜伽滾輪上，雙腳向前伸直。雙手置於身後撐住上半身。

2 以滾輪來回滾動臀肌。

> 變化型：交疊雙腳，每次只集中滾動單側。如果瑜伽滾輪表面具有凸紋設計，也能利用凸起處對梨狀肌施壓，達到類似指壓點療法（pressure point therapy）的效果。

下背

對不少跑者來說，下背緊繃會導致步伐和穩定性受限。最後紓解下背的緊繃張力，可為瑜伽滾輪運動畫下完美句點。

1 坐姿，身體後傾，使下背靠著瑜伽滾輪。利用雙手穩定姿勢，雙腳平放在地上。

2 腳踝向下施力，抬起臀肌。身體下放，以手肘撐住地面，藉此穩定姿勢，接著透過彎曲及伸直膝蓋的方式控制動作，使滾輪在下背部來回滾動。

主動單一肌群伸展法

　　此伸展法可強化肌力、擴大可動範圍，同時又能避免觸發牽張反射（肌肉延伸二、三秒後自然產生的保護性收縮現象），使肌肉肌腱部位以更安全、更有效率的方式延展。以下訓練菜單由菲爾・沃頓（Phil Wharton）精心編排，他曾與數位奧運選手和世界記錄保持人共事，若需更多資訊及伸展運動的影片示範，請上菲爾的個人網站（whartonhealth.com）。

　　執行 AIS 時，請牢記以下原則：

1. **活化肌肉**：針對要伸展的肌肉收縮其反向肌肉，利用收縮動作將伸展的肌肉推到最大可動範圍，以達到放鬆伸展肌肉的目的。只有進入伸展尾聲時，才需借助伸展繩微幅增加延展距離。

2. **獨立伸展**：使用適當的姿勢和技巧，鎖定目標肌肉徹底伸展。

3. **別維持姿勢**：AIS 前半部份通常動作很快，但隨著愈來愈接近可動範圍的極限，動作逐漸放緩。由於牽張反射在伸展二至三秒後發生，因此避免維持伸展姿勢，讓肌肉回到起始位置。

　　練習以下 AIS 運動時，身體兩側各做十下就已足夠。無論個人程度如何，這都是安全有效的訓練份量，為了保險起見，新手在前兩週還是控制訓練量和強度為佳。接下來的五項伸展運動，除了適合單獨施行之外，也可以搭配其他運動，組成連貫的訓練課程。

腿後側肌 AIS

　　伸展時，專注以股四頭肌的力量抬腿。只有進入伸展尾聲，才需借助伸展繩微幅增加可動範圍。

1　仰躺在地，頭下墊個枕頭。非伸展腳彎曲，預備伸展的那一腳平放在地上。將伸展繩套在伸展腳的足弓上。

2　吸氣，以股四頭肌的力量抬起要伸展的那一腳，骨盆盡量放低貼地，利用伸展繩推進到最大可動範圍。別維持伸展姿勢。吐氣，把腳放回到開始的位置。重複十次，然後換腳。

小腿（腓腸肌）AIS

對於預防阿基里斯腱受傷和小腿痠痛，擴大小腿的可動範圍可說相當重要。腓腸肌是小腿的大塊肌肉。

1 坐姿，一腳往前伸直，另一腳彎曲。將伸展繩套在前腳掌上。

2 使用脛骨正面（外側）的肌肉，將腳掌往脛骨的方向拉（踝關節背屈）。利用伸展繩協助伸展，以達到最大可動範圍之後，立刻放鬆肌肉，回到一開始的位置。重複十次，然後換腳。

變化型：

1 將腳掌往內側旋轉，以便鎖定外側小腿肌，接著重複上述步驟。

2 完成這個變化型之後，可繼續將腳掌往外側旋轉，並重複上述步驟。

股四頭肌 AIS

伸展股四頭肌有助於增加每一步的可動範圍，並減少髖關節和膝蓋結締組織所承受的張力。

1 側躺在地，下方的腿彎曲（以伸展繩加以固定），抬起的那腿也彎曲，然後用手抓住脛骨底部。

2 利用臀肌和腿後側肌群的力量，將上方的腿往後拉。屆臨最大可動範圍時，手可稍微施力協助伸展（別過度伸展，以免下腹部痠痛）。運動過程中，骨盆盡量保持前推，以免背部受傷。回到一開始的位置。重複十次，然後換腳。

臀肌 AIS

　　緊繃的臀肌和髖關節是拉大步幅的兩大阻礙，也是腿部受傷的兩大主因。這個動作可促進穩定性和肌力。

1 仰躺在地上，右腳伸直，左腳彎曲。

2 腹肌出力，將左膝蓋往右側肩膀方向拉。右手握住脛骨外側底部，左抓住大腿外側。屆臨最大可動範圍時，手可稍微施力協助伸展。切記別過度伸展。回到一開始的位置。重複十次，然後換腳。

軀幹伸直肌（下背）AIS

　　下背緊繃會使步幅大受影響、速度大打折扣，花一分鐘緩解肌肉張力，可成就好幾個小時的跑步樂趣。

1 坐姿，雙腳彎曲，腳跟置於身體前方，兩腳張開稍微比肩膀寬。

2 利用腹部力量將上半身往前拉，同時雙手下滑至腳踝，下巴內收朝向胸部，最後頭部停在膝蓋之間。在屆臨可動範圍極限時，雙手稍微施力，協助加大可動範圍。別維持姿勢，立刻回到一開始的位置。重複十次，然後換腳。

居家型預防運動後受傷訓練

有些跑者缺乏時間或器材，無法在跑步後從事較為複雜的結締組織運動。以下這套運動就是這些跑者夢寐以求的解決辦法。關於預防足底筋膜炎、阿基里斯腱退化、脛骨肌腱炎、下背痛等疑難雜症，這份快速訓練菜單可提供所需要的功效。無論跑者程度如何，這些運動安全又有效。

以下由克利斯丁・庫興莫瑞（Christian Cushing-murray）示範所有動作，他是最近一位跑進四分鐘的一英里跑者，也是目前長青田徑錦標賽一千五百公尺項目（四十五至四十九歲年齡分組）的全國記錄保持人。接下來的七項運動（從腳趾拉浴巾到白日夢者）屬於同一連續訓練的項目。

腳趾拉浴巾

這項運動是預防足底筋膜炎的簡易方法。足底筋膜炎發作時，腳跟或足弓通常會感覺疼痛，但時常被誤認為是瘀青所造成。

1　赤腳坐在椅子上，浴巾平鋪在前方地板另一端用重物壓住，以產生些微阻力。腳跟著地，利用腳趾蜷曲的力量拉動浴巾，將其聚積在足弓下（或腳跟後方），直到拉回整條浴巾為止。重複一至兩次。

腿部訓練

這些簡單的腿部運動可加強腳踝的穩定性，有助於預防脛前疼痛和足底筋膜炎，進行時力求動作流暢，不需太過費力，切勿拉緊肌肉。

1　軌道繞行（Orbits）：仰躺在地上，一腳伸直，腳趾朝上，另一腳抬高，彎曲九十度。雙手支撐抬起的腿，然後大腿以順時針方向旋轉十圈，再以逆時針方向旋轉十圈。過程中避免動到腳踝和腳掌。

2　踩油門（Gas Pedals）：預備姿相同，腳掌先朝脛骨的反方向延伸（蹠屈），接著往脛骨方向拉回（背屈）。每腳各做十下。做動作 1、2 時，可改用腳掌寫英文字母或數字一到十，取代上述步驟。

拇指彈琴

拇指彈琴是鍛鍊足弓肌力的簡單動作，也是預防足底筋膜炎的一時之選。

1 赤腳站立，雙腳與臀同寬。豎起雙腳大拇指，其餘四隻腳趾同時下壓。

2 接著交換動作，大拇指下壓，抬起其餘腳趾。先從數下開始，之後再逐漸拉長至三十秒或更長。

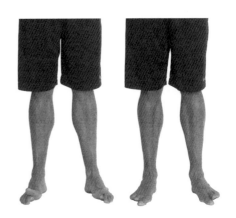

坐姿腳趾彈琴

預防脛前疼痛的良方。

1 坐在椅子上，雙腳彎曲九十度，腳掌平貼地面。

2 快速重複腳趾抬起、放下的動作，腳跟保持放在地上，直到脛骨外側肌肉感覺「發燙」為止。這項運動可持續數秒鐘到二、三分鐘。建議至少可做一組。

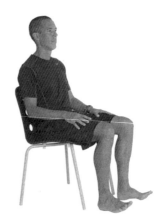

下階梯

這項運動對加強髖屈肌的肌力相當有效，也能鍛鍊髖關節和膝蓋的穩定性。此外，對於預防膝蓋受傷及復健也是很棒的方法。

1　左腳站在階梯或低的台階上，身體保持平衡。右腳膝蓋微彎，雙腳膝蓋對齊。

2　臀部下蹲，重心保持在左腳。支撐體重的左膝務必與腳掌呈一直線。右腳懸空，小腿角度應與脊椎平行。下蹲腳尖能夠碰到後方地面即可。

3　接著，支撐身體的左腳伸直，順勢將右腳往前帶動，右膝蓋抬到身體前方（模仿向前跨步的動作）。運動過程中，著地的腳掌保持平貼地面。每腳各做五至十下。

腳跟點水

這是小腿的離心運動，常用於預防阿基里斯腱退化和復健。雖然可以增強小腿肌力，但其主要效益在於促進肌腱內部的活動。

1　站在台階或階梯上，腳跟懸空，利用腳掌力量支撐身體重量。手扶椅背或其他穩固物體，以維持平衡。將重心移到其中一腳，該腳緩慢下放，直到可動範圍的極限為止。

2　雙腳同時施力，將身體撐高，然後重複上述動作。這個運動的效益來自緩慢下放腳跟的動作。一開始，每腳各做二至五下，之後再逐漸增加至十五、二十下。新手可改在平地執行腳跟點水的運動。若要治療肌腱退化病變，每腳各做十五下，一共三組，每天最多兩回，持續三個月。隨著肌力增強，可考慮負重做這個動作。

白日夢者

　　想舒緩下背壓力，做幾分鐘白日夢者動作是最棒的一種方法，這也是本訓練的最後一個動作。

1　仰躺在地，雙手放在身體兩側，手掌大約與腰同高，小腿跨放在椅子上。膝蓋保持九十度彎曲，過程中支撐腳掌以免朝兩邊翻轉。全身放鬆，緩慢深呼吸。維持這個姿勢五至十分鐘，其他什麼動作都「不要」做。

第七章

鍛鍊心血管系統，提高氧氣輸送效率

「心血管」一詞已和耐力訓練劃上等號，大多數跑者認為這是調整體能狀況的開端。你可能納悶，為什麼這一章才介紹心血管系統。首先，鍛鍊跑步體魄時，不是一次只針對一種組成要素訓練，而是同時提升各方面機能；再者，要改善心血管功能，不需要直接鎖定心血管系統訓練，心血管系統愈來愈健康，是因為身體對於能量燃料的需求提高，而第五章和第六章介紹的運動都能達到這個目標。

跑步時，心血管是負責輸送能量燃料的系統，穩定供應氧氣、能量（例如碳水化合物、蛋白質和脂肪）、水分和荷爾蒙，使身體可以正常運作。不過，心血管系統還扮演了清道夫的角色，將二氧化碳、酸性氫離子，甚至熱能等體內廢棄物送到排放的地方。

想提升跑步表現，必須同時改善體內燃料供應和廢棄物處理的能力。幸運的是，心血管系統奉守供需法則，也就是說，如果跑步時體內需求提高，心血管系統就會增加供應。屆時，你的心血管系統會從古羅馬的輸水道，轉變成二十一世紀高效能自來水供應系統，並配備強力抽水站和綿延數公里的強化管線。

什麼是心血管系統？

簡單來說，心血管系統是一組血液配送系統，不過這種說法就像形容政府是統治系統一樣，過於簡化。事實上，心血管系統由生物的基本供需架構組成，涵蓋範圍難以估量。

這套系統以心臟為引擎，每天跳動十萬下，送出將近兩千加侖血液。它擁有長約六萬英里的血管，可環繞地球兩圈半，是地球與月球距離的四分之一。它還擁有二十至三十兆個紅血球（RBC），藉此將氧氣輸送到體內為數一百兆個細胞。

這還是訓練前的狀況。如果你玩過大富翁，可以把訓練想像成一口氣買下「心血管地產」的房子和旅館，而這筆投資終將賺回巨額報酬，包括心臟機能提升、血管長度增加，以及紅血球數量上升。

身為跑者，你應當將心血管系統視為氧氣輸送系統。訓練和比賽過程中，此系統的首要之務，就是將氧氣從肺部輸送至骨骼肌和心肌細胞。本章將探討心血管系統的三個主要部分：

▶心臟

▶血管

▶血容量

由於心血管系統輸送的氧氣由肺部（呼吸系統的一部分）所供應，因此也會簡單介紹並探討強化這些部位的訓練策略。

新手指導

跑者非得跑到氣喘吁吁，心血管機能才會獲得提升，因此想改善心血管系統，必須增加其耗用大宗（也就是肌肉）的長期需求才行。要是跑步太激烈，一心只想擁有「燃燒」的快感，將超出心血管系統運送氧氣的能力。如此一來，你很快就會感到疲倦，心血管系統的運作也開始減緩，代表改善幅度不會太顯著。

訓練面面觀

跑步會降低安靜心率嗎？

長距離跑者的心率普遍偏低，每秒心跳四十幾到五十幾下，都算是長期跑步的正常現象，更有少數人的每秒心跳數不到三十下，頂多稍微超過三十下而已。

但是，每個人的心率都會因為訓練而下降嗎？

就大多數人而言，答案是肯定的，不過基因和訓練類型都會影響心率減少的幅度。比較跑壇兩位傳奇人物就能知曉其中差異。吉姆‧萊恩（Jim Ryun）是美國一英里項目的前世界記錄保持人，他的安靜心率（resting heart rate）是每秒六十下；反觀一九六〇年代寫下十七項世界記錄的澳洲長跑選手榮恩‧克拉克（Ron Clarke），安靜心率只有二十八下。他們兩人都相當精實強健，但克拉克每秒心跳數卻不到萊恩的一半！

想了解兩人之間的差異，必須先知道心率下降的原因。跑步時，負責將血液送到全身的左心室（心臟左下方腔室）會愈來愈強壯（有氧健身教練的腹肌就是因為每天持續不斷的核心訓練而塊塊分明）。由於這個緣故，心臟每跳動一下，就能送出更多血液。靜止時，每個人的心臟大約能擠出五公升血液，但隨著每下跳動能輸送更大量的血液，心臟必須減少跳動次數，以維持五公升的輸送血量。未經訓練的心臟需要跳動六十至一百下才能送出這麼多血液，但訓練過的心臟只需收縮四十五至五十五下就能辦到。

當然，跑步時，心臟輸送的血液遠超過五公升。這時就需要考量到另一項因素：最大心律（maximum heart rate），亦即心臟每分鐘能夠跳動的最多次數。心臟每分鐘能送出的最大血液量取決於一個簡單公式：每下心跳擠壓出的血量（心搏量，需實驗室協助才能算出來，你只需了瞭解概念即可）乘以最大心率，公式列出如下：

心搏量×最大心率=每分鐘最大血液輸出量

多數人的最大心率大概等同於二二〇（每分鐘心跳數）減去年齡。

以三十歲的人為例，最大心率預計落在一百九十下左右（二二〇減三〇）。最大心率由基因決定，無法透過訓練加以改變，因此兩個三十歲的人比賽跑步，理論上，安靜心率較低的人（也就是心搏量較大），心臟會輸出較多血液，為運動中的肌肉供應更多氧氣，在比賽中較有優勢。

回到萊恩和克拉克的例子。萊恩算是特例，他在二十幾歲時，據說最大心率高達兩百二十至兩百三十下，即使心搏量維持在平均值，但總輸出量還是相當驚人。相較之下，克拉克擁有正常的最大心率，因此心搏量必須提高，才能輸出世界級競賽所需的血流量，尤其長距離跑需要的能量幾乎來自於有氧系統，更是需要大量血液才行。克拉克的心臟因而被迫大幅調整，萊恩的心臟則不需太過調適。

除非你是像萊恩一樣的怪胎，否則心率大概都會下降；但除非你是克拉克這種異類，不然也不會減少到每分鐘二十八下。

心血管訓練

訓練心血管系統必須仰賴大量跑步嗎？答是的話，恭喜你猜對了。在第五章中，你學會使用不同配速來訓練不同類型的肌纖維，同樣地，你也需要用不同配速來鍛鍊特定的心血管功能。在為了增強肌力而做的前幾趟跑步（或步行）中，你的心血管訓練已經啟動，現在該是以此為基礎繼續加強了。你必須同時提高訓練量和強度，能達到此目的幾種訓練包括：

▶間歇訓練：短距離、加速重複跑，中間穿插休息時間

▶五公里／十公里山路與跑道訓練：以五公里或十公里比賽的配速重複跑，中間穿插休息時間

▶巡航間歇跑：以能維持一小時的配速重複跑，中間穿插休息時間

▶節奏跑：以半馬或全馬的配速單次跑，中間不休息（十至四十分鐘）

▶長跑：占每週里程二〇%至二五%的長距離跑

上述各種訓練都需遵照特定的難度要求（通常以配速來定義）。提高任一

種訓練的份量或強度不會為你帶來任何優勢，反倒有可能打亂應有的刺激，破壞身體的調適能力。

心臟

　　自從人類感覺到胸口的心跳開始，「心」在詩人和哲學家的想像中便占據了很重要的位置。古埃及人認為心臟是裝載靈魂的容器；亞里斯多德宣稱，心臟是智慧和感覺所在；一三一一年，天主教會在維也納議會聲稱心臟是情緒、營養和活力的泉源；幾百年後，心臟有了愛情搖籃這個新定義；十七世紀哲學家與數學家笛卡爾（舉世名言「我思故我在」就是出自於他）宣稱，心臟不過是依循機械原理運作的機器。經過幾百年的訓練實驗後，當初笛卡爾口中的簡單機器（由特殊心肌組織構成、可跳動一輩子的器官）到了現代跑者的觀念中，已變成推動體適能演化的引擎。

　　心臟的位置靠近胸部中央，藏在肺部中間後方，約握緊的拳頭大小，可分為四個腔室（上半部兩個心房，下半部兩個心室），外觀有如雙拼式房屋一般。心臟右心房接收從身體回流的缺氧血，輸送至下方心室後，接著擠壓打入肺部；左心房則接收肺部重新充氧的血液，輸送至左心室後，隨即打入主動脈（身體最大的動脈），接著輸送至全身各處。

　　正常成人的心臟每分鐘大約可跳六十至一百下，每跳動一次會伴隨著「噗通」的聲音。「噗」代表血液流入心室後，心房與心室之間的瓣膜關閉；而「通」則是血液擠壓入肺部並輸送到主動脈後，心房瓣膜關閉的聲音。人的一生中，心臟總共會打出一百萬桶左右的血液，足可填滿一般大小的油輪！

　　心臟訓練的目標相當簡單明確：提升心臟輸出血液的能力。

心輸出量

　　心臟一分鐘可以輸出的血液稱為心輸出量（cardiac output）。輸出的血液愈多，代表運送到肌纖維的氧氣愈豐富。這能提高肌纖維的耗氧能力，對於耐力訓練和比賽可說是重要關鍵。心輸出量取決於兩個因素：

▶心搏量：心臟每跳一下所輸出的血液量

▶心率：心臟每分鐘跳動的次數

表 7-1　5 公里／10 公里的心輸出量

5 公里時間	10 公里時間	心輸出量（公升/分）*
靜止		4.5–5.5
14:00	29:10	30.5–36.5
15:00	31:15	28.3–34.0
16:00	33:20	26.4–31.7
17:00	35:25	24.8–29.8
18:00	37:30	23.4–28.0
19:00	39:35	22.1–26.5
20:00	41:40	20.9–25.1
21:00	43:45	19.8–23.8
22:00	45:50	18.9–22.7
23:00	47:55	18.0–21.6
24:00	49:60	17.2–20.7
25:00	52:05	16.5–19.8
26:00	54:10	15.8–19.0
28:00	58:20	14.6–17.6
30:00	1:02:30	13.6–16.3
32:00	1:06:40	12.7–15.3
34:00	1:10:50	11.9–14.3
36:00	1:14:60	11.2–13.5
38:00	1:19:10	10.6–12.7
40:00	1:23:20	10.0–12.0
42:00	1:27:30	9.5–11.4

表 7-1 根據 5 公里／10 公里的時間提供心輸出量的概略值。從左欄找到你跑完 5 公里或10 公里的時間對照右欄的心輸出量預估值。心輸出量指心臟每分鐘輸出的血液容量。

*體重會導致些微差異，故以範圍表示。

第二部 鍛鍊跑步的體魄：調校九個跑步身體機能

若把心搏量乘以心率，得到的結果稱為心輸出量。在靜止狀態下，一般人的心臟每分鐘輸出五公升血液；跑步時，心輸出量會大幅提高。表 7-1 依照以不同配速跑完五公里／十公里的時間推估心輸出量。

　　若希望提升跑步表現（不論訓練或比賽），務必設法提高心輸出量，也就是增加心搏量或心率。可惜的是，最大心率（心臟一分鐘可以跳動的最多次數）已由基因決定，無法改變，如此便只剩下提高心搏量一途了。好消息是，心搏量可以透過後天努力改善，而且進步幅度驚人！

心搏量

　　心搏量指任一心房輸出的血液量，健康成人的兩個心房輸出量大致相等。不過，對跑者而言，將血液輸送至全身的左心房才是重點（右心房只負責與肺部之間的短距離往來輸血）。提高心搏量，等同於增加能夠輸送至肌肉的血液（以及氧氣），這能透過以下兩種方法達成：

▶撐大心房腔室：跑步時，挹注至左心房的血液增加，促使心房外擴。外擴幅度愈大，代表身體必須多加調適，撐大心房，每次跳動才能輸出更多血液。這種適應能力，在長距離跑者身上比中程跑者更明顯，大概是因為長距離跑者的訓練時間更長的緣故。

▶增強收縮力道：血液流入促使左心房外擴，表示當心臟跳動時，收縮力道也會隨之加大。就某些方面而言，這就像是阿基里斯腱和筋膜的彈性回縮，不過在心臟中，則是改由心肌和結締組織在心房外擴後產生回彈。但這不是完全回彈，其收縮力道會牽涉到神經和肌肉（心房外壁肌肉因此增厚，但不像自行車、划船和獨木舟選手明顯）。

　　間歇訓練是提高心搏量的首選。沃德馬‧蓋施樂博士和漢斯‧任德爾醫師在一九三〇年代提出間歇訓練概念，這是一種快速、短距離反覆跑的訓練方式，每趟之間安排「間歇」的慢跑或步行，以便恢復體力後繼續下一趟訓練。

　　間歇訓練的目的，是在反覆跑步的過程中推升心率，然後在恢復活動時放緩心臟跳動的速率。雖然跑步促使血流量增加很重要，但真正的關鍵在於間歇

的恢復時間。這段期間，心率下降的速度比同時間的血流量更快，迫使心房必須容納更多血液，使心搏量短暫上升。經過多趟反覆跑之後，這樣的刺激會促使身體調適，進而提高心搏量。

　　心搏量是決定跑步表現的關鍵之一。體適能欠佳的跑者，在慢跑時就已達到最大心搏量；反觀經過訓練的跑者，他們的心搏量可支應五公里甚至更快的配速，如此便創造了相當大的氧氣量優勢。

　　訓練心臟時，心臟會產生體內組織最擅長的反應：調適。你的心肌纖維會變大、心臟的結締組織更為強壯、心房體積增加、心搏量提升，最後安靜心率下降（詳見一四三頁「跑步會降低安靜心率嗎？」）。

血管

　　血管是人體供應線，全年無休運送氧氣、營養、荷爾蒙和水分供體內細胞使用。大形血管——動脈，從心臟輸送富含氧氣的血液，一路從主動脈、分支到較小的動脈，接著進入更細的小動脈（arteriole），最後抵達身體最小的血管，也就是微血管（capillaries）。微血管極其細小，紅血球必須單行通過。經由微血管，血液才能送抵肌纖維，為肌肉供應氧氣和營養，同時吸收二氧化碳和其他廢棄物。接著，微血管將血液導入小靜脈、流入靜脈，返回心臟。

新手指導

　　間歇訓練是提高心搏量的最佳途徑。以一千五百尺至三公里的配速間歇跑三十至九十秒，即可獲致相當顯著的成效。若以三公里至五公里，甚至十公里的配速進行距離稍長的反覆跑，效果一樣明顯（詳見一五八至一六七頁）。上坡重複跑（詳見一七四頁）也能提供很棒的刺激。

BUILD YOUR RUNNING BODY

心臟病、發炎、馬拉松

如果跑者心臟病發作，就像引領跑步風潮的先驅吉姆・費克斯（Jim Fixx）在跑步訓練後心臟病突發猝死，這是偶然的意外新聞；如果跑者在馬拉松途中因為心臟病發而不幸喪命，像近年來芝加哥和倫敦馬拉松的情形一樣，這算得上是重大意外新聞；但當《華爾街日報》將挑戰長距離跑和享用起司漢堡相提並論，認為跑步會「提高心房顫動（atrial fibrillation）和冠狀動脈疾病的風險」，可說是一種健康隱憂，這時各地跑者便紛紛停下腳步予以關注：我們自知不是金剛不壞之身，但我們相信自己健康得很！

面對最近這類對於跑步運動的疑慮，跑者應該如何回應？就此將跑鞋束之高閣？還是斷然揮別跑步，改從事較不費力的休閒活動，例如閱讀《華爾街日報》？在決定前，不妨先聽聽專家的意見。

二〇一二年的《新英格蘭醫學期刊》（The New England Journal of Medicine）中，研究人員鎖定二〇〇〇年至二〇一〇年舉辦的馬拉松和半程馬拉松賽事，查驗一千零九十萬名馬拉松參賽者的心臟病病史。研究發現，平均每十八萬四千名參賽者中，就有一位曾經心臟病發作，而這五十九人當中，四十二名未能倖免於難。這的確令人難過，但相較於其他運動的死亡率，馬拉松的風險只有鐵人三項的五分之一、大學田徑競賽的六分之一。

如果這仍無法讓你安心，那麼二〇一三年的全國跑者健康研究報告（National Runners Health Study）的分析結果必定可以。該項研究追蹤三萬兩千零七十三名跑者以及一萬四千七百三十四名步行者，前後長達六年，結果發現，每週至少跑上四十公里的人，其心律不整的現象比較不運動的人還要少。

事實上，由於跑步，我們發生嚴重心臟疾病的機率減少了百分之五十，因為跑步並非心臟病發的肇因，心臟病本身才是心臟病發作的原因。那造成心臟病的原因呢？多年來，膽固醇一直飽受責難，但二〇一二年的統合分析報告（一百七十位研究人員整理了十九萬名受試

者資料）指出，發炎才是罪魁禍首。哈佛醫學院與布里翰婦女醫院（Brigham and Women's Hospital，位於波士頓）在二〇〇六年的研究也得到相同結論：「愈來愈多證據證實，發炎在心血管疾病的各個發展階段皆占有不容忽視的核心地位，從一開始的機能損傷，乃至於末期的血栓併發症皆然。」

換言之，發炎（不是間歇）才是造成動脈病變日益嚴重的主因。那你知道對抗發炎的妙方是什麼嗎？沒錯，正是跑步。快速流動的血液可保護動脈，免於發生動脈粥樣硬化（atherosclerosis）。除此之外，二〇一一年的北歐研究發現，生理狀態愈健康，全身發炎的機會愈低。

所以，繼續跑步吧！如果還是擔心馬拉松的風險，培養五公里或十公里的跑步習慣也不賴。

微血管區域

每間倉庫都有裝卸貨平台（貨物裝卸區域），由源源不絕的貨運車隊來往運輸貨物。微血管床（capillary bed）就是肌纖維的裝卸貨平台，而紅血球則是人體內的貨運卡車。在這些區域中，血液中的氧氣會替換成二氧化碳，營養則換成體內廢棄物。

最重要的一點是：微血管愈多愈好。各部位肌纖維的微血管愈多，供應的氧氣也愈充足（帶走的二氧化碳和廢棄物也愈多）。表 7-2 便推估程度不同的多位跑者體內的微血管總數。你會發現，隨著跑者速度愈快，每種肌纖維類型的微血管密度預估值也愈高。

BUILD YOUR RUNNING BODY

表 7-2　各種肌纖維的平均微血管數

5 公里時間	10 公里時間	慢縮	中縮	快縮
14:00	29:10	5.6	4.2	2.8
15:00	31:15	5.4	4.0	2.7
18:00	37:30	4.5	3.4	2.2
21:00	43:45	3.6	2.7	1.8
24:00	50:00	2.8	2.1	1.4
27:00	56:15	1.9	1.4	0.9
30:00	1:02:30	2.2	1.7	1.1
34:00	1:10:50	1.9	1.5	1.0
38:00	1:19:10	1.7	1.3	0.8
42:00	1:27:30	1.5	1.1	0.8

表 7-2 根據 5 公里／10 公里的完成時間，推估各種肌纖維的相關微血管數目。先從左欄找到你的 5 公里／10 公里完跑時間，對照右欄各類型肌纖維，即可知道微血管的預估數量。

　　第一週訓練過程中，體內會開始長出新的微血管，但只限於訓練所徵召的肌纖維部位。騎自行車或許對心臟有益，但沒用到的肌纖維周圍不會生成新的微血管。相同道理，如果只訓練短距離慢速跑，只有慢縮肌纖維附近會增生微血管，快縮肌纖維不受影響。刺激微血管生長有以下五種方法：

1. **增加肌纖維收縮：**可以提高收縮量（次數）、收縮速率（纖維收縮的速度）或雙管齊下。長跑是涉及大量收縮的訓練項目，間歇跑有助於提升收縮速率，而節奏跑能同時達到兩種效果。

2. **增加血流速度：**血液快速流動使微血管承受龐大壓力，而當壓力達到臨界點，便會迫使微血管分裂或生出新的微血管。

3. **增加微血管壁的壓力：**微血管壁持續處於緊繃狀態下，其直徑容易擴大。

4. **提高配速，使其超過有氧閾值：**以稍微高於有氧能量供應速率的配速跑步，可提供微血管增生所需的刺激。有效的訓練方式，包括五公里配速間歇跑（高階跑者），以及十公里配速間歇跑（跑步新手）。

5. **增加體內的乳酸鹽：**乳酸鹽增加可刺激微血管生長，本書第九章和第十章將深入探討。

唯有提高微血管的生長能力，才能確保心搏量獲得改善，增加氧氣供應量。

容易得到的，也容易失去

跑者之間經常耳聞體能狀態很難提升之類的怨言，只要稍微鬆懈，累積的成果一下子就會消失殆盡。很不幸地，微血管也一樣。一旦停止訓練，即使短短七天，就會失去所有新的微血管。就算只是減少訓練量或降低強度，以原有訓練量和強度鍛鍊而得的新微血管也會因而消逝。簡單來說，只要減緩血流速度，微血管就會跟著減少。

談到微血管增生，必須先知道一件事：運動過於激烈會破壞微血管。訓練就像烤蛋糕，不會因為加入兩倍的麵粉和三倍的鹽，就烤出更美味的蛋糕。同理可證，若未依照課程編排鍛鍊，擅自增加間歇訓練量或提高配速，通常只會適得其反。

新手指導

鍛鍊微血管需要針對不同類型的肌纖維，施以不同的訓練量和配速刺激。巡航間歇跑（詳見一六八頁）和節奏跑（詳見一七〇頁）是促進慢縮肌纖維微血管生長的絕佳訓練；若是快縮肌纖維的微血管，速度較快的間歇跑和上坡重複跑（詳見一五八至一六七頁，以及一七四頁）的效果一樣好。訓練微血管的額外好處，在於粒線體（詳見第八章）也會受到相同刺激，可謂一舉兩得。其實無論採取哪種訓練，所有血管都會變得更有彈性。

血液

心血管系統包括血液，會隨訓練而日漸改善。完成首次跑步訓練後，不出幾小時或幾天，你就能感覺到第一項改變：血漿容量增加。血漿一增加，血液黏性（阻力）便會下降，使血液更容易在血管中流動，尤其是微血管。

即便所有跑步活動都能改善血液量，不過二〇一二年紐西蘭研究指出，在炎熱的天氣下訓練，可大幅提升血漿容量和跑步表現，前提是身體必須輕微脫水（不超過百分之二的程度），才能徹底彰顯功效。《跑者世界》專欄作家艾力克斯·哈金森（Alex Hutchinson）在部落格「揮汗科學」（Sweat Science）中提到，這類研究凸顯出「讓身體經歷訓練帶來的壓力非常重要，不必一味避免身體出現的不適感……將水瓶留在家裡可能會是不錯的作法。」

表 7-3　靜止狀態下的總血量

體重（磅）	男性			女性		
	未訓練	已訓練	菁英跑者	未訓練	已訓練	菁英跑者
250	8.9	10.5	12.2	6.7	7.8	9.1
225	8.0	9.4	11.0	6.0	7.1	8.2
200	7.1	8.4	9.3	5.3	6.3	7.3
175	6.2	7.3	8.5	4.7	5.5	6.4
150	5.3	6.3	7.3	4.0	4.7	5.5
125	4.4	5.2	6.1	3.3	3.9	4.6
100	3.6	4.2	4.9	2.7	3.1	3.7
75	2.7	3.1	3.7	2.0	2.4	2.7

表 7-3 主要根據體重和相對的體適能程度，推估體內概略血量（以公升為單位）。從表格左欄找到最接近的實際體重，對照右欄的性別／體適能程度，即可知道體內血量。

認識紅血球

紅血球數量增加可說是血液的另一項重要適應能力。紅血球可攜帶身體所需百分之九十八的氧氣，而身體能排出二氧化碳，紅血球也功不可沒。氧氣從肺部進入紅血球後，會與富含鐵質的血紅素分子結合，而這些鐵質正是紅血球（和血液）呈現紅色的原因。增加紅血球數量，可讓血液輸送更多氧氣。

紅血球容量的擴張速度比血漿慢，前者可能需要幾週甚至幾個月，而後者只需要幾天。即使運動造成的損傷，使紅血球預期生命週期從一百二十天縮短至七十天左右，整體而言，紅血球容量仍呈現上升趨勢。

各種原因都可能造成紅血球損傷，從接觸氧氣（產生氧化壓力）到「足部衝擊引起紅血球破裂」（foot-strike hemolysis，例如雙腳碰撞人行道導致紅血球損壞），即便如此，極少跑者深受真正的貧血所苦（除了血漿擴充速度快於紅血球的短暫時間之外，這種現象有時稱為「運動貧血」），而紅血球的生成速度也會很快超越每秒兩百萬個紅血球的正常速率。

一九九五年，澳洲體育學院（Australian Institute of Sport）研究指出，跑者體內的紅血球生命週期縮短其實也有助益：「這或許算得上是優點，因為新生成的細胞在輸送氧氣時更有效率。」

新手指導

所有類型的跑步多少都會推升血漿容量，而在炎熱天氣下訓練的效果尤其顯著（詳見第十章，二三〇頁）。若想順利增加紅血球數量，飲食是很重要的一環，你需要攝取充足的鐵質才行（詳見第二十二章的「十五種富含鐵質的食物來源」，四三二頁）。有氧訓練可促進紅血球容量提高，不過其中原理依然不明。

肺

肺屬於呼吸系統一部分，也是氧氣進入心血管系統的入口。重要的是，肺的機能也可以經由訓練提升！

人體的肺不像氣球，並非只是兩個空心的腔室隨著呼吸而反覆充氣和洩氣。相反地，肺的內部具有海綿般的質地，布滿複雜的支氣管與小支氣管（空氣流通的管道）網路，通往稱為肺泡的微小空氣囊袋。肺部有多少肺泡呢？各有三億至八億個。肺泡包覆在微血管中，而血液就是在這裡卸除二氧化碳、攜帶氧氣。光是肺泡、微血管和紅血球的龐大數量，就足以解釋為何吸菸者在大肆破壞肺部組織後，血液中仍然含有氧氣。

訓練肺部的方法是加強呼吸肌。吸氣時，橫隔膜和外肋間肌會隨之收縮，

訓練面面觀

什麼是違規輸血？

　　所謂違規輸血（blood doping），是指長距離跑者藉由輸血提升表現的一種手段，藉此增加最大有氧容量。

　　傳統的違規輸血有兩種方法，第一種，運動員在比賽前幾週或幾個月抽出兩品脫（約〇‧九四公升）左右的血液，促使身體補充流失的血量。到了比賽前一到兩天，運動員再將之前抽出來的血液重新注射回體內，藉此急遽增加身體中的血量（包括紅血球）。由於這會拉高血液濃度和血量，因此血凝塊、心臟病和中風的風險也會隨之增加。第二種方法更危險，因為跑者必須注入其他運動員的血液。除了第一種方法的風險之外，還可能導致病毒感染，甚至血型不合等更嚴重的問題。這兩種手法都能促進血液攜氧的能力。

　　七〇到八〇年代，盛傳芬蘭的主力跑步選手違規輸血，其中卡拉‧瑪寧卡（Kaarla Maaninka）坦承作弊，而馬蒂‧瓦尼奧（Martti Vainio）在參加一九八四年奧運時，疑似將遭受感染的血液注射回體內，且類固醇檢測結果呈陽性反應。至於奧運好手拉瑟‧維倫（Lasse Viren）至今仍備受質疑。最新的案例是近年來名聲掃地的自行車選手阿姆斯壯（Lance Armstrong），他承認密謀違規輸血，涉及在飯店房間內祕密輸血。

　　近年來，以合成方式補充荷爾蒙紅血球生成素（EPO），以及使用其他紅血球生成刺激劑成為違規輸血的新選擇。

進而擴張胸部，降低胸腔的壓力，使肺部充滿空氣；反之，放鬆上述肌肉時，空氣便能吐出。當你在激烈訓練或比賽中發狂似地奔跑（有些跑者戲稱為大口吸氣），身體便需動用腹肌和內肋間肌等其他呼吸肌，協助加快吐氣速度。

　　呼吸肌愈強壯，不僅可以減少吸氣時身體承受的壓力，還能降低消耗的能量。靜止時，呼吸大約會消耗百分之一的能量；劇烈跑步時，這項數據可能會上升至百分之九。若能減少百分之幾的消耗量，這些節省下來的能量就可留給

身體其他部位，供應跑步所需。訓練呼吸肌是可行的辦法。二〇一一年，一項針對耐力型自行車手的研究發現，呼吸調節訓練可讓呼吸肌的肌力增加百分之三十四，而呼吸肌耐力也會因此提升百分之三十八。

新手指導

訓練呼吸肌必須仰賴快速跑（像中等至高強度的間歇跑）或特殊器材，例如呼吸訓練器（詳見一七六頁）。

表 7-4　各種運動的訓練效果

訓練	心搏量	血容量	紅血球	肺部 （肌肉）	微血管 （慢縮）	微血管 （中縮）
1,500 公尺配速 間歇跑	很高	中	中	很高	低	很高
3 公里配速 間歇跑	很高	很高	高	高	中	高
5 公里配速 間歇跑	高	很高	高	高	中	高
10 公里配速 間歇跑	高	高	中	中	高	中
巡航間歇跑	中	高	中	中	很高	中
快節奏跑	中	高	中	中	很高	中
慢節奏跑	中	高	中	中	很高	中
長跑	中	中	中	中	高	中
上坡重複跑	高	中	中	很高	低	很高
正常跑	中	中	中	中	中	中
輕鬆跑	低	中	低	低	中	低
呼吸 訓練器	很低	無	無	很高	無	無

表 7-4 從心血管系統的不同面向檢視各種訓練的效果。例如，上坡重複跑對訓練中縮纖維的微血管相當有效，可大幅提高微血管數量，但這對慢縮肌纖維的微血管成效不彰，因為這類肌纖維需仰賴時間更長的跑步訓練（例如節奏跑）才能刺激微血管，提高其密度。

心血管系統的訓練菜單簡介

心血管系統訓練包括間歇跑和節奏跑，在大多數跑者認知中，這些訓練都與比賽狀態的調整有關。本章示範教學的重要訓練項目如下：

▶間歇訓練

▶上坡重複跑

▶五公里／十公里重複跑

▶五公里公路和山路重複跑

▶巡航間歇跑

▶快節奏跑

▶慢節奏跑

▶長跑

▶呼吸肌訓練器

其他章節中，影響心血管系統改善效果的訓練項目包括：

▶輕鬆跑（第五章）

▶長距離跑（第五章）

▶各種交叉訓練（第九章）

若想了解這些訓練項目如何與你的整體訓練計畫結合，請直接參考第十五章「規劃訓練菜單」該章提供範例供所有體能水準和能力的跑者使用。

BUILD YOUR RUNNING BODY

心血管系統的訓練菜單——專家示範教學

跑步訓練

第五章介紹了一些基本跑步訓練，包括加速跑、輕鬆跑，甚至部分上坡跑訓練。隨著你開始挑戰鍛鍊心血管系統，是時候採取強度更高的訓練了。下列由葛蕾絲示範各項訓練的正確跑步方式和姿勢。為了協助你更輕鬆瞭解訓練重點，每項跑步訓練都會包括以下資訊：

1. 配速表，以輔助你找到合適的強度。
2. 訓練本身的指導說明。
3. 身體可預期的調適狀況。
4. 建議的恢復時間：恢復間歇時間附在表格下方，以時間長度為單位，例如 1:1 代表恢復時間與重複跑時間相同，1:1/2 則代表恢復時間只需重複跑的一半。

一千五百公尺配速訓練

一千五百公尺配速的費力程度，等同於跑一英里的難度。有鑑於大多數跑者尚未參加過一千五百公尺或一英里競賽，配速表以五公里配速為基準，推估一千五百公尺的對等表現。

如果不清楚自己完成五公里所需的時間，請參考五十一頁的預估原則。一千五百公尺配速的建議適合兩百公尺、三百公尺、四百公尺和六百公尺重複跑，不建議用於超過六百公尺的訓練。一千五百公尺配速訓練可提升：

▶ 心搏量：一千五百公尺配速重複跑是提高心搏量的寶貴訓練。

先跑三十至九十秒推升心率，然後在恢復時間中，迅速放慢速度（可步行）。

一開始先跑八至十趟，跑步和恢復時間各三十秒，之後如果體能允許的話，可自行增加趟數（並延長時間）。依疲勞的程序決定何時停止。

▶ 微血管增生：一千五百公尺配速重複跑，可增加中縮和快縮肌纖維四周的微血管數量。較長距離的重複跑（四百至六百公尺）效果最好。

▶ 非心血管機能調適能力：一千五百公尺配速重複跑可增強呼吸肌的肌力（肺部）。

若以一千五百公尺配速重複跑更長的距離，可提升收縮速度較快肌纖維中的粒線體密度（第八章），而這些肌纖維中的單羧基運輸蛋白（MCT，詳見第九章）也會隨之增加。

若想提高一千五百公尺／一英里比賽的跑步經濟性（第十一章），可採取恢復時間為 1:2 的四百公尺重複跑。若是為了提升無氧能力（第十章），則可將兩百至四百公尺的重複跑列入訓練項目。

BUILD YOUR RUNNING BODY

1500 公尺配速訓練表

5 公里 時間	1,500 公尺 時間	重複跑配速				
		600 公尺	400 公尺	300 公尺	200 公尺	100 公尺
14:00	3:49	1:32	1:00	0:46	0:31	NA
14:30	3:57	1:35	1:03	0:47	0:32	NA
15:00	4:05	1:38	1:05	0:49	0:33	NA
15:30	4:13	1:41	1:08	0:51	0:34	NA
16:00	4:21	1:45	1:10	0:52	0:35	NA
16:30	4:30	1:48	1:12	0:54	0:36	NA
17:00	4:38	1:51	1:14	0:56	0:37	NA
17:30	4:46	1:54	1:16	0:57	0:38	NA
18:00	4:54	1:58	1:18	0:59	0:39	NA
18:30	5:02	2:00	1:21	1:01	0:40	NA
19:00	5:10	2:04	1:23	1:02	0:41	NA
19:30	5:19	2:07	1:25	1:04	0:43	NA
20:00	5:27	2:11	1:27	1:05	0:44	NA
20:30	5:35	2:14	1:29	1:07	0:45	NA
21:00	5:43	2:17	1:32	1:09	0:46	NA
21:30	5:51	2:21	1:34	1:10	0:47	NA
22:00	5:59	2:24	1:36	1:12	0:48	NA
22:30	6:08	2:27	1:38	1:14	0:49	NA
23:00	6:16	2:30	1:40	1:15	0:50	NA
23:30	6:24	2:34	1:42	1:17	0:51	NA
24:00	6:32	2:37	1:45	1:18	0:52	NA
24:30	6:40	2:40	1:47	1:20	0:53	NA
25:00	6:50	2:43	1:49	1:22	0:55	NA
26:00	7:05	2:50	1:53	1:25	0:57	NA
27:00	7:21	2:57	1:58	1:28	0:59	NA
28:00	7:38	NA	2:02	1:32	1:01	0:30
29:00	7:54	NA	2:06	1:35	1:03	0:32
30:00	8:10	NA	2:11	1:38	1:05	0:33
31:00	8:27	NA	2:15	1:41	1:08	0:34
32:00	8:43	NA	2:19	1:45	1:10	0:35

33:00	8:59	NA	2:24	1:48	1:12	0:36
34:00	9:16	NA	2:28	1:51	1:14	0:37
35:00	9:32	NA	2:33	1:54	1:16	0:38
36:00	9:48	NA	2:37	1:58	1:18	0:39
37:00	10:05	NA	2:41	2:01	1:21	0:40
38:00	10:21	NA	2:46	2:04	1:23	0:41
39:00	10:37	NA	2:50	2:07	1:25	0:42
40:00	10:54	NA	2:54	2:11	1:27	0:44
41:00	11:10	NA	2:59	2:14	1:29	0:45
42:00	11:26	NA	NA	2:17	1:32	0:46

訓練：恢復（時間）＝1:1 或 1:2

以 1500 公尺配速練習重複跑的最長持續時間，單趟建議不要超過 3 分鐘。

三公里配速訓練

此訓練是大多數跑者最接近最大攝氧量的訓練難度。配速表採用五公里配速為基準，以此推估三公里的對等表現，並據此建議兩百公尺、四百公尺、六百公尺、八百公尺和一千公尺的重複跑配速。如果不清楚自己完成五公里所需的時間，請參考五十一頁的預估原則。不建議搭配超過一千公尺的重複跑。三公里配速重複跑可提升：

▶ 心搏量：先跑三十至九十秒推升心率，然後在恢復時間中，迅速放慢速度（可步行）。一開始先跑八至十趟，體能允許的話，可自行增加趟數、時間。依疲勞程序決定何時停止。

▶ 微血管：有利於增加中縮肌纖維四周的微血管數量。較長距離的重複跑（八百至一千公尺）效果最好。

▶ 血液：對提升血容量相當有效，紅血球數量也能顯著增加。同樣地，建議採取較長距離的重複跑。

▶ 非心血管機能調適能力：提升中縮肌纖維的粒線體密度（第八章），也能提高一千五百公尺至十公里比賽的跑步經濟性（第十一章）。

3 公里配速訓練表

5 公里時間	3 公里時間	重複跑配速				
		1,000 公尺	800 公尺	600 公尺	400 公尺	200 公尺
14:00	8:09	2:43	2:11	1:38	1:05	0:33
14:30	8:27	2:49	2:15	1:41	1:08	0:34
15:00	8:44	2:55	2:20	1:45	1:10	0:35
15:30	9:02	3:00	2:25	1:48	1:12	0:36
16:00	9:19	3:07	2:29	1:52	1:15	0:37
16:30	9:37	3:12	2:34	1:55	1:17	0:39
17:00	9:54	3:18	2:39	1:59	1:19	0:40
17:30	10:12	3:24	2:43	2:02	1:22	0:41
18:00	10:29	3:30	2:48	2:06	1:24	0:42
18:30	10:47	3:36	2:53	2:09	1:26	0:43

BUILD YOUR RUNNING BODY

19:00	11:04	3:41	2:57	2:13	1:29	0:44
19:30	11:22	3:47	3:02	2:16	1:31	0:45
20:00	11:39	3:53	3:07	2:20	1:33	0:47
20:30	11:57	3:59	3:11	2:23	1:36	0:48
21:00	12:14	NA	3:16	2:27	1:38	0:49
21:30	12:32	NA	3:20	2:30	1:40	0:50
22:00	12:49	NA	3:25	2:34	1:43	0:51
22:30	13:07	NA	3:30	2:37	1:45	0:52
23:00	13:24	NA	3:34	2:41	1:47	0:54
23:30	13:42	NA	3:39	2:44	1:50	0:55
24:00	13:59	NA	3:44	2:48	1:52	0:56
24:30	14:17	NA	3:48	2:51	1:54	0:57
25:00	14:34	NA	3:53	2:55	1:57	0:58
26:00	15:09	NA	NA	3:02	2:01	1:00
27:00	15:44	NA	NA	3:09	2:06	1:03
28:00	16:19	NA	NA	3:16	2:11	1:05
29:00	16:54	NA	NA	3:23	2:15	1:08
30:00	17:29	NA	NA	3:30	2:20	1:10
31:00	18:04	NA	NA	3:37	2:25	1:12
32:00	18:39	NA	NA	3:44	2:29	1:15
33:00	19:14	NA	NA	3:51	2:34	1:17
34:00	19:49	NA	NA	3:58	2:39	1:19
35:00	20:24	NA	NA	NA	2:43	1:22
36:00	20:59	NA	NA	NA	2:48	1:24
37:00	21:34	NA	NA	NA	2:53	1:26
38:00	22:09	NA	NA	NA	2:57	1:29
39:00	22:43	NA	NA	NA	3:02	1:31
40:00	23:18	NA	NA	NA	3:07	1:33
41:00	23:53	NA	NA	NA	3:11	1:36
42:00	24:28	NA	NA	NA	3:16	1:38

訓練：恢復（時間）＝ 1:1

以 3 公里配速練習重複跑的最長持續時間，單趟建議不要超過 4 分鐘。

五公里配速訓練

對於競賽型跑者來說，五公里配速訓練是訓練計畫不可或缺的一部分。配速表採用五公里配速為基準，據此建議兩百公尺、四百公尺、八百公尺、一千公尺和一千六百公尺（比一英里少十碼）的重複跑配速。如果不清楚自己完成五公里所需的時間，請參考五十一頁的預估原則。不建議搭配超過一千六百公尺／一英里的重複跑。五公里配速重複跑可提升：

▶心搏量：若搭配距離較短的重複跑，五公里配速的效果可說相當顯著。無論是十六至二十趟兩百公尺還是四百公尺，搭配重複跑時間百分之五十到百分之百的恢復運動，就是很棒的心搏量訓練。

▶微血管：利於增加中縮肌纖維四周的微血管數量。大量或較長距離的重複跑效果最好。

▶血液：對提升血容量相當有效，紅血球數量也能顯著增加。同樣地，建議採取較長距離的重複跑。

▶非心血管機能調適能力：提升中縮肌纖維中的粒線體數量（第八章），並加快肌纖維的收縮速度（第十一章），此外也能提高三千公尺至半馬比賽的跑步經濟性（第十一章）。

5 公里配速訓練表

5 公里時間	重複跑配速				
	1,600 公尺	1,000 公尺	800 公尺	400 公尺	200 公尺
14:00	4:29	2:48	2:14	1:07	0:34
14:30	4:38	2:54	2:19	1:10	0:35
15:00	4:48	3:00	2:24	1:12	0:36
15:30	4:58	3:06	2:29	1:14	0:37
16:00	5:07	3:12	2:34	1:17	0:38

BUILD YOUR RUNNING BODY

16:30	5:17	3:18	2:38	1:19	0:40
17:00	NA	3:24	2:43	1:22	0:41
17:30	NA	3:30	2:48	1:24	0:42
18:00	NA	3:36	2:53	1:26	0:43
18:30	NA	3:42	2:58	1:29	0:44
19:00	NA	3:48	3:02	1:31	0:46
19:30	NA	3:54	3:07	1:34	0:47
20:00	NA	4:00	3:12	1:36	0:48
20:30	NA	4:06	3:17	1:38	0:49
21:00	NA	4:12	3:22	1:41	0:50
21:30	NA	4:18	3:26	1:43	0:52
22:00	NA	4:24	3:31	1:46	0:53
22:30	NA	4:30	3:36	1:48	0:54
23:00	NA	4:36	3:41	1:50	0:55
23:30	NA	4:42	3:46	1:53	0:56
24:00	NA	4:48	3:50	1:55	0:58
24:30	NA	4:54	3:55	1:58	0:59
25:00	NA	5:00	4:00	2:00	1:00
26:00	NA	5:12	4:10	2:05	1:02
27:00	NA	NA	4:19	2:10	1:05
28:00	NA	NA	4:29	2:14	1:07
29:00	NA	NA	4:38	2:19	1:10
30:00	NA	NA	4:48	2:24	1:12
31:00	NA	NA	4:58	2:29	1:14
32:00	NA	NA	5:07	2:34	1:17
33:00	NA	NA	5:17	2:38	1:19
34:00	NA	NA	NA	2:43	1:22
35:00	NA	NA	NA	2:48	1:24
36:00	NA	NA	NA	2:53	1:26
37:00	NA	NA	NA	2:58	1:29
38:00	NA	NA	NA	3:02	1:31
39:00	NA	NA	NA	3:07	1:34
40:00	NA	NA	NA	3:12	1:36
41:00	NA	NA	NA	3:17	1:38
42:00	NA	NA	NA	3:22	1:41

訓練：恢復（時間）＝ 1:1 或 1:½

以 5 公里配速練習重複跑的最長持續時間，單趟建議不要超過 5 分 20 秒。

十公里配速訓練

　　相較於五公里配速訓練，十公里配速訓練是強度較低的替代方案。配速表採用五公里配速為基準，以此推估十公里的對等表現，並建議四百公尺、八百公尺、一千公尺和一千六百公尺的重複跑配速。如果不清楚自己完成五公里所需時間，請參考五十一頁的預估原則。不建議搭配超過兩千公尺的重複跑（未列入表中）。十公里配速重複跑可提升：

▶微血管：鍛鍊中縮和慢縮肌纖維四周的微血管數量。大量或較長距離的重複跑效果最好。

▶血液：刺激血量提升，紅血球數量也能顯著增加。

▶心搏量：推升心搏量的較低強度替代方案，不過效果略遜於一千五百公尺至五公里配速重複跑。

▶非心血管機能調適能力：提升慢縮肌纖維中的粒線體數量（第八章，中縮肌纖維的改善程度略差）和中縮肌纖維中的單羧基運輸蛋白（第九章），並加快肌纖維的收縮速度（第十一章），此外也能提高五公里至半馬比賽的跑步經濟性（第十一章）。

10 公里配速訓練表

5 公里時間	10 公里時間	重複跑配速			
		2,000 公尺	1,600 公尺	1,000 公尺	800 公尺
14:00	29:10	5:50	4:40	2:55	2:20
14:30	30:12	6:02	4:50	3:01	2:25
15:00	31:15	6:15	5:00	3:07	2:30
15:30	32:17	6:27	5:10	3:14	2:35
16:00	33:20	6:40	5:20	3:20	2:40
16:30	34:22	6:52	5:30	3:26	2:45

17:00	35:25	7:05	5:40	3:32	2:50
17:30	36:27	7:17	5:50	3:39	2:55
18:00	37:30	NA	6:00	3:45	3:00
18:30	38:32	NA	6:10	3:51	3:05
19:00	39:35	NA	6:20	3:57	3:10
19:30	40:37	NA	6:30	4:04	3:15
20:00	41:40	NA	6:40	4:10	3:20
20:30	42:42	NA	6:50	4:16	3:25
21:00	43:45	NA	7:00	4:22	3:30
21:30	44:47	NA	7:10	4:29	3:35
22:00	45:50	NA	NA	4:35	3:40
22:30	46:52	NA	NA	4:41	3:45
23:00	47:55	NA	NA	4:47	3:50
23:30	48:57	NA	NA	4:54	3:55
24:00	50:00	NA	NA	5:00	4:00
24:30	51:02	NA	NA	5:06	4:05
25:00	52:05	NA	NA	5:12	4:10
26:00	54:10	NA	NA	5:25	4:20
27:00	56:15	NA	NA	5:37	4:30
28:00	58:20	NA	NA	5:50	4:40
29:00	1:00:25	NA	NA	6:02	4:50
30:00	1:02:30	NA	NA	6:15	5:00
31:00	1:04:35	NA	NA	6:27	5:10
32:00	1:06:40	NA	NA	6:40	5:20
33:00	1:08:45	NA	NA	6:52	5:30
34:00	1:10:50	NA	NA	7:05	5:40
35:00	1:12:55	NA	NA	NA	5:50
36:00	1:15:00	NA	NA	NA	6:00
37:00	1:17:05	NA	NA	NA	6:10
38:00	1:19:10	NA	NA	NA	6:20
39:00	1:21:15	NA	NA	NA	6:30
40:00	1:23:20	NA	NA	NA	6:40
41:00	1:25:25	NA	NA	NA	6:50
42:00	1:27:30	NA	NA	NA	7:00

訓練：恢復（時間）＝ 1:½

*以 10 公里配速練習重複跑的最長持續時間，單趟建議不要超過 7 分 7 秒。

巡航間歇訓練

巡航間歇跑等同於強度較低的十公里配速重複跑，或是強度稍高的節奏跑。配速表採用五公里配速為基準，以此推估四百公尺、八百公尺、一千公尺、一千兩百公尺和一千六百公尺的巡航間歇跑配速。如果不清楚自己完成五公里所需的時間，請參考五十一頁的預估原則。不建議單趟訓練超過八分鐘。巡航間歇跑可提升：

▶ 微血管：對可增加慢縮和中縮肌纖維四周的微血管數量。

▶ 血液：巡航間歇跑提升血容量相當有效，紅血球數量也能顯著增加。

▶ 非心血管機能調適能力：可提升慢縮肌纖維中的粒線體數量（第八章），以及中縮和慢縮肌纖維中的單羧基運輸蛋白（第九章）。這通常是混合間歇跑之中，「速度較慢」的間歇部分（第八章示範教學）。

巡航間歇訓練表

5 公里時間	重複跑配速				
	2,000 公尺	1,600 公尺	1,200 公尺	1,000 公尺	800 公尺
14:00	6:07	4:54	3:40	3:04	2:27
14:30	6:20	5:04	3:48	3:10	2:32
15:00	6:32	5:13	3:55	3:16	2:37
15:30	6:44	5:23	4:02	3:22	2:42
16:00	6:56	5:33	4:10	3:28	2:47
16:30	7:09	5:43	4:17	3:34	2:51
17:00	7:21	5:53	4:25	3:40	2:56
17:30	7:33	6:02	4:32	3:47	3:01
18:00	7:45	6:12	4:39	3:53	3:06

18:30	7:57	6:22	4:46	3:59	3:11
19:00	8:09	6:32	4:54	4:05	3:16
19:30	8:22	6:41	5:00	4:11	3:21
20:00	8:34	6:51	5:08	4:17	3:25
20:30	8:46	7:00	5:15	4:23	3:30
21:00	8:58	7:10	5:23	4:29	3:35
21:30	9:10	7:20	5:30	4:35	3:40
22:00	9:22	7:29	5:37	4:41	3:45
22:30	9:34	7:39	5:44	4:47	3:50
23:00	9:46	7:49	5:51	4:53	3:54
23:30	9:58	7:58	5:59	4:59	3:59
24:00	10:10	8:08	6:06	5:05	4:04
24:30	10:22	8:17	6:13	5:11	4:09
25:00	10:34	8:27	6:20	5:17	4:13
26:00	10:57	8:46	6:34	5:29	4:23
27:00	11:21	9:05	6:49	5:41	4:32
28:00	11:45	9:24	7:03	5:52	4:42
29:00	12:08	9:43	7:17	6:04	4:51
30:00	12:32	10:01	7:31	6:16	5:00
31:00	12:55	10:20	7:45	6:28	5:10
32:00	13:19	10:39	7:59	6:39	5:20
33:00	13:42	10:58	8:13	6:51	5:29
34:00	14:06	11:16	8:27	7:03	5:38
35:00	14:29	11:35	8:41	7:14	5:48
36:00	14:52	11:54	8:55	7:26	5:57
37:00	15:15	12:12	9:09	7:38	6:06
38:00	15:39	12:31	9:23	7:49	6:15
39:00	16:02	12:49	9:37	8:00	6:25
40:00	16:25	13:08	9:51	8:12	6:34
41:00	16:48	13:26	10:05	8:24	6:43
42:00	17:11	13:45	10:19	8:35	6:52

訓練：恢復（時間）＝1:½

從左欄中找到你跑完5公里的時間，接著對照右欄的配速練習重複跑。

節奏跑訓練

節奏跑的費力程度，正是知名教練傑克·丹尼爾所謂的「痛快」狀態。下頁節奏跑訓練表提供快、慢兩種不同配速的節奏跑建議：較快的配速約略等於半馬的配速，跑步時間應為十五至二十五分鐘；較慢的配速大概等同於馬拉松的配速，應持續二十至四十分鐘（若準備參加馬拉松，最多延長至六十分鐘）。這項訓練也能分成多次節奏間歇跑（例如兩次十分鐘或三次十分鐘，恢復期間搭配三至四分鐘慢跑）。

下頁表格同樣以五公里比賽時間為基準。如果不清楚自己的五公里比賽時間，則挑選一個可以努力維持一小時的配速（例如你在節奏跑訓練中跑了十五分鐘，而你有自信以這種速度持續跑上一小時）。節奏跑可以提升：

▶微血管：就增加慢縮肌纖維四周微血管數量的效果而言，節奏跑是最適合的訓練方式，同時促進中縮肌纖維附近微血管的增生能力。

▶血液：刺激血量增加，包括紅血球數量也會一併提高。

▶非心血管機能調適能力：增加慢縮和中縮肌纖維的粒線體數量、單羧基運輸蛋白（第九章），以及有氧酶（第十章）。此外，還能增加慢縮肌纖維的收縮速度，並改善十公里至馬拉松等距離的跑步經濟性（第十一章）。

節奏跑訓練表

5 公里時間	快節奏		慢節奏	
	1 英里	1 公里	1 英里	1 公里
14:00	5:01	3:07	5:19	3:18
14:30	5:11	3:13	5:29	3:24
15:00	5:21	3:20	5:40	3:31

BUILD YOUR RUNNING BODY

15:30	5:31	3:26	5:50	3:37
16:00	5:41	3:32	6:00	3:44
16:30	5:51	3:38	6:11	3:50
17:00	6:00	3:44	6:21	3:57
17:30	6:11	3:50	6:31	4:03
18:00	6:21	3:56	6:42	4:10
18:30	6:30	4:03	6:52	4:16
19:00	6:40	4:09	7:02	4:22
19:30	6:50	4:15	7:12	4:29
20:00	6:59	4:21	7:23	4:35
20:30	7:09	4:27	7:33	4:41
21:00	7:19	4:33	7:43	4:48
21:30	7:28	4:39	7:53	4:54
22:00	7:38	4:45	8:03	5:00
22:30	7:48	4:51	8:13	5:06
23:00	7:57	4:57	8:23	5:13
23:30	8:07	5:03	8:33	5:19
24:00	8:16	5:08	8:43	5:25
24:30	8:26	5:14	8:53	5:31
25:00	8:35	5:20	9:03	5:37
26:00	8:54	5:32	9:23	5:50
27:00	9:13	5:44	9:42	6:02
28:00	9:32	5:55	10:02	6:14
29:00	9:51	6:07	10:22	6:26
30:00	10:09	6:19	10:41	6:38
31:00	10:28	6:30	11:00	6:50
32:00	10:46	6:42	11:20	7:02
33:00	11:05	6:53	11:39	7:14
34:00	11:23	7:05	11:58	7:26
35:00	11:42	7:16	12:17	7:38
36:00	12:00	7:27	12:36	7:50
37:00	12:18	7:39	12:55	8:01
38:00	12:36	7:50	13:13	8:13
39:00	12:54	8:01	13:32	8:25
40:00	13:12	8:12	13:51	8:36
41:00	13:30	8:23	14:09	8:48
42:00	13:48	8:35	14:28	8:59

從左欄中找到你跑完 5 公里的時間,接著對照右欄的配速練習節奏跑。

長跑

在跑者的訓練菜單中，長跑可說是必備項目。每週跑一或兩次長跑（偶爾隔週跑），就能完成百分之二十至二十五的一週訓練量，其距離可能超出一般長距離跑百分之五十以上。請根據最近的五公里比賽配速，利用長跑配速表找出適合的配速。若不清楚跑完五公里所需時間，建議維持在可以聊天的速度。所有跑者都應該悉心留意身體的反應，以此作為最終的判斷依據。長跑應保持在輕鬆舒適的狀態（換句話說，長跑並非耐力競賽）。長跑具有多種好處，其中包括提升：

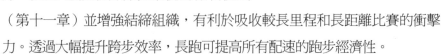

▶微血管：鍛鍊慢縮肌纖維四周的微血管。此外，由於這項訓練耗時較長，因此能確保過程中大部分的可用慢縮肌纖維都能獲得徵召，亦即微血管能夠受到全面訓練。

▶非心血管機能調適能力：可提升慢縮肌纖維中的粒線體數量（第八章），以及輸送乳酸鹽的單羧基運輸蛋白（第九章）。此外，長跑 也能改善神經系統的徵召模式（第十一章）並增強結締組織，有利於吸收較長里程和長距離比賽的衝擊力。透過大幅提升跨步效率，長跑可提高所有配速的跑步經濟性。

長跑配速表

5 公里時間	每英里配速	每公里配速
14:00	6:26–7:29	4:00–4:39
14:30	6:39–7:43	4:08 –4:48
15:00	6:51–7:58	4:16–4:57
15:30	7:04–8:12	4:23–5:05
16:00	7:16–8:26	4:31–5:14
16:30	7:28–8:40	4:39–5:23
17:00	7:41–8:53	4:46–5:31

17:30	7:53–9:07	4:54–5:40
18:00	8:05–9:21	5:01–5:49
18:30	8:17–9:34	5:09–5:57
19:00	8:29–9:48	5:16–6:05
19:30	8:41–10:02	5:24–6:14
20:00	8:53–10:15	5:31–6:22
20:30	9:05–10:28	5:38–6:30
21:00	9:16–10:42	5:46–6:39
21:30	9:28–10:55	5:53–6:47
22:00	9:40–11:08	6:00–6:55
22:30	9:52–11:21	6:08–7:03
23:00	10:03–11:34	6:15–7:11
23:30	10:15–11:47	6:22–7:19
24:00	10:27–12:00	6:29–7:27
24:30	10:38–12:13	6:36–7:35
25:00	10:50–12:25	6:44–7:43
26:00	11:12–12:51	6:58–7:59
27:00	11:35–13:16	7:12–8:15
28:00	11:58–13:41	7:26–8:30
29:00	12:20–14:05	7:40–8:45
30:00	12:42–14:30	7:54–9:00
31:00	13:04–14:54	8:07–9:16
32:00	13:26–15:18	8:21–9:31
33:00	13:48–15:42	8:34–9:45
34:00	14:09–16:06	8:48–10:00
35:00	14:31–16:29	9:01–10:15
36:00	14:52–16:52	9:14–10:29
37:00	15:14–17:15	9:28–10:43
38:00	15:35–17:38	9:41–10:58
39:00	15:56–18:00	9:54–11:12
40:00	16:16–18:23	10:07–11:26
41:00	16:37–18:46	10:20–11:40
42:00	16:58–19:08	10:32–11:53

從左欄中找到你跑完5公里的時間，接著對照右欄的配速練習長跑。

上坡重複跑

上坡重複跑同時鍛鍊肌力、體力和耐力，整體效果非其他訓練能夠比擬。找一處極具挑戰的上坡路段，但不要過於陡峭，以免無法維持適宜的步幅。通常跑者不會每趟計時，只記下第一趟結束的位置，後續的上坡跑中也避免測量時間，僅以記下的位置作為終點。適當的費力程度相當於跑一千五百公尺至三公里的距離（不是配速，因為上坡跑會隨著坡度、地形及其他因素不同而減慢速度，幅度不定，導致無法控制在固定配速，反而適得其反）。

執行此訓練時，建議套用「重複跑情境」：結束時，感覺游刃有餘，如有必要可以多跑一趟甚至兩趟。一週最多訓練一次（一個月兩至三次）即可。上坡重複跑可提升：

▶心搏量：短距離上坡重複跑（三十至四十五秒）對訓練心搏量相當有效。跑到終點後立即停下，步行十至十五秒，然後慢跑下坡回到起點。

▶微血管：對於促進中縮和快縮肌纖維的微血管增生，長距離上坡重複跑（九十至一百二十秒）是極佳方法之一。

▶非心血管機能調適能力：較長距離的上坡重複跑（九十至一百二十秒）可增加中縮肌纖維的粒線體數量（第八章）、增強肌力（第五章），並有助於調節神經系統（第十章），使身體訊號的傳遞更為強勁、有效率。

上坡重複跑

重複跑長度（秒）	重複跑訓練量（次數）	恢復時間（分）
30	10-15	1-1.5
45	8-12	1.5-2
60	6-8	2-3
90	4-6	4-5
120	4-6	4-5

上坡重複跑的正確費力程度，應相當於跑 1500 公尺至 3 公里的距離。每次完成此訓練時，都要感覺可以再多跑一至兩趟。

五公里公路和山路重複跑

若跑者希望提升體適能，又不想花心思注意配速或每趟的距離，那麼離開正規跑道，以五公里的費力程度重複跑是不錯的替代方案。

這類重複跑以分鐘為單位而非距離，難度與五公里大致相同。如果不確定跑五公里的感覺如何，可參考五十一頁的準則。恢復時間則建議輕鬆慢跑，不要選擇更激烈的運動。

如果偏好在賽季前展開越野訓練，或是不喜歡在正規跑道上訓練，這套為期十週的漸進式訓練可為首選。五公里公路和山路重複跑可鍛鍊：

▶五公里和十公里重複跑能提升的所有面向：詳見前面五公里和十公里間歇訓練的相關說明，即可瞭解完整的訓練效益。

▶不可量化的調適能力：依據費力程度和時間練習重複跑，訓練自己觀察身體的反應。

在跑道上跑步時，跑者時常決意達成目標時間，反而忽略了身體的反饋訊號，進而引起過度訓練症候群。

在公路和山路上重複跑，可讓跑者重新感覺身體狀態、增進經驗，成為一名更優秀的競賽選手。

5 公里公路和山路重複跑

進度（週數）	重複跑長度（分）	重複跑訓練量（次數）	恢復時間（分）	最大刺激（分）
1	1	6-8	2	0
2	2	8	3	0
3	3	6	3	6
4	4	4	3-4	8
5	4	5	3-4	10
6	5	4	3-4	12
7	第 7 週期間，以 20～30 分鐘的節奏跑取代重複跑。	NA	NA	NA
8	3	8	3	8
9	4	6	3-4	12
10	*混合訓練：節奏跑和 5 公里重複跑	不定	3-4	NA

*在混合訓練中，應該輪流進行節奏重複跑及5公里難度的重複跑，中間穿插恢復時間（慢跑）。混合訓練（以每趟/配速的分鐘數為單位）的例子為：3/5 公里、恢復跑、5/5 公里、恢復跑、7/節奏跑、恢復跑、3/5 公里、恢復跑、5/5 公里、恢復跑、8/節奏跑。

呼吸訓練器

　　呼吸訓練是鎖定吸氣和吐氣所需動用的肌肉（例如橫隔膜、內外肋間肌和腹肌）加以鍛鍊。呼吸肌愈強壯，愈能減少消耗的能量。照片中的 PowerLung 呼吸訓練器提供四種阻力大小，可結合跑步訓練一起使用，或是在其他訓練期間單獨使用。使用規則如下：

1. 將吸氣和吐氣的控制開關切換到「1」。
2. 將吹嘴放入嘴巴，嘴唇保護墊靠在嘴唇上。
3. 吸氣，使肺部完全吸飽空氣，約三秒鐘。
4. 閉氣兩秒，然後吐氣，以腹部肌肉將肺部所有空氣向外吐出，約三秒鐘。
5. 若需提高阻力，將吸氣或吐氣的控制開關（或兩者一起）向右轉，調整到合適的阻力為止。一開始先做數下，然後再增加至十下。

第八章

鍛鍊身體的發電站，提高最大攝氧量

心臟或許是帶動耐力訓練的引擎，但真正提供電力的其實是一種稱為粒線體的微小組織，它懸浮在肌纖維內部的膠狀空間中，雖然只有幾微米長（剛好是光學顯微鏡勉強可以看見的大小），卻是全身有氧能量的來源。

粒線體素有「細胞發電站」之稱，是人體能夠長途跑步（甚至只是閒晃到轉角的商店）的原因，而增加粒線體的數量和大小，效果將有如幫身體接上電纜一般，讓電力源源不絕。順帶一提，這些小發電站並非人體原生構造，其祖先是十億多年前入侵人體的細菌，之後便定居在人體內。

什麼是身體發電站？

　　粒線體一般稱為「細胞發電站」，因為身體每天需要的九成能量都由粒線體提供。粒線體產生的能量稱為有氧能量，意味必須耗用氧氣才能生成。如果你曾好奇心血管系統輸送到肌肉的氧氣最後何去何從，現在總算真相大白了：氧氣最終都會輸送到粒線體（第十章會深入介紹人體的能量系統）。

　　粒線體就像漂浮在肌纖維中的工廠，而且數量龐大，每個肌纖維內有數百到數千個不等的粒線體，將二十四小時不斷產生能量，如果它們的數量增加一半，甚至多出一倍，會發生什麼情況？鍛鍊出更多粒線體正是本章的目標。

身體發電站訓練

　　鍛鍊粒線體很像訓練微血管（第七章），因為這兩者時常受到相同刺激而等速成長：微血管數量增加後，便能輸送更多氧氣；相對地，粒線體必須增多、變大，才能處理更多氧氣。粒線體的訓練包括：

▶ 高強度間歇訓練

▶ 八百公尺配速重複跑

▶ 五公里／十公里山路和跑道重複跑

▶ 節奏跑

▶ 交替／混合間歇跑

▶ 跑步里程（長期訓練量）

▶ 長跑

　　鍛鍊粒線體不僅能提升有氧能量的生成能力，更代表跑步運動中的最後一塊拼圖，也就是最受矚目的指標：最大攝氧量。

新手指導

　　訓練粒線體就像增加紅血球數量或增強心臟功能一樣重要。要能徹底享受跑步樂趣，設法讓粒線體增大、變多就是關鍵。

BUILD YOUR RUNNING BODY

訓練面面觀

一舉中樂透

別被嚇到，粒線體其實不是人體原有的結構，至少一開始不是這樣。根據內共生理論（endosymbiotic theory），粒線體是很久以前細菌侵入的結果。

十億年前，地球覆蓋著大量細菌，它們剛學著呼吸氧氣，其中部分細菌（現代粒線體的祖先）侵入更大的細胞，或者說被體積更大的細胞吞噬，這些細菌就這樣一路存活至今。事實上，這些細菌很快就跟新的寄主達成共識：「允許我們永久居留下來，我們會利用呼吸氧氣的能力，提供你從未想過的充沛能量！」雙方握手達成協議。經過長久演化後，粒線體已經無法在寄主細胞以外的地方存活了。

琳恩·馬古利斯（Lynn Margulis）博士和其科學作家的兒子，即提出內共生理論的多里昂·薩根（Dorion Sagan）如此描述：「生命並非透過作戰接管地球，兩者是靠著互助網絡共存共榮。」

粒線體依然保持細菌的大小，但與其他細胞器（細胞的微小組成部分，等同於人體器官）不同的是，粒線體擁有自己的 DNA，因此能產生酵素和蛋白質。不變的是，萬一缺少寄主細胞提供燃料和氧氣，粒線體依然無法存活。對長距離跑者而言，這項互謀其利的交易划算至極，若缺少有氧能量，馬拉松簡直比登天還難。

如果你對於成為演化後的細菌寄主感到噁心，可別把這本書當成代罪羔羊，你的母親才是罪魁禍首。專家相信，粒線體 DNA 是從母親遺傳而來，因為母親的卵子含有可在後代（也就是你）體內存活下來的粒線體，而父親精子中相對稀少的粒線體，則會在完成長途競泳後自行毀滅。所以，在創下五公里和十公里的個人記錄之際，你的母親究竟是一種助力還是阻力呢？

粒線體

粒線體是跑者的珍貴財產，因為有氧能量源自於此。當然，粒線體也有其他功能，例如協助控管細胞死亡、供應製造血紅素的酵素，以及排解肝細胞中氨的毒素。但當跑者站上五公里比賽或馬拉松起跑線時，這些都不是重點。在跑步的當下，能量才是最重要的關鍵。

第七章討論的心血管系統為輸氧系統，現在來談談攝氧系統，亦即從微血管中擷取氧氣、使其進入肌纖維，然後生成有氧能量的整個過程。粒線體是這個系統的重心，在氧氣輸入後，結合其他原料，共同生產三磷酸腺苷（Adenosine Triphosphate，ATP），也就是提供肌肉動力的能量。當人體內三磷酸腺苷愈多，攝氧量愈高；而輸送的氧氣愈多，加上攝氧量升高，就能提高最大攝氧量這項指標。

如第四章所述，最大攝氧量是指身體一分鐘可以「消耗」的最大氧氣量，換句話說，也就是經過心血管系統運輸，且後續由細胞吸收的總氧氣量。靜止時，吸入體內的氧氣只有百分之二十至三十會被人體吸收。開始運動後，身體會從血液中汲取大量氧氣，供應粒線體以百分之百產能生成有氧能量，直到粒線體無法處理更多氧氣為止，這時你就達到了最大攝氧量。請參閱右頁「什麼是最大攝氧量？」更進一步認識它。

粒線體最大數量

不同類型的肌纖維具有多寡不一的粒線體，其中以慢縮肌纖維最多，快縮肌纖維最少。不過這些數量並非無法改變，就像影集《無敵金剛》（Six Million Dollar Man）中，科學情報局將主角史帝夫·奧斯汀（Steve Austin）改造成更強壯、動作更迅速的人一樣，你也可以將粒線體鍛鍊得更大、更有力，而且數量比訓練前更多。增加粒線體數量有兩種方式：

▶複製：粒線體可自行分裂，形成更多粒線體。

▶變大：個別粒線體可愈長愈大。

訓練面面觀

什麼是最大攝氧量？

最大攝氧量（VO₂ max）是運動生理學家、教練和跑步術語狂最愛的一個專業名稱，它代表什麼意思呢？顧名思義，「V」代表「量」，「O₂」代表「氧」，而「max」則是「最大」的意思，放在一起就是指身體一分鐘內可以消耗的最大氧氣量。

靜止時，身體使用氧氣的情形與最大攝氧量相差甚遠，因為身體的有氧能量需求很低。一旦開始運動後，能量需求隨即上升，心血管系統會輸送更多富含氧氣的血液到微血管，肌纖維會攝取更多氧氣，而粒線體也會使用氧氣產生更大量的有氧能量。人體內輸送的氧氣有其上限，而且只有特定容量的氧氣用於產生能量，達到該上限時，就表示達到了最大攝氧量。

雖然依體適能不同而有所差異，但大多數跑者在以維持操場五至七圈（兩千至兩千八百公尺）的最快速度跑步時，就能達到最大攝氧量。換句話說，任何快於最大攝氧量的配速（例如八百公尺或一英里），所需要的能量會超過身體以有氧方式產生的量，到時將需要更多以無氧方式製造的能量。相對地，慢於最大攝氧量的配速（例如十公里或馬拉松），則幾乎可以全數仰賴有氧能量。事實上，馬拉松使用的能量有百分之九十九都是來自有氧能量！以下兩種方式可以測量最大攝氧量：

▶依體重估算的耗氧量：以每公斤體重在每分鐘內可以消耗的氧氣毫升數為單位（mL/kg/min），每公斤約等於二‧二磅。環法自行車賽三屆冠軍葛雷格‧雷蒙德（Greg LeMond）的最大攝氧量為九二‧五 mL/kg/min，未經訓練的男性則大約介於四〇～四五 mL/kg/min。

▶絕對耗氧量：這是每分鐘消耗的氧氣總量。英國划船選手馬修‧平森特爵士（Sir Matthew Pinsent）是連續四屆奧運金牌得主，他的最大攝氧量記錄為每分鐘七‧五公升，超越歷史上所有自行

車手、跑者或越野滑雪選手，但若以體重計算的話，他的最大攝氧量只有區區六八 mL/kg/min 而已。將近一百一十公斤的平森特需要這麼多整體耗氧量，才能在注重耐力的划船比賽中脫穎而出。一般未經訓練的男性每分鐘大概只會消耗三公升氧氣。

未經訓練的跑者開始鍛鍊後，其最大攝氧量通常可提升百分之二十至二十五左右，不過實際改善幅度從負數到超過百分之五十都有可能。至於已固定大量訓練的跑者，即便再怎麼鍛鍊，最大攝氧量已經固定，變化幅度不大。就實際預測跑步表現的成效來說，雖然最大攝氧量的重要性亞於其他因素（例如跑步經濟性），但仍不失為判斷跑步潛能的珍貴指標。

肌纖維中的粒線體增多後，就像社區多了新的發電廠，除了減輕現有發電廠的負擔，也可提升發電潛力。同樣地，粒線體愈大，產生的能量也愈多。

透過正確訓練，短時間內快速增生粒線體並非難事。二〇〇八年，約翰・霍羅茲（John O. Holloszy）博士在一份有關粒線體生合成（粒線體增量）的報告中寫道：「研究顯示，簡單做點運動就能快速提升粒線體的生合成作用。」

運動生理學巨擘大衛・科斯蒂爾（David Costill）博士與史考特・崔普（Scott Trappe）博士在二〇〇二年合著的《跑步：運動員內在條件》（Running: The Athlete Within，暫譯）中寫道：「研究人員發現，在二十七週的耐力訓練期間，肌肉中的粒線體以每週百分之五的速度急速增加。同時，粒線體的平均大小……約略變大百分之三十五。」

當然，粒線體數量的提升效果取決於幾項因素，包括基因、最近的體適能狀況、訓練量及訓練強度。預測調適發生的確切時間本身就是一門不準確的科學。即便如此，專門研究運動科學的羅納德・特吉安（Ronald L. Terjung）博士認為，「經過大約四至五週的訓練後，肌肉所含的粒線體似乎就能達到穩定狀態。」表 8-1 參考特吉安與其他學者對於粒線體在訓練中調適表現的分析，

預估粒線體完全調適所需的時間。

粒線體的調適情形應可分為四個階段：

1. **首波刺激**：完成強度或時間夠長的訓練後，三小時內粒線體的調適活動便開始加速。

2. **半程時間**：第一週結束時，粒線體的調適表現達百分之四十至五十。

3. **有氧爆發**：到了十至十三天左右，調適表現會超過百分之五十的門檻，接著便會感覺體內能量增加。跑步變輕鬆了！

4. **完全調適**：第五週結束時，粒線體幾乎完全適應訓練的刺激。

上述列表需要附加幾個前提：

▶ **補充刺激**：調適期間，必須以等量運動補強原本的訓練刺激（例如每週節奏跑、重複跑或大量訓練）。不可能只運動一次，就能窩在沙發上等待粒線體大量增加。

▶ **交錯調適**：不是所有粒線體的調適情形都一致，可能個別或成群適應，當部分粒線體開始調適時，其他粒線體可能還是正常運作。

▶ **提高訓練刺激**：若能提高原本刺激的強度或訓練量，即可觸發粒線體更顯著的調適能力。

表 8-1　粒線體增加情形

週數	粒線體調適表現
1	44%
2	63%
3	77%
4	89%
5	100%

表 8-1：詳細列出粒線體在持續接受訓練壓力（例如本書介紹的運動）後，達到百分之百調適所需的時間。

粒線體在調適上有個劣勢：它開始首波調適時，對於有氧能量的生成毫無助益。奧運金牌選手伊恩・索普（Ian Thorpe）、基恩・帕金斯（Kieren Perkins）和蕾貝卡・阿德靈頓（Rebecca Adlingto）等人的游泳教練，同時也是生物能量學博士鮑伯・崔芬（Bob Treffene）認為，這個階段會維持十至十三天，形成「耗氧問題」。

粒線體時常整群在同一時間調適，因此對身體施以激烈訓練刺激後，不少粒線體可能會停止作用。即使執行前一週的輕鬆訓練，也可能感覺力不從心，這是正常現象，代表體內已開始另一波調適過程，兩週內跑步表現就能提升。

重要比賽前幾週應避免太過激烈的訓練，這有觸發粒線體開始調適的風險，不過不代表這段期間內就能輕鬆慢跑，或什麼運動都不做。若無法持續訓練，鞏固粒線體的增強效果，在短短一週中，你就會賠上半數新生的粒線體。建議進行長跑、十公里配速重複跑，或加入一些節奏跑訓練。

高強度間歇訓練

近年來，許多人開始討論高強度間歇訓練（HIIT）能否取代跑者所青睞的激烈耐力訓練，成為一種訓練捷徑。贊同者宣稱，以往需要節奏跑、長距離重複跑和高里程訓練才能產生的粒線體增強成效，HIIT 也能達到。當時間緊迫時，用三分之一訓練時間就能一網打盡全部效益，勢必會引起跑者的興趣。

什麼是 HIIT？加拿大安大略麥馬斯特大學的馬丁・吉巴拉（Martin J. Gibala）等人在二〇一二年的報告指出：「高強度間歇訓練是指以短暫、斷續的強勁活動為主軸，其間穿插休息或低強度運動的體能運動。」

聽起來跟一般間歇訓練沒有兩樣，自從一九三〇年代蓋施樂和任德爾推廣這項運動以來，跑者便普遍用它來提升心搏量、微血管數量、攝氧量、粒線體密度和無氧緩衝物質（anaerobic buffering，下一章會深入解說）。因此對資深跑者而言，高強度間歇訓練像是老調重彈。

令人耳目一新的地方，則是有研究宣稱，短時間的極高速重複跑可促成顯著的調適現象。時間多短呢？試試看以最快速度衝刺三十秒，如此重複六至七

趟，中間最久可休息四分鐘。

最近的 HIIT 熱潮起源於美國健身公司 CrossFit 與其他體適能訓練課程開始採用「Tabata 間歇運動」，這是根據運動生理學家田畑泉（Izumi Tabata）一九九六年的研究所設計的運動，即二十秒內反覆執行同一動作，接著休息十秒，再繼續下一組訓練。

田畑泉的研究比較了兩組在腳踏車測功儀上訓練的受試者，其中一組只做中等強度的阻力訓練，另一組則實行 Tabata 間歇訓練，結果顯示，只有第二組順利提升無氧能力（以無氧方式產生的總能量，第十章將詳細解說），不過兩組的最大攝氧量皆有提高。此研究的明顯瑕疵在於中等強度耐力訓練（非 Tabata 間歇訓練組唯一執行的運動）對改善無氧能力幾乎毫無效果，而且注重表現的跑者也不會這樣訓練。若要比較無氧能力，不如安排一組什麼運動都不做、只需要吃披薩，與 Tabata 間歇訓練組並列比較。

還有一點值得一提：教練和運動員擁有幾十年的高強度／短恢復時間實務經驗，但結果總是短期改善後，便長時間感覺精疲力竭。原因在於 Tabata 這類間歇運動所觸發的訓練調適能力，通常在四至六週後達到顛峰（第九章會再說明）、破壞粒線體酵素（第十章），導致中樞神經系統積弱乏振（第十一章）。平常只以中等配速跑完長距離的跑者，可以在完成幾次 Tabata 間歇訓練後受益匪淺，但早已在訓練計畫中納入各種有氧和無氧運動的跑者，則應盡量避免這類訓練。

馬丁・吉巴拉與麥馬斯特大學研究小組進一步實驗，比較 HIIT 和資深跑者所採取的全面訓練計畫。實驗中，受試者實行七×三十秒全力衝刺，每趟之間保留四分鐘的恢復時間。吉巴拉發現粒線體的調適活動，且其功效等同或更勝於控制組（未執行 HIIT 的運動員）。

與田畑泉的研究不同的是，吉巴拉讓控制組執行相當於快節奏跑難度的訓練，而此難度訓練已證實能夠增加慢縮肌纖維中的粒線體數量。由此可知，就鍛鍊體內的粒線體發電站這點來說，吉巴拉的實驗結果至少證明 HIIT 和時間更緊湊的節奏跑訓練之間具有類似效果。

不過別忘了，這些實驗都是在腳踏車測功儀上完成，而騎自行車和跑步是截然不同的運動，跑者需要面對的變數也不同，舉凡改變步幅就能提高速度或強度、配速愈快則身體必須吸收更大的衝擊力道、上半身的動作、神經系統活動（包括本體感覺）、彈性回縮等差異隨處可見。換句話說，實驗室中腳踏車測功儀可行的訓練方法，不一定適用於跑步。

重點歸納：追求長期表現能有所突破的運動員，最好還是堅持傳統的訓練概念，而亟欲追求速度的運動員或許會發現，HIIT 是提升體能的有效捷徑，只是效果並不長久。

訓練建議

不同肌纖維的粒線體需要不同的訓練。

若是鎖定慢縮肌纖維，長期高里程訓練就是答案（詳見一九四頁），這道理就像經過漫長的歲月，科羅拉多河滴水穿石，終於鑿出雄偉的大峽谷。長跑（詳見第七章，一七二頁）和節奏跑訓練（詳見第七章，一七○頁）也能刺激慢縮肌纖維粒線體的調適能力。

若是中縮肌纖維，以五公里／十公里配速重複跑二至五分鐘即可達到鍛鍊目的（詳見第七章一六四至一六七頁和一七四頁，分別為五公里、十公里以及五公里公路和山路重複跑）；體能更好的跑者可另外增加長距離的上坡重複跑（詳見第七章，一七五頁）。

八百公尺配速重複跑（詳見一九二頁），則對快縮肌纖維相當有利，重複跑距離控制在一百公尺左右，時間不超過六十秒（休息時間是重複跑時間的二至四倍）。

最後，若訓練時間緊迫，理論上 HIIT 有利於鍛鍊三種肌纖維。全力衝刺和四百公尺配速重複跑都可運用於 HIIT 訓練中（這兩種訓練請參見一八八至一八九頁）。

BUILD YOUR RUNNING BODY

體內發電站的訓練菜單簡介

鍛鍊體內發電站（粒線體）的訓練項目與增生微血管的方式有一部份重複，只是增加了配速較快的重複跑，以刺激快縮肌纖維中的粒線體。本章教學示範的重要訓練包括：

▶HIIT（高強度間歇訓練）

▶四百／八百公尺配速間歇跑

▶交替／混合間歇跑

▶高里程訓練

其他章節中，提升粒線體的訓練包括：

▶五公里／十公里訓練（第七章）

▶五公里公路和山路重複跑（第七章）

▶節奏跑（第七章）

▶長跑（第七章）

若想了解這些訓練項目如何與你的訓練計畫相互結合，請直接跳到第十五章「規劃訓練菜單」該章會提供範例，供所有體能水準和能力的跑者使用。

體內發電站的訓練菜單——專家示範教學

跑步訓練

雖然鍛鍊跑步發電站的大部分訓練項目都已在第七章介紹過（五公里／十公里配速訓練、長距離上坡重複跑及節奏跑，這些是用來訓練中縮肌纖維粒線體；長跑、十公里配速重複跑、節奏跑以及巡航間歇跑，則是鍛鍊慢縮肌纖維的粒線體），但還有幾項獨家訓練，對於訓練快縮肌纖維的粒線體尤其有效。

別忘了，太多速度訓練可能使有氧酶受損、讓神經系統承受過大的壓力，並導致過度訓練症候群。下列由尚恩‧布洛斯南示範粒線體的其他五種訓練方法，以增強這個細胞內的發電站。

HIIT（高強度間歇訓練）

HIIT 有多種不同訓練方式。有些訓練提倡使勁全力完成三十秒左右的動作（詳見四百公尺配速訓練表，以瞭解需要的概略配速），後續休息的時間稍長；有些則建議將運動和休息時間維持在二比一，例如 Tabata 間歇運動。較不激烈的訓練方式，則是以三十至六十秒為一個循環，以達到（將近）百分之百的最大攝氧量，後續休息時間與運動時間差不多一樣。至於恢復期間，可選擇徹底休息或中等強度的跑步運動（費力程度大約 HIIT 的百分之五十）。

大多數跑者都會避免太激烈的 HIIT，例如 Tabata 和溫蓋特（Wingate）訓練法。時間有限的跑者或許會採用吉巴拉訓練法。畢列特（Billat）三〇—三〇訓練法可大幅提高最大攝氧量，但由於強度的關係，不建議太常使用。下方的 HIIT 表格列出六種不同的 HIIT 訓練模式，項目包括：

▶Tabata：這項運動源自一群受試者在⋯⋯後成為 CrossFit 和健身俱樂部的熱門課程。即使粒線體數量的確有增加，但跑步需要面對各種不同變數（例如衝擊力道、特定肌纖維的發

展、有氧酶的效果、長期成效），致使這項訓練反而不太適合跑者。

▶溫蓋特：起源於一九七〇年代，這項以溫蓋特測試（Wingate Test）為基礎的 HIIT 訓練原本是測量無氧能量和無氧能力的尖峰值，後來卻成為鍛鍊有氧和無氧體適能的一種訓練。缺點在於，這項訓練對中樞神經系統和有氧酶產生長期負面影響，更遑論消耗調適所需的能量，不如將此能量用於其他更能產生效果的訓練方法。

▶吉巴拉（兩套訓練）：若你認為，這兩種 HIIT 變化型訓練和一英里跑者的傳統三百至四百公尺訓練很像……你說對了。

▶提蒙斯（Timmons）：無獨有偶，這種方法正好接近西澳大學在二〇〇二年提倡的肝醣超補法（第十章）。

▶畢列特：畢列特三〇─三〇訓練法旨在盡量延長最大攝氧量的時間。由於間歇的恢復期中，一開始的十五至十五秒還能維持百分之百的最大攝氧量，而這項運動的效果相當於每完成一分鐘的訓練，就有四十五至五十秒處於最大攝氧量的狀態。只要無法繼續維持百分之百的最大攝氧量，這項運動就等於結束了。

HIIT（高強度間歇訓練）

HIIT 類型	重複跑長度（時間）	重複跑訓練量（次數）	恢復（時間）	每週次數	費力程度
Tabata	20 秒	8	10 秒	5	100%
溫蓋特	30 秒	4-6	4 分鐘	3-4	100%
吉巴拉（一）	60 秒	8-12	75 秒	3	5 公里難度
吉巴拉（二）	60 秒	10	60 秒		最大心率 90%
提蒙斯	20 秒	3	2 分鐘輕鬆跑	3	100%
畢列特	30 秒	直到沒力*	最大攝氧量 50%，30 秒	1	最大攝氧量 100%

*「直到沒力」意指一直跑到疲勞，以致於無法繼續訓練為止。

四百公尺配速訓練

四百公尺配速訓練不是長距離跑者的普遍訓練項目，不過短跑選手（一百公尺至八百公尺）大多會練習最長一百五十公尺的重複跑。如果跑者想要嘗試 Tabata、溫蓋特或提蒙斯等 HIIT 運動，其實四百公尺配速訓練就已幾乎達到百分之百費力程度（技術上而言，四百尺配速重複跑不算用上百分之百力氣，但未經短跑訓練的跑者可能會因為提高速度而承擔受傷的風險）。四百公尺配速重複跑可提升：

▶粒線體數量：五十至一百公尺重複跑可增加粒線體數量，尤其是收縮速度較快的肌纖維最為明顯。

▶身體發電站以外的調適能力：以四百公尺配速訓練四至六週後，身體對於酸中毒的預防能力會有所提升（第九章）。此外，這項訓練還能協助肌梭（第五章）適應距離更長、更激烈的快速跑。

400 公尺配速訓練表

800 公尺 時間	400 公尺 時間	重複跑配速			
		200 公尺	150 公尺	100 公尺	50 公尺
1:44	46.0	23.0	17.3	11.5	5.8
1:48	48.0	24.0	18.0	12.0	6.0
1:53	50.0	25.0	18.8	12.5	6.3
1:57	52.0	26.0	19.5	13.0	6.5
2:02	54.0	27.0	20.2	13.5	6.7
2:06	56.0	28.0	21.0	14.0	7.0
2:10	58.0	29.0	21.8	14.5	7.3
2:15	1:00.0	30.0	22.5	15.0	7.5
2:20	1:02.0	31.0	23.3	15.5	7.8
2:24	1:04.0	32.0	24.0	16.0	8.0
2:29	1:06.0	33.0	24.8	16.5	8.3

BUILD YOUR RUNNING BODY

2:33	1:08.0	34.0	25.5	17.0	8.5
2:38	1:10.0	35.0	26.3	17.5	8.8
2:42	1:12.0	36.0	27.0	18.0	9.0
2:46	1:14.0	37.0	27.8	18.5	9.3
2:51	1:16.0	38.0	28.5	19.0	9.5
2:56	1:18.0	39.0	29.3	19.5	9.8
3:00	1:20.0	40.0	30.0	20.0	10.0
3:04	1:22.0	41.0	30.7	20.5	10.3
3:09	1:24.0	42.0	31.5	21.0	10.5
3:14	1:26.0	43.0	32.3	21.5	10.8
3:18	1:28.0	44.0	33.0	22.0	11.0
3:22	1:30.0	45.0	33.8	22.5	11.3
3:27	1:32.0	46.0	34.5	23.0	11.5
3:31	1:34.0	47.0	35.2	23.5	11.8
3:36	1:36.0	48.0	36.0	24.0	12.0
3:40	1:38.0	49.0	36.7	24.5	12.2
3:45	1:40.0	50.0	37.5	25.0	12.5
3:50	1:42.0	51.0	38.3	25.5	12.8
3:54	1:44.0	52.0	39.0	26.0	13.0
3:59	1:46.0	53.0	39.8	26.5	13.3
4:03	1:48.0	54.0	40.5	27.0	13.5
4:08	1:50.0	55.0	41.3	27.5	13.8
4:12	1:52.0	56.0	42.0	28.0	14.0
4:16	1:54.0	57.0	42.7	28.5	14.2
4:21	1:56.0	58.0	43.5	29.0	14.5
4:26	1:58.0	59.0	44.3	29.5	14.8
4:30	2:00.0	1:00.0	45.0	30.0	15.0
4:34	2:02.0	1:01.0	45.8	30.5	15.3
4:39	2:04.0	1:02.0	46.5	31.0	15.5
恢復時間（分）		6-12	4-8	2-4	1-2
一般重複跑趟數		2-3	3-6	4-10	8-20

400 公尺配速訓練的合適距離，建議控制在 200 公尺以內。備注：表中數據特地列到1/10 秒，以便作為基準，換句話說，如果表中標示 11.5 秒，代表 11~12 秒都是可接受的範圍。

八百公尺配速訓練

此為中距離跑者不可或缺的訓練項目，其速度與大多數耐力跑者的訓練不相上下。這類重複跑的強度較高，可能對中樞神經系統和有氧酶產生負面影響，因此訓練最好限制在四至六週，在目標比賽前幾個月開始訓練即可（效果會在「速度訓練」結束後持續二至四週）。八百公尺配速重複跑可提升：

▶ 粒線體數量：八百公尺配速重複跑可增加快縮肌纖維的粒線體數量。

▶ 身體發電站以外的調適能力：若要增加快縮肌纖維中一種稱為 MCT（詳見第九章）的運輸蛋白數量，八百公尺配速重複跑也是一種絕佳訓練。此外，這項訓練也能改善無氧酶和防護機制，同時加強肌梭和神經系統，有助於中距離跑者提升跑步經濟性（第十一章）。

800 公尺配速訓練表

1,600 公尺 時間	800 公尺 時間	重複跑配速			
		400 公尺	300 公尺	200 公尺	100 公尺
3:58	1:48	54.0	40.5	27.0	13.5
4:06	1:52	56.0	42.0	28.0	14.0
4:15	1:56	58.0	43.5	29.0	14.5
4:24	2:00	1:00.0	45.0	30.0	15.0
4:33	2:04	1:02.0	46.5	31.0	15.5
4:42	2:08	1:04.0	48.0	32.0	16.0
4:50	2:12	1:06.0	49.5	33.0	16.5
4:59	2:16	1:08.0	51.0	34.0	17.0
5:08	2:20	1:10.0	52.5	35.0	17.5
5:17	2:24	1:12.0	54.0	36.0	18.0
5:26	2:28	1:14.0	55.5	37.0	18.5

5:34	2:32	1:16.0	57.0	38.0	19.0
5:43	2:36	1:18.0	58.5	39.0	19.5
5:52	2:40	1:20.0	1:00.0	40.0	20.0
6:01	2:44	1:22.0	1:01.5	41.0	20.5
6:10	2:48	1:24.0	1:03.0	42.0	21.0
6:18	2:52	1:26.0	1:04.5	43.0	21.5
6:27	2:56	1:28.0	1:06.0	44.0	22.0
6:36	3:00	1:30.0	1:07.5	45.0	22.5
6:45	3:04	1:32.0	1:09.0	46.0	23.0
6:54	3:08	1:34.0	1:10.5	47.0	23.5
7:02	3:12	1:36.0	1:12.0	48.0	24.0
7:11	3:16	1:38.0	1:13.5	49.0	24.5
7:20	3:20	1:40.0	1:15.0	50.0	25.0
7:29	3:24	1:42.0	1:16.5	51.0	25.5
7:38	3:28	1:44.0	1:18.0	52.0	26.0
7:46	3:32	1:46.0	1:19.5	53.0	26.5
7:55	3:36	1:48.0	1:21.0	54.0	27.0
8:04	3:40	1:50.0	1:22.5	55.0	27.5
8:13	3:44	1:52.0	1:24.0	56.0	28.0
8:22	3:48	1:54.0	1:25.5	57.0	28.5
8:30	3:52	1:56.0	1:27.0	58.0	29.0
8:39	3:56	1:58.0	1:28.5	59.0	29.5
8:48	4:00	2:00.0	1:30.0	1:00.0	30.0
8:57	4:04	2:02.0	1:31.5	1:01.0	30.5
9:06	4:08	2:04.0	1:33.0	1:02.0	31.0
9:14	4:12	2:06.0	1:34.5	1:03.0	31.5
9:23	4:16	2:08.0	1:36.0	1:04.0	32.0
9:32	4:20	2:10.0	1:37.5	1:05.0	32.5
9:41	4:24	2:12.0	1:39.0	1:06.0	33.0
恢復時間（分）		4-9	3-7	2-5	1-3
一般重複跑趟數		2-4	3-6	4-10	8-20

800 公尺配速重複跑的合適距離，建議控制在 400 公尺以內。備註：表中數據特地列到1/10 秒，以便作為基準，換句話說，若表中標示 19.5 秒，代表 19~20 秒都是可接受的範圍。

交替與混合間歇跑

交替與混合間歇跑僅供進階跑者參考。這兩種訓練都能大幅提升慢縮肌纖維中的粒線體數量，其中混合間歇跑也能為中縮肌纖維提供相同的刺激。不過，這些訓練的目的是強迫身體因應更多乳酸鹽生成的情況（詳見第九章）。

交替間歇跑是頂尖馬拉松教練雷納托·卡諾瓦（Renato Canova）最愛的訓練方式，而混合間歇跑則備受跑者青睞好幾十年。下面表格分別為兩種間歇跑類型提供兩種訓練範例，不過在這類訓練中，跑者可以自由發揮創意，設計自己的專屬菜單。

▶交替間歇跑：這項
訓練中，每個交替
項目之間沒有恢復
時間，單純只是輪
流執行兩種跑步模
式。如需合適的重
複跑配速，請參考
第七章的配速表。

▶混合間歇跑：混合間歇跑在各趟重複跑之間安插恢復時間（例如四百公尺慢跑），這樣的安排可形成比交替間歇跑更高的訓練強度。如需合適的重複跑配速，請參考第七章的配速表。

高里程訓練

跑者通常使用「里程數」來概括一週內所跑的每一步，包括慢跑、上坡跑、短跑衝刺、配速訓練、長距離跑等。

談到高里程訓練，沒有所謂魔法數字，也就是沒有特定的每週目標里程，只要達到就能保證成功。

事實上，跑者最好將「高里程」的說法換成「高跑量」，因為不同強度的訓練時數（不是公里數）才是最重要的關鍵。仔細想一想，菁英跑者以每英里

六分鐘的速度，每週跑上一百英里，總計耗費十小時，但五公里跑二十七分鐘

交替／混合間歇跑

趟次	交替間歇跑		混合間歇跑	
	訓練範例 1	訓練範例 2	訓練範例 1	訓練範例 2
1	巡航間歇跑 400	慢節奏跑（-5 秒）800	1600（5 公里配速）	巡航間歇跑 1600
2	慢節奏跑 1200	慢節奏跑（+15 秒）800	恢復跑 400	恢復跑 400
3	巡航間歇跑 400	慢節奏跑（-5 秒）800	300（1500 配速）	1200（5 公里配速）
4	慢節奏跑 1200	慢節奏跑（+15 秒）800	恢復跑 400	恢復跑 400
5	巡航間歇跑 400	慢節奏跑（-5 秒）800	1600（5 公里配速）	巡航間歇跑 1600
6	慢節奏跑 1200	慢節奏跑（+15 秒）800	恢復跑 400	恢復跑 400
7	巡航間歇跑 400	慢節奏跑（-5 秒）800	300（1500 配速）	800（3 公里配速）
8	慢節奏跑 1200	慢節奏跑（+15 秒）800	恢復跑 400	恢復跑 400
9	巡航間歇跑 400	慢節奏跑（-5 秒）800	1600（5 公里配速）	巡航間歇跑 1600
10	慢節奏跑 1200	慢節奏跑（+15 秒）800	恢復跑 400	恢復跑 400
11	巡航間歇跑 400	慢節奏跑（-5 秒）800	300（1500 配速）	400（1500 配速）
12	慢節奏跑 1200	慢節奏跑（+15 秒）800	恢復跑 400	恢復跑 400

說明：執行上表的訓練時，務必從1至12（左欄）依序逐項完成。交替訓練沒有恢復時間，而混合間歇跑的恢復運動應選擇慢跑。如需配速指示，請參閱第七章的配速表。

的跑者同樣完成一百英里卻需要二十小時。前者的表現會有所提升，但後者則會筋疲力盡。

　　記住，你需要的是訓練帶來的助益，不是跑步記錄中愈來愈大的里程數據。話雖如此，增加跑量的確是提升跑步表現不可或缺的一環，長期的進步必須仰賴長時間累積下來的跑步量（前後長達幾個月或幾年，而非幾天或幾週）。

跑步量愈高，連帶提高短期中慢縮肌纖維的粒線體密度、MCT（第九章）、跑步經濟性（第十一章）、血液容量、肌肉和結締組織的力量，並帶來許多優點。

　　簡單來說，要鍛鍊出最佳狀態的跑步體魄，少不了累積紮實、大量的跑步里程數，但所謂的「紮實」和「大量」，對不同跑者則代表了不同意義。

第九章

羅伯特 · 史密斯（Robert Angus Smith）在一八七二年創造「酸雨」一詞，形容空氣污染對環境造成的腐蝕效果。工廠排放大量二氧化硫和氧化亞氮，這些氣體和雨、雪、霧及煙塵混合後，以酸性液體的形式降回地面。

當激烈跑步且訓練強度極高的時候，肌纖維中會出現類似的效果。隨著身體愈來愈仰賴無氧能量（粒線體外無需耗氧即可產生的能量），體內pH值會愈偏酸性，一般認為這會阻斷肌纖維功能、引發噁心感，並讓身體沉浸在幾乎無法承受的疲倦感中。在距離較長的路跑和比賽中，雖然pH值偏酸不至於釀成大禍，但可能是高強度運動的致命殺手。

平衡跑步pH值，增強肌肉緩衝能力，中和酸中毒

什麼是跑步 pH 值？

身體的 pH 值是反映體內氫離子的一種測量指標：氫離子愈多，pH 值愈偏向酸性，反之則為鹼性。人體較喜歡稍偏鹼性的 pH 值，在一至十四的酸鹼值測量範圍中，介於七‧三五和七‧四五之間是最理想的狀態。pH 值低於七‧○即為酸性，大於此數值則為鹼性。「pH」一詞的意義莫衷一是，相傳兼具「氫離子作用力」（power of hydrogen）和「潛在的氫」（potential hydrogen）兩種意思。

這跟跑步有什麼關係？

當跑步的強度達到需要龐大的無氧能量（例如距離較短的比賽和配速很快的訓練），會導致氫離子的累積速度加快。一旦 pH 值低於七‧○，身體便開始飽受酸中毒之苦。伴隨酸中毒而來的是疲倦感，代表身體無法產生強勁的肌肉收縮力，而受影響的肌肉也會出現灼熱感。如果置之不理，可能導致四肢無力，也就是跑者慣稱的「僵化」（肢體僵硬）、「綁手綁腳」，甚至有如「熊跳上後背」般沈重。

pH 值大約達到六‧四時，雙腳會變得異常沈重。曾有研究從自行車手身上測得六‧四的低酸鹼值，一九八三年大衛‧科斯蒂爾等人從完成四百公尺短跑的跑者腿上測得 pH 值六‧六三。以往一向將高強度運動產生的疲倦感歸咎於 pH 值偏低，因此跑者通常透過訓練減緩肌纖維的酸中毒程度（將肌纖維中的氫離子排出），並緩衝肌纖維內的氫離子（本章稍後將詳細說明），藉此中和體內酸性。

不過這個理論近年來備受質疑。許多研究人員認為酸中毒的效果不應如此顯著，並提出其他理論。原先的酸中毒研究有個問題，就是研究中觀察的組織

新手指導

對抗肌纖維 pH 值過低的最好辦法是設法避免，別太激烈跑步，練習間歇跑和節奏跑時，維持設定的配速即可。

乳酸是友是敵？

多年來，乳酸一直被跑步界妖魔化，舉凡疲倦、疼痛、比賽後的「僵硬感」，甚至 DOMS（遲久不消的肌肉痠痛）全部歸咎於乳酸。

事實上，乳酸並未造成什麼問題。

那麼，乳酸是如何成為代罪羔羊的呢？故事要回溯到二十世紀初，一九二二年的諾貝爾獎得主奧托·邁耶霍夫（Otto Meyerhof）博士和阿奇博爾德·希爾（Archibald Hill）博士分別實驗，對截肢的青蛙腿施以電擊，一開始牠還會抽搐，接著就毫無反應了。檢查時，他們從青蛙腿中發現大量乳酸，推測無氧能量（截肢的青蛙腿沒有太多氧氣供應）的生成過程會產生乳酸，進而形成「酸中毒」的狀態，足以阻斷肌纖維的收縮作用。跑者和教練接受了這項發現，自此之後六十年間，所有人無不努力訓練，為的就是克服乳酸帶來的效果。

到了一九八五年，看待乳酸的態度出現了重大轉變，柏克萊大學生理學家喬治·布魯克斯（George A. Brooks）博士證實，乳酸鹽是肌纖維的珍貴燃料，不是抑制收縮的罪魁禍首。從前認為乳酸是無氧能量生成過程的副產品，但現在認為乳酸會分裂成乳酸鹽和氫離子：乳酸鹽對肌肉有益，但氫離子（導致酸中毒的元兇）就不是什麼好物質了。從間接效果來看，乳酸依然是幫凶之一。

二〇〇四年的研究報告中，羅伯特·羅傑斯（Robert A. Robergs）博士等人再次拉抬乳酸逐漸由黑翻紅的名譽。羅傑斯表示，身體製造無氧能量時從未產生乳酸，氫離子是獨立於乳酸鹽之外的產物。除此之外，乳酸鹽能消耗氫離子，兩者結合後，能在運輸蛋白的引導下排出肌纖維，最後達到減緩酸中毒的成效。生物化學家與教科書作者羅倫斯·莫倫（Laurence A. Moran）進一步闡揚這項結論：「乳酸並非產生於肌肉中，因此不會是造成酸中毒的原因。」

更近期的研究中，酸中毒導致疲勞的說法也受到質疑。在二〇〇八年的研究報告中，麥克納（McKenna）和哈格瑞夫斯（Hargreaves）

寫道：「運動時的疲勞感是不斷發生的活動，可見於多種器官、細胞和分子層面。」

　　無論最後對於疲勞的評斷為何，有個結論大致底定：乳酸不是壞東西。相反地，乳酸鹽是能量來源，氫離子會造成酸中毒。在出現更有力的反證前，聰明的跑者應該透過訓練善加利用前者，避免後者。

（擷取自實驗室老鼠）經過冷藏，實驗結果難免受到影響。隨著新研究改在溫熱的組織上進行（較接近正常體溫），酸中毒的效果便大幅減少。

　　如同其他實驗時常發生的情況一樣，這些較近期的研究同樣出現了相互衝突的現象。二〇〇六年，克努特（Knuth）等人在實驗中測試酸中毒對溫熱肌肉組織的影響，結果發現「在接近（活體組織）溫度的環境中，pH 值偏低所引發的疲勞感仍然相當顯著而重要」，此問題形同陷入僵局。

　　我們應該捨棄酸中毒理論嗎？或者忽略後來提出的其他說法？本書兩者都會討論。第十三章會探討疲倦感的其他相關理論，其中採用厄內斯特·瑪格利修（Ernest W. Maglischo）博士的建議，他在二〇一二年《國際游泳教練協會期刊》（Journal of the International Society of Swimming Coaching）中寫道：「我不認為有必要大幅改變訓練內容。即使採取某些訓練法的理由有所改變，但這些方法依然有效……除非確定酸中毒與疲勞無關，否則透過訓練提升身體的緩衝能力才是明智之舉。」

　　換句話說，如果依據低 pH 值設計的訓練還有效果，就別隨意改變。

pH 值訓練

　　鍛鍊 pH 值前，務必先利用第八章的訓練增加粒線體，粒線體愈多，才能產生更多有氧能量，此過程能消耗氫離子，減少身體對於無氧能量的需求。本章將介紹另外兩種提升表現、中和酸中毒的方法：

▶緩衝物質

▶乳酸鹽運送能力

針對緩衝物質（buffer），我們嘗試透過短距離衝刺改變配速；至於乳酸鹽運送能力（lactate shuttle）的鍛鍊，則將引薦一項全新訓練項目：交叉訓練。本章中，你將見識到騎乘 ElliptiGO 橢圓健身腳踏車，或穿雪鞋在林道輕快跑步如何大幅提升跑步表現。

緩衝物質

緩衝物質指肌纖維內能夠中和氫離子作用（導致 pH 值偏酸）的物質，例如磷酸鹽、碳酸氫鈉和部分蛋白質。

若你做過比慢跑更激烈的跑步運動，就不需費心該如何增加體內的緩衝物質。你已擁有足夠的緩衝物質，能在產生少許氫離子時予以中和。相對地，如果你希望增加跑步強度，便需要強化緩衝系統。

跑者有時會驚訝地發現，除了最後關頭使勁衝向終點之外，比賽剛開始的前三十秒（不管總距離多長）通常比其他任何時間點更需要無氧能量。有氧系統需要一點時間，才能達到供應大部分能量所需的運作速度，因此起跑後的三十秒是緩衝機制最受挑戰的時候。

鍛鍊緩衝機制必須先加倍使用現有的緩衝物質，因此必須選擇短距離重複跑，在三十秒內迅速達到所需的高無氧負荷。換句話說，先以接近最高速度的配速重複跑，接著再充分休息，藉此確保身體能徹底補充無氧能量，以供應下一趟重複跑（這樣身體就不會動用有氧系統來產生能量）。

緩衝機制的訓練很快就能看到成效，只要四至六週，身體的緩衝能力就能達到最佳狀態。

BUILD YOUR RUNNING BODY

　　四百／八百公尺配速的短距離重複跑（詳見第八章，一九〇至一九三頁）可提升身體緩衝能力。不過，每趟重複跑後，務必讓身體充分休息，恢復體力。

乳酸鹽運送能力

　　「乳酸鹽運送能力」泛指乳酸鹽在細胞內和細胞之間移動所仰賴的各種機制。乳酸鹽運送系統和減少肌纖維內氫離子作用（以及隨之而來的酸性 pH 值）之間有何關係？畢竟乳酸鹽是種燃料，不是酸性物質。但實際上，乳酸鹽和氫離子形影不離。幾十年來，這兩種物質始終統稱為乳酸（詳見「乳酸是友是敵？」，一九九頁）。雖然現在我們知道氫離子才是問題癥結所在，而不是乳酸鹽，但基於以下幾點理由，討論酸中毒時，還是迴避不了乳酸鹽的相關議題：

▶身體生成無氧能量的過程，也同時累積乳酸鹽和氫離子。

▶乳酸鹽和氫離子累積速度大致相同。

▶乳酸鹽和氫離子會同時排出肌纖維，並由稱為 MCT 的特殊運輸蛋白質一路護送。

▶測量乳酸鹽比氫離子容易。

　　乳酸鹽和氫離子累積速度大致相同，可以藉由測試血液中的乳酸鹽濃度（排出肌纖維後進入血流中的乳酸鹽），估計肌纖維的酸中毒程度：血流中的乳酸鹽愈多，代表肌纖維內的含量愈多；乳酸鹽愈多，表示酸中毒程度愈嚴重。若直接測量肌纖維 pH 值的難度頗高，而且所費不貲。從表 9-1 可知，不論跑步速度快慢，體內都會持續累積少許乳酸鹽，因為身體隨時都在製造有氧和無氧能量，只是兩者比例依跑步費力程度而有所改變罷了。

　　一旦肌纖維內的乳酸鹽濃度升高（氫離子含量隨之增加），不同類型的肌纖維會回以不同反應。慢縮肌纖維會燃燒百分之七十五至八十左右的乳酸鹽，

以供粒線體生成有氧能量。不過，中縮和快縮肌纖維沒有這種燃燒乳酸鹽的能力，當收縮速度較快的肌纖維開始累積乳酸鹽時，便會啟動排出機制，將乳酸鹽運送到其他肌纖維、大腦、心臟和肝臟（並在此轉換成葡萄糖）。

肌纖維會使用一種稱為 MCT 的特殊運輸蛋白質來輸送乳酸鹽。MCT 之於乳酸鹽，就像拖船和大型船舶的關係一樣。MCT 可將乳酸鹽拖進粒線體中燃燒產生能量，也能把乳酸鹽（連帶氫離子）推送到肌纖維之外；或是需要時，才從鄰近的肌纖維和血流中擷取乳酸鹽作為燃料使用。柏克萊生理學家喬治‧布魯克斯博士將這些現象統稱為「乳酸鹽運送能力」。

表 9-1

訓練類型	最大攝氧量（%）	血液乳酸鹽（mmol）
慢跑	60	0.8
輕鬆跑	65	1.
中速跑	70	1.4
快速跑	75	1.9
馬拉松 / 慢速節奏跑	80	2.6
半程馬拉松 / 快速節奏跑	85	3.5
10 公里配速	90	4.6
5 公里配速	95	6.2
3 公里配速	100	8.2
1 英里 / 1,500 公尺配速	105	11
1,200 公尺配速	110	14.7
800 公尺配速	115	19.6
600 公尺配速	120	22.9
400 公尺配速	135	26.1
200 公尺配速	150	19.6
100 公尺配速	155	11

表 9-1 比較不同跑步速度（最大攝氧量大致維持相同）下，血液中的平均乳酸鹽含量。乳酸鹽含量可反映肌纖維愈趨酸性的現象，理論上，這會導致跑者在距離較短的比賽中產生疲勞感。備注：「mmol」是毫莫耳的縮寫，莫耳是一種化學測量單位。

BUILD YOUR RUNNING BODY

訓練乳酸鹽運送能力有兩方面的限制：

▶MCT 數量：MCT 數量有限，一旦乳酸鹽和氫離子增加，就會超過 MCT 的負荷，不妨想像成在繁忙機場排班的計程車。

▶擁擠程度：乳酸鹽和氫離子是以「促進擴散」（facilitated diffusion）方式離開肌纖維，亦即在 MCT 幫助下，從濃度較高的區域穿過細胞膜進入濃度較低的地方。隨著愈來愈多乳酸鹽進入血液，血流中的乳酸鹽濃度因此升高，減緩促進擴散的速度，不妨想像成汽車試圖開上交通尖峰時刻的高速公路。

面對這些限制，習慣上仍以透過提高 MCT 數量的方法來克服，因為無論是護送乳酸鹽和氫離子離開肌纖維，或是將血流內的乳酸鹽拉進閒置中的肌纖維，都必須仰賴 MCT。

若要增加負責輸出乳酸鹽的 MCT，不同類型的肌纖維需要不同訓練：

▶慢縮肌纖維：高里程訓練和長跑
▶中縮肌纖維：十公里至節奏跑配速的訓練
▶快縮肌纖維：八百公尺至一英里配速的重複跑

至於血液中乳酸鹽的濃度增加，導致乳酸鹽和氫離子從肌纖維中促進擴散的速度減緩，有項非傳統的解決方法可以改善——交叉訓練。

交叉訓練

有些跑者熱愛交叉訓練（例如游泳、騎自行車、雪地健行等），有些則對這類運動敬謝不敏。後者相信專一性原則，認為練習時從事的運動必須接近實際比賽的情形。這其實是正確的觀念，但就是缺乏專一性，交叉訓練才能有效改善身體降低跑步時血液乳酸鹽濃度的能力。

別忘了，訓練目標之一是要消除激烈跑步時血液中的乳酸鹽，使劇烈作用的肌纖維得以透過促進擴散的方式，輸出更多乳酸鹽和氫離子。交叉訓練的功效在於訓練跑步用不到（但交叉訓練活動特別需要）的肌纖維，提高這些部位的 MCT 數量，藉此提升肌纖維輸出乳酸鹽的能力。如此一來，當你日後跑步

時，這些派不上用場的肌纖維就能充當乳酸鹽的暫時存放區，從血流中吸納乳酸鹽供肌纖維使用。

「這是我在運動員訓練菜單中，安排交叉訓練的原因之一，」休士頓大學越野總教練史蒂夫‧梅格聶斯（Steve Magness）表示，「目的不是取代跑步，而是為了增加身體的調適能力，以便在跑步時發揮輔助效果。」史蒂夫也是「Nike 奧勒岡菁英培育計畫」前任教練、運動科學家，以及《The Science of Running》（Origin Press，二〇一四年）一書作者。

為了測試上述假設是否正確，史蒂夫簡單記錄了自己的乳酸鹽數據，接著在四週跑步計畫中，增加交叉訓練和跑步循環（詳見第十二章，傑‧強森的示範教學），目的是訓練新的肌纖維，使其吸收乳酸鹽。經過四週後，他再次測量身體的乳酸鹽數據，發現每個訓練配速的乳酸鹽數據都已有所改善。

交叉訓練可提供未開發的儲存區，供卸載乳酸鹽使用，同時又能降低血液的乳酸鹽濃度，協助消除肌纖維中的氫離子。這樣不僅能平衡體內 pH 值，你或許還會發現，這樣的訓練是生命和訓練的調味料，實際上也是如此。

訓練建議

乳酸鹽運送能力的鍛鍊，包括傳統訓練方式，例如慢縮肌纖維可採用高里程訓練（詳見第八章，一九四頁）和長跑（詳見第七章，一七二頁），中縮肌纖維可使用十公里或節奏跑難度的訓練（有關十公里和節奏跑訓練，詳見第七章，一六六、一七〇頁），而快縮肌纖維則可利用八百公尺配速（詳見第八章，一九二頁）或一英里配速（有關一千五百公尺配速，詳見第七章，一五八頁）的重複跑。

此外，你也可以增加交叉訓練（詳見二〇七至二一四頁），協助降低激烈跑步時血液中的乳酸鹽濃度。

平衡跑步pH值的訓練菜單簡介

增強乳酸鹽運送能力和緩衝機制所需的訓練，大致與增加微血管和粒線體的方法相同。此外還會利用交叉訓練，在慢縮肌纖維中創造乳酸鹽的存放區。本章示範教學的重要訓練包括：

▶交叉訓練（多項運動）

其他章節中，足以影響緩衝機制和乳酸鹽運送能力的訓練包括：

▶節奏跑（第七章）

▶五公里／十公里配速公路和山路間歇跑（第八章）

▶高里程訓練（第八章）

▶HIIT（第八章）

▶四百／八百公尺配速間歇跑（第八章）

若想了解這些訓練項目如何與你的訓練計畫結合，請直接跳到第十五章「規劃訓練菜單」該章提供範例供所有體能水準和能力的跑者使用。

平衡跑步 pH 值的訓練菜單——專家示範教學

交叉訓練

若跑者不幸受傷、希望全面提升體適能，或單純只是尋求訓練變化，交叉訓練一直是備受青睞的替代訓練模式。不過現在基於兩個很棒的原因，所有跑者都應該在訓練計畫中加入交叉訓練：

1. 這是協助肌纖維對抗酸中毒的絕佳訓練。
2. 這能讓身體變成電力充足的巨大電池（詳見第十章）。

交叉訓練可增加肌纖維中的 MCT 運輸蛋白質（相當於乳酸鹽的接駁車），讓身體能將乳酸鹽／氫離子（酸中毒起因）送出肌纖維，並把乳酸鹽輸送到閒置的肌纖維中，一旦血液的乳酸鹽濃度偏高，這些肌纖維就能充當乳酸鹽的卸載區。

本章示範教學將介紹十一種交叉訓練項目，示範人員包括克利斯汀（第六章照片示範教學）；艾咪（Emii），轉職演員、流行演藝人員和跑者的武術選手；羅傑·夏爾（Roger Sayre），跑出兩小時三十分佳績的前馬拉松選手和長青越野滑雪全國冠軍；競技啦啦隊員凱莉·格林（Callie Greene），她把跑步當成基礎訓練，也利用拳擊有氧、跑步和固定式自行車等各種運動鍛鍊體適能。

跑步機

威廉·斯托布（William Staub）受到肯尼士·庫柏（Kenneth H. Cooper）醫生著作《有氧運動》（Aerobics，暫譯）所啟發，在一九六〇年代末期發明最早的跑步機 PaceMaster 六〇〇，從那時開始，跑步機成為替代戶外訓練的熱門室內運動。

雖然在跑步機上跑步，看似戶外跑步的室內版，但其實不然。不少測量結果都能證明兩者是

不同的運動。首先，跑步機沒有空氣阻力，代表跑步時需要耗用的能量較少。若要排除這項缺點，可利用百分之一的坡度來達成。

再者，研究顯示，跑者在跑步機上的步幅較短、步頻較快，而且傾向整個腳掌著地。在此情形下，動用的肌纖維組合略有不同，因而減少了跑步經濟性，導致神經系統需要重新調整（詳見第十一章）。

此外，在跑步機上跑步時，速度通常比較慢，根據研究結果，每英里最多比路跑慢上兩分鐘。因此設定跑步機時，建議跑者以費力程度為依據，而非配速。好消息是，這些調整都能確保更多肌纖維產生新的 MCT。除了稍微跑慢一點之外，訓練方式就像在公路和山路上跑步一樣，並無不同。

橢圓機

橢圓機於一九九〇年代問世，隨即成為健身俱樂部的常駐心血管訓練器材。顧名思義，橢圓機有兩個踏板（平台）採橢圓軌跡移動，目的在於模仿走路或跑步動作。你可以調整坡度、阻力和步幅（調整範圍從一英尺到將近三英尺不等，實際情況依各款橢圓機而異）。許多機型配備可移動的把手，方便你一併鍛鍊上半身肌肉。

如果跑者想要提升上半身體能（全面增強 MCT 的必要條件），就必須提高阻力以減慢步伐速率（rpm），這能讓你更容易抓住把手；若跑者希望專注於訓練下半身，建議放掉把手並提高步伐速率，模仿正常的跑步動作。有些跑者會手拿重物（例如十二盎司的釣魚用鉛錘），提高放手跑步的平衡感。若要練習法特雷克或重複跑之類的訓練，設定上則需同時拉長步幅、增加阻力。

ElliptiGO 橢圓健身腳踏車

ElliptiGO 是一種橢圓型的健身腳踏車，自二〇一〇年上市以來，已獲得無數長青田徑錦標賽選手和頂尖跑者青睞。ElliptiGO 和橢圓機一樣，可鍛鍊跑步時不會動到的肌纖維，不同的是，ElliptiGO 沒有移動把手，無法訓練上

半身。以下是幾點簡單原則，供首次使用者參考：

1　選個安全的地方（沒有汽車、腳踏車或行人）。

2　戴上自行車安全帽，穿著能包住腳趾的鞋（最好是 Keen McKenzie 之類的硬頭鞋），並戴上自行車手套。

3　先打到五檔。

4　跨過腳踏車（雙腳仍在地上），然後一腳踩上前方踏板，重心往前，讓後腳離地站上踏板。

5　邁出步伐，如果感覺上下搖晃得過於劇烈，可切換至更高檔位。

6　雙手同時煞車即可減速，停止時，一邊的腳踏板必須踩到底。

除了這些原則，使用的時間和強度應盡量與跑步訓練看齊。

有氧運動

　　有氧運動之所以在一九八〇年代突然爆紅，成為健身俱樂部寵兒，主要得力於珍・芳達發行的運動影片，使得有氧運動蔚為風潮。雖然有氧運動強調全身肌耐力，但就提升 MCT ／乳酸鹽功能所需的訓練調適能力而言，這依然算得上是一種有趣又有效的方法。

　　「有氧運動」涵蓋範圍廣泛，從飛輪、武術到爬樓梯和戶外集體健身課程（boot camp）都含括在內，但這三十年以來，健身俱樂部還是以兩種運動課程最受歡迎：

▶舞蹈／流行舞蹈：包括高低強度的全身動作，通常搭配音樂舞動，可能融合舞蹈動作和肌力運動。

▶階梯有氧：以舞蹈／流行舞蹈為基礎，結合低台階上下踏步的動作。如

同舞蹈一樣，這種運動能動用許多跑步徵召不到的肌纖維。

如果跑者希望在訓練中體驗活力奔放的感受，享受與他人一同運動的歡暢氣氛，有氧運動可說是絕佳選擇。

拳擊有氧

拳擊有氧（以及其他武術運動）能提供兼顧耐力、肌力和神經系統的訓練成效。但拳擊有氧不是光靠書籍或 DVD 自學就能上手的運動，你必須到健身房找經驗豐富的合格訓練員或教練才行，例如拳擊有氧或其他武術運動全國排名的教練就是值得信任的人選。另外，對拳擊有氧必須有正確的認知：它並非只是對著訓練夥伴拳打腳踢的運動。

良好的訓練課程必須先從心血管暖身開始，像是跑步、伸展、阻力訓練以及姿勢練習等多種方式。實際的教練課程，包含學習揮拳、腳踢的各種組合，以及空擊和瞄準沙袋的複合式練習。你會專注在姿勢、平衡、速度、肌力和耐力訓練。整體而言，這項運動為全身帶來大量刺激，讓你比戴上拳擊手套前更加精實健康。

騎自行車

自行車運動能讓跑者享受比跑步更暢快的速度感，抵達更遠的地方，可謂獨具魅力，而且還能輕鬆滑下坡！

透過騎腳踏車（不管是公路車或登山車）可以鍛鍊跑步鮮少觸及的腿部肌纖維。你需要選擇以下配件：保護眼睛的太陽眼鏡或護目鏡，為踏板加裝狗嘴套，並且幫自己選雙合適的車鞋（後兩項有助於拉抬和下踩踏板，讓每一圈都充滿力量，增加肌肉的訓練負荷）。

騎車上路前，記得調整座墊高度（約為胯下高度的八〇%），使膝蓋在騎乘時微彎；踩動踏板時應留意踏頻，許多跑者一開始就打到高檔一距「猛踩」而非「畫圓」；建議以六〇 rpm 為基準（各腳每分鐘旋轉圈數），等到體適能提升後，可上調至八〇 rpm 或更快（進階自行車手一般能維持在八〇至一一〇 rpms 的速度）。騎乘過程中，如果車體左右搖晃，可調整椅墊找到更穩定的合適高度。現在開始，你可以騎快、騎慢、上坡、下坡、時遠時近，讓全身徹底運動。

固定式腳踏車

固定式腳踏車又稱室內健身腳踏車，俗稱「飛輪」。這項運動不僅集戶外自行車大多數好處於一身，還可以聽音樂、控制室內溫度、避免和摩托車（以及討厭的跑者）相撞，甚至安心觀賞最新的《冰與火之歌》、《嗜血真愛》或《美國偶像》。對了，還有一個好處：你永遠不需更換爆掉的輪胎！

首先，調整座墊高度，然後設定車輪阻力，有些機型利用旋鈕或轉軸調整，有些則採電子設定。一開始先嘗試中等阻力，難度相當於在平地騎車。你可以提高阻力，模擬加速或爬坡；或者調降阻力，享受下坡般的輕鬆愉悅。有些腳踏車可以連上電腦，選擇虛擬路線與虛擬對手較勁。如果要徵召更多肌纖維，試著站立加速或爬坡；若要幫助身體散熱，可在附近放台風扇，加速汗水蒸發。

水中跑步

水中跑步（和橢圓機）是比較適合受傷跑者的交叉訓練活動，能高度模擬跑步動作，同時抵消所有著地的衝擊力。下水後，你的重量只有實際體重的十分之一，只要利用 Aqua Jogger 浮力帶（如圖所示），就能輕鬆浮起。不過泳池要夠深確保雙腳不會觸底。透過某些 Aqua-Jogger 水中鞋具的輔助，每一步都能名副其實地水中漫步。

由於不需調整平衡和身體重心，肌纖維的徵召情形也不同，不像跑步的重心落在臀部，此時你的重心會轉變成浮力中心，位置落於肺部。使用腹部和背部肌肉，從頭到軀幹保持一直線，身體向前傾斜，大致與跑步的前傾角度相同。在泳池內想像自己在跑步一般的擺動手臂和雙腿，練習平時的跑步訓練項目，只需注重費力程度和持續時間，不需在意快慢和距離。

游泳

許多跑者迴避游泳的理由只有一個：浮不起來。菁英跑者的體脂肪很低，擔心會沉入泳池底部，即使借助浮板，屁股和雙腿還是很難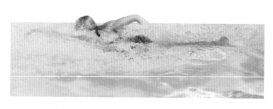避免淪為拖行的窘境，彷彿船身勉強撐在水上緩慢前進。之所以如此的原因在於跑者缺乏正確姿勢和平衡感。在海平面上，水的密度是空氣的七百八十四倍。如果下水後浮不起來，其中必定有問題。

想像一條軸線從頭頂貫穿並延伸至脊椎，另一條線串起左右肩膀，兩條線交會處為「T」字部位，這部位必須浸到水面下，簡單來說就是「下壓 T 字部位」。如此一來，臀部自然會固定在適合踢水的位置，同時也能確保雙手滑水時強勁有力。在水中時，你需要這股滑水的力量，這股拉力比踢水產生的推力大三分之一，可幫助你流暢前進。自由式和蝶式都是交叉訓練的絕佳選擇。

雪地健行

對於住在下雪地區的跑者而言，雪鞋競走是很棒的交叉訓練選項。只需要一雙雪鞋以及防水靴，可以用皮革登山鞋代替，或在跑鞋外包上氯丁橡膠鞋套（若礙於經濟考量，也能用塑膠袋將就一下）。若是剛接觸這項運動或挑戰艱難地形，建議帶上雪杖。

訓練時，最好挑選硬實的步道（雪地摩托車道最為理想）。雪鞋競走比單純走路或跑步更難，建議一開始先選擇相對平坦的地形。將雪鞋競走視為高地跑步一般，訓練強度稍微保留，而且隨時可以走路或輕鬆慢跑稍作休息。雪鞋競走姿勢和跑步類似，不過腳必須抬得更高，才能清除鞋上的積雪。若採取模擬節奏跑或五公里／十公里重複跑的訓練，建議專注於費力程度的調整，而非配速。

越野滑雪

越野滑雪是增進最大攝氧量的絕佳運動。事實上，越野滑雪選手創下了史上最高的最大攝氧量記錄。埃斯本·伯利格（Espen Harald Bjerke）和伯恩·德利耶（Bjorn Dahlie）都是最大攝氧量九六·〇的紀錄保持人，其中德利耶的數據是在非賽季期間測得，這表示當他的體能處於顛峰狀態時，此數據很有可能會攀升到一〇〇以上。此運動有兩種熱門類型可以選擇：傳統滑雪或溜冰式滑雪（skate skiing），無論選擇哪一種，你都需要滑雪屐、雪靴、雪杖和禦寒裝備。

▶傳統滑雪：滑雪屐的腳踏區域底下須塗防滑蠟，增加抓地力，並在踢腳區域外側塗上滑蠟。接下來，試著挑選已經做好平行溝槽的滑雪道。你需要運用「踢後滑行」（kick and glide）技巧，不同側的腳和手臂也需向前擺盪，並將雪杖插在地上，以增加踢腳的推力。腳步不要拖地。先將體重集中於一腳，然後再移到另一腳。

▶溜冰式滑雪：這種形式很像溜冰。傳統滑雪主要利用手腳前後擺盪的力量前進，而溜冰式滑雪則仰賴激烈的橫向動作。需要利用向外踢的方式提高速度。一開始，先沿著滑雪屐底部塗上滑蠟。利用兩支雪杖增加推力，過程中維持雙雪杖撐地、踢滑、雙雪杖撐地、踢滑的節奏。避免後傾，腳跟確實踩在滑雪屐上，重心隨著每次踢腿在兩邊滑雪屐之間移動。溜冰式滑雪有好幾種技巧（例如 V-1、V-2、V-2 交替式），所以正式上場前需要先有初步的瞭解（YouTube 上有很多不錯滑雪技巧的教學影片）。

訓練時，模仿跑步的動作，以費力程度和持續時間為衡量訓練的基準。

第十章

鍛鍊跑步能量系統，才能提升跑步表現

唯有改善身體產生能量的系統，才能提升跑步表現。鍛鍊出優異的跑步體魄後，若缺乏充足能量，就像買了超跑 Hennessey Venom GT（極速可達每小時二百六十英里，從靜止加速至六十英里只需二‧五秒），油箱卻加滿檸檬水。

鍛鍊能量系統必須從飲食著手，也就是每天攝取的碳水化合物、脂肪、蛋白質和其他營養，促使身體產生 ATP——人體動作的能量來源，從最輕微的拉扯到跳躍都必須仰賴它供應能量。

在能量系統的訓練中，最愜意的部分是從菜單上挑選健康的食物，但最重要的一環是教導身體將吃下去的香蕉和義大利麵轉換成更快速、更健康的跑步表現。

什麼是能量系統？

身體需要能量才能跑步，就像廚房設備需要電力、電視遙控器需要電池、汽車油箱需要汽油等是一樣的道理。

不同的是，你需要的能量並非現成燃料，也非隨時可以燃燒使用，而必須自己製造，這就是能量系統的職責所在。

人類行動所需的能量是由三磷酸腺苷分子（ATP）所提供。你需要透過飲食來攝取食物的能量（熱量），但食物無法直接供應跑步所需的能量，必須先由能量系統分解碳水化合物、脂肪和蛋白質，再進一步製造 ATP，也就是說，跑步需要的能量來自 ATP。

人體內有一個跑步能量系統（亦即產生 ATP 的系統），若要認識其功能，可以細分為成三個系統，其中兩個屬於無氧系統，一個為有氧系統。這兩個無氧系統不需耗氧就能產生能量，但供應時間有限；有氧系統需要氧氣才能正常運作，不過可以長時間供應能量。這三種系統分別是：

▶磷酸肌酸系統（無氧）

▶糖解作用（無氧）

▶有氧系統（有氧）

這三種系統分工合作，確保身體隨時擁有充足的 ATP。事實上，這些系統製造的燃料、酵素和其他產物都能互相供給所需（例如糖解作用產生乳酸鹽，再由有氧系統用來生成 ATP）。除此之外，下列有關能量系統的四大原則也需謹記在心：

1. 所有能量系統都是同時運作。

新手指導

務必避免新的訓練課程和飲食計畫雙管齊下，調適能力的訓練需要熱量和營養，空腹只會延遲訓練後的恢復進度、耗盡訓練所需能量，並消磨訓練熱情。先擁有健康的體能，再決定是否需要更瘦。

2. 費力程度和持續時間，通常決定了能量主要由哪個能量系統負責製造。

3. 肌肉中隨時都有氧氣，但身體的有氧能量需求增加，氧氣量才會隨著提升。

4. 不同能量系統的各種因素加總起來，便會導致疲勞。

除了說明三種能量系統之外，本章也會探討另外兩個與能量相關的主題：有氧酶和體熱：有氧酶是粒線體產生能量的必要元素，而體熱則是製造及使用ATP的副產品。

訓練面面觀

跑一場馬拉松需要多少 ATP？

生物演化不是空有形式，講話能力、對生拇指（opposable thumbs）和不可思議的大腦就是最佳證明。那麼，為什麼身體不能多儲存幾分鐘的 ATP 供應量？既然維持 ATP 儲量需要持續補充燃料（吃東西），若能擁有可供應更長時間的 ATP 儲備量不是比較理想嗎？答案是否定的！如果你從運動的角度看待 ATP，就能理解其中原因。

聖地牙哥州立大學（San Diego State University）的麥可・布歐諾（Michael J. Buono）和弗萊德・考科郝斯特（Fred W. Kolkhorst）兩位教授有個習慣，喜歡問學生一個問題：「跑一場馬拉松需要多少 ATP？」

他們以美國記錄保持人卡里・卡努奇跑完馬拉松的時間為兩小時五分四十二秒為例，請學生計算卡努奇跑完比賽需要的 ATP 總量。假設他的體重是五十五公斤，最大攝氧量為八〇ml/kg/min，利用莫耳方程式求出碳水化合物的氧化速度……好吧，在此省略漫長的計算過程，答案是卡努奇需要將近六十公斤的 ATP，才能以兩小時五分的佳績跑完馬拉松！

試試看戴著裝滿六十公斤的水壺腰帶去跑步。

如同許多事情一樣，生命總能找到最完美的因應之道，ATP 自然也不例外。

能量系統訓練

訓練能量系統必須透過運動刺激與各系統產生能量有關的燃料（稱為「基質」）、酶、緩衝物質和過程（例如乳酸鹽的運送）。由於本章建議的訓練項目與前幾章示範教學有所重複，因此這一章的示範教學有點不同。為了協助你做出有利於提升能量生成能力的決定，各訓練將分解成熱量需求，並特別留意碳水化合物和脂肪對身體能量的貢獻。

人體能量系統

為了提供身體需要的 ATP，人體三大能量系統日以繼夜地運作。當然，這些系統既非二十四小時全力運作，在所有活動中產生的能量也不盡相等。每種

表 10-1　有氧／無氧能量供應情形

跑步／比賽距離	有氧	糖解作用（無氧）	磷酸肌酸（無氧）	無氧總計
100 公尺	20.0%	33.3%	46.7%	80.0%
200 公尺	28.0%	51.3%	20.7%	72.0%
400 公尺	41.0%	49.6%	9.4%	59.0%
800 公尺	60.0%	35.9%	4.1%	40.0%
1,500 公尺	77.0%	21.0%	2.0%	23.0%
3 公里	86.0%	13.0%	1.0%	14.0%
5 公里	92.0%	7.5%	0.5%	8.0%
10 公里	96.0%	3.7%	0.3%	4.0%
半程馬拉松	98.0%	1.9%	0.1%	2.0%
快速節奏跑	98.5%	1.4%	0.1%	1.5%
慢速節奏跑	99.0%	1.0%	0.1%	1.0%
馬拉松	99.5%	0.4%	0.1%	0.5%
長跑	99.7%	0.3%	0.0%	0.3%
一般長距離跑	99.8%	0.2%	0.0%	0.2%
恢復跑	99.9%	0.1%	0.0%	0.1%

表 10-1 顯示不同難度的跑步項目中，三大系統（有氧、糖解作用和磷酸肌酸）貢獻能量的大致情形。

能量系統各有擅長之處，以因應不同類型的能量需求。

表 10-1 預估不同費力程度下（體現於配速），能量系統的貢獻情形。你可以發現，隨著跑步距離拉長，能量系統的供應方式也不同。短跑幾乎全需仰賴無氧能量，光是磷酸肌酸系統就貢獻了將近百分之五十；但馬拉松完全不同，其所需能量百分之九十九來自於有氧系統。以下先概略介紹 ATP，再輪流探討各種能量系統，以瞭解其運作原理。

ATP

ATP 素有能量「共通貨幣」之稱，不論短跑、長距離跑，甚或只是凝望窗外、準備出門跑步，ATP 都是完成這些動作所需能量的幕後功臣。如果肌肉收縮是拉霸遊戲機，ATP 就是你手上的硬幣。

身體每天會產生一百公克左右的 ATP，並在需要時加以回收利用。不過，這一百公克最多只能供應坐在沙發上幾分鐘，或是跑步幾秒所需的能量。若要勉強滿足日常生活能量需求，每個 ATP 分子必須重複利用大約五百至七百五十次，也就是說，ATP 總容量約莫等於你的體重！

大量訓練可將需求推升多達百分之百（詳見二一七頁「跑一場馬拉松需要多少 ATP？」）。

肌纖維隨時保有少量 ATP 以供使用，若非如此，身體便會呈現有如屍體僵硬的狀態（肌肉需要 ATP 才能收縮和放鬆）。一旦踏出跑步的第一步，就會耗用這為數不多的 ATP，為了繼續跑步，身體必須啟動磷酸肌酸系統。

磷酸肌酸系統（快速能量）

肌纖維的 ATP 儲量一旦下降，磷酸肌酸系統會率先回應。此系統又稱為 ATP-CP 系統，位於肌纖維的肌漿（sarcoplasm）中，主要仰賴磷酸肌酸（CP 或 PCr）為燃料來源，屬於無氧能量系統。

無論你是參加奧運一百公尺競賽，正從起跑點向前衝刺，或只是跨出長距

離跑的第一步，如果沒有磷酸肌酸系統的即時支援，不出幾秒鐘，ATP 儲量就會波動不穩。磷酸肌酸系統順利啟動後，只要千分之一秒的時間，即可利用 CP 快速回收 ATP，補充速度可達次快能量系統的兩倍。

磷酸肌酸系統即刻拯救 ATP 儲量的行動，會一直持續到援軍抵達為止。若是低強度運動，其他能量系統會迅速接手製造 ATP。

但如果是全力衝刺這類高強度運動，需要的能量類型只有磷酸肌酸能夠提供，那麼磷酸肌酸系統就會主掌大局，將 ATP 儲量維持在正常容量的百分之八十，前後可達十秒。

這段時間結束後，CP 會快速耗盡，就像電影《玩命關頭》中，唐老大通常會利用「氮氣加速」進一步推升 RX-7 的速度，及時奪下勝利。

也就是說，兩者效力都非常短暫。只要十五至二十秒，ATP 就能消耗殆盡，這些能量足夠應付短距離衝刺、舉重、增強式訓練或跳過水坑，但若要繞著街區慢跑，恐怕就心有餘而力不足了。如果要繼續跑下去，身體必須減少耗用的力氣才行。

雖然磷酸肌酸系統能在無氧狀態下產生能量，但要回補 CP 儲量就需要耗用氧氣了，這也是為什麼短跑衝刺或舉重後會氣喘如牛。人體最久需要三分鐘才能重新補足 CP，所以下次可以善用這項數據規劃高強度活動的恢復時間。

訓練建議

關於提升磷酸肌酸儲量的最佳方法，研究結果眾說紛紜。有些推薦有氧訓練（其中耐力運動員再合成 CP 的速度又比非耐力型運動員快），有些則建議利用五至十秒的短跑、上坡短跑（詳見第十一章，二八六頁）或增強式訓練這類高強度運動（詳見第十一章，二七八至二八三頁），將 CP 容量提高百分之十至二十。研究也顯示，肌酸補給品有助於將 CP 儲量推升多達百分之二十，但這不能改善整體能量（只能維持幾秒），也無法為耐力運動員創造任何優勢。

糖解系統

如同磷酸肌酸系統一樣，糖解系統也位於肌漿內，屬於無氧能量系統，在人體運動之初就能即刻啟動。身體從事高強度運動時，一旦磷酸肌酸系統的效力耗盡，糖解系統就會取代它成為首要能量來源。同時，這也是大型能量系統細分成個別能量系統而後分工合作的完美典範。糖解系統的核心是一種多重步驟的化學反應，稱為「糖解作用」，這是產生無氧和有氧能量的第一步驟。

在葡萄糖和肝醣（碳水化合物）供應燃料下，糖解作用會透過無氧方式迅速產生二至三個 ATP 分子，以及兩個非常重要的丙酮酸（pyruvate）分子。如果肌纖維需要的能量超過有氧系統所能供應的範圍，丙酮酸會進入「快速」糖解作用循環。若有足夠的氧氣供應有氧能量的生成，大部分的丙酮酸分子便會輸送到產能未達百分之百的粒線體，執行「慢速」糖解作用。

快速糖解作用（短期能量）

每當談到「無氧」，大多數跑者的第一反應都是快速糖解作用。快速糖解作用製造 ATP 的速度，最快可達有氧系統的一百倍，但缺點是無法持久。前一分鐘內，這個系統或許能以最高產能製造能量，但接下來的兩分鐘，能量的生產情形會明顯轉趨保守，若需求持續不減，最後系統供應的能量可能只剩涓涓細流。短跑和中距離跑者極度仰賴這個系統（請參閱表 10-1）。

一開始，快速糖解作用會先使用糖解作用所製造的丙酮酸分子。丙酮酸經過化學反應後，產生乳酸鹽和輔酶 NAD+。NAD+的角色至關重要，因為這能讓丙酮酸立刻再度循環利用，另外產生二到三個 ATP 以及兩個新的丙酮酸分子，接著觸發新的循環，以極快速度不斷重複此一過程，以產生大量 ATP。

快速糖解作用會在三種條件下發生：

▶需求持續不斷：即使靜止不動，肌纖維還是會產生少許乳酸鹽。

▶氧氣量有限：粒線體中的氧氣不足以處理糖解作用產生的丙酮酸時，便會發生快速糖解作用。開始跑步的前三十至四十秒就屬於這類情形，這時肌纖維尚未獲得充足的氧氣，有氧能量的製造量無法提高。

▶粒線體超出應有負荷：粒線體擁有充足氧氣，製造有氧能量的產能達到百分之百時，丙酮酸將不再進入粒線體，轉而執行快速糖解作用。

若要提升快速糖解作用，可採取速度訓練，例如以一英里或更快配速練習兩百至四百公尺重複跑。

速度訓練可增加無氧酶，而無氧酶能分解加速糖解作用的碳水化合物，無氧酶愈多，代表產生能量的速度愈快。不過，速度訓練也會導致酸中毒，可能損害甚至破壞有氧酶（留待稍後說明），因此耐力運動員必須落實以下三項原則，不可毫無節制地施行速度訓練：

1. 實行必要的速度訓練即可，以增加無氧酶及提升神經系統（第十一章）的效率。

2. 練習短距離快速重複跑時，將運動／休息比例控制在一比二和一比十二之間（休息更久也無妨）。

3. 耐力型比賽前兩至三週，速度訓練應有所節制。

跑步期間，快速糖解作用會在需要時啟動，但在衝向終點的關鍵時刻，這可說是主要的能量來源。

最後要提醒的是，跑步、比賽或實行重複跑訓練時，假如你發現自己一開始衝太快，感覺酸中毒現象已無可避免，這時建議放慢速度，回到有氧能量能夠輕鬆應付的配速。

肌肉經過訓練後，清除乳酸鹽和氫離子的效率很高，加上酸中毒的作用無法完全逆轉，若能適時減速，身體將能有效恢復，以更佳狀態跑完全程，表現勢必會比維持速度硬撐到底更好。

慢速糖解作用

慢速糖解作用是運用前述兩個丙酮酸分子的另一種管道。一旦肌纖維擁有充足的氧氣，且粒線體尚未達到最大產能時，大部分的丙酮酸就會輸送到粒線體，結合有氧方式產生 ATP。

如要提升快速糖解作用，以一千五百公尺（一英里）或更快配速練習兩百至四百公尺重複跑（詳見第七章的一五九頁，以及第八章的一九○至一九三頁），將能提高無氧能力。各趟重複跑之間，務必依照建議的時間，讓身體完全恢復。上述訓練可增加無氧酶，而且此狀態最久可維持四週。換言之，大型比賽前幾週，你不必冒著受傷的風險進行高強度訓練。

有氧系統（長期能量）

製造有氧能量需要耗用氧氣，整個過程會在粒線體中完成。截至目前為止，這是產生最多能量的途徑，但需要一點時間，製造速度才會有明顯起色。

雖然肌肉中隨時都有些許氧氣，但心血管系統需要二十五到三十秒的時間（未經訓練的跑者甚至需要四十秒），才能將跑步過程需要的氧氣送到定位。

在此之前，除非你用極度輕鬆的方式跑步，否則無氧系統會是供應能量的主力。

一旦氧氣充足後，粒線體便會加速運作。透過克氏循環（Krebs cycle）與電子傳遞鏈（Electron Transport Chain，ETC）這兩種程序，粒線體會利用原有的兩個丙酮酸分子產生三十六個 ATP 分子，若加上糖解作用產生的 ATP，總共會有三十八到三十九個。

這些 ATP 分子中，粒線體最多用掉六個，留下大約三十二個供肌纖維使用。至於氧氣則會在電子傳遞鏈末端等候，準備與電子和質子結合成水，這是製造有氧能量的副產品。

眾所皆知，有氧系統還會產生另一種副產品：二氧化碳。運動過程中，呼吸愈來愈急促，主要就是因為血流中的二氧化碳含量升高（相較之下，氧氣含量和酸中毒的影響反而不大）。而在跑步進入尾聲、減速乃至於靜止後，你還

會繼續大口呼吸，主要原因是為了排出大量二氧化碳。

有氧運動的過程中，無論是碳水化合物消耗殆盡、神經系統疲勞、電解質失衡，抑或是自由基逐漸累積，這些都是感覺疲累的原因。

乳酸鹽

每次談到肌纖維需要哪些碳水化合物燃料，跑者通常先想到葡萄糖和肝醣，乳酸鹽很少出現在他們的答案中。事實上，乳酸鹽是碳水化合物的絕佳來源，理應也是答案之一。

運動時，慢縮肌纖維的粒線體會從快速糖解作用產生的乳酸鹽中，擷取高達百分之八十的乳酸鹽來製造有氧能量，每個乳酸鹽分子約莫可獲得十五個ATP分子。

你是不是感到納悶，為什麼慢速糖解作用中，一個葡萄糖分子能產生三十二個ATP，但在快速糖解作用中卻只有兩個？

現在真相大白了：兩者其實並無差別，只是快速糖解作用剩餘的能量會暫時以乳酸鹽的形式儲存而已。

從這裡也能再次證實，無氧系統和有氧系統之間的關係相當緊密：快速糖解作用不僅能高速產生無氧能量，同時還能供應生產有氧能量所需的燃料（乳酸鹽）。

乳酸鹽作為能量燃料的功能不僅如此。肌纖維也會排出乳酸鹽，供其他地方作為燃料使用。這些乳酸鹽不只是運動時心臟（心肌）的主要燃料來源，也供應了耗用碳水化合物的肌肉所需要的大部分燃料。

假設你正在練習有點吃力的五公里配速重複跑，一路訓練下來，凡是獲得徵召的慢縮肌纖維，肌肉中儲存的肝醣無不耗用殆盡，但不用擔心，只要經過妥善訓練，未動用的肌纖維會提供閒置的乳酸鹽，發揮救援功效。

一九九八年，洛奇（Rauch）、赫雷（Hawley）、諾克斯和丹尼斯等人的研究發現，未作用的鄰近肌纖維會釋出乳酸鹽，為作用中的肌纖維供應更多能

量。此外，阿爾柏格（Ahlborg）等人在一九八二、一九八六年的研究指出，儲存在非運動肌肉（例如鍛鍊大腿時，手臂肌肉便處於閒置狀態）中的肝醣會先轉換成乳酸鹽，然後釋放到血流中，再進一步轉換成葡萄糖，為運動中的肌肉提供燃料。

換句話說，由於乳酸鹽能為運動中的肌肉直接和間接提供燃料，因此整個身體才能有如龐大的乳酸鹽電池一般，為所有動作供應動力！

南非開普敦大學運動科學教授，亦即《跑步知識》（Lore of Running，暫譯）以及前述提及一九九八年研究的作者提姆西·諾克斯博士（Timothy Noakes）寫道，乳酸鹽「或許是體內極其重要的能量燃料之一。」

在一九九八年的實驗中，他找來運動員以百分之六十的最大攝氧量運動六小時。最後幾小時期間，乳酸鹽提供了大約六分之一的能量，剩下的則由葡萄糖（大多經由飲食攝取）和脂肪供應。

研究總結，「未作用的肌纖維中，肝醣分解後，必定有大量游移的乳酸鹽擴散到鄰近的肌纖維中。」

乳酸鹽從附近肌纖維向外擴散，加上距離遙遠的肌纖維也會排出乳酸鹽（並轉換成葡萄糖），又是說服你實行第九章交叉訓練的理由。增加肌纖維中的 MCT，使肌纖維釋出更多乳酸鹽，就能增加可利用的碳水化合物燃料。

訓練建議

節奏跑和五公里／十公里配速重複跑（詳見第七章，一六四至一六七頁）都是鍛鍊粒線體的絕佳訓練，有助於燃燒所有碳水化合物，亦即葡萄糖、肝醣和乳酸鹽。交叉訓練（詳見第九章，二〇七至二一四頁）能全面提高肌纖維的 MCT 和肝醣含量，在運動時有效儲存已轉換為乳酸鹽的可用能量。除此之外，在飲食中增加大量碳水化合物，也能提升肌肉中的肝醣儲量（若是經過訓練的跑者，改善幅度可高達百分之一百五十）。

脂肪（脂肪分解）

就長距離跑而言，脂肪益處多多！只不過，如果以碳水化合物為主的有氧能量生成速度緩慢，脂肪會有如冰山般難以消融。

經過繁瑣步驟後，脂肪分解（分解脂肪以供應製造有氧能量所需燃料的過程）可為粒線體提供脂肪酸，由粒線體利用克氏循環和電子傳遞鏈加以處理。

如果時間充裕，光是一個棕櫚酸（一種脂肪酸）就能產生一百二十九個ATP分子，足足是葡萄糖或肝醣的四倍。

不過，從脂肪產生能量的速度太過緩慢，在配速超過五公里的比賽中，能量需求無法即時獲得滿足。即使如此，在許多情形下，脂肪依然是強而有力的燃料來源：

▶靜止：靜止時，人體所需的能量大多由脂肪產生的有氧能量供應。

▶未達最大攝氧量：只要未達最大攝氧量（配速約略是三公里以下），能量便由脂肪提供。以五公里配速跑步時，這類能量約占百分之十至十五，走路時則高達百分之八十五。

▶長時間運動：運動持續時間愈長，脂肪貢獻的能量愈多。諾克斯發現，運動員若以最大攝氧量百分之七十的強度訓練，一開始經由燃燒脂肪所產生的能量只有百分之六，但訓練結束前，此比例會提高到百分之四十三。

你可以增加粒線體內燃燒脂肪的酶的數量，同時訓練身體，使其在將脂肪作為主要能量來源上更具效率，進而有效提升燃燒脂肪的能力。詹森（E. Jansson）與凱瑟（L. Kaijser）的研究發現，經過訓練的運動員以最大攝氧量百分之六十五的狀態運動時，可從脂肪產生百分之五十三的有氧能量，而未受訓練的受試者只能利用脂肪製造百分之三十三的能量。

從脂肪產生能量的過程難免疲累，其中多半屬於長時間運動所累積的生物力學疲勞，難免會對結締組織和肌肉造成損傷。

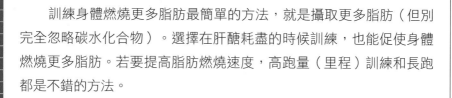

訓練建議

　　訓練身體燃燒更多脂肪最簡單的方法，就是攝取更多脂肪（但別完全忽略碳水化合物）。選擇在肝醣耗盡的時候訓練，也能促使身體燃燒更多脂肪。若要提高脂肪燃燒速度，高跑量（里程）訓練和長跑都是不錯的方法。

蛋白質

　　蛋白質是時常被遺忘的能量來源，其較為人熟知的功用是構成肌纖維和酶。不過，蛋白質一旦分解成胺基酸，便能經由肝臟轉換成葡萄糖，再進一步分解後，甚至在肌纖維內就能轉換成葡萄糖，並隨即送往粒線體製造能量。

　　波爾州立大學生理學家大衛・科斯蒂爾（David Costill）預估，身體在馬拉松過程釋放的能量中，高達百分之九來自於蛋白質。但是，最好不要每天利用這種方法供應能量。蛋白質分解時會產生有毒廢棄物（例如氨），而且蛋白質可在結構和功能上補強細胞，燃燒蛋白質就像放任白蟻啃食支撐房屋的樑柱。

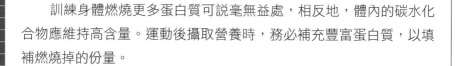

訓練建議

　　訓練身體燃燒更多蛋白質可說毫無益處，相反地，體內的碳水化合物應維持高含量。運動後攝取營養時，務必補充豐富蛋白質，以填補燃燒掉的份量。

比賽中的能量系統訓練

　　第九章曾提到，任何比賽一開始的前三十至五十秒是耗用最多無氧能量的時候，這讓多數跑者感到驚訝。一般認為比賽愈到最後愈需要無氧能量，但事實並非如此，當跑者衝出起跑線時，三種能量系統會同時啟動。由於突如其來的能量需求超過身體製造的無氧能量，因此在肌纖維取得充足的氧氣以及粒線體獲得足夠的丙酮酸之前，無氧系統（磷酸肌酸和糖解作用）必須應付初期的全部需求。

隨著比賽超過三十秒（例如一千五百公尺或更長距離），有氧能量會成為主要供應來源，即使在距離較短的比賽中（例如四百公尺和八百公尺），到了四十至五十五秒期間，有氧系統也會開始提供大部分能量，這在杜菲爾德、道森與古德曼等人於二〇〇三年的研究中已經獲得證實。

在最大攝氧量較低的比賽中（例如五公里以上），有氧系統會接手支應幾乎所有能量。距離較短的比賽中，能量需求超出有氧能量所能負荷，因此無氧系統會繼續供應能量，直到酸中毒的程度加劇，及其他疲勞因素陸續浮現，迫使你減慢速度或停下腳步為止。只是，你在比賽最後一段路程感受到的痛苦（彷彿背上多了隻熊），並不代表身體「啟動無氧系統」，而是你在衝出起跑線時便開始累積的無氧副產品，此時終於累積到身體所能承受的極限。

訓練面面觀

肝醣超補法和脂肪超補法有效嗎？

跑者永遠都希望能超越自我。有些人因而採取肝醣超補法和脂肪超補法，確保耐力型比賽過程中，體內擁有充足的燃料儲量。但這些方法真的有效嗎？

當然有效，不過有幾個前提。肝醣超補法對超過九十分鐘的比賽最為有效，而脂肪超補法則適合長於四小時的賽事。如果比賽時間較短，效果通常不會如此顯著。

肝醣超補法的起源可追溯至一九六〇年代，那時的運動員發現，先限制攝取碳水化合物三至四天，再大量攝取碳水化合物三至四天，可使肌肉中的肝醣儲量加倍，進而減緩耐力比賽期間的疲勞現象。可惜的是，限制碳水化合物的攝取量也會導致脾氣易怒和腸胃不適，因此運動員仍持續尋找更合適的方式。

到了一九八〇年代，運動員發現，前三天先逐漸減少攝取碳水化合物，接著再增加攝取量，效果可媲美原本七至八天的飲食控制流程，而且不會產生副作用。

二○○二年，西澳大學研究顯示，自行車選手快速騎乘二‧五分鐘後，緊接著全力衝刺三十秒，結束後再攝取大量碳水化合物，則後續二十四小時，體內肝醣儲量會提高百分之八十。

二○一三年明尼蘇達大學人體運動學院（University of Minnesota School of Kinesiology）研究發現，只要賽前二十四小時增加攝取碳水化合物，馬拉松時間就能縮短百分之四。

另一方面，肝醣超補法會讓身體增加將近兩公斤的體重，阻礙脂肪燃燒，在女性身上的效果不顯著，也不適合運用在比賽策略上，因此相較於運動飲品、能量果膠與其他肝醣補充方式，肝醣超補法顯得相對過時。不過，就確保肝醣充足這點來說，賽前三天調整飲食，將碳水化合物的比重上調至總熱量的百分之七十，比賽後再逐漸減少，依然是不錯的作法。

倘若耐力賽為期四小時（含）以上，脂肪超補法就是提升表現不可或缺的手段。運動科學家提姆西‧諾克斯博士預估，經過脂肪超補法後，菁英級鐵人三項選手會以高出正常情況百分之五十的速度燃燒脂肪。正確的脂肪超補法有兩種方式：

▶ 高脂飲食：賽前七至十天期間持續實施高脂飲食，你的身體會習慣在肝醣偏低的狀態下運作，一般採取肝醣超補法的運動員無法克服這種極端體能狀態。

▶ 耗盡肝醣：在禁食後訓練或完成運動後，減少攝取碳水化合物，這將使身體在跑步過程中燃燒更多脂肪（體內幾乎耗用不盡的能量來源）。換言之，這是利用自體脂肪儲量的「脂肪超補法」。

即使事實如上所述，但考慮採取肝醣超補法或脂肪超補法時，最好謹記美國長青田徑錦標賽多屆冠軍、創下兩小時十三分記錄的馬拉松好手大衛‧歐茲（David Olds）的良心建議：「這不只是一餐飲食的差別，而是一場比賽」。

有氧酶

有氧酶是粒線體的小幫手。這些蛋白質可提高粒線體內的化學反應效率，促使粒線體供應有氧能量的能力因而提升。人體開始運動的五秒鐘內，這些酵素隨即就會上工，其活動力更一路上升，最快可因應馬拉松配速。事實上，以馬拉松配速展開訓練（節奏跑）是製造更多有氧酶的絕佳方法。配速再快，就有可能發生酸中毒，這些酵素不只會受到負面影響，甚至因而損毀。

訓練建議

節奏跑有助於增加有氧酶數量，包括快速節奏跑、慢速節奏跑和節奏間歇跑。另一方面，速度會扼殺這些酵素，因此執行無氧訓練時，切記別太過頭了。

熱能

身體製造 ATP 的同時也會產生熱能，人體體溫大多為攝氏三十七度。一旦系統（人體）中的能量增加，不可能不產生熱能。人體分解碳水化合物和脂肪時會釋放能量以產生 ATP，當身體將 ATP 用於供應肌肉收縮的動力時，又釋放出更多能量。只是身體無法留住所有能量，將每一批產生的能量投入股四頭肌或小腿的下一次收縮，相反地，身體只會使用百分之二十五的能量，剩餘能量則以熱能形式散逸，這就是體溫的來源。

為什麼感覺我們冷的時候會發抖？因為發抖需要肌肉快速收縮和放鬆，以產生更多 ATP 和熱能。當你覺得熱的時候，身體會有兩種反應：

▶增加流往皮膚的血液：將肌肉產生的熱送到血液中，以便散發到空氣裡，這個過程稱為對流（convection）。

▶排汗：人體擁有超過兩百萬個汗腺，透過分泌汗水可帶走體內的熱。汗水蒸發後，身體才會失去熱能，光是流汗本身並無法讓身體降溫。

不過，即使身體增加血流量和排汗，運動時的核心體溫還是會上升。正常來說，這不算是壞事。跑者都知道暖身有助於提升表現，但要是周遭溫度升高（尤其潮溼）的話，問題就來了。如果氣溫高於攝氏三十七度，身體會從空氣獲得熱能，在這種情形下，排汗是降溫的唯一辦法。不過同樣地，汗水必須蒸發才能發揮降溫效果。如果環境潮溼，空氣可能不易吸收汗水，於是汗水只能滴到地上，對散熱毫無幫助。在身體無法自行降溫的情況下，你只能跳進游泳池、拿水管噴濕自己或乾脆停止運動，體溫才能明顯下降。

表 10-2　氣溫與配速調整

溫度		依溫度調整每英里配速*											
華氏	攝氏	4:30	5:00	5:30	6:00	6:30	7:00	7:30	8:00	8:30	9:00	9:30	10:00
120	48.9	5:23	5:59	6:34	7:10	7:46	8:22	8:58	9:34	10:10	10:45	11:21	11:57
110	43.3	5:07	5:41	6:15	6:49	7:32	7:57	8:31	9:05	9:40	10:13	10:48	11:22
100	37.8	4:55	5:27	6:00	6:33	7:05	7:38	8:11	8:44	9:17	9:49	10:22	10:55
90	32.2	4:45	5:17	5:49	6:20	6:52	7:24	7:55	8:27	8:59	9:30	10:02	10:34
80	26.7	4:38	5:09	5:40	6:11	6:42	7:13	7:44	8:15	8:46	9:17	9:48	10:19
70	21.1	4:34	5:04	5:34	6:05	6:35	7:06	7:36	8:06	8:37	9:07	9:38	10:08
60	15.6	4:31	5:01	5:31	6:01	6:31	7:01	7:31	8:02	8:32	9:02	9:32	10:02
*53	11.4	4:30	5:00	5:30	6:00	6:30	7:00	7:30	8:00	8:30	9:00	9:30	10:00
50	10.0	4:30	5:00	5:30	6:00	6:30	7:00	7:30	8:00	8:30	9:00	9:30	10:00
40	4.4	4:31	5:01	5:31	6:01	6:31	7:01	7:31	8:02	8:32	9:02	9:32	10:02
30	-1.1	4:34	5:04	5:34	6:05	6:35	7:06	7:36	8:06	8:37	9:07	9:38	10:08
20	-6.7	4:38	5:09	5:40	6:11	6:42	7:13	7:44	8:15	8:46	9:16	9:47	10:18
10	-12.2	4:45	5:17	5:48	6:20	6:52	7:23	7:55	8:27	8:58	9:30	10:02	10:33
0	-17.8	4:54	5:27	6:00	6:32	7:05	7:38	8:11	8:43	9:16	9:49	10:21	10:54
-10	-23.3	5:07	5:41	6:15	6:49	7:23	7:57	8:31	9:05	9:39	10:13	10:47	11:21
-20	-28.9	5:22	5:58	6:34	7:10	7:46	8:21	8:57	9:33	10:19	10:45	11:20	11:56

表 10-2 列出天氣太熱時，長距離跑（或節奏跑、重複跑等訓練）可參考的配速調整。上表假設*華氏 53 度是最適宜的氣溫，表格最上方的基準配速即是此溫度下的每英里配速。先從該列找到最適合你的配速，接著根據左側兩欄的氣溫，往下比對調整後的配速。

遇到潮溼悶熱的天氣，可以採取下列幾個步驟，減輕環境對身體的影響：

1. 調整配速：參考表 10-2「氣溫與配速調整」。

2. 補充水分：口渴馬上喝水，但別喝過頭，以免血液的鈉濃度過低而導致低血鈉症（hyponatremia），這可是有致命的危險。

3. 穿著輕盈的衣服：挑選容易散熱的現代纖維材質。

4. 避免戴帽：改以遮陽帽和防曬乳保護皮膚。

5 減速或停止：要是熱到受不了，應馬上停止運動，以免因熱衰竭而被迫停下腳步。建議嘗試水中跑步，或在有空調的健身房中使用橢圓機。

　　幸好，你的身體會在兩週內適應炎熱的天氣。根據桑德斯（Saunders）等人在澳洲發表的文獻，身體適應高溫環境後，血漿最多可增加百分之十二、心率下降、散熱能力上升、流更多汗，而且能量需求減少。換句話說，在炎熱環境下跑步，可提升身體在高溫狀態下的跑步表現。

訓練建議

　　人體需要兩週才能適應炎熱的環境，過程中必須謹慎調整訓練方式。建議選擇最涼爽的時段跑步（例如清晨或晚上），並根據溫度和濕度適時調整難度和配速。

能量補給

　　本書的「建立跑步飲食習慣」章節會深入說明能量補充的各種選擇，這裡只簡單介紹最需注意的四大要點：

1. **訓練前飲食**：以五公里或更快配速訓練前，必須採取某種程度的肝醣超補法。訓練前一晚增加飲食份量，或在當天減少份量都是不錯的方法。這些訓練成效大多取決於肌纖維的碳水化合物（肝醣）含量。

2. **能量補給**：在訓練結束後三十分鐘內補充碳水化合物／蛋白質，如此能提高肌纖維運動後的蛋白質合成速度，在更短時間內補充肝醣，有

助於身體恢復得更快。

3. **碳水化合物與蛋白質比例**：關於訓練後的能量補給，研究建議飲食中的碳水化合物與蛋白質應維持四比一，可依個人喜好調整。許多跑者認為，巧克力牛奶是跑步後的最佳飲品。

4. **比賽中的能量補給**：十公里或距離更短的比賽不需要補充營養。若是持續七十分鐘以上，每小時必須攝取三十至六十克左右的碳水化合物（液體），其濃度應介於百分之二至十之間（最好是百分之四至八）。開特力（Gatorade，百分之六）和 Powerade（百分之八）等運動飲料正好符合濃度範圍。如果選擇能量果膠，應攝取充足水分，稀釋碳水化合物成分。

如需更齊全的營養補充流程，請參考本書第四部。

跑步能量系統的訓練菜單簡介

本章示範教學將解析不同訓練方式的熱量需求，以表格呈現碳水化合物和脂肪供應能量的概況，並提供營養補充祕訣。接下來分析的訓練項目包括：

▶步行

▶慢跑

▶長距離跑

▶短跑

▶八百公尺配速間歇跑

▶一英里配速間歇跑

▶五公里／十公里配速間歇跑

▶節奏跑

▶阻力訓練

▶交叉訓練

▶馬拉松能量補給

鍛鍊跑步能量系統的訓練菜單——專家示範教學

熱量、碳水化合物、脂肪和營養對訓練的影響

下列訓練項目將分成熱量、碳水化合物和脂肪討論，各項運動後面也有附飲食建議。別忘記身體隨時都在燃燒熱量（除非每週跑到一百英里以上，不然身體燃燒的熱量主要是應付正常的新陳代謝），別只為了應付運動所需而補充熱量。表格的使用方法如下：

1. 從左欄中找到相近的體重。
2. 在體重的同一列中，比對找出總熱量（以英里或分鐘為單位，依各表格而定）以及碳水化合物和脂肪所提供的概略熱量。要注意的是，這些都是平均數據，不應視為絕對數值。
3. 大部分表格底部都有額外的「碳水化合物／脂肪實際比例」一項。這是根據體型和體適能等條件估算而得的比例範圍，代表各運動項目所需的碳水化合物和脂肪熱量。這些數據可提醒你身體消耗的能量來源，協助更完善地規劃訓練前後的飲食。
4. 表格未列出蛋白質的相關數據，因為蛋白質只是備用燃料，只有碳水化合物嚴重不足時才會派上用場。
5. 每種運動都會附上訓練前或訓練後的正餐／點心建議。

有鑑於健康是全家人的重要大事，本書特別邀請全家都是運動健將的卡遜－穆雷（Cushing－Murray）一家人示範各項運動。

步行

步行屬於較不激烈的運動，徵召的肌纖維比慢跑或跑步少，因此燃燒熱量較少。步行所燃燒的熱量大多來自脂肪，碳水化合物提供的熱量較少。若是「快走」，每英里燃燒的熱量可增加百分之五至十。

步行訓練的能量與營養解析

每英里燃燒的熱量：步行配速			
體重（磅）	總熱量	碳水化合物 供應的熱量	脂肪供應的熱量
50	27	5	22
75	40	7	33
100	53	9	44
110	58	10	48
120	64	11	52
130	69	12	57
140	74	13	61
150	80	14	66
160	85	15	70
170	90	16	74
180	95	17	79
190	101	18	83
200	106	19	87
210	111	19	92
220	117	20	96
230	122	21	101
240	127	22	105
250	133	23	109
275	146	26	120
300	159	28	131
碳水化合物／脂肪實際比例		14-21%	86-79%

步行的恢復期飲食

優質燕麥或去殼穀物

　　燕麥（以健康的燕麥粒製成）是複合式碳水化合物的絕佳來源，也提供其他營養。除此之外，燕麥熱量不高，是步行後的完美飲食選擇。這類食品只需經過簡單烹煮即可食用，可添加香蕉和藍莓（或手邊容易取得的任何水果）混合成美味的水果點心或餐點。一份含有四十二克碳水化合物。

　　　　▶總熱量：每份二二七卡（水果熱量已計入）
　　　　▶食譜：三八四頁

慢跑

　　慢跑的費力程度比配速來得重要。有時慢跑的速度與走路差不多，有時耗費的體力又接近輕鬆跑。

　　相同地，由於慢跑的費力程度低於正常的長距離跑，所以還是需要仰賴脂肪提供能量。

慢跑訓練的能量與營養解析

體重（磅）	總熱量	碳水化合物 供應的熱量	脂肪供應的熱量
每英里燃燒的熱量：慢跑配速			
50	38	12	26
75	57	17	40
100	76	23	53
110	84	26	58
120	91	28	63
130	99	30	69
140	106	32	74
150	114	35	79
160	122	37	85
170	129	39	90
180	137	42	95
190	144	44	100
200	152	46	106
210	160	49	111
220	167	51	116
230	175	53	122
240	182	56	126
250	190	58	132
275	209	64	145
300	228	70	158
碳水化合物／脂肪實際比例		26-35%	74-65%

慢跑的恢復期飲食

獨特祕方健康煎鬆餅

　　早晨慢跑後，通常會想來片煎鬆餅。此食譜巧妙改用全麥麵粉，大飽口福之餘不必感到內咎。可加入優格和莓果，並盡情吃到滿足熱量需求為止，每片鬆餅含有八克碳水化合物、一克脂肪和兩克蛋白質。

▶總熱量：每片五十三卡　　▶食譜：三九六頁

正常跑

　　正常跑包括訓練菜單中所有類型的長距離跑，舉凡輕鬆跑、正常跑和長跑都涵蓋在內。輕鬆跑過程中，身體燃燒的碳水化合物大概接近範圍比例的最小值；若是長跑，則會接近最大值。

正常跑訓練的能量與營養解析

每英里燃燒的熱量：正常跑配速			
體重（磅）	總熱量	碳水化合物供應的熱量	脂肪供應的熱量
50	38	18	20
75	57	28	29
100	76	37	39
110	84	41	43
120	91	44	47
130	99	48	51
140	106	51	55
150	114	55	59
160	122	59	63
170	129	63	66
180	137	66	71
190	144	70	74
200	152	74	78
210	160	78	80
220	167	81	86
230	175	85	90

BUILD YOUR RUNNING BODY

240	182	88	94
250	190	92	98
275	209	101	108
300	228	111	117
碳水化合物 / 脂肪實際比例		43-54%	57-46%

正常跑恢復期飲食

酪梨鮭魚檸檬燉飯

　　長距離跑後，想要快速恢復體能，關鍵是優良的碳水化合物和脂肪。這道燉飯的鮭魚、酪梨和橄欖油可提供健康脂肪，搭配米飯的等量複合式碳水化合物（三十六克），能量補充上正好達到平衡。燉飯一向是出了名的高難度料理，不過不必擔心，這道食譜相當簡單！

▶總熱量：每份五百七十五卡
▶食譜：四二一頁

節奏跑

　　節奏跑將費力程度進一步往上推升，因此需要從碳水化合物快速獲取補充能量。身體仍會透過燃燒脂肪供應三分之一的熱量，而節奏跑的速度愈快，代表身體每分鐘燃燒的脂肪量與正常跑不相上下。

節奏跑訓練的能量與營養解析

體重（磅）	每英里燃燒的熱量：節奏跑配速		
	總熱量	碳水化合物 供應的熱量	脂肪供應的熱量
50	38	25	13
75	57	38	19
100	86	51	25
110	84	56	28
120	91	61	30
130	99	66	33
140	106	71	35
150	114	76	38
160	122	82	40
170	129	86	43
180	137	92	45
190	144	96	48
200	152	102	50
210	160	107	53
220	167	112	55
230	175	117	58
240	182	122	60
250	190	127	63
275	209	140	69
300	228	153	75
碳水化合物／脂肪實際比例		62-72%	38-28%

節奏跑的恢復期飲食

辣味玉米餡餅佐費塔起司、玉米和黑豆

　　節奏跑的恢復期間，盡量挑選富含熱量和碳水化合物的食物，搭配少許蛋白質和脂肪，全面補充所需營養。這道模仿青椒鑲肉的料理相當健康，最多可提供六十七克碳水化合物，如搭配米飯可進一步提高碳水化合物的攝取量。▶總熱量：每份四百四十五卡　▶食譜：三九七頁

五公里／十公里配速跑

無論是五公里／十公里配速的重複跑或比賽，身體的碳水化合物需求只會愈高。就碳水化合物的燃燒速度以及持續跑步的時間來看，身體需要不少肌肉中的肝醣。建議訓練前一晚採取肝醣超補法，訓練結束後，立刻食用富含碳水化合物的點心。

5公里／10公里配速跑訓練的能量與營養解析

每英里燃燒的熱量：5 公里／10 公里配速			
體重（磅）	總熱量	碳水化合物供應的熱量	脂肪供應的熱量
50	38	31	7
75	57	47	10
100	76	63	13
110	84	69	15
120	91	75	16
130	99	82	17
140	106	87	19
150	114	94	20
160	122	101	21
170	129	106	23
180	137	113	24
190	144	119	25
200	152	125	27
210	160	132	28
220	167	138	29
230	175	144	31
240	182	150	32
250	190	157	33
275	209	172	37
300	228	188	40
碳水化合物／脂肪實際比例		77-88%	23-12%

五公里／十公里配速的前一天晚餐

鰻魚細扁麵

由於這項運動亟需碳水化合物，前一晚盡情享用義大利麵應是不錯的賽前準備。這道食譜需要新鮮番茄、橄欖油和鰻魚醬，雖然重點在於複合式碳水化合物（每份八十四克），但滋味豐富的醬汁也能順便增添其他重要營養，同時又不含太多脂肪。

▶總熱量：每份五百一十四卡
▶食譜：三九六頁

一英里配速跑

一英里配速跑的大部分形式（不管是比賽或重複跑）通常不會燃燒脂肪。超過最大攝氧量後，跑者身體大多只會燃燒碳水化合物。因此，以下一英里配速跑表格只列出總熱量，不再區分來源為脂肪或碳水化合物（不過速度較慢的跑者多少還是會燃燒脂肪）。另外，表中所列的熱量是以「每分鐘」為單位計算總數，因為所有重複跑的距離都不會

超過一英里。理論上，高強度訓練會帶來「後燃效應」（afterburn），額外消耗百分之三至五的熱量，其中大多來自脂肪。

一英里配速跑訓練的能量與營養解析

每分鐘燃燒的熱量：一英里配速					
體重（磅）	一英里配速				
	4:00	6:00	8:00	10:00	12:00
50	9.5	6.3	4.8	3.8	3.2
75	14.3	9.5	7.1	5.7	4.8
100	19.0	12.7	9.5	7.6	6.3
110	21.0	14.0	10.5	8.4	7.0
120	22.8	15.2	11.4	9.1	7.6
130	24.8	16.5	12.4	9.9	8.3
140	26.5	17.7	13.3	10.6	8.8
150	28.5	19.0	14.3	11.4	9.5
160	30.5	20.3	15.3	12.2	10.2
170	32.3	21.5	16.1	12.9	10.8
180	34.3	22.8	17.1	13.7	11.4
190	36.0	24.0	18.0	14.4	12.0
200	38.0	25.3	19.0	15.2	12.7
210	40.0	26.7	20.0	16.0	13.3
220	41.8	27.8	20.9	16.7	13.9
230	43.8	29.2	21.9	17.5	14.6
240	45.5	30.3	22.8	18.2	15.2
250	47.5	31.7	23.8	19.0	15.8
275	52.3	34.8	26.1	20.9	17.4
300	57.0	38.0	28.5	22.8	19.0

找到你的體重和配速，比對得到的數據便是維持該配速一分鐘所消耗的熱量。所有數值皆為概略值。

一英里配速跑恢復期點心

自製鷹嘴豆泥

鷹嘴豆泥含有豐沛的碳水化合物，還能提供少量健康脂肪和其他營養。一份鷹嘴豆泥配上全麥貝果可提供大約七十克碳水化合物和十克脂肪。可試著以一份鷹嘴豆泥搭配三百卡熱量的椒鹽捲餅。▶總熱量：每份四百卡（鷹嘴豆泥約一百卡，椒鹽捲餅三百卡）▶食譜：四五一頁

八百公尺配速跑

以八百公尺的配速訓練或比賽只會燃燒碳水化合物，很難估計實際需要的確切能量。有氧能量成為身體的主要能量來源時，消耗的能量相當清楚，容易計算。但隨著耗費的力氣、速度、體力，以及更多肌纖維成為變數，而且能量主要由無氧系統供應時，科學數據就變得較為模糊不明，因為截至目前為止的研究仍未考量這些因素。若再考慮理應產生的「後燃效應」，亦即大多由脂肪提供的額外百分之三至五熱量，要說總燃燒熱量含有少許臆測成分也不為過。本書合理估計，身體實際消耗的總熱量應該會比表中數據還高。

800 公尺配速跑訓練的能量與營養解析

體重（磅）	每分鐘燃燒的熱量：800 公尺配速				
	800 公尺配速				
	2:00	2:30	3:00	4:00	5:00
50	9.4	7.6	6.3	4.7	3.8
75	14.2	11.3	9.4	7.1	5.7
100	18.9	15.1	12.6	9.4	7.6
110	20.9	16.7	13.9	10.4	8.4
120	22.6	18.1	15.1	11.3	9.0
130	24.6	19.7	16.4	12.3	9.8
140	26.3	21.1	17.6	13.2	10.5
150	28.3	22.7	18.9	14.2	11.3
160	30.3	24.3	20.2	15.2	12.1
170	32.1	25.7	21.4	16.0	12.8
180	34.1	27.2	22.7	17.0	13.6
190	35.8	28.6	23.9	17.9	14.3

200	37.8	30.2	25.2	18.9	15.1
210	39.8	31.8	26.5	19.9	15.9
220	41.5	33.2	27.7	20.8	16.6
230	43.5	34.8	29.0	21.7	17.4
240	45.2	36.2	30.2	22.6	18.1
250	47.2	37.8	31.5	23.6	18.9
275	51.9	41.6	34.6	26.0	20.8
300	56.7	45.3	37.8	28.3	22.7

找到你的體重和 800 公尺配速，比對得到的數據便是維持該配速一分鐘所消耗的熱量。所有數值皆為概略值。

八百公尺配速跑的恢復期點心

杏仁櫻桃派燕麥棒

完成八百公尺配速跑後的三十分鐘內，務必補充碳水化合物（愈快補充消耗的肌肝醣儲量愈好），因此這種棒狀餅乾可說是隨身攜帶的絕佳選擇。這道點心可提供四十一克複合式碳水化合物，加上巧克力更好吃！

▶ 總熱量：每條兩百六十五卡
▶ 食譜：四三七頁

BUILD YOUR RUNNING BODY

短跑（四百公尺配速跑）

很少人能以快於四百公尺配速的速度短跑，即使是採取高強度間歇訓練的跑者也能放心參考同一張表。短跑訓練不會燃燒太多熱量，不過理論上仍會產生「後燃效應」。

短跑訓練的能量與營養解析

每分鐘燃燒的熱量：400 公尺配速					
體重（磅）	400 公尺配速				
	:50	1:00	1:20	1:40	2:00
50	11.3	9.4	7.1	5.7	4.7
75	17.0	14.2	10.6	8.5	7.1
100	22.7	18.9	14.2	11.3	9.4
110	25.1	20.9	15.7	12.5	10.4
120	27.1	22.6	17.0	13.6	11.3
130	29.5	24.6	18.5	14.8	12.3
140	31.6	26.3	19.8	15.8	13.2
150	34.0	28.3	21.3	17.0	14.2
160	36.4	30.3	22.7	18.2	15.2
170	38.5	32.1	24.0	19.2	16.0
180	40.9	34.1	25.5	20.4	17.0
190	42.9	35.8	26.8	21.5	17.9
200	45.3	37.8	28.3	22.7	18.9
210	47.7	39.8	29.8	23.9	19.9
220	49.8	41.5	31.1	24.9	20.8
230	52.2	43.5	32.6	26.1	21.7
240	54.3	45.2	33.9	27.1	22.6
250	56.7	47.2	35.4	28.3	23.6
275	62.3	51.9	39.0	31.2	26.0
300	68.0	56.7	42.5	34.0	28.3

找到你的體重和 400 公尺配速，比對得到的數據便是維持該配速一分鐘所消耗的熱量。所有數值皆為概略值。

短跑恢復期點心

適合恢復期間食用的十種點心

結束四百公尺配速的比賽或訓練後，身體需要的是碳水化合物而非大量熱量，請參考這份建議清單，挑選合適的點心。▶總熱量：依點心而異▶食譜：三八九頁（詳見第十九章專文「十大恢復體能的點心」）

交叉訓練

交叉訓練包括多種運動和訓練，討論消耗的熱量時不能概括而論。下表只是為了說明，不同強度的交叉訓練所燃燒的熱量不一，彼此不盡相同。

交叉訓練的能量與營養解析

交叉訓練：每 60 分鐘燃燒的熱量		
類型	強度	熱量
橢圓機	第 5 級設定	550
ElliptiGO	15 mph	600
跑步機	7 mph	650
水中跑步	相當於馬拉松	450
越野滑雪	8 mph	675
雪鞋競走	3 mph	625
踢拳擊	中等	525
騎自行車	14 mph	475
爬樓梯	第 5 級設定	506
游泳	75 公尺 / 分鐘	375
划船機	125 瓦	550

注意：所有數值皆為概略值。

交叉訓練的恢復期點心

辛辣楓糖熱巧克力

研究人員指出，巧克力牛奶含有均衡的碳水化合物和蛋白質，確實是恢復期間很棒的飲品選擇。天氣炎熱時，不妨來杯冰巧克力，但如果訓練期間天氣寒冷，建議在訓練後嘗試辣味熱可可，每杯含有四十七克碳水化合物和十克蛋白質。

▶ 總熱量：每杯兩百六十七卡
▶ 食譜：三九八頁

阻力訓練

並非所有阻力訓練都能消耗相同的熱量。高強度耐力訓練（例如跑者三六〇，詳見五十三頁）可在三十分鐘內燃燒許多熱量，下表便是以三十分鐘為單位來記錄熱量。反觀傳統的舉重訓練，由於每組之間都有短暫的休息，因此燃燒的熱量相對較少，但碳水化合物依然占了很高比例。

BUILD YOUR RUNNING BODY

阻力訓練的能量與營養解析

體重（磅）	舉重			跑者 360		
	熱量	碳水化合物熱量	脂肪熱量	熱量	碳水化合物熱量	脂肪熱量
50	47	43	5	143	128	15
75	71	64	7	214	193	21
100	95	86	9	285	257	28
110	104	94	10	314	282	32
120	114	103	11	342	308	34
130	123	111	12	371	333	38
140	133	120	13	399	359	40
150	142	128	14	428	384	44
160	152	137	15	456	410	46
170	161	145	16	485	436	48
180	171	154	17	513	462	51
190	180	163	18	542	488	54
200	190	171	19	570	513	57
210	199	179	20	599	539	60
220	209	188	21	627	564	63
230	218	196	22	656	590	66
240	228	205	23	684	616	68
250	237	213	24	713	641	72
275	261	235	26	784	706	78
300	285	256	28	855	770	85

（表頭：阻力訓練：每 30 分鐘燃燒的熱量）

注意：所有數值皆為概略值。

阻力訓練恢復期飲食

花生醬冰沙

就重建肌肉的效果而言，蛋白質絕對是阻力訓練後的最佳選擇。這杯冰沙的主要製作材料為希臘優格和花生醬，兩種都是天然蛋白質的絕佳來源，另外還添加香蕉和巧克力，喝完包準心情愉悦！每杯冰沙可提供二十二克蛋白質，肌肉會感謝你補充如此豐富的蛋白質。

▶總熱量：每杯三百四十卡

▶食譜：四〇六頁

馬拉松能量補給

如果只是五至十公里的比賽，大可不必擔心過程中的能量補充問題。但要是比賽長達七十分鐘以上，每小時可補充三十至六十碳水化合物（建議訓練期間先行自我測試，每個人的需求和腸胃反應不一）。

由於跑者希望在比賽中補充能量的頻率和份量不盡相同，下表提供十五至六十之間不同的能量補充選項。舉例來說，如果選擇利用「開特力」每小時補充三十碳水化合物，那麼每三十分鐘就必須喝八盎司（等同於十四克）的份量。

許多跑者會在比賽中使用不同方法補給能量。能量果膠（一種備受歡迎的能量補給品）每包二十五客，你或許不太願意分次吃完，因此不妨依照個人需求，每三十分鐘或一小時使用一包。除了飲品和果膠之外，若你偏愛有嚼勁的軟糖或雷根糖，可以選擇 Clif Shot Bloks 或運動糖豆這類能量補給品。

馬拉松訓練的能量與營養解析

補給選項	每小時碳水化合物補充選項（15-60 克）				
	15 克	25 克	30 克	50 克	60 克
Clif Shot Bloks	2 條 （16 克）	3 條 （24 克）	4 條 （32 克）	6 條 （48 克）	8 條 （64 克）
奇亞籽	1 包 （18 克）	1.5 包 （27 克）	2 包 （36 克）	3 包 （54 克）	3.5 包 （63 克）
Fig Newtons 水果夾心餅	0.5 片 （11 克）	1 片 （22 克）	1.5 片 （33 克）	2 片 （44 克）	3 片 （66 克）
Gatorade 開特力	8 盎司 （14 克）	12 盎司 （20 克）	16 盎司 （26 克）	32 盎司 （52 克）	36 盎司 （60 克）
能量果膠	n / a	1 包 （25 克）	n / a	2 包 （50 克）	n / a
蜂蜜	1 茶匙 （17 克）	n/a	2 茶匙 （32 克）	n / a	4 茶匙 （64 克）
能量棒	0.25 包 （11 克）	0.5 包 （22 克）	0.75 包 （33 克）	1 包 （44 克）	1.5 包 （66 克）
椒鹽卷餅（小）	12 個 （15 克）	20 個 （25 克）	24 個 （30 克）	40 個 （50 克）	48 個 （60 克）
葡萄乾	50 顆 （15 克）	1 盎司盒裝 （22 克）	100 顆 （30 克）	2 盒 （44 克）	200 顆 （60 克）
運動糖豆	9 顆 （15 克）	1 盎司包裝 （25 克）	18 顆 （30 克）	2 包 （50 克）	36 顆 （60 克）

表頭：馬拉松能量補充

BUILD YOUR RUNNING BODY

第二部 鍛鍊跑步的體魄：調校九個跑步身體機能

第十一章

調節神經系統，
讓跑步表現往上升級

　　良好的通訊技術不僅將訊息傳遞給外界，也是體內巨大訊號網路（亦即構成神經系統的數十億個神經元和上兆條神經傳導路徑）的關鍵所在。

　　瑪麗‧雪萊（Mary Shelley）一八一八年的小說《科學怪人》中，科學家法蘭克斯坦利用導自暴風雨的電流賦予怪物生命，真實世界的情況也同樣精采：人體神經系統的電化學流會刺激身體做出動作、傳遞感覺及產生想法。

　　神經系統的網路布滿人體各角落，跑者必須仰賴它控制跑步時的所有動作，但這種生物機能取決於神經連結的良窳。你的任務就是妥善調節這個網路，使其發揮最佳效率，遇到新挑戰時適度地調整以達成目標。若能正確鍛鍊神經系統，跑步表現將能往上躍升一個等級。

什麼是神經系統？

神經系統是人體兩大通訊系統之一（另一個是製造荷爾蒙的內分泌系統），由中樞神經系統（CNS）和末梢神經系統（PNS）構成，前者包括大腦與脊髓，後者包含中樞神經系統以外的所有神經。

中樞神經系統是神經系統的指揮中心，負責協調所有肢體活動及處理全部感官資料。大腦內有八百五十億個神經元（神經細胞），脊髓中則另有十億個。試著比較其他物種和生物的神經元數量：海綿（零）、蟑螂（一百萬）、貓（十億）、黑猩猩（七十億）和大象（兩百三十億）。沒錯，大象比黑猩猩擁有更多神經元。別忘了這個事實，我想大象應該也不會忘記。

中樞神經系統中的運動神經元會送出訊息，沿著軸突（神經纖維）傳到肌肉（觸發收縮和放鬆等動作）以及器官和腺體。至於感官從全身偵測到的刺激，則由感覺神經透過末梢神經系統傳回中樞神經系統。神經元每秒鐘最多可傳送一千次訊息，大多數時間維持在每秒一至四百之間的頻率，這些訊息稱為衝動（impulse），會以不同速度經由不同類型的神經傳遞。

一踮起腳尖跑步，你馬上感覺到觸地的壓力，因為觸覺每秒可傳遞將近八十公尺。反觀痛覺衝動經由速度較慢的神經纖維傳遞，因此需要兩倍的傳遞時間。遲鈍的抽痛感覺以每秒六十公分的速度傳遞，所以腳趾踢到桌腳時，通常需要經過兩、三秒，你才會開始痛得跳腳，一邊咒罵自己動作笨拙。

從以上列舉的速度，你大概就能猜到，在神經系統中來回穿梭的其實不是電流，而是比通過電視或烤麵包機那種電流慢上好幾百萬倍的一種電化學形式的衝動（有關衝動的詳細說明，請參閱右頁專文「什麼是神經衝動？」）。

另一方面，中樞神經系統每秒可發出一○一三至一○一六次衝動，等同於

新手指導

調節神經系統的時機愈早愈好，步幅和跑步效率主要是受神經系統指示，而神經連結愈好，愈能減少受傷機率，同時提升跑步表現。

訓練面面觀

什麼是神經衝動？

神經衝動究竟是什麼？衝動是一種電力嗎？化學現象？還是靈魂中某種無法計量的瞬間放電？

不只你曾問過這些問題，還有二十一位諾貝爾得主，從一九〇六年的高爾基（Camillo Golgi）和拉蒙卡哈爾（Santiago Ramon y Cajal），乃至於二〇〇〇年的卡爾森（Arvid Carlsson）、格林加德（Paul Greengard）與坎德爾（Eric Kandel），他們都因為設法找出答案而榮獲桂冠。

先從神經本身談起，神經元（神經細胞）的細胞本體具有樹突（dendrite），可接收其他神經元的訊號，稱為軸突（axon）的長形纖維負責傳遞訊息。軸突末梢是稱為突觸（synapse）的神經終端，此處的微小空間（突觸空隙或間隙）可將神經元及其他肌細胞區隔開來。神經元必須經由突觸相互通訊，訊息才能順利傳遞。

十九世紀前半葉，普遍認為神經衝動的傳遞異常快速，估計速度從每秒一千一百萬英里到瞬時傳輸都有可能。一八四九年，亥姆霍茲（Hermann von Helmholtz）提出反論，計算出神經衝動的速度為每秒二十五至三十九公尺，比精采的賽馬速度還慢。

到了二十世紀，伯伊斯·雷蒙德（Emil du Bois-Reymond）、伯恩斯坦（Julius Bernstein）、拉皮克（Louis Lapicque）等人的研究開啟了電生理學的黃金時代，他們認為神經衝動是透過動作電位（action potential）所傳遞的電生理訊息，而動作電位為透過軸突膜交換帶電離子的現象，可加快衝動在軸突中傳遞的速度。

問題癥結指向一個關鍵：突觸（神經元與其目標之間的微小空隙）中發生了什麼事？瞬間放電會跳過這些間隙嗎？還是有其他機制產生作用？這個問題的爭論分為兩大陣營：放電派相信一切都與電相關，但化學派認為其中必定涉及某些化學因子。結果顯示，化學派幾乎完全答對了。

BUILD YOUR RUNNING BODY

一九二一年，奧托·洛維（Otto Loewi，一九三六年諾貝爾獎得主）從兩隻青蛙身上取出仍在跳動的心臟，各自放到生理食鹽水中，並以電流刺激其中一顆心臟，直到心跳減慢為止。接著，他把該心臟周圍的生理食鹽水注入第二顆心臟，結果這顆心臟的跳動也變慢了。這個實驗說明了，心臟必定釋出某種化學物質融入食鹽水中，才能影響心臟跳動。這項化學物質（乙醯膽鹼）已證實是一種神經傳導物質，也是神經元釋放出來幫助突觸通訊的幾種化學物質之一。

但放電派的說法也非完全錯誤，他們在一九五七年稍微扳回一城，當時大衛·波特（David Potter）與愛德溫·弗胥潘（Edwin Furshpan）實驗證明，部分電衝動會利用間隙連接（gap junction）的圓筒狀細小通道越過突觸。

綜觀以上所述，什麼是神經衝動？這同時涉及電和化學物質，並以有限的速度透過體內神經系統的連結網路傳遞訊號，而這些仍等未來的科學家和諾貝得主進一步探究。

全球最大超級電腦「泰坦號」的性能。這部放在美國橡樹嶺國家實驗室（Oak Ridge National Laboratory）的電腦占地將近四百平方公尺，耗資九千七百萬美元建造，每秒可執行一七五九〇兆次浮點運算（petaflop），這種強大性能需要的能量可供應七萬戶家庭的需求。中樞神經系統的能力可說相當驚人。

神經系統訓練

就跑步而言，未受過訓練的神經系統通常無法適時發揮作用。想像每次打開客廳吊燈的開關，卻總是啟動廚房的廚餘處理器，於是你必須聯絡水電工重新配置電路。未經訓練的神經系統就像那個開關一樣，而你與採取的訓練項目必須扮演水電工的角色，適度調整以下面向：

1. 運動單元徵召與協調
2. 本體感覺

3. 平衡感

4. 神經系統疲勞

5. 跑步經濟性

只要結合傳統跑步訓練、技巧練習、增強式訓練、上坡短跑、平衡感運動等多種方式，即可達到調節神經系統的目標。

運動單元徵召

在你「指示」身體跑步後，肢體才會開始動作。這項訊號源自於大腦，傳遞至脊髓中的運動神經元，然後沿著運動神經元的軸突傳送至肌肉。每個運動神經元負責控制單一肌肉中的特定幾個肌纖維，而神經元與其控制的肌纖維則合稱為運動單元。

控制精巧動作的運動單元（例如將號碼牌別到衣服上的動作），可能只牽涉少許肌纖維，從十至一百條都有可能。如果是較不需要協調性的動作，例如衝出起跑線瞬間的股四頭肌收縮，則運動單元內的肌纖維可能多達兩百條。

單一運動單元中的所有肌纖維都必須屬於同一類型（例如全是慢縮肌纖維），而且這些肌纖維永遠都會同時動作。中樞神經系統會徵召某一肌肉中的數組運動神經元，如此才能一起作用，完成收縮肌肉的動作。肌肉收縮時，體內的兩種機制會負責主控收縮力道：

▶ 編碼速率：衝動從運動神經元傳遞至肌纖維的速度加快時，代表肌肉收縮的力道和時間長度也必須同時增加。如果運動神經元只傳送一個衝動，目標肌肉可能只會抽動（例如眨眼）；但要是神經元緊接著傳送第二個衝動，肌肉便會馬上抽動第二下，沒有機會休息。

第一下抽動殘留的餘力會使第二下的力道加劇，產生收縮兩下加總起來的力道，這個過程稱為加成作用（summation）。一連串的衝動會讓抽動反應重複疊加，使所有抽動的動作連成一氣，形成日常活動所需的流暢、持久的收縮現象，舉凡拿牙刷或踏出大門準備跑步，都屬於

這類動作。

▶ 徵召：提高力道的另一種方法，是增加運動單元的徵召數量和大小（請參閱第五章的肌纖維梯狀圖），統稱為大小原則（size principle）。運動單元會回應大腦傳遞的訊號。較弱的訊號可啟動慢縮運動單元中的小型神經元，中縮運動單元內的中型神經元需要稍微更強的訊號，而快縮運動單元中最大型的神經元，則需要最強的訊號才能啟動。隨著訊號強度增加，身體會啟動更多、更大的神經元，亦即徵召收縮速度較快的肌纖維，提高肌肉收縮的力道。

跑步時，編碼速率和徵召兩種機制會同時派上用場。身體會加快衝動產生的速度（進而增加肌纖維收縮的力道和時間），徵召更大的運動單元（和更快速的肌纖維），以產生更大的力量。當然，肌肉徵召不只是為了產生力量而已。接下來說明其他幾項因素。

徵召模式

為了跑得更有效率，身體需要協調多處關節收縮及放鬆肌肉，而改善神經傳導路徑的連結就是關鍵。這就像剛接下新路線的郵差，在熟悉地區前，送信速度很慢，一旦熟記路線的所有細節，送信時間就會縮短，所有信件和包裹也能送到正確的地址！神經肌肉的調適也是相同道理，為了做出特定動作，神經系統會找到將衝動傳送至肌纖維的最佳新路徑，久而久之，這些路徑便會形成徵召模式。

力量提升

跑步初期增加的力量大多來自神經系統的調適，不過這很難測量，但舉重選手就容易觀察多了。研究指出，舉重運動中，肌肉生長需要四至二十週，在此之前，神經調適始終是力量增加的主要因素。

二〇〇七年的交叉教育研究發現，對某一側肢體施以阻力訓練後，未受鍛鍊的另一側肢體力量提升了百分之八，這可以說明神經調適能力的重要性，換句話說，神經系統會將某部位發展出來的調適能力運用至其他肢體部位。

減少抑制現象

　　某處肌肉收縮時，與其方向相反的肌肉必須放鬆，例如大力水手普派的二頭肌用力時，三頭肌便處於放鬆狀態，如果反向肌肉不完全放鬆，收縮的肌肉就必須更費力才行。試著二頭肌用力的同時收縮三頭肌，你會發現辦不到！未經訓練（或鍛鍊不足）的肌肉在協調和放鬆方面會有困難，不過藉由訓練即能有效改變。一九九二年的研究發現，只要實行一週的膝蓋伸直運動，大量鍛鍊股四頭肌，就能將腿後側肌群同時收縮的情形減少百分之二十。

收縮速度

　　適當的訓練可以提升肌纖維的收縮速度，及肌纖維達到收縮極限（肌纖維縮短）所需的時間，各種肌纖維的平均收縮速度如下：

▶慢縮肌纖維：一百至一百一十毫秒
▶中縮肌纖維：六十至七十毫秒
▶快縮肌纖維：二十五至五十毫秒

　　收縮速度愈快，產生的力量愈大，進而轉化成更快的跑步速度。二〇〇八年的研究發現，相較於同年齡的懶骨頭，競賽型長距離跑者的慢縮肌纖維收縮速度快百分之七十，中縮肌纖維也快了百分之十八。波爾州立大學更早的研究顯示，馬拉松式的訓練可使慢縮肌纖維的速度提升高達百分之五十，中縮肌纖維也能改善百分之二十九。

　　「熟能生巧」聽起來老掉牙，但形容人類雙腿就很貼切。在訓練菜單中加入多種配速、地形和運動，確實能有效改善身體徵召可用肌纖維的能力、增加收縮力道、因應不同配速和疲勞程度協調不同類型的肌纖維，最後形成最有效率的跑步動作。

訓練建議

　　若要訓練徵召模式，需要搭配各種不同的強度、配速、地形和持續時間來跑步。速率編碼機制會回應大量的阻力訓練（第五章，詳見九十一至九十四頁）和增強式訓練（詳見二七八至二八三頁）。技巧練習（詳見二七〇至二七七頁）、上坡短跑（詳見二八六頁）和其他更快的跑步類型都可協助減少抑制現象。馬拉松式訓練（高里程訓練、節奏跑和距離較遠的間歇跑）可提升慢縮肌纖維的收縮速度，而減量訓練（詳見四六〇頁）也能增加中縮肌纖維的收縮速度。

本體感覺

　　本體感覺是指身體追蹤其相對於外界的位置，並據以調整的能力。想像奧運體操選手從平衡木上著地的樣子，其神經系統必須處理一連串大量動作，才能順利旋轉軀體和臀部、調整肢體的曲度，最後雙腳站穩，安然落地。所有動作都是本體感覺引導完成的。

　　你每天都需要用到本體感覺，如此一來，才不用盯著雙腳走路，或是不用看著鍵盤打字。跑步時，雙腳必須輪流離開地面，然後再安全踏回地面，這個連續動作也必須仰賴本體感覺才做得到。

　　本體感覺系統包括內耳，以及連接中樞神經系統與肌肉、肌腱和韌帶的神經。它將位置、張力和伸展等感覺傳遞到人體的中樞神經系統，而中樞神經系統則觸發能夠維持、改變身體位置的肌肉收縮予以回應，這些衝動透過體內最快的神經傳遞，速度最快可達每秒一百二十公尺！

　　本體感覺受器也掌管跨步動作，監控雙腳姿勢、關節動作、平衡感、步幅和著地情形。在山路練跑時，一旦腳步不穩，本體感覺受器便會立刻通知中樞神經系統，指示肌肉修正姿勢，以免扭傷腳踝。

BUILD YOUR RUNNING BODY

檢測你的平衡感和本體感覺

用一個簡單的動作，就可以知道平衡感和本體感覺的差異。

首先測試平衡感：單腳站立，雙手放在身體兩側，手臂可以隨意擺動，離地的一腳也能任意移動，只要保持單腳站立的姿勢即可，你這時感受到的就是平衡感。接著，維持剛才的平衡感動作，唯一不同的是，你必須閉上雙眼。感覺到差異了嗎？這就是本體感覺。

如同你所感覺到的（如果無法體會其中差異，可以繼續上述活動），平衡感和本體感覺緊密關連，但兩者還是有所差別。

訓練建議

平衡板訓練（詳見一二一至一二二頁）是有效改善本體感覺的方法。在柔軟的沙地或草地上跑步（尤其赤腳跑步）也能提升相關技巧（詳見二八六頁）。從事球場類運動是另一種挑戰本體感覺的方式。

平衡感

跑步時，平衡感扮演的角色比大多數跑者想像中更重要。因為平衡感，我們才得以用雙腳站立，而不是跌倒在地！你以為這很容易？不妨看看正在學步的小孩，或嘗試檢測你的平衡感和本體感覺，就能體會箇中學問。

事實上，跑步所跨出的每一步都在挑戰平衡感。前進時，你必須單腳著地，保持應有的姿勢，徵召合適的肌肉以確保身體維持穩定，然後踏出下一步，還必須時常跑過不平的地面，這是相當了不起的成就！人類耗費了無數的金錢和時間反覆研究、實驗，波士頓動力公司（Boston Dynamic）才得以在二〇一三年發明身高將近一百九十公分、重一百五十公斤的「亞特拉斯」，它是

第一部能在不平整的地形上行走的雙腳機器人。

　　每當你轉向或避開障礙物時，平衡感便益發重要。西班牙研究人員在二〇一三年執行一項平衡感測試，讓跑者在活動平台上反覆加速跑，並在結束前安排九十度的直角轉彎（改變方向）。到了第十一次時，跑者身上負責穩定臀部和膝蓋的肌肉已顯露疲態，而跑者本身也無法迅速調整狀態，以應付不平穩的平台。換句話說，跑者無法保持平衡了。

　　幸好平衡感很容易改善。二〇〇六年一項實驗中，美式足球員每天花五分鐘練習單腳平衡，一週練習五天，為期四週。結果顯示，該季比賽中，球員扭傷腳踝的現象減少了百分之七十七。平衡板訓練（如第五章所介紹）也能使腳踝二度扭傷的機率減少一半。

訓練建議

　　訓練平衡感很簡單，只要練習單腳站立（詳見二八三至二八五頁）或善用平衡板（詳見一二一至一二二頁）即可。或者也可以採取複雜的訓練法，例如在後院的兩顆樹中間綁上繩索，練習在上面走。諸如腿部訓練和腳趾拉浴巾（一三七頁）等運動都能提升身體的徵召能力，使其更能運用控制腳踝和腳掌的小型肌肉，改善遇到不平坦地形、意外障礙物以及轉彎時的穩定度（即提升實際訓練中的平衡感）。

神經系統疲勞

　　神經系統的狀況欠佳時，你就無法學習新技巧，這時中樞神經系統會喪失有效傳遞大腦指令的能力，因而無法控制身體動作。同樣地，你的末梢神經系統也將無法有效回報指令的執行成效，以及相關肢體的感受。身體之所以無法學習新技巧，是因為神經系統根本不清楚如何執行。

　　唯一解決神經系統疲勞的實際辦法，就是盡可能避免。你不可能成功克

BUILD YOUR RUNNING BODY

服，就像《星際奇航記：銀河飛龍》中，博格人總是對即將遭到同化的種族說，「反抗也沒用。」

訓練面面觀

我應該改變跑步的方式嗎？

這陣子好像每個人都想調整跑步方式。姿勢大師告訴你要縮短步幅或跨大步一點、以腳掌著地或赤腳跑步、要加快步頻、善用地心引力，不要光靠小腿出力，腿後側肌群要往上拉才行，腳掌也要保持在膝蓋後等，上百種從未想過的細節，反而讓你不確定是否該照著做。

跑者應該怎麼做？如果你是初學者，請一律將這些改變跑步方式的建議當成耳邊風。

二〇〇四年，一篇獲得多次引用的澳洲文獻綜述文章指出，最好的跑步方式是「從大量訓練中自由發展出來的」。作者認為在特定速度下，以個人選擇的步幅跑步，所耗費的有氧能量最節省，從反面來說，如果將此個人選擇的步幅任意拉長或縮短，跑步經濟性（衡量跑步效率的指標）將面臨挑戰。

作者所謂的「個人選擇的步幅」，並非如同挑選復活節帽子一般隨心所欲。相反地，若依照卡瓦諾夫（Cavanagh）與威廉斯（Williams）一九八二年的研究，我們會「隨著時間、自然而然地調整到最佳步幅和步頻」。

這項發現在二〇〇五年進一步獲得證實。科羅拉多州立大學運動生理學系的研究人員要求三鐵選手採取「姿勢跑法」十二週，並追蹤記錄他們在跑步方式、跑步經濟性等方面的改變，結果顯示，不僅三鐵選手的步幅縮短，跑步經濟性也跟著下滑。

真相揭曉。姿勢大師試圖利用快速、簡單的幾點原則說服你改善跑步方式，但他們自己都不見得能維持所謂的最佳姿勢，而這卻會拖垮你的跑步效率。

這不是說姿勢完全不重要！只是你應該避免照單全收，徹底改變原本的跑步方式，而是以既有的姿勢為基礎，努力調整至最佳狀態。最好的辦法是利用長期的高里程訓練、實際演練、間歇跑、節奏跑、增強式訓練、阻力訓練、伸展運動等方法來達成目的，最重要的是保有耐心，持之以恆。正確且全面的訓練才是擁有絕佳跑步方式的關鍵，而非華而不實的花招。

學會辨識神經系統疲勞的前兆，在發現任何徵兆時，謹慎調節跑步狀態。這些疲勞症狀包括：

▶睡不安穩

▶難以專注

▶動作遲鈍

▶雙手顫抖

握力是測試神經系統疲勞的好方法，用拉力計測試，如果握力下降，代表神經系統的疲勞程度可能相對上升。垂直跳躍力下降是另一種不錯的檢測方法，如果訓練後準備開車門時，鑰匙不慎從手中滑落，通常也是神經系統疲勞的徵兆之一。

高強度、短時間的運動尤其容易造成神經系統疲勞，愈是使盡全力訓練，神經系統承受的壓力愈大，例如以接近全力的方式完成每組五下或更少的舉重訓練時，神經系統會不堪負荷，但你可以選擇減少重量，每組增加為六至十二下，將負荷轉移到肌肉。跑步訓練也適用這個原則。

表 11-1　經濟性曲線比較

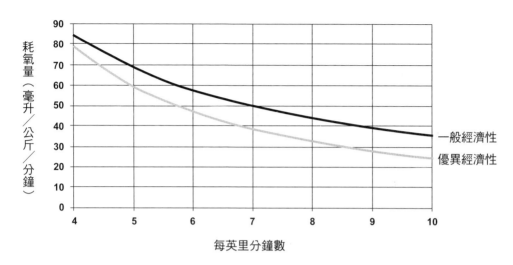

耗氧量（毫升／公斤／分鐘）

每英里分鐘數

一般經濟性
優異經濟性

表 11-1：比較兩名跑者的表現曲線，其中一人擁有一般的跑步經濟性，另一人則表現出絕佳的跑步經濟性。相較於表現普通的跑者，擁有絕佳經濟性的跑者可以同樣的氧氣量（耗氧量）維持較快的配速。舉例來說，在 50 毫升／公斤的耗氧量下，經濟性高的跑者可跑到每英里 6 分鐘的配速，而另一名跑者則只能勉強維持 7 分鐘的配速。實際上，如果是每英里 7 分鐘的配速，經濟性較好的跑者只需耗費 40 毫升／公斤的氧氣，但表現普通的跑者則需要 50 毫升／公斤。由於愈接近最大攝氧量，疲勞程度也會增加，因此在相同配速下，耗氧量僅有 40 毫升/公斤的跑者會比需要 50 毫升／公斤的跑者顯得輕鬆許多。

訓練建議

　　神經系統疲勞不是訓練就能改善，盡量避免疲勞現象才是上策。限制高強度訓練的份量和時間，每組訓練（舉重、跑步等）之間務必保留至少三分鐘的休息時間。如果是初學者，兩次高強度訓練之間必須間隔四十八小時，進階跑者則以連續十天為訓練上限，每晚務必睡眠充足，以確保神經傳導物質健康無虞。

跑步經濟性

　　跑步經濟性主要衡量特定跑步速度下，身體使用氧氣的效率，在次最大強度的速度下，這是相當重要的指標。「次最大強度速度」指最大攝氧量低於百

分之一百的費力程度。所有五公里以上距離的比賽（和大部分訓練）都屬於次最大強度的速度。關於最大攝氧量和跑步經濟性，跑者必須謹記三大要點：

1. .最大攝氧量代表身體每分鐘可以使用的氧氣量極限。

2. 愈接近最大攝氧量，疲勞程度愈高。

3. 維持特定速度所需的氧氣愈少，身體的疲勞感愈低，相較於最大攝氧量相近、但跑步經濟性較差的人來說，你的優勢自然愈大。

不妨將跑步經濟性想成汽車的油耗數據。二〇一三年的 Chevrolet Cruze Eco 和同年出廠的 Toyota Prius 都配備十二加侖左右的油箱。若以時速五十英里的車速行駛，Cruze Eco 每加侖可以跑四十二英里，Prius 每加侖可跑四十八英里，在這個時速下，即使兩輛車出發時的油量相同，但 Cruze Eco 會比 Prius 更快沒油。不只如此，Prius 還能使用比 Cruze Eco 更少的油（或相同油量，視車速而定）行駛到時速五十英里以上。如果汽車是跑者的話，Toyota Prius 無疑擁有較出色的跑步經濟性，能以相同配速或等量燃料跑得更遠。請參考表 11-1，比較不同跑步經濟性的跑者能夠維持的跑步速度。

跑步經濟性由許多因素決定，其中首重基因和神經系統效率。基因包括身高、慢縮肌纖維比例、小腿粗細（細一點較好）以及體型。光就體型而言，四肢細長、胸部平坦、肩臀同寬與體脂低的「瘦長體型」通常最具跑步經濟性。如果你不是這類體型也別失望，各種體格的人都可以成為出色的跑者。至於神經系統效率，則是指徵召能力、配速和跑步方式等可以訓練的元素。

提升跑步經濟性

想擁有較好的跑步經濟性，需採取複合式訓練法。沒有神奇的速成術，也不是效法「想練壯二頭肌就練習彎舉」這種單一策略就能有效提升。你需要鍛鍊慢縮肌纖維、提升彈性回縮、調節神經系統，以及練習、練習，不斷練習。這些都是重要因素。需要著重的幾類訓練包括：

▶高里程訓練：長距離跑者可透過大量跑步改善跑步經濟性，每年跑上幾百萬步，有助於神經系統自行調整到最佳步幅、步頻和徵召模式。

面對相同的動作負荷，身體會學著徵召更少肌纖維，減少能量需求。最後你自然就會改掉無意義的彈跳動作，避免浪費能量。

▶ 節奏跑：節奏跑可改善十公里至馬拉松等比賽配速的效率，因為訓練不只能提升平時跑步配速的經濟性，快慢百分之十左右的配速經濟性也能有所增進。若是十公里訓練，節奏跑可說是絕佳選擇，相較於十公里配速重複跑，這對身體的負擔較小。如果你以每英里六分鐘的配速節奏跑，那麼比賽時採取每英里五分三十四秒至六分三十六秒的速度即可發揮高經濟性。

▶ 比賽配速重複跑：當然，要改善比賽配速的經濟性，沒有比以該配速實際訓練更好的方法了。如果五公里或十公里重複跑太累，可改為巡航間歇跑（詳見一六八頁）。

▶ 高強度訓練：短跑、增強式訓練和高強度舉重（每組五下或更少）可在短時間內看到功效。二〇一三年，義大利一項針對長青組（四十歲以上）馬拉松選手的研究指出，只要六週，最大肌力訓練就能讓跑步經濟性提升百分之六。德州大學在二〇〇三年所做的研究指出，實行增強式訓練六週，一般長距離跑者（非菁英跑者）也能獲得類似的進步幅度。在二〇一〇年出版的《肌力與體能訓練期刊》（Journal of Strength and Conditioning）中，有項比較重量訓練和增強式訓練的研究指出，就「接受中等至完善訓練的男性耐力型跑者」而言，增強式訓練對改善經濟性的成效較為顯著。

以訓練提升跑步經濟性聽起來或許很複雜，事實上，任何紮實的全方位訓練計畫應該就已包含上述所有要素。

訓練建議

　　若要透過訓練提升跑步經濟性，需結合不同份量和長度的訓練，包括高里程訓練（第八章，詳見一九四頁）、節奏跑（第七章，詳見一七〇頁）和比賽配速間歇跑（第七章，詳見一五八至一七一頁）。如要快速獲得成效，可利用上坡短跑（詳見二八六頁）、增強式運動（詳見二七八至二八三頁）和重量訓練（例如第五章的深蹲、弓箭步、槓鈴上搏和硬舉，詳見九十二至九十四頁）等高強度訓練項目。記住，中樞神經系統疲勞時，神經系統便無法有效精進，因此規劃高強度訓練時，務必搭配充分的休息。

表 11-2　跑步經濟性對 10 公里比賽表現的影響

跑者的最大攝氧量	*根據跑步經濟性預測的 10 公里時間			
（氧氣毫升數／公斤／分鐘）	經濟性低落	經濟性一般	經濟性良好	經濟性極佳
30	1:05:24	1:02:13	1:00:37	59:21
35	58:46	55:54	54:28	53:19
40	53:09	50:33	49:16	48:13
45	48:25	46:04	44:53	43:56
50	44:28	42:18	41:13	40:21
55	41:11	39:10	38:10	37:22
60	38:25	36:33	35:37	34:52
65	36:05	34:19	33:27	32:44
70	34:03	32:23	31:33	30:53
75	32:11	30:37	29:50	29:12
80	30:23	28:54	28:09	27:34
85	28:31	27:08	26:26	25:53
90	26:29	25:12	24:33	24:02

表 11-2 根據最大攝氧量和跑步經濟性預估跑者的完跑時間並加以比較。上表也顯示，最大攝氧量較低，但跑步經濟性良好／極佳的跑者，其實可以贏過最大攝氧量較高、但跑步經濟性低落／一般的對手。舉例來說，最大攝氧量為 70 毫升／公斤且跑步經濟性良好的跑者，預計可以 31 分 33 秒的成績跑完 10 公里，表現比最大攝氧量為 75 毫升／公斤，但跑步經濟性低落的跑者好（預估時間為 32 分 11 秒）。表中所有時間皆為 10 公里比賽時間。時間均為概略值，會因每個跑者的狀況而異。

最大攝氧量與跑步經濟性

最大攝氧量和跑步經濟性對於跑步表現的重要程度始終眾說紛云，莫衷一是。答案是兩者都很重要，不應有所偏廢。在一群最大攝氧量不相上下的跑者中，跑步經濟性較佳的跑者，理論上會跑得較快。但這不代表最大攝氧量高、跑步經濟性一般的菁英跑者，會輸給最大攝氧量只有一般程度，但跑步經濟性非常傑出的跑者。表 11-2 便根據跑步經濟性，預估不同最大攝氧量的跑者完成十公里的時間。

調節跑步神經系統的訓練菜單簡介

鍛鍊神經系統需要利用各種運動來改善姿勢、平衡感、本體感覺，並發展有利於肌纖維徵召的神經傳導路徑。本章示範教學的重要訓練包括：

▶技巧練習
▶增強式訓練
▶平衡感和本體感覺
▶上坡短跑
▶赤足跑（沙地和草地）

其他章節中，能影響神經系統的訓練包括：

▶高阻力訓練（第五章）
▶節奏跑（第七章）
▶比賽配速訓練（第七章）
▶高里程訓練（第八章）
▶HIIT（第八章）

若想了解這些訓練項目如何與你的訓練計畫結合，請直接跳到第十五章「規劃訓練菜單」該章提供範例供所有體能水準和能力的跑者使用。

調節跑步神經系統的訓練菜單——專家示範教學

技巧練習

　　技巧練習可以訓練神經系統，使其快速徵召最多可用肌纖維，並且更具爆發力。這些動作可鍛鍊拮抗肌配合放鬆及收縮的協調性。搭配增強式運動元素，不僅能提升所有比賽的跑步經濟性，也能強化肌腱、增強筋膜、提升彈性回縮能力。

　　每次訓練不一定要完成以下所有練習項目。建議擬定合適的菜單，在基礎訓練、賽季前準備或甚至淡季時頻繁練習（每週或隔週至少一次）。每次訓練時，各項技巧分別重複一至三趟。練習方法有兩種：

1. 單純只做技巧練習，每趟之間休息一至三分鐘。如果每個項目預計重複多趟，每組之間應休息三至五分鐘。
2. 先實行技巧練習，接著慢跑回到起點，立即接續五十至七十公尺加速跑，然後步行回到起點，再繼續下一回合／練習項目。這種方式可調節神經系統的調適能力，並結合正常跑步。

　　別忘了，中樞神經系統疲累時，身體就無法學習新的技巧，所以在難度較高的訓練中，請勿再排入技巧練習。完成技巧練習後，可安排短距離跑（三至七英里）。下面所有技巧練習由潔西卡（Jessica Ng）示範，她目前是加州克萊蒙・麥金納學院（Claremont McKenna College）的三級跳遠選手。

抬腿走　　技巧難度：初階

這項練習必須仰賴前腳掌的力量完成。在此練習中，盡量習慣踮著腳尖，使腳跟離地。熟悉這個動作後，可改而練習墊步抬腿（A Skip）。

1　重心移到前腳掌。往前跨出一小步，跨出的那一腳抬到與臀同高，另一側手臂模擬跑步的擺動姿勢。抬起的膝蓋大致呈九十度，腳掌平行地面。

2　雙腿輪流抬高，操作距離為二十至五十公尺。

墊步抬腿　　技巧難度：中階、高階

這項練習可鍛鍊髖屈肌和股四頭肌，並能擴大快速運動時，肢體的可動範圍，增強力量，提升肢體協調。

1　重心移到前腳掌（注意，目的不是快速前進，維持正確姿勢才是重點），膝蓋抬起呈九十度，另一側手臂模擬跑步的擺動姿勢。眼睛直視前方，避免低頭看著雙腳。

2　支撐腳往上輕跳，手臂和膝蓋維持抬高的姿勢。

3　抬起的一腳放下，以前腳掌著地。

4　同時抬起另一腳的膝蓋和另一側手臂，接著以支撐腳往上輕跳。重複上述動作，操作距離為二十至五十公尺。

抬腿前伸　　技巧難度：初階

腿後側肌群緊繃的跑者，練習時應多加留意。

1　重心移到前腳掌。往前跨出一小步，跨出的那一腳抬到與臀同高。抬起的膝蓋應大致呈九十度（如果柔軟度夠，可自行加大角度）。

2　將抬起的小腿往前伸。

3　接著，將前伸腿放到地面，同時利用臀肌和腿後側肌群的力量，以腳掌向後耙地（就像馬在挖土時用馬蹄耙地一樣）。換腳重複上述動作，持續操作二十至五十公尺。

墊步抬腿前伸　　技巧難度：中階、高階

腿後側肌群緊繃的跑者，練習時應多加留意。

1　重心移到前腳掌。往前跨出一小步，跨出的那一腳抬到與臀同高。抬起的膝蓋至少呈九十度。效法墊步抬腿的步驟 2，以支撐腳往上輕跳。

2　將抬起腿的小腿往前伸。

3　利用臀肌和腿後側肌群的力量，將前伸的腿壓到地面並向後耙地。換腳重複上述動作，持續操作二十至五十公尺。

踢臀跑：觸發動作　　技巧難度：所有程度

這項練習放大跨步的觸發動作，先將腳踝往後拉高到靠近臀肌的位置，再往前跨步。

1　雙腳踮起，將一腿的腳踝往上踢，使其盡量靠近屁股下緣。

2　將腳踝往屁股的方向拉，同一腳膝蓋往身體前伸。穩定緩慢前進，操作距離為二十至五十公尺。

踢臀跑：動態伸展　　技巧難度：所有程度

這是伸展股四頭肌和暖身的絕佳方法，但練習的力道避免過猛。

1　雙腳踮起。盡量踮高，大腿與地面垂直，將其中一腿的腳踝往後踢，使其盡可能靠近屁股。手臂模擬跑步自然擺動。

2　換腳往後踢。專注於後踢的動作，前進速度並非重點，操作距離為二十至五十公尺。

交叉跑　　技巧難度：所有程度

全速練習這個動作前，不妨先以步行的方式練習。這是訓練髖外展肌和髖內收肌的極佳動作，同時也能促進下半身的協調。

1　一腳跨到另一腳後方。手臂模擬跑步自然擺動，不過幅度稍大。

2　抬起前腳的膝蓋，以彈跳的方式側向移動。

3　另一腳跨到身體前方，這次稍微往上跳躍，以利將膝蓋抬高。

4　側移後以前腳著地。

5　後腳向外跨步，緊接著另一輪練習。操作距離為二十至六十公尺，然後換腳。

快步跑　　技巧難度：所有程度

這項簡單的練習可訓練與跑步著地相關的神經肌肉協調性，有助於提高速度，減少雙腳接觸地面的時間。此外，這也能徹底訓練脛前肌和腓骨肌群（都屬於脛骨外側肌肉）。

1　踮起腳跟「小步」快速前進，腳掌離地三至九公分。過程中，縮小手臂擺動的幅度。

2　每步前進六至十二公分。抬腿和著地的動作務求迅速，但也別快到失控。若要加快速度，可嘗試將前腳掌快速下壓著地。操作距離以二十至四十公尺較為適宜。

BUILD YOUR RUNNING BODY

墊步彈跳　　技巧難度：所有程度

這個簡單版本的墊步彈跳屬於三種墊步彈跳練習之一，原本是為了替代墊步抬腿／墊步抬腿前伸所設計。這種墊步彈跳的訓練重點擺在小腿、股四頭肌和爆發力（不像墊步抬腿／墊步抬腿前伸那麼強調臀肌／腿後側肌）。

1　以跑跳的方式前進。單腳往上蹬。

2　同一腳著地，接著換另一腳。

3　利用另一腳往上蹬，重複上述動作。操作距離為二十至六十公尺。

高墊步彈跳　　技巧難度：中階、高階

這是正常墊步彈跳的變化型，可鍛鍊小腿、阿基里斯腱的彈性回縮，以及膝蓋以下部位的筋膜。這能訓練身體利用腳趾的力量產生爆發力。

1　以正常的墊步彈跳方式前進。

2　往上跳躍，腳趾離地的同時，將另一腳的膝蓋抬高。以誇張的幅度擺動手臂。

3　以跳躍的那腳著地。

4　往前跨步，接著以另一腳往上跳躍／墊步彈跳。目標在於盡量跳高，不是快速前進。操作距離為二十至六十公尺。

墊步長跳　　技巧難度：高階

此墊步彈跳的變化型追求的是彈跳距離，你必須單腳起跳，以同一腳著地，然後迅速改以另一腳起跳和著地。這項練習不適合初學者。

1 利用單腳的力量用力往前跳躍。

2 騰空時後腳伸直。有些跑者發現，騰空時利用手臂快速二次推送，有助於維持臀部方向（面向前方），使身體能夠安穩落地。

3 以起跳腳著地，接著往前迅速跨步，再以另一腳墊步彈跳。兩次跳躍之間的跨步不要求長度，只是自然的銜接動作而已。操作距離為三十至八十公尺。

腳掌貼地抬腿走　　技巧難度：所有程度

此動作強迫神經系統專注於股四頭肌和髖屈肌的施力情形。

1 挺身站立，開始往前抬腿走。膝蓋至少抬到臀部的高度。

2 用力下壓腳掌，放下後完全貼地，但應避免過於用力而增加觸地的衝擊力道。

3 抬起另一腳的膝蓋，重複上述動作前進二十至五十公尺。

高抬膝　　技巧難度：所有程度

此練習仰賴神經系統徵召雙腳和核心肌群的慢縮、中縮和快縮肌纖維。

1 一邊膝蓋往上抬起，手臂抬高，手掌上提至與臉同高。練習時，全程踮起腳跟，以前腳掌支撐重量。

2 用力下壓抬起的那一腳，以前腳掌著地，同時將另一腳膝蓋往上抬。

3 膝蓋抬高，然後重複上述動作。操作距離為二十至六十公尺。

飛躍彈跳　　技巧難度：中階、高階

飛躍彈跳必須兩腳輪流連續往前跳躍。想像你是超人，準備飛向天際。

1 正式飛躍彈跳前，可先兩腳輪流單腳跳，累積彈跳所需的動能，接著利用單腳的前腳掌往前跳躍，角度約二十至三十度，盡量在空中停留一會。

2 以另一腳著地（避免成為墊步彈跳），迅速吸收衝擊力道，然後再次往前跳躍。重複上述動作，操作距離為二十至六十公尺。

增強式訓練

　　雖然高墊步彈跳、墊步長跳和飛躍彈跳等練習多少會牽涉到增強式運動元素，但真正的增強式運動可進一步提升徵召肌纖維的爆發力、彈性回縮和跑步經濟性。每組之間休息一至三鐘。與技巧練習不同的是，增強式運動期間不適合安排加速跑。增強式運動開始前，請務必確實熱身。

雙腳跳躍　　　技巧難度：中階、高階

　　雙腳跳躍是增強式運動的絕佳入門項目。這項運動仰賴股四頭肌、臀肌、腿後側肌群和小腿等部位，因此務必注重正確姿勢，也別任意省略恢復運動。

1　挺身站立，雙腳打開與臀同寬，腳趾朝前或向兩側微開。接著身體往下蹲，手臂往身後延伸。大腿盡量與地面平行。

2　使勁往上跳，愈高愈好。

3　著地時屈膝，吸收離心收縮產生的力道（增強式運動的目標在於引導這股力量，轉用於接下來的向心收縮）。

4　再次使勁往上跳躍。重複上述動作三至五下（最多十下），做一至三組，每組之間休息三至五分鐘。

BUILD YOUR RUNNING BODY

單腳跳躍　　技巧難度：高階

可增加著地時的離心收縮力。開始前，先練習幾次雙腳跳躍，以免受傷。

1　站姿，雙腳打開與臀同寬，腳趾朝前或向兩側微開。身體往下蹲，手臂往身後延伸。

2　使勁往上跳，愈高愈好。

3　單腳著地，另一腳稍微往後收。支撐腳屈膝，吸收向下的離心力。

4　單腳向上跳躍。一手（或雙手）可高舉過頭，幫助跳躍。重複上述動作三至五下（最多十下），做一至三組，每組之間休息三至五分鐘。

垂直深蹲跳躍　　技巧難度：中階、高階

利用股四頭肌和臀肌的向心收縮力，提升跑步力量和經濟性。

1 站在箱子或其他平台上（高度約五十至八十公分），腳掌貼齊平台前緣。

2 走下平台（不要跳）。

3 雙腳著地，讓雙腳自然彎曲，以吸收往下的向心力。

4 向上用力反彈躍起。有些跑者會使用垂直跳記錄工具測量跳躍高度。重複上述動作三至五下（最多十下），做一至三組，每組之間休息三至五分鐘。

單腳深蹲跳躍　　技巧難度：高階

　　單腳深蹲跳躍增加了雙腳深蹲跳躍的力道強度，對於短跑選手、跳高選手和部分中距離跑者是極有幫助的運動。

1　站在箱子或其他平台上（高度約五十至八十公分），腳掌貼齊平台前緣。

2　走下平台（不要跳）。

3　單腳著地，讓該腳自然彎曲，以吸收往下的向心力。另一腳稍微往後收。

4　以著地的那一腳向上用力反彈躍起。重複上述動作三至五下（最多十下），做一至三組，每組之間休息三至五分鐘。

屈膝跳箱　　技巧難度：中階、高階

　　屈膝跳箱是下半身的全方位運動，可提升神經系統徵召有力肌纖維的能力、改善彈性回縮，以及增進肌力。

1　找個高度至少三十公分的箱子或平台，站在前面。

2　使用雙腳的力量跳上平台。

3　確定雙腳確實站到平台上（以保持穩定），接著立即跳回一開始站立的位置，並利用落地的離心收縮力道再次跳上平台。重複上述動作五至十下，做一至三組，每組之間可散步休息三至五分鐘。

BUILD YOUR RUNNING BODY

腳尖點步　　技巧難度：所有程度

腳尖點步可訓練腿部和腳掌的敏捷靈活度，非常有趣！

1　站在箱子或平台（三十至九十公分高）前面，一腳踩在平台上。

2　放在平台的腳快速踩回地面，同時抬起另一腳的膝蓋，以腳掌輕碰平台表面，再放下。

3　同樣以迅速的動作再次抬起另一腳的膝蓋，腳掌再度輕觸平台表面。在這項練習中，盡量模仿抬腿跑的動作。每腳重複上述動作五至十下，做一至三組，每組之間可散步休息三至五分鐘。

障礙物側向跳　　技巧難度：高階

這項練習不適合初學者，必須具備一些肌力才能勝任（參考第五章「跑者三六○」或重量訓練），可鍛鍊髖屈肌、髖伸肌、髖外展肌、髖內收肌，是很棒的臀肌訓練！

1　站在低矮的障礙物（最高三十公分）旁邊。

2 & 3　雙腳側向跳過障礙物。

4　在障礙物的另一側落地，膝蓋稍微彎曲以吸收離心力。

5 & 6　隨即跳回障礙物的另一側，訣竅相同。每個方向重複上述動作二至十下，做一至三組，每組之間可散步三至五分鐘。

快腳跳　　技巧難度：中階、高階

這項練習可增快腳步速度，減少腳掌接觸地面的時間，使股四頭肌擁有增強式運動的鍛鍊功效。很適合安排在增強式訓練的結尾，避免一開始就練習這個動作。

1　雙腳打開與臀同寬，膝蓋微彎。

2　往前跳躍，盡量以最快的速度著地。跳躍高度避免超過三至六公分。這項練習的訴求是速度，不是距離。持續向前跳，操作距離為二十至四十公尺。

平衡感與本體感覺

平衡感和本體感覺訓練對所有跑者都很重要，不論是熱愛崎嶇山路的人，還是喜歡在操場跑道上訓練的人。所有跑者難免偶爾發生腳步沒踏穩的情況，這時平衡感／本體感覺會即時引導身體修正踩踏的位置以免受傷，也幫助跑者順利通過各種地形。

先從簡單的平衡感練習開始，接著再結合平衡板一起練習。請記住，赤腳跑應循序漸進，練習次數不宜多（除非你有意培養赤腳跑步的習慣，建議參閱史考特‧道格拉斯（Scott Douglas）的《跑者世界：極簡式跑步與赤足跑指南大全》（The Runner's World Complete Guide to Minimalism and Barefoot Running，暫譯））。

單腳平衡　　　技巧難度：所有程度

　　這是最簡單的平衡感運動，只要閉上眼睛，就變成簡便的本體感覺運動！初學者可以穿鞋練習這個動作，平衡感較佳（可以單腳維持平衡三十至六十秒）的人可以嘗試赤腳完成這項練習。

1　挺身站立，膝蓋微彎。一腳離地，維持姿勢不碰到地面，直到快要失去平衡時，再將腳放下。試著拉長時間至三十至六十秒。若要訓練本體感覺，過程中閉上雙眼，但平衡感不穩時，記得立刻睜開眼睛。

> 變化型：如果單純保持平衡太過容易，可將抬起的那一腳往身後伸直，同時身體下彎，單手碰觸腳趾。每腳重複五至十次，做一組即可。

手持藥球單腳平衡　　　技巧難度：中階、高階

　　在平衡感練習中，增加物體控制和動作訓練的元素，可提高對神經系統的鍛鍊強度。

1　單腳平衡，手拿藥球（或球狀物）置於身體前方。

2　將藥球高舉過頭，過程中務求身體保持平衡。

3　利用藥球做出其他動作，包括觸碰腳趾、輪流舉到雙肩上方，以及左右擺盪。這項運動沒有時間限制，做到疲勞為止。

以穩定性訓練墊練習平衡感　　　　技巧難度：中階、高階

　　穩定性訓練墊（例如圖中的 Thera-Band 訓練墊）可增加站立點的不穩定度，促使神經系統大幅度調節，平衡感和本體感覺需要同時派上用場。

1　站在穩定性訓練墊上，單腳平衡。前幾次可穿鞋練習，熟悉後再赤腳。試著拉長時間到三十至六十秒。

> 變化型：站上訓練墊後，如果平衡上遇到困難，練習時可在伸手可及的範圍內放張椅子。如果過程中閉上雙眼，務必扶著椅子練習！

站平衡板取得平衡　　技巧難度：所有程度

　　這項簡單的練習可鍛鍊雙腳的平衡能力，以便在山路或其他不平整地面跑步時，能夠從容應付。

1　雙腳站在平衡板中央，盡量維持平衡一分鐘。背挺直，膝蓋微彎，不要過度屈膝！

> 變化型：嘗試單腳平衡將身體重心擺在平衡板中央（許多人練習這項運動時，會把腳跟踩在平衡板中央位置，而不是將足弓置中）。

在草地或沙地上赤腳跑步

如果不習慣赤腳跑步，一開始務必循序漸進，距離不要超過一英里，一週跑一兩、次即可。

1　在草地或柔軟的沙地上輕鬆跑。不平坦的地面可迫使身體仰賴本體感覺熟悉地形。如果選擇草地，務必留意坑洞；若是在沙地上跑步，注意雙腳別陷入沙中太深，可能因此扭傷肌腱和韌帶。

上坡短跑　　技巧難度：中階、高階

要在最短時間內徵召最多類型、最大量的肌纖維，上坡短跑是最有效的訓練。這項運動能協調肌纖維收縮和放鬆，並激發肌梭的步幅調整能力。經過一次上坡短跑訓練後，神經系統缺乏鍛鍊的跑者，可在比賽時進步幾秒到幾分鐘不等的時間。

1　找到夠陡的上坡路段，以能夠維持正常跨步為佳。以最大力氣、百分之九十五的狀態上坡衝刺六至十秒，跑四至八趟。走下坡以幫助恢復體力，回到起點時可額外休息，總恢復時間控制在一至五分鐘即可。

2　以最大力氣百分之八十五至九十五的狀態跑下坡。下坡跑產生的離心收縮可進一步刺激神經系統，同時有助於防止日後股四頭肌痠痛。下坡跑時間以八至十五秒為佳，跑四至八趟。走上坡以幫助恢復體力，回到起點時可額外休息，總恢復時間控制在一至五分鐘即可。最後再提醒一次：下坡跑一開始不要太過猛烈，在身體適應這項運動之前，還是有受傷的風險。

第十二章

維持荷爾蒙平衡，幫助身體達到恆定狀態

一提到荷爾蒙，許多人會聯想到年輕時的青澀戀愛、年輕氣盛，還有廣告上的抗老凝膠、蛋白粉和保健食品。其實，荷爾蒙不只能緩和情緒急躁和中年危機，還是掌控你自身成長、心情、飢餓、代謝、免疫系統回應、再生能力和整體生理功能的內建信息系統。如果沒有荷爾蒙，肌肉無法變得強壯，細胞也不能吸收營養，血液也會因為沒有足夠的紅血球，無法將氧氣輸送全身。

健康的人體內荷爾蒙是均衡的，學習安排各種訓練，引導出能在正確時間有所反應的荷爾蒙，就是達到完美健身的關鍵。

荷爾蒙是什麼？

荷爾蒙是人體的化學傳信使，掌管所有生理功能。它由內分泌系統分泌（許多組織都有內分泌腺），進入血中運輸到包括肌肉、器官、腺體、骨頭、軟骨和其他組織的細胞內運作。若神經系統衝動沿著神經系統快速作用，荷爾蒙在血中的行動較緩慢，完整一次的全身血液循環需要將近一分鐘的時間。在如此緩慢的輸送過程中，荷爾蒙通常會用連鎖串連的方法運作（請想像桌遊「捕鼠器」[1]），由一個荷爾蒙啟動另一個，以此類推；反之，荷爾蒙也會抑制其他荷爾蒙分泌，它影響的反應也不像神經系統衝動那樣短促，通常會持續幾分鐘或幾天時間。

跑步時，運動相關的荷爾蒙會在你踏出第一步之前就開始增多，因為在你有所想望時，身體會釋出腎上腺素，進而刺激升糖素；跑步中，會有其他荷爾蒙出現，慢慢增量直到你的最大攝氧量達到百分之五十至七十五。若是再花更多氣力就會使荷爾蒙數量大增，因為它在肌肉能量來源增加上扮演重要角色。

荷爾蒙通常分成三種類型：

1. **類固醇**：這類荷爾蒙來自膽固醇，像是皮質醇和睪固酮。
2. **蛋白質和胜肽類**：這一類荷爾蒙來自一連串的胺基酸，好比胰島素和人類生長激素（HGH 或 GH）。

新手指導

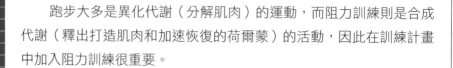

　　跑步大多是異化代謝（分解肌肉）的運動，而阻力訓練則是合成代謝（釋出打造肌肉和加速恢復的荷爾蒙）的活動，因此在訓練計畫中加入阻力訓練很重要。

---

1 譯者註：以擲骰子為主的桌遊。當對手棋子（老鼠形狀）繞著圈走到「起司輪盤」，就可啟動捕鼠器（玩家在遊戲期間，共同在棋盤上組裝的捕鼠裝置，是一種應用骨牌效應造成連鎖反應的陷阱）捕抓。

訓練面面觀

3. **胺類**：這類荷爾蒙來自酪氨酸，例如腎上腺素和正腎上腺素，還有甲狀腺荷爾蒙甲狀腺素和三碘甲狀腺素。

　　荷爾蒙正常運作時，可幫助身體達到恆定狀態——維持體內平衡。體內荷爾蒙失衡會導致系統性障礙，這也是「荷爾蒙快速調整計畫（hormonal get-fit-quick schemes），即含有前驅物（能在體內生成荷爾蒙的物質）的體能增強藥物（PEDs）和補充食品之所以危險的原因。透過上文「與身體賭一把」的說明，你可以更了解荷爾蒙行為異常和相關副作用。

BUILD YOUR RUNNING BODY

速度來看，如果服用 EPO 就能再多跑二十英里。只要一些膽固醇和 HGH（人類生長激素），就能有更好的馬拉松個人記錄。這個誘惑的確讓許多想成為明日之星的人難以抵擋，但請想想：

▶二〇一三年：十四位美國職棒大聯盟球員因為使用人類生長激素（HGH），毫不意外地被禁止出賽，而在大西洋（和地中海區域）另一頭，三十一位土耳其田徑選手也因為使用合成代謝用的膽固醇而被罰禁賽。

▶二〇一二年：國際自行車總會（UCI）因蘭斯‧阿姆斯壯（Lance Armstrong）使用 EPO、違規輸血和其他增強體能藥物，被褫奪環法賽冠軍的頭銜。期間幾乎所有參賽選手都使用了類似的違規輸血方法。而在肯亞，德國記者哈約‧賽佩特（Hajo Seppelt）揭發短跑者普遍使用 EPO 的消息，至於那些沒有使用藥物的超級跑者，之所以能一馬當先，應該是源自終生進行的高原訓練、赤腳跑步以及適合定距跑的精瘦身型。

▶十大短跑選手：根據跑步成績排名來看，一百公尺十大短跑選手中，有七位曾檢測出 PED 藥物陽性反應；另一方面，根據二〇〇〇年《紐約時報》報導指出，莫里斯‧格林（Maurice Greene）曾與惡名昭彰的 PED 藥頭安海爾‧艾連迪亞（Angel Heredia）有一萬美金的電匯交易，而知名女運動員，瑪麗詠‧瓊斯（Marion Jones）也有類似經歷。

▶壯年跑者：年滿四十歲或以上時，你可能會認為中年危機比體能退化更令人擔憂，但是知名跑者艾迪‧海勒布維克（Eddy Hellebuyck）就曾使用禁藥，在四十二歲時成功以兩小時十二分四十六秒成績跑完馬拉松，成為第一位因為使用 EPO 而被禁賽的美國選手。不只如此，目前仍維持世界紀錄的短跑選手瓦爾‧巴恩維爾（Val Barnwell），五十多歲的他也因使用睪固酮兩年不得參賽，至少有六位超級運動員面臨訴訟，包括短跑選手、長跑選手和田徑運動員。

濫用 PED 的運動員名單，看來不外乎是列進入運動名人堂的人選；PED 固然有效，但它們也會危害數百萬參賽選手的健康。

阿姆斯壯並非自行車手當中使用 EPO 的最壞範例，最糟的是自一九八九年起（EPO 問世），估計有一百位國際運動選手在睡夢中猝死或因心臟病發身亡，這並不讓人感到奇怪，光是想到心臟如何應付因紅血球增加、血漿變少（皆是 EPO 的影響）而濃稠的血液，就知道經過白天幾小時鍛鍊嚴重脫水後，對生命造成的威脅有多大。

PED 就算沒有奪走性命也會造成傷害，像是睪丸萎縮、陽痿、肌腱脆弱（會導致肌腱斷裂）、膽固醇過高、肝中毒、黃疸、肝癌、高血壓、心臟肥大、動脈硬化和其他心血管健康威脅（包含心臟和冠狀動脈），更不用說「固醇暴怒（roid rage）[1]」的激動情緒症狀了。對於罹患攝護腺癌的男性患者來說，使用 PED 會加速腫瘤生長，HGH 還會使下巴和額頭變大，最後得像貝瑞‧邦茲（Barry Bonds）[2]一樣需要更大頂的帽子。

更慘的是，這些服用 PED 的專業詐欺運動員會把惡習傳給年輕運動員，美國疾病控制與防治中心曾估計，約有百分之三至六的美國高中生使用類固醇，也就是每一百萬名青少年中，近五十萬人服用此藥物。

拿身體系統與 PED 豪賭一場不該被視為運動競賽的必經成果，也不該是運動員拿來邁向成功之途的墊腳石，或得是專業運動員必需付出的代價。這種藥物剝奪了運動員在競技場上公平競爭的權利，也減少了年輕運動員成為健全人士的機會。

訓練荷爾蒙

身體在維持恆定上向來就是專家，而且它極度仰賴荷爾蒙才能完成恆定，

---

2 譯者註：使用過量類固醇的副作用會令人異常憤怒，有時還會產生侵略性行為。

3 譯者註：前美國職棒舊金山巨人隊（San Francisco Giants）球員，曾有過服用禁藥的爭議，目前是邁阿密馬林魚隊（Miami Marlins）教練。

BUILD YOUR RUNNING BODY

因此你必須了解，最好的內分泌系統就是平衡穩定的內分泌系統。

「身體不會製造增強體能的藥物，」舉國皆知的內分泌學家傑佛瑞·布朗（Jeffrey S. Brown）博士說道，他曾成功治療二十名奧運金牌選手，同時是 Nike 和美國田徑協會顧問，「身體會製造荷爾蒙，使整體維持正常狀態；人體本來就能調適自己，除非你有代謝問題，否則不可能有生成過量的情況。」

這是否意味著沒有方法可以改善荷爾蒙的功能呢？

長遠下來仍有可能做得到。

在布朗醫師強調傳統飲食和運動正是使內分泌系統維持健康的不二法門時，目前還是有許多顧問和運動科學家，正設法找出能自然生成（非 PED）荷爾蒙的方法。

「如果你在正確的時間改變荷爾蒙，就能變更鍛鍊的調適結果，增加復原力」身兼運動科學家及優秀顧問的史迪夫·馬格內斯（Steve Magness）說。馬格內斯的方法包括跑步完的阻力訓練和補充蛋白質，「時機最重要，有許多合成代謝的荷爾蒙可在短時間內大增，如果『阻力訓練和補充蛋白質』可以在異化代謝的奮力跑步完後實施，就能提升肌肉修復的能力。」馬格內斯進一步說明這是瞬間的變化，身體最終會讓荷爾蒙回歸恆定狀態，雖然會限制合成代謝的影響，但同時能避免因荷爾蒙長期不均衡造成的負面影響。

傑·強森（Jay Johnson）在科羅拉多博德擔任精英選手顧問，曾帶隊拿下三次全國冠軍，他也同意馬格內斯的說法，「當你跑步的時候，每個動作都是異化代謝的狀態，體內物質會一一打散，『我指導的運動員』在運動完到返回交通車以前，每一刻都會持續動作，這就是合成代謝。」

本章介紹的訓練主要是合成代謝的部分，也會提到 EPO 相關的高原訓練、運動前刺激腎上腺素的動作，並簡單介紹其他重要的跑步相關荷爾蒙。

人類生長激素（HGH 或 GH）

生長激素是訓練時身體開始調適的重要元素，它促進蛋白質合成、肌肉肥

大、骨質密度、軟骨和韌帶的強化，並在青少年時期決定你的身高。

「你可以利用生長激素規畫自己的訓練進度」生物學博士，且同時在西雅圖西北大學隊擔任跑步顧問的湯姆・柯特納（Tom Cotner）說，「生長激素會啟動訓練時的調適反應，讓肌肉準備好繼續進口打造肌肉的積木，即葡萄糖和胺基酸。」

不過布朗醫師（Dr. Brown）卻不太認同這種鍛鍊可提升 HGH 的過分樂觀說法，「人體有自己的安全機制，」他說，「它在一定時間後會關閉生長激素的再製動作。」換句話說，你無法讓身體長期處於過量生成 HGH 的狀態。有些在週末跑步的人，可以在短時間跑步時大量提升 HGH，至於經常跑步的人，則可能必須跑上幾英里，才能刺激等量的 HGH。

然而，馬格內斯和強森有異議的並非是追求更大量的 HGH，而是爭論人體是否有釋放 HGH 的最佳時間。

「如果你在下午跑步，然後如往常鍛鍊後做些肌力訓練，當晚睡覺時就會有不同的荷爾蒙狀態，」強森認為壯年跑者特別能從跑步完的阻力訓練獲得幫助，「隨著年齡變化，體內的睪固酮和 HGH 會漸漸變少，更難預防受傷。」

馬格內斯主張，增加蛋白質和恢復體能的跑步可以掌控 HGH 的釋出，「如果你在睡前攝取大量蛋白質，整晚就有蛋白質合成，幫你修復很多肌肉，恢復體力。」馬格內斯建議睡前攝取三十克蛋白質，而一天可最多攝取五份各十五克蛋白質，以維持合成代謝的狀態。

一份二〇〇六年探討補充蛋白質的澳洲研究證實了馬格內斯的推論，該研究指出，在鍛鍊前後立刻攝取蛋白質的舉重者，其肌肉的大小、力氣和體內儲存的升糖素都有明顯增幅，身體脂肪也相對減少。

馬格內斯也建議恢復體能的跑步訓練，「在簡單定距跑後，觀察人類生長激素變化，你會發現大約二十五分鐘後就有明顯增加。」或許這也是人們經常花上三十分鐘做激烈運動後，能覺得舒坦的原因。「理論上，將長時間的一天跑步分成幾次中距跑或短距恢復跑，可以提升體內 HGH 運作的持久度。」

訓練建議

　　釋放 HGH 或睪固酮的訓練，其實與時間有關，目標在於活化這類荷爾蒙，讓它們在身體調適和恢復上發揮最佳功效。跑步後，做些適當的阻力訓練，可以關閉跑步引起的異化代謝效力，讓身體維持在合成代謝狀態。

　　為了達到這個目標，可以嘗試跑者三六〇（第五章）、傑‧強森的壺鈴訓練（請見三〇二至三〇四頁），或是三十分鐘的重訓訓練（第五章）；若想讓跑步的異化代謝效果更大，可嘗試強森的跑步循環（請見三〇四至三〇九頁）。

　　補充蛋白質可以啟動蛋白質合成（理論上這也會釋放 HGH 和睪固酮），一天攝取五份各十五克的蛋白質，包括訓練後立刻攝取的部分（這並不代表要跳過跑步後要攝取的碳水化合物，因為靠碳水化合物才能取代升糖素），而睡前的蛋白質分量可提升至三十克。

　　要注意的是，別超過蛋白質建議攝取量（RDA）的兩倍，也就是男性最多五十六克，女性最多四十六克，此外異化代謝並非全然不好，事實上身體的調適需要這種功能，因此初學者和中階跑者在運動時，更該留意中止異化代謝，這是身體替換虛弱肌肉纖維的方法！至於恢復時的跑步則是另一種促進 HGH 釋放的辦法。

睪固酮

　　睪固酮可以增加肌肉量和骨質密度，打造更大的肌肉纖維，減少每次訓練後的恢復時間。睪固酮通常被稱為「雄性荷爾蒙」，其實女性體內也有，含量大約是男性體內的百分之十。

　　強森認為，跑步後的阻力訓練以及跑步期間的肌力循環能有效提升睪固酮（和 HGH）的調節。至於跑步後的訓練，他則建議高強度壺鈴訓練或低強度肌力訓練，後者需做上三十分鐘才能達到前者做三分鐘的效果。跑步期間的訓練，他則建議跑步循環內容裡的肌力訓練（請見本章示範教學），因為對於經驗較不足的跑者來說，這類訓練可延長鍛鍊時間，同時訓練肌力預防受傷。

布朗醫師較沒有這麼樂觀，「如果你觀察過雄性荷爾蒙在高壓跑步之前、期間和之後的情況，你會發現它們會變少，垂體會漸漸關閉刺激效應；如果要重新啟動就必須恢復，恢復愈快，雄性荷爾蒙指數就愈快回升。」

　　儘管如此，許多世界知名跑者，包括二〇一二年倫敦奧運會一萬公尺跑步的金銀牌選手莫‧法拉（Mo Farah）和 蓋倫‧洛普（Galen Rupp）在內都會做跑完步的阻力訓練，並在比賽中約一小時的中場休息時間做等量強度的肌力和相關鍛鍊。

訓練面面觀

讓生長激素升至最大量

　　人類生長激素（HGH）會刺激細胞成長、再製、再生和恢復，這也是運動員喜歡它的原因——而且愈多愈好！

　　HGH 是在約青豆大小、掛在下視丘的腦垂體上形成，其大小等同杏仁，位在大腦底部。HGH 會在你運動和深沈睡眠（最熟睡的時候）時釋出，訓練的強度愈強，就能產生愈多 HGH，直到身體維持恆定為止才會停止生成。

　　增加 HGH 生成量的方式有三種：

▶跑步：HGH 約在跑步十分鐘後開始生成，七十五分鐘後停止，法特雷克對於刺激 HGH 釋出特別有效。

▶阻力訓練：數分鐘的高強度訓練，或約三十至四十分鐘中強度訓練都能刺激 HGH 釋出。

▶蛋白質補充：在訓練前後、睡前攝取大量蛋白質，都可以刺激高產量的 HGH。

　　湯姆‧柯特納是生物學博士，同時也是西雅圖西北大學隊的長期顧問，他指出減少 HGH 釋出的方法也有五種：

1. **睡眠障礙**：深度睡眠受阻就會中斷 HGH 產製。
2. **營養不足**：攝取足夠的熱量相當重要。

BUILD YOUR RUNNING BODY

紅血球生成素（EPO）

EPO 會刺激骨髓生成紅血球，從肺部運送氧氣到體內細胞，因此紅血球
愈多，代表肌肉能含有更多氧氣。二〇〇四年庚克和寇蘿格魯（Genc,
Koroglu）的研究認為，EPO 在「神經系統的發展、維護、保護和整復上扮演
重要角色」，而另一份二〇〇八年牛津大學研究則發現，EPO 管理可以改善
認知功能。

一提到 EPO，跑者通常會想到紅血球。許多研究指出，最大攝氧量增加
到百分之八至十二時，血容比（血漿中含有多少比例的紅血球量）也會增加到
五〇，即紅血球數量達百分之五十。二〇〇七年由湯森（Thomsen）等人做的
研究則指出，長達十三週的紅血球補充食療，可以讓最大攝氧量為百分之八十
時的氣竭時間增加超過百分之五十（詳見「與身體賭一把」）。

對此 EPO 效用的說法，布朗醫師仍舊不太苟同，「輸送到肌肉的氧氣，
事實上會分解血漿中的氧氣，」他說，「從紅血球、血漿到組織，體內有一個
恆定機制維持血漿中的氧氣指數，而血漿也不受 EPO 影響。」

馬格內斯則以更現實的觀點來看待 EPO，「它確實有用，」他說，並指
出其對耐力型運動員提供的大量好處。一份二〇一三年的研究發現，EPO 能
為跑三公里的肯亞籍跑者提升百分之五，比起跑者做高原訓練能提升的生理機
能和免疫能力還多。其他研究則指出 EPO 可提升百分之五至十五的有氧表
現，「雖然不見得能大幅增加輸送至肌肉細胞的『氧氣』容量，但它確實能改

變對大腦的反應。如果大腦察覺到大量紅血球細胞，就足以影響中樞控制系統『大腦如何管控疲乏費力的一種理論』。」

高原訓練是一種自然增加 EPO 的方法，也是菁英跑者的訓練計畫重點。第一週可讓 EPO 有最大增幅，之後的階段裡 EPO 生成量雖然較少，但仍比往常多；若是把突然增加的 EPO 直接理解為有更多的紅血球，尚需要「調節庫存」來補足轉換過程所需的能量才行。馬格內斯假設，無法適度接受高原訓練的跑者，可能會從提升訓練所在高度來努力訓練，好補足應有的能量。

不論 EPO 對耐力的效果是否取決於輸氧量增加、神經系統功能改善、對中樞控制系統的回應、或純粹因為結束高原訓練回到平地較能舒緩呼吸，毫無疑問的是，對大部分跑者而言，EPO 增加的同時也能有效改善運動成果。

訓練建議

高原訓練可以提升 EPO 量，讓跑者在還未過分勞累的情況下增加紅血球數量。大部分跑者均能從至少三週的高原訓練獲得助益，第一週請簡單訓練就好，確保自己在不同動作之間做足恢復，有些跑者會使用高原帳篷，模擬海拔八千至一萬兩千英尺時的低氧環境。

皮質醇

皮質醇兼具異化代謝以及抗炎的功能，當合成代謝荷爾蒙（例如 HGH 和睪固酮）刺激組織生長，異化代謝荷爾蒙會同時分解蛋白質和脂肪。分解蛋白質當然不全然是壞事。皮質醇對肌肉調適非常重要，能分解脆弱的肌肉組織，讓強壯的組織取代，它也能在高強度訓練期間施壓於免疫系統，好降低發炎反應，加快體內脂肪運動，分攤儲存的升糖素。

就目前來看，這樣確實非常完美。

但是運動員如果鍛鍊過量，體內可能會有太多皮質醇，當分解作用太多來

不及打造新肌肉時，就會導致訓練表現欠佳。皮質醇若長期偏高也會導致記憶受損、肥胖、心臟病、抑鬱、體重增加、失眠和夜間盜汗以及其他副作用。

你可以利用跑步後的合成代謝訓練來中止皮質醇分泌，但完全消除皮質醇對肌肉調適的正面影響也不好。

腎上腺素

腎上腺素會增加心跳率、放鬆呼吸道、收縮皮膚血管（增加輸送至肌肉的血液），還能刺激肌肉肝醣和脂肪的分解。腎上腺素也是著名的「挑戰或逃避」荷爾蒙，不僅產生能量，還能讓身體做好活動準備。

準備要運動時，人體的腎上腺素會增加，任何曾在大型比賽中謹守起跑線的跑者都能證實這一點。這方法是在每次要賣力運動前稍微預備衝刺，也是教練、訓練團體和訓練時程重點關注的部分。與友人一起準備運動會比獨自進行產生更多腎上腺素，比賽前的鼓舞談話偶爾也能增加成效。「為基普贏一場！」努特·羅克尼（Knute Rockne）當年在半場休息時說的這段話[4]，讓聖母大學球隊順利在一九二八年擊潰從未吃過敗仗的對手，這段話雖然聽來老掉牙，但也是一種提升良好荷爾蒙的好辦法。

訓練建議

善於鼓舞士氣的教練和運動員的談話固然有效，但如果能以傳統方法提升自己的跑步表現才是實際辦法：團體跑步，每週規劃一至三次的充分跑步鍛鍊，並試著合併多種訓練動作。

---

4 譯者註：喬治·基普（George Gipp，一八九五年～一九二〇年）是美國聖母大學首位入選全美明星的球員，二十五歲時因病身故，臨終前，曾交代教練努特，希望隊友能為他打贏比賽。一九二八年的比賽中，努特帶領的球隊在上半場遭對手重挫，於是在一九二八年擊潰從未吃過敗仗的對手，這段話雖然聽來老掉牙，但也是一種提升良好荷爾蒙的好辦法。

胰島素

胰島素能指導細胞從血液中吸收葡萄糖作為肝醣儲存在肌肉和肝臟裡。胰島素太多會使血糖降低（腦垂體會釋放 HGH，使胰島素成為另一種廣受歡迎的 PED 用藥）；胰島素會在血糖下降，或是腎上腺素上升時降低。

升糖素

升糖素能刺激肝臟分解肝醣，在血糖下降時釋出葡萄糖，它也能在身體利用有氧能量時促進脂肪燃燒。跑步時，增加的腎上腺素甚至能在血糖降低時刺激釋出升糖素，讓身體為有氧運動做好能量補充的準備。在能量生成上，升糖素可以讓長距離跑步如半程馬拉松或馬拉松更有所發揮。

甲狀腺荷爾蒙（T4 和 T3）

甲狀腺素（T4）和三碘甲狀腺素（T3）皆從甲狀腺釋出，前者會在細胞內轉化成後者。甲狀腺在決定代謝速率和維持肌肉、大腦、腸道和整體荷爾蒙功能上扮演舉足輕重的角色，功能異常的甲狀腺會導致甲狀腺功能低下（甲狀腺素分泌不足），或是甲狀腺功能亢進症（甲狀腺素分泌過多）。

「不論甲狀腺素過多或過少，肌肉都無法正常收縮。」布朗醫師說，這位曾為多位世界級運動員治療甲狀腺功能異常的醫師指出，適當治療可使他們不用尋求其他幫助就能回復身體健康，「『肌肉』沒有自行收縮的力量，因此短跑者無法跑快，跳遠者也跳不遠，長跑者的跑時則會拉長。」

《跑者世界》部落格「Sweat Science」作家艾力克斯‧哈欽森（Alex Hutchinson）對於現在竟有這麼多人服用甲狀腺病症藥物感到奇怪，他留意到一份西班牙的自行車手研究指出，少量但還算正常的甲狀腺素與運動表現低落有關，那麼為了提升運動表現而增加甲狀腺素（回到「正常範圍」的頂標）難道符合道德嗎？哈欽森說，「這讓我更覺得 WADA『世界反禁藥組織』該規範甲狀腺素藥物的使用。」

其他值得注意的部分是，長期使用甲狀腺素藥物的健身者宣稱，此類藥物可以減少身體脂肪，並增加 HGH 注入體內時的成效。

訓練建議

一份二〇〇九年的研究指出，運動員體內熱量不足，其實與甲狀腺素異常有關。因此千萬別餓著自己，確實攝取正常飲食，讓身體有足夠充分的能量，為訓練隨時做好準備。

腦內啡

腦內啡負責「跑者的愉悅感（Runner's High）」，即跑者有時經歷長時間訓練會感到興奮愉悅。好消息是，長時間從事跑步運動的跑者對腦內啡比較敏感，但壞就壞在這些跑者也難產生腦內啡。

雌性激素

雌性激素有助於將儲存的脂肪分解成能量，儘管雌性激素也被稱為女性荷爾蒙，但其實這種激素男女身上都有，只不過男性體內含量較少。

荷爾蒙平衡

本章後續的示範教學會進一步說明改善體內合成代謝荷爾蒙的特殊訓練方法，重要的是在平日生活中，觀察到兩種維持荷爾蒙平衡的主要原則：

▶維持健康：一般感冒也會讓荷爾蒙變少。

▶正確飲食：確實攝取足夠熱量，不要完全排除膽固醇，不然會無法產生類固醇荷爾蒙。

只要神經系統和內分泌系統同時發動，跑步時，身體就不會有做不到的生理需求。

跑步荷爾蒙的訓練菜單簡介

要抵消跑步造成的異化代謝影響，就要加上跑步後的合成代謝訓練。本章的示範教學的重要訓練包括：

▶跑步完的壺鈴訓練

▶跑步循環

其他章節中，影響體內荷爾蒙的訓練包括：

▶跑者三六〇（第五章）

▶阻力訓練（第五章）

若想了解這些訓練項目如何與你的訓練計畫結合，請直接跳到第十五章「規劃訓練菜單」，該章會提供範例供所有體能水準和能力的跑者使用。

BUILD YOUR RUNNING BODY

跑步荷爾蒙的訓練菜單——專家示範教學

九十五秒壺鈴訓練

這個由傑・強森教練設計的全方位強化訓練，也能當成跑步後刺激合成代謝的訓練計畫。它需要流暢地做完一個個動作，因此強烈建議先將每個動作分別練熟後，再一起做完。同時，選一個重量適中的壺鈴（一開始不要太重），確保壺鈴在做越頭下壓和甩手時不會超出你的身體（超出頭部）。

每個動作之間保留十五至三十秒的休息時間，或是剛開始做時盡可能地充分休息，因為當你一次做完所有動作（動作之間不能中斷），才能確實刺激合成代謝，讓身體在恢復時開始打造，而非一一分解。如想知道更多強森教練的鍛鍊計畫或建議，請上 coachjayjohnson.com 網站。

以下四種動作，從深蹲到單臂甩手，全屬同一段持續性的訓練。

九十五秒壺鈴訓練　技巧難度：中階、進階

深蹲

1　站姿，雙腳與臀部同寬、腳趾往外，雙手抓著壺鈴，抬至胸口位置。

2　身體下移，臀部稍微往後，直到大腿差不多與地面平行為止。腳跟持續貼地，身體不要前傾，然後挪動身體，返回初始位置。重複八至十次。

深蹲上舉

1. 雙腳與臀部同寬、腳趾往外，雙手抓著壺鈴，抬至胸口位置。

2. 身體下移，臀部稍微往後，直到大腿差不多與地面平行為止。腳跟持續貼地，身體不要往前傾。

3. 挪動身體返回初始位置，同時將壺鈴越過頭往上舉，然後手臂伸直往下拉，返回深蹲姿勢。重複八至十次。

雙臂甩手

1. 站姿，雙腳與臀部同寬、腳趾往外，雙手抓著壺鈴，使壺鈴垂吊在腰部以下。

2. 在雙腿之間下放壺鈴，同時雙腿彎曲。

3. 接著連貫動作，手持壺鈴往頭上方甩，注意別太衝動讓壺鈴超越身體位置（即晃到腦後），然後迅速回到動作2，做下一個循環。重複八至十次。

單臂甩手

1 雙腳與臀部同寬，腳可以更張開些，同時腳趾朝外，單手抓著壺鈴，任其垂吊於腰部下方。

2 在雙腿之間下放壺鈴，同時雙腿彎曲，手臂維持直線。

3 接著連續動作，將壺鈴越過頭往上舉，此時手臂到壺鈴應當為一直線，接著（一邊做完完整動作後）返回原來位置時換手。每一邊手臂重複八至十次。

跑步循環　　技巧難度：所有程度均可

跑步循環是指跑一定距離後，停下來做幾組動作，此訓練旨在保持動作時的合成代謝（打造體能的狀態）而非異化代謝（分解狀態），同時建立跑步肌力。下列由強森顧問設計的動作，每一次跑步／運動動作均含下列階段：

1. 從起跑線開始跑步（慢跑或時速一萬公尺的速度，以身體當下狀況而定）維持五百至七百公尺。

2. 跑完五百公尺後，原線走步返回起跑線，中途停下做訓練動作。

3. 若先前跑了七百公尺，就再慢跑三十多公尺，接著做完完整的四項訓練動作，然後再慢跑七十公尺返回起跑線。

4. 一次循環鍛鍊要做完完整的四組訓練動作。

5. 其他循環訓練內容，請至 coachjayjohnson.com/2010/08/running-times-circuits-parts-1-2-and-3/。

以下二十個動作，包含從重複跑步 #1 到蠍子式，全屬同一種連續訓練。

重複跑步 #1

這原本是項困難的訓練，但不至於在遵照下列重複跑步動作後，讓你無法完成肌力訓練。

1 初學者可從五百公尺簡單跑開始，適能者可用節奏跑速度跑七百公尺，健跑者可以用一萬公尺的跑速開始（真正的新手可以從三百公尺開始）。

側向弓箭步

1 雙腳與臀部同寬站立，往右邊踏一步，同時身體往下坐，就像坐在椅子上，並將重心移往右腿。雙手持續擺在胸部位置，手肘往外。重複十次後換左腳動作。

深蹲

1 雙腿與臀部同寬，雙臂自然放兩旁。膝蓋彎曲，臀部往後推，身體往下，直到大腿與地面平行為止。深蹲時記得張開雙臂，延伸至面前（好維持平衡），重複十次。

腿部側抬

1 側臥且雙腿並疊，你可以將頭部靠在手臂上（肩膀、臀部和腳呈一直線），或是倚在手肘上。順勢將上腿慢慢抬高四十五度，然後再放下，兩條腿各自重複十至二十次。

壓膝姿勢

1 坐在地板上，雙手放在身後，雙腳向前伸直，
膝蓋彎曲約九十度，接著兩邊搖動膝蓋，盡可
能將膝蓋壓地。（每一邊）重複十次。

重複跑步＃2

1 同樣重複跑步動作（與＃1相同）。

向前跨步

1 站姿，雙腳與臀部同寬，左腳往前，直至左膝
超出左腳踝位置，此時膝蓋應當彎曲呈九十
度。雙臂呈跑步姿勢，重複十次，然後換右腳
重複動作。

擴張彈跳

1 雙腳與臀部同寬站立，膝蓋稍彎，雙手互握放
在胸口位置，手肘朝外。然後在你擴展雙腿時
同時彈跳（如圖片所示），像是閃躲往你雙腿
踢來的足球一樣，然後在雙腿回到初始姿勢時
再跳一次。重複十次。

俯臥撐

1 以雙手和腳趾支撐，手臂伸直，頭部與
脊椎呈一直線。臀部不可上揚或下垂，
雙眼直視地面，撐三十秒。

仰臥撐

1 臉部朝上，以雙手和腳跟支撐，手背朝
下伸直。盡量撐三十秒。

重複跑步 #3

1 同樣重複跑步動作（與 #1 相同）。

向後跨步

1 站姿，右腳往後一大步，使左膝超出左腳跟
位置，雙臂維持跑步動作。單腳重複十次後
換邊做，你可以一邊重複，一邊返回起始姿
勢，或是持續往後動作即可。

四點鐘及八點鐘方向弓箭步

1 從站姿開始，一腳往後，另一腳往一側走。
即右腳走到四點鐘方向，左腳往八點鐘方向
走（正前方是十二點鐘）。後腳此時應當是
朝一側，並與另一隻靜止的腳呈直角。後腿
膝蓋應當與後腳跟位置相同，前腿伸直不
動，然後每一條腿重複動作五次。

BUILD YOUR RUNNING BODY

俯臥撐提腿

1   做俯臥撐，然後順勢慢慢將右腿抬起再放下。儘可能在舒適的情況下將腿抬到最高，同時依然伸直腿部。重複動作五次，然後換左腳另外做五次。

仰臥撐抬腿

1   仰臥撐，順勢慢慢將右腿抬起放下，儘可能在舒適的情況下將腿抬到最高，同時要讓肩膀、臀部和下方支撐腿維持一直線。重複動作五次，然後換左腳另外做五次。

重複跑步 # 4

1   同樣重複跑步動作（與 #1 相同）。

波比跳（Burpees）

1   站姿。

2   蹲下後，以手部支撐地面。

3   往後踢腿，做出俯臥撐的姿勢，然後跳起來回到深蹲姿勢，接著舉起雙手越過頭部站起來（不用跳），重複動作十次。

BUILD YOUR RUNNING BODY

伏地挺身

1　做出俯臥撐的動作，雙手打開略
　比肩膀寬些撐在地上，接著往地
　面推，藉此讓身體下降和提升，
　開始時只需重複五次，之後根據
　體能狀況可以增加次數。

十字拉

1　背部朝下仰躺，從肩膀將雙臂往
　外側延伸，雙腿伸直。將一隻腿
　往身體另一側跨，使腳在臀部或
　更高的位置接觸地面；接者腳收
　回，換另一隻腳做同樣的動作，
　每一邊各重複十次。

蠍子式

1　此動作與十字拉恰好相反。身體
　正面朝下，雙臂從肩膀往外伸
　直，一隻腿往身體另一側跨，同
　時膝蓋彎曲盡力往上，讓腳能接
　觸地面。接著收回，另一隻腿做
　同樣動作，每一邊各重複十次。

第十三章

體育界裡有句人人聽膩的老話：成功是百分之九十的心理健全，加上百分之十的生理健康。其實大多數人並不認同這句話，我們不可能真的像俠客歐尼爾一樣高，或像雷·劉易斯一樣壯，或是跑得跟尤賽恩·波特一樣快。本書第二部前幾章也清楚說明，良好的身心健康遠比正向思維有用，因此就能輕鬆忽略「百分之九十的心理健康」如此誇張的說法了。

然而，唯一的癥結點在於：這句老話完全正確。

只花幾週，甚至幾個月打造身心健全的跑步體魄根本不夠，在你能成功使出訓練成果之前，還得通過非常重要的體能檢驗，這位檢驗人員非常嚴格，它正是你的大腦。大腦不會輕易讓你因為跑步傷害身體，因此首要之事便是說服大腦，告訴它，身體已經準備好迎接挑戰。

訓練大腦，在不疲累的狀態下，跑得更快更遠

何謂跑步頭腦？

「跑步頭腦」是指大腦裡處理運動和努力調節的部分，而非生理上的大腦組織。進一步的說，本章要探討的是疲勞，也就是大腦限制體能鍛鍊和比賽成效的機制。

先簡單介紹一下大腦組織：大腦有八百五十億個神經元（第十一章曾提過），由大腦、小腦和腦幹組成，大腦和小腦由大腦皮質覆蓋，可分成兩半，均含有腦回（gyri）和腦溝（sulci），即負責理性、語言、感知等功能的部位，因為呈灰色，所以也稱為「灰色物質」。

別為此構造感到困惑，本章並不會提出如何做大腦皮質的柔軟操，或是腦回、腦溝的阻力訓練，反而要探討為何大腦會產生疲乏和疼痛感（同時讓肌肉產生的力量變少）的相關理論，接著介紹幾種可以啟發大腦，讓你在較不疲累或不適的狀態下跑得更快、更遠的「技巧」。

首先是兩種關於疲勞的常見論述：

▶周邊疲勞理論
▶中樞控制理論

接著說明導致疲勞的原因，並檢驗大腦在這兩種理論（或之一）當中扮演何種角色，最後將討論幾種減輕、延緩或祛除疲勞的方法。

需事先提醒的是，在運動員、教練和生理學家當中，大腦之於跑步一直是備受爭議的議題，目前已有非常多的研究、理論和見解，但沒有任何具體證據加以佐證，這也是我們之所以關注現實生活中，跑者在訓練和比賽期間如何受大腦調節機制影響的原因。

訓練建議

鍛鍊大腦並非正向思考或克服疼痛，而是進行一串訓練，說服大腦你已為自己獲取可以跑更多、更快、更遠的權益。

訓練面面觀

快速漱口是最新的肝醣超補法嗎？

對大多數人而言，「精神勝於物質」這句話會聯想到印度瑜伽修行者在冥想時漂浮、東尼‧羅賓斯（Tony Robins）[5] 在燒紅的炭火上赤腳行走，或是尤里‧蓋勒（Uri Geller）靠意志力弄彎湯匙，這些都是憑我們雙手也做不出來的事。所以當有人宣稱只要快速漱口、吐出含有碳水化合物或咖啡因的飲料，就能有效改善跑步成果時，通常會認為這是一種技法，不過這方法確實為真。

二〇〇四年一份研究發現，花五秒用運動飲料漱口的自行車手，比僅用安慰劑漱口的自行車手，能提前一分鐘完成四萬公尺時程的訓練。而二〇〇九年的後續研究則記錄有百分之三的進步表現，這包含大腦某些區域在獎勵和運動控制上會出現漱口後的反應。最後，二〇一三年的研究指出，漱口十秒就能改善更多，主要的論述重點有：

1. 自行車手的大腦可以清楚分辨真正的碳水化合物和安慰劑。
2. 光是嘴裡感覺到碳水化合物，就足以讓大腦增加活絡肌肉的能力。
3. 就算缺乏碳水化合物並非影響完成四萬公尺訓練路程的因素之一，依然有成果改善。

換句話說，自行車手的大腦期待碳水化合物耗盡的那一刻，僅管並未真實發生也是如此，因此只要自行車手努力踩踏板奔馳，大腦就會允諾供給更多碳水化合物。

二〇一三年由馬汀‧畢文（C. Martyn Beaven）主導的研究，主張含咖啡因飲料，以及含有咖啡因和碳水化合物的飲料會有類似結果。結果發現，去除咖啡因可以改善衝刺能力，但含有咖啡因和碳水化合物會比只有碳水化合物的飲料來得更好。

這些研究全都表明，比起肌肉疲累疲乏，還有更多值得探討的部分。迅速漱口時，大腦會根據其認定的情況，認為你已經為即將到來

的時刻準備好充足能量，及時改變表現成效。

　　但在你說服大會工作人員讓你再跑一萬公尺、準備好痰盂等在起跑線之前，要注意迅速漱口只有在肌肉肝醣不足時有效，如果肝醣在此之前已充分有餘，那漱口對於跑步表現其實沒有多大效果。

鍛鍊大腦

　　大腦可以訓練嗎？大多數跑者和教練會回答「可以」，但這並不是一面倒的答案。從肌肉疲乏的角度來看，大腦之前曾有數十年被當成只是處理感覺的中繼站，更遑論是努力、速度和氣力耗竭的仲裁者。

　　周邊疲勞模式是上世紀的主要理論，此模式下的疲勞是指肌肉開始無力，如果還要繼續活動，就可能導致生理學上的「災難」像酸中毒、體溫過高等等，迫使你速度變慢或停下；值得注意的是，傳統的運動生理學研究幾乎都是以此模式為出發點。

　　參與研究的受試者大多要做運動訓練直到因為疲累而停下（比如說跑步機測試，使用期間會漸漸加速，直到使用者無法繼續跑為止），並對懷疑會疲累的受試對象進行運動測試之前、期間和之後的檢測。如果測量結果快速增加，那就能總結出該名受試者實際上真的感到疲累。

　　這些測驗的問題在於，現實生活中的跑步經驗並不如線性發展會直接來到疲累的那一刻，跑者反而多選擇能確保自己穩當到達終點的跑速，還能在跑步期間自由選擇放慢速度。

　　中樞控制模式是一九九七年由提莫西・諾克斯（Tim Noakes）博士提出（且在其著作《Lore of Running》第四版當中有說明），他否決了周邊疲勞模式，並指出疲勞為一種情緒表現，是由大腦製造用來保護身體的工具。運動期間，大腦會監控身體各部位的反應，如果大腦察覺有器官可能受傷，就會降低肌肉纖維組成的速度，讓你慢下來。諾克斯認為，「最後衝刺」（在比賽最後百分之十英里程加緊速度）可以證實，跑者其實永遠不會疲累，他們的大腦在

接近終點線前會保留能量，也就是可以放心加速的時間。

許多跑者和教練會選擇第三種模式：大腦會一併使用許多意識和潛意識的調節機制，來決定跑步速度和監控疲勞。的確，正如英國威爾斯班戈大學（Bangor University）運動生理學資深講師薩慕艾樂·瑪爾可拉（Samuele M. Marcora）曾寫道，「最後衝刺完全符合以所費力氣為主的運動成效決策模式。」

大部分跑者會在跑步期間有意識地決定速度和調整，就像國家美式足球聯盟（NFL）明尼蘇達維京人（Minnesota Vikings）隊的亞德里安·彼德森（Adrian Peterson）一樣，他只需短短一秒就能決定突破防線的路線，而跑者也能持續掌控周遭環境（地形、氣候、競爭對手的狀態等）以及跑步時的疲勞感，然後快速判定跑速和跨步，更重要的還有要耗費的力氣。

比賽最後，原本保守的跑者會在不累垮的情形下，進行最後衝刺、加緊努力，但未能謹慎察覺這些狀態的跑者，通常就無法加快速度，這多少反駁了中樞控制理論的論述。

本章建議的訓練方法，是假設影響疲勞的眾多因素都經過了有意識和潛意識的調節，目的在於鍛鍊大腦，讓你能夠跑得更努力、更快且更遠。不論是否為真正的生理不適，或是中樞控制產生的「情緒」而克服疲勞，都不會改變成功說服大腦忽略疲勞後可以得到的成果。

疲勞

疲勞是肌肉在運動期間成效漸漸減弱，並伴隨生理和心理不適時會出現的狀態，但在運動表現變差和後續（或中樞控制模式、預期中的）疲勞的根本成因上，確實有很大爭議，現在就來看看有哪些吧！

酸中毒

第九章曾討論 pH 值低的情形。產生高強度能量時，氫原子的組成會超出肌肉纖維的緩衝能力，最後產生酸中毒現象，這與肌肉纖維無法順利釋出鈣（肌肉收縮必要之物）、減緩 ATP 產製、水解（從 ATP 釋出能量）、降低發

力（force production）和肌肉收縮速度有關。一九九五年一份澳洲研究總結指出，「細胞內的酸中毒現象會從不同方面影響肌肉細胞功能」。第九章也曾首次提到，二〇〇六年一篇由努斯、大衛、彼德斯和菲茲合作撰稿的研究明確表示「pH 值低引發疲勞的影響」對人體來說非常重要。

滲透的鈣離子通道

安德魯‧馬克斯（Andrew Marks）博士在檢查鬱血性心臟病（congestive heart disease）患者身體，想找出冠狀肌肉纖維脆弱的原因時，他發現鈣離子通道受損的現象：肌肉收縮時會先從纖維釋出鈣離子，然後又迅速將其壓彈回儲存區（肌漿網），纖維因此得以放鬆，但肌肉收縮力道不足就會導致鈣離子通道受損。

二〇〇八年的研究中，馬克斯將他的論述範圍延伸到骨骼肌纖維，強迫實驗鼠一天游泳九十分鐘兩次，並提供藥物或安慰劑來支撐其體內受損的鈣離子通道，結果服用藥物的老鼠在每週活動到體力衰竭的試驗中，並無降低運動成效，但服用安慰劑的老鼠反而運動成果降低。

後來，他將此實驗用於訓練過的自行車手，強迫他們以最大有氧量運動，每三天一次、一次三小時，雖然就道德而言，馬克斯沒能在這些車手身上使用未經認證的藥物，但結果是他們的骨骼肌纖維同樣出現鈣離子通道受損的現象（不過幾天後這些鈣離子通道確實自我修復完成）。

僅管在老鼠身上的實驗是做到牠們體力衰竭，但我們並不清楚，這會對現實生活中運動過量的人有何影響（請注意，馬克斯博士想表明的，並非是因運動導致骨骼肌纖維出現缺陷的鈣離子通道會使心臟的鈣離子通道受損，因為骨骼肌纖維可以很容易改變修復自己，只要一切順利，甚至還能比你先前擁有的纖維還要更強壯）。

體溫

體溫在運動期間達到關鍵重要溫度華氏一〇四度（攝氏四十度）時，你就會停止跑步，但是羅斯‧塔克（Ross Tucker）博士在他的網站「運動的科學

（The Science of Sport）」上做出疲勞相關的深度分析時，幾次以熱度為基準的實驗在「評估『過度發力』生理學的實驗上，最終只是嚴重失敗。」塔克指出，大多數人不會一直運動到體溫達到華氏一〇四度（積極的運動員會達到華氏一〇六度），因為能選擇自行放慢速度。

塔克曾要求十二位受過訓練的自行車手在熱或冷的環境下騎一段長達兩萬公尺的路程，騎到五千公尺時，在熱環境下騎車的自行車手開始放慢速度，僅管他們的體溫與冷環境中的自行車手差不多（一樣的溫度），因為他們的大腦正警示肌肉要減緩。這些自行車手並非因為體溫升高而放慢速度，而是以為體溫之後會升更高，大腦要他們放慢以避免生理傷害。

去極化

身兼三項全能選手、跑者和跑步作家的邁特·費茨傑洛（Matt Fitzgerald）是許多新興跑步理論的先驅，他曾寫道，「肌肉的運作就像電池一樣，需要仰賴電力才能活動，並在兩極接觸時力量最強大。」但在你進行高強度運動時，肌肉纖維內部的正極與其外部空間（另一極）的差異性卻有所減少。這種去極化的現象讓神經信號更難侵入纖維，使肌肉收縮更無力。

有趣的是，二〇〇一年與二〇一〇年的研究均總結，酸中毒可以抵消去極化，事實上該份十年的研究還發現，乳酸鹽可以自我保護免遭去極化，「或許可降低疲勞產生時細胞外 K+『正極』增加的重要性。」此外，釋入血流中的乳酸可以中和全身肌肉纖維的去極化。

氨

血氨太多與肝臟異常，例如硬化有關，也就是肝臟不再能適切地將氨轉化成尿素，而血氨太多會破壞大腦功能，帶來其他有毒的影響。許多研究發現，多種且密集的運動鍛鍊會增加肌肉纖維中的血氨指數（藉著去除單磷酸腺甘『AMP』和分鏈胺基酸的胺基來完成）。二〇一〇年維金森、斯米敦和瓦特便提出警告，「運動期間，人體內的血氨濃度很容易達到或超過肝病患者體內的血氨濃度，導致大腦攝取量增加。」一旦血氨濃度高到跨越了血液與大腦之

間的屏障，其對神經的有毒影響會減緩肌肉纖維的活動和對疲勞的感知。

肝醣不足

所有跑者都知道「撞牆期」，這是指參加馬拉松（或長距離跑步）跑到十五至二十英里時，體內儲存的肝醣幾乎流失殆盡的那一刻，你必須倚賴脂肪和蛋白質。平均而言，一般人體內儲存三百至四百克（一千兩百至一千六百卡熱量）的肝醣，但是經過訓練且體內存有足夠醣分的運動員可以多儲存兩倍。

二〇〇一年，包含諾克斯（中樞控制理論的提出者）在內主導的研究發現，體內存有足夠醣分的自行車手，和體內醣分儲存量不足的車手，兩者若以同樣速度進行限時賽，後者會落後約一分鐘。更有趣的是，當前者以快百分之六的時間比後者早完成實驗時，兩組人馬肌肉中剩下的肝醣量實際上一模一樣；換句話說，他們兩組均選擇了與肌肉肝醣能相對成正比的車速。

無機磷

ATP 燃燒作為能量使用時，會分解成二磷酸腺苷（ADP）和無機磷（Pi）。在高強度運動期間，ATP 的產製可能遠不及消耗量，此時 ADP 和無機磷可以重新組合，產生更多 ATP。厄尼思特‧馬格里修（Ernest W. Maglischo）博士曾在二〇〇二年的論文中寫道，「無機磷和 ADP 增加，使肌肉內的鈣離子產生變化，這可能正是肌肉疲勞的主要致因。」

艾倫和特拉裘諾維斯卡（Allen and Trajonvska）二〇一二年的複查報告則指出，就算只是適當運動，也會使無機磷指數增加，讓肌肉纖維釋出的鈣離子變少、纖維活動力降低，最後導致疲勞。

送達大腦的氧氣

比賽最後階段你所感覺到的頭昏眼花，可能是大腦內氧氣變少。根據二〇一〇年一篇認定肌肉活動減弱、神經功能降低和疲勞是因為大腦氧氣不足的研究指出，氧氣量會減少百分之二十五。這個結論也在許多研究中獲得認可：因為受試者運動到最後皆力不從心。而另一份由畢勞特（Billaut）等人在同年提出的研究指出，跑者可以在五千公尺的跑步實驗中自行調整速度，這次跑者大

腦當中的氧氣含量仍維持在一定範圍內，儘管這些人認為自己已發揮最大努力，這種氧氣含量仍不至於「破壞影響運動成果」。

中樞神經系統疲勞

儘管中樞神經系統（CNS）經常被忽略不看，但它無疑在疲勞上中扮演重要角色。一九九七年，戴維斯和貝利（Davis and Bailey）兩人於《運動醫學與科學》（Medicine & Science in Sports & Exercises）共同發表的論文指出，「無法自主控制製造和維持適當 CNS 給運作中的肌肉，是大多數人在日常活動時感到疲累最有可能的解釋。」他們懷疑這類神經傳遞質的消長才是該為此負責的重點（其中血清素可能是最大禍首），此外細胞激素和血氨也涉入其中。

另一份由戴維斯、阿德森和威爾許（Davies, Alderson and Welsh）發表，關於血清素和中樞神經系統疲勞的論文則指出，血清素含量「在長時間運動時會在大腦許多區域中增加，並在疲勞時達到臨界點。」血清素被認為與嗜睡、想睡與情緒變化有關。

肌肉和結締組織受損

另一項鮮少提及的因素，就是疲勞狀態時，肌肉和結締組織受損扮演的角色。跑得夠久或是為了跑久而用力過度，就會達到每跨出一步都感到不適的境界，或許你並未面臨伴隨其他因素的生理災難，但很多時候是受損的肌肉和結締組織（CT）讓你進入難以逃脫的結果：不能再走了。

傳導回饋

傳導（感覺）回饋理論是指，上述所有與疲勞（或更多）相關的因素會經由神經衝動回報給大腦，藉著抑制中樞動作驅動（也就是能活動的肌肉變少）來完成回報。猶他大學在二〇一三年的研究中，找來八位自願者在不同天分別進行單腳伸展（股四頭肌訓練）到用盡力氣的測試，兩條腿最後有相似的結果，但是同一天對腿部進行連續的重新測試中，第二條腿力氣用盡的時間比第一次快了百分之五十。研究人員最後總結，先前的腿部測試，其傳導回饋抑制了另一條腿測試的結果。

中樞控制

諾克斯博士提出的中樞控制理論，改變了許多跑者、教練和生理學家對於疲勞的看法，他在二〇一二年的論文中解釋了這項理論，「運動調節的中樞控制理論，是指大腦可持續調整運動部位中運動單位的數量來控制運動成果。」

這種說法不只在反應方法上成立（好比傳導回饋一樣），中樞控制（CG）可以預期到身體的危險，先發制人地加以預防。開始跑步時，CG 會在起初幾秒內選定適當的跑速和力度，在決策之前，它還會考量個人當下情緒狀態、動機、經驗、神經傳導質指數、體溫等。一旦開始跑步，CG 會持續因應血液和大腦的含氧量、肝醣指數、脫水程度和任何其他會對重要器官有所威脅的可能因素，來調整運動成果。

諾克斯認為疲勞症狀「全是每位運動員大腦自行製造出來的……就好比他們幻想的一樣。」對諾克斯而言，疲勞想像只是為了避免讓運動員面臨災難式的生理傷害才存在，跑步競賽的優勝者其實就是成功忽略疲勞想像的人，至於其他運動員則因為接受了這種想像因而失敗。

說服大腦

沒人能確定跑步時到底是什麼導致疲勞，前面所提雖然是理解疲勞的好開始，卻很難讓人通盤理解。比如說，我們甚至還未談到脫水（這不是一段話就能說明白的，可以參考塔克、杜加斯和費茨傑洛合寫的書《跑者的身體》（*The Runner's Body*），內容有關於脫水的深入說明），你可能心裡多少有底，這件事牽扯多少因素，至於大腦，不論它是否因為生理失能而限制運動成效，或是為了避免生理傷害而調節運動成果，肯定是這場戲中最重要的主角。

那麼我們該如何訓練大腦呢？以下是幾種簡單「調教」大腦的方法，足以讓你在跑步時說服大腦順從而非抵抗：

1. **拿掉手錶**：這是最簡單的方法，但對跑者來說也是最難做到的一步。
   如果沒有計時，有些跑者一英里也跑不了。如果你已經習慣往常的跑

訓練面面觀

科學怪人的年代

　　如果你曾看過科學怪人的電影，那麼對二〇一三年巴西研究團隊對十位自行車手做的事，絕對會感到恐懼。他們在車手的大腦顳葉皮質和島葉皮質裝上電擊，然後用電流刺激約二十分鐘，結果如何呢？在增幅最大的自行車測驗中，這群怪力自行車手能發揮的力量比接受「假刺激」的車手多了百分之四，怪力車手也回報有感到力道提升，換句話說，他們可以騎得更好，但受傷較少。

　　這並非是島葉皮質首度被認為造成疲勞的主要因素之一，凱・魯茲（Kai Lutz）和蘇黎世大學的研究團隊進行了系列實驗，並於二〇一一年公布實驗結果，他們發現大腦結構中的島葉皮質，「不僅能整合和評估周邊『肌肉』的感知訊息，還能與運動皮質互通有無……『這』是第一次有實驗顯示肌肉疲勞使大腦神經網絡中的結構互動產生變化。」

　　二〇一二年，加州大學聖地牙哥分校的 OptiBrain 中心也在《科學美國人》（*Scientific American*）上發表研究，指出使用冥想方法「正念（Mindfulness）」的運動員可以增加島葉皮質活動，使其在生理上更能自我察覺，讓自己能更快回應來自肌肉的訊息（即引起疲勞的因素）。

　　島葉皮質位於大腦皮質層內部，負責潛意識、情緒和生理自我察覺的部分，它也與心跳率和血壓、調節恆定（特別是運動期間）和評估疼痛有關；總的來說，它是大腦、運動和疲勞三者間的核心主角。

　　下次五千公尺路跑或馬拉松上，你可以用電流刺激你的島葉皮質，爭取更短的跑時，但在進行一連串電擊前，請留意有其他研究得出不同結果（哈欽森曾在他的《跑者世界》部落格上提到，某位研究人員未曾得出有效成果）

　　所以目前先以冥想為主吧！或是在起跑線上快速漱個口。

步路線，就沒有必要每次計時，這樣一來反而不用擔憂時間，可以聆聽身體的律動、察覺身體的回應，包括任何警告你疲勞出現時的細微差異、身體的緊繃、呼吸不順或是不足。

接著請嘗試重複跑步（請參考第七章的「五千公尺路跑和步道訓練」）或節奏跑，以時間而非距離計量。請留意每次動作時的差異，注意在這些動作之餘，疲勞如何產生，並以規律的跑速來實驗這些細微變化。在你愈來愈瞭解自己身體的回應，就能發現你可以在大腦介入矯正之前預期到問題的存在。

2. **延長跑步量**：如果你無法增加（或完成）日常跑步量，那就多增加百分之三十至五十的距離，為了完成這段跑距，你可能會感到非常痛苦，但下一次進行日常跑步時，你就會驚喜地發現有多簡單了。

3. **「牛飲」法**：身體需要適應增加的刺激物，裝滿水的水壺腰帶或許能減輕日常跑步的疲勞感，但如果面臨稍微脫水（流失最多百分之二）、肝醣存量變少以及出現不適的挑戰時，身體會有更好的表現，大腦也會因此知道，你在跑步時面臨需要喝大量水時也能生存下來，這正是在比賽中能成功分出高下的關鍵。

4. **休息時間也奮力不止**：在休息時間繼續拚命，不僅能讓你生理上準備好再度應戰，也能幫你做好心理準備。就好比足球和籃球這類運動一樣，進行一段時間後「緩和下來」，大腦會比較熟悉你的運動速度。

5. **團體訓練**：想不想來場地獄式的訓練或大大提升訓練成果？試著與其他人一起跑步，當你專注於跟上他人的速度而非個人疲勞狀況時，大腦也會專心在跑速而非疲勞上。

6. **非限定鍛鍊**：有時候，你需要在沒有限定目標的狀態下跑步，與朋友一起跑步同時探索周遭環境吧！或是在不計時、不測量次數的狀態下跑，不論你跑得夠不夠，跑到完全跑不了為止。

7. **模擬賽**：大腦不會像健身一樣，讓你休息一定時間（跑完比賽後）後開始跑步，還讓你安心穩當的跑。模擬賽可以當成是「跑步衝刺」，因為不是身體倦怠，而是你的大腦生鏽了。就像保護欲很重的父母，

BUILD YOUR RUNNING BODY

大腦以為你還是小孩，必須有規矩的控管，因此安排一場模擬賽，讓大腦看見這樣努力不會傷你（或它自己）一分一毫，只要幾天過去，你就不會在大腦提升運動成效最多百分之五時感到驚訝了。

8. **符合目標時間而跑**：若你打算跑半馬或馬拉松，在設定的目標內完成（不是速度也非時間）非常重要，大腦需要知道，你的身體可以為比賽維持運動的狀態多久。

9. **後段加速跑法**：所有跑步訓練都該當成後段加速跑法，一開始要慢，以此建立目標訓練的配速。不要強迫大腦因為一開始就努力衝刺而主動踩煞車！至於馬拉松訓練，包含後段加速跑法在內，你需要在跑後半段時模擬比賽需要的力道：前半段的跑步會創造出一種你在實際馬拉松期間面臨的減弱版生化疲勞和能量不足的狀態；若後半段跑步是後段加速跑法，能讓大腦熟悉你在疲勞之餘還得完成馬拉松的配速，這些可以讓身體在進行真實馬拉松競賽時，分攤極度的疲勞。

10. **保持一致**：有時或大多時候，大腦會告訴你，你太累了所以不能跑，此時千萬別聽它的話，還要證明它錯了。跑步最困難的部分在於穿上鞋走出門外，在那之後要跑一英里也非難事。更重要的是，大腦會發現身體在疲勞時也能跑步，這樣在未來也能提供你更多餘裕。

必須特別警告的是，訓練大腦時如果太過用力、太快或太久，那就大錯特錯。正如上述說明可以指導大腦如何放鬆，操之過急也會讓大腦認為你本身對身體來說是種威脅。因此務必有耐心一點，訓練時用點頭腦，讓大腦知道你值得信賴，這樣就順利無虞了。

訓練建議

第一步就是訓練前面幾章提到的任何相關跑步部分，無論生理不健全是否為疲勞的直接因素，或中樞控制產生疲勞想像的間接刺激物，打造一個更健康的跑步體魄就是療方。至於直接以大腦做鍛鍊目標，請以前述十項任務開始試驗，然後找出自身的障礙，超越它吧！

關於訓練菜單

本章沒有照片示範教學，因為相應的訓練方法都在前幾章交代完畢。你現在需要的就是說服自己的大腦，利用這些訓練計畫告知它，你已經鍛鍊出可以完成跑步目標的跑步體魄。

若想了解這些訓練項目如何與你的訓練計畫結合，請直接跳到第十五章「規劃訓練菜單」，該章會提供範例供所有體能水準和能力的跑者使用。

BUILD YOUR RUNNING BODY

第三部

擬定跑步計畫：
掌握四個原則，
打造你的訓練菜單

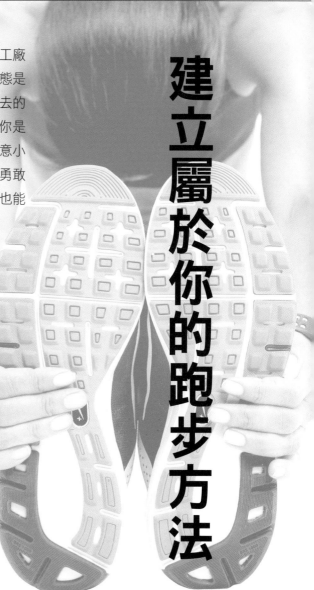

第十四章

鍛鍊跑步體魄是一種個人經驗，不像工廠大量生產的肯尼或芭比娃娃，你的身體狀態是獨一無二的，包括體內各種肌肉纖維、過去的體態歷史以及健身目標也是如此。不論你是誰、住在哪裡或鍛鍊動機為何，只要你願意小心翼翼對待身體每個與跑步相關的部位，勇敢完成訓練計畫，你就能變瘦、變得更快，也能保持健康避免受傷。

建立屬於你的跑步方法

跑步方法是什麼？

「跑步方法」不只是你的訓練時程而已，它是一種讓你進入鍛鍊狀態的態度和經驗，是你期望完成的健身目標，也是願意適應的生活方式與變化。訓練自己成為競賽型跑者，與目標是健身的跑者有很大的差異，要花多少時間在鍛鍊計畫上全憑你自己決定，哪種層級的健身狀態最符合你的生活方式也是取決在你，而你做決定時需要考量的因素包括：

▶非競賽訓練 vs 競賽訓練

▶時間管理

▶延續性

一旦你下定決心，可以從第十五章中選擇最適合的訓練菜單，或是利用你從本書習得的知識（加上個人經驗），設計專屬的訓練計畫。有了訓練菜單後，你會想複習幾種訓練法則，好讓自己從各種訓練動作中獲取最大助益。

選擇你的跑步方法

選定一項跑步方法後，先不要考慮訓練內容，也就是跑步、訓練、阻力訓練、伸展和其他部分，先思考你想完成的目標，接著實際一點，想想你有多少空閒時間可以訓練並完成目標。下列是幾項會影響你決定的因素。

競賽訓練 vs 非競賽訓練

你為什麼而跑？這是第一章的第一句，也是你在開始訓練計畫前，必須回

新手指導

健身是一段旅程而非目的地，也是一種同時改變身心狀態，將身體轉化成更健康、強壯且更有復原力的增量過程。選擇一種你能夠堅持下去的訓練菜單，讓你能讚揚而非怨懟自我生活的那一個，然後努力調適，根據身體回應來改變訓練內容和目標。

訓練面面觀

跑者常犯的十大錯誤

沒有人想做錯誤的訓練，但是訓練時的失誤通常會阻礙健身目標，你大可避免它們發生。下列是跑者常犯的十種錯誤：

1. 太快開始：訓練時太急著開始，反而會改變訓練內容。你會訓練到錯誤的肌肉纖維、投入錯誤的體能系統，並在錯誤的神經肌上傳訊，此外這還會使訓練時間變短，或是放棄訓練。

2. 中庸地跑：某些跑者認為每次訓練時都要進步，非常拚命做輕鬆的跑步訓練，因此感到疲勞，再困難的跑步訓練也無法完成，最後只能進行中度訓練，不論是簡單的定距跑或加速跑都無法全面獲益。

3. 時速限制：跑者不能單靠里程，若什麼都不做只是長跑，那樣會使肌肉纖維快速萎縮、神經系統效率降低、肌肉量減少，並在比賽時增加酸中毒的可能。適當加速可以逆轉情勢，改善這些因子。

4. 恢復力差：跑步會損害肌肉纖維和結締組織，用盡儲存能量和荷爾蒙讓神經系統疲乏；恢復需要時間，年輕跑者在難度較高的訓練之間只需二至四天，但年紀較大的跑者可能需要兩倍時間才能恢復。

5. 怪獸式訓練：某些跑者認為多就是好，但是更長的里程就代表要重複更多次，速度得更快，結果通常是花費更多體力而非比賽成效的訓練，還可能導致受傷、生病和精疲力竭。一項怪獸訓練最多可能需要兩週時間來恢復。

6. 沒做調整：許多跑者會在開始一項訓練後拒絕改變，但其實有許多難以預料的變因，好比天氣、疲勞和過敏都會影響訓練。在訓練期間進行適當調整，可以讓你在不訓練過頭的情況下獲得訓練好處。

7. 自助餐跑步法：《跑者世界》的史考特・道格拉斯用這個詞來形容把訓練當成像吃自助餐一樣的跑者，他們會從數十種來源

當中，選擇看來最棒的訓練內容，然後每一種都試一下。

8. 跑步基本主義：跑步基本主義者不管結果如何，多會堅守傳統訓練。但實際上，你的身體、體態、經驗和年齡都會改變，第一年跑步時有用的東西，不見得第五年或第五十年還有效。

9. 受傷障礙：研究指出，百分之五十至八十的跑者在任何時候都可能受傷，許多跑者會忍受這項事實，拒絕調整成避免受傷且每週三至四天、一次十至十五分鐘的例行訓練，但不幸的是，逆轉受傷的訓練一般要花上個把月。

10. 健身目標：許多跑者會根據他們希望的體態來鍛鍊，而不是針對本來就有的體態做調整，這就好像是買了一輛近百萬美金的保時捷車子後，認為自己很快就能變得富有一樣。挑戰自己當前的體態，不要忽視它。

答的問題。如果你的理由是減重、改善健康或減壓，你的計畫就該納入更多全方位的訓練動作（例如阻力訓練和交叉訓練），跑步特定的相關訓練（像是節奏跑和長距重複跑）可以少一點。非競賽訓練的優點在於，既然不用背負跑贏比賽的體能調適包袱，訓練時程就有更多餘裕，你不會因為訓練較少和強度較低而受傷，比起受傷和疼痛，你會感覺自己更加強壯，更能衝刺且更有活力。

如果想參加比賽，但目標是跑完全程而非拔得頭籌，你就必須決定選擇完整的訓練課程，還是跑步量更多的訓練方式。不論哪一種，你都需要加上第二十四章會提到的特定比賽訓練。

如果你的目標是來場精采的比賽，就在訓練內容加上更多跑步量和提升強度。你得考慮到日常可能會有的疲勞感、痠痛與疼痛，還有可能受傷的風險。這類訓練時程的彈性較少，且每種訓練都與下一個（和前一個）密不可分，略過一項或改變訓練，可能會破壞連續幾週的訓練，當然你會發現自己的跑步體魄有驚人潛能，並在跑步期間感到更快活（有時也心滿意足）。

BUILD YOUR RUNNING BODY

時間管理

本來很有野心想參加訓練課程，卻發現自己沒有足夠時間完成訓練，這樣一點都沒用。開始時，選定一個你在家庭、事業、社會義務和社群活動之外，還能切合日常生活的訓練時程。如果不這麼做，你很快就會被迫在訓練和生活中抉擇，通常生活會是贏的一方。不要自我設限，要記得，一項訓練需要的不只是完成它的時間，比方說，六十分鐘的跑步至少需要十分鐘才能穿戴好跑步配備，跑完步還需要二十至三十分鐘淋浴和更換衣服（如果你非常厲害，還可以有十至十五分鐘做跑完步的伸展和運動）。千萬別在不對的地方硬做不對的事，充分運用你的時間吧！

延續性

你需要可以長期堅持的訓練方法，太過用力或太急的訓練將讓你受傷、生病或精疲力竭。當身體無法快速適應時，你也無法堅持當初的動機，而且欲速則不達。身為一名跑者，你可能需要至少十年的時間，才能看到跑步成果和健康體態有所改善。沒錯，就是十年，這無關乎年齡多少，就算看到明顯的進步，你也必須維持身體健康且堅持下去，這就意味著訓練可以控管。跑步的好處像是對身體、健康、心情和社交生活的優勢，都需要長期投入參與，因此要像選擇朋友一樣選擇訓練課程，把它當成你每天看到時都會開心的生活元素。

訓練法則

一旦選定好跑步方法，就要記得幾項基本的訓練原則（以及一些絕對不能違背的規定）：

以自己身體訓練：你擁有獨一無二的生理狀態和潛能，不能將自己當作他人來訓練。

以現有體態訓練：過度訓練無法使你更快達到健身目標，反而容易受傷、生病和精疲力盡，身體還會感到痛苦。

訓練是段旅程而非目的地： 健身目標和比賽目標就像明燈，努力向前然後持續下去，只要你的身體有所改善，訓練方法就是正確的。

不要顧此失彼： 除非你已經強化跑步體魄所有部分，不然千萬不要顧此失彼。本書提供的訓練內容可以讓你準備好參加五千公尺到馬拉松的跑步競賽。

百分之十規則： 每週以不超過百分之十的漲幅增加訓練量，但是這項規則並不等同於實際跑者訓練的比例，因此可以換成三週規則。

三週規則： 身體需要時間來適應增加的跑步里程和強度，因此進行任一項重大改變後，保留至少三週的時間，再做下次的訓練增幅。

高 —— 低強度訓練： 拚命幾天後可以輕鬆幾天，努力幾週後可以放鬆幾週，奮力一季結束後就能更輕鬆幾週。

熱身運動： 要讓生理準備好更用力的訓練，需要十至十五分鐘進行熱身活動（比如慢跑、動態伸展、跨步）。

緩和運動： 雖然在生理循環上，緩和運動一直備受爭論，但教練和運動員從未對其價值產生質疑，就遵從教練和運動員的做法吧！

肌肉纖維範圍： 你需要足夠的訓練量（距離）來鍛鍊慢縮肌纖維，還有良好的訓練品質（重複動作、山坡跑、訓練等）來鍛鍊快縮肌纖維。沒有任何單一訓練可以同時鍛鍊到全部。

重複循環規則： 在做跑步重複動作時，記得在還可做一、兩次動作時就結束訓練，這可以保護你避免過度鍛鍊。

上坡跑的價值： 如果你想成為表現突出的跑者，那就一定要進行上坡跑：長距上坡跑，長時間的上坡反覆跑，還有短距上坡加速跑和下坡加速跑。

特殊性原則： 訓練一定要符合你現實中打算一較高下的活動。像是騎自行車很好，但騎自行車的訓練無法讓你成為更好的跑者。

加倍： 一天跑兩次對有經驗的跑者來說有所幫助（跑步量提升、HGH 釋出量增加、更好的跑步效益），但對新手來說負擔過重。

不需在鍛鍊時競力： 一場比賽通常要用上百分之百的努力，而在比賽前和恢復體力後，這份努力多少有點變少，百分之百的鍛鍊亦然，至於需要百分百力量的多種重複動作，請參考下一個法則。

訓練不足比訓練過度好：訓練不夠時，你會感覺還好，永遠都有進步空間；訓練過度時，你會覺得身處地獄一般，需要休息數週才能恢復。

事實證明，保守且足以等待的跑步方法幾乎都有非常好的結果，因為鍛鍊跑步體魄需要時間，你不可能光靠單次、兩次或十幾次的鍛鍊就一步登天，你需要數十次的訓練才能開發潛能。

走捷徑不會有用。

過度訓練也不會成功。

殺手式的訓練和超級魔鬼幹部訓練營也做不到。

如果你想謹記一條本書提到的訓練重點，就這一個吧：沒有完美的訓練動作，只有完善的鍛鍊課程。

結合選定的跑步方法和你想要的生活，從第一天就延續下去，還能有足夠爆發力完成你的目標，讓它成為你堅持下去的方法。

第十五章

規劃訓練菜單

　　你已知道跑步體魄所有元素如何運作、訓練，以及如何根據健身目標安排訓練計畫，現在就是規劃訓練菜單的時候。本章提供六種不同訓練方法的菜單範本（從非競賽型的初學者到專注在比賽的進階跑者皆可適用），還有五千公尺、一萬公尺、半程馬拉松和馬拉松比賽的比賽訓練菜單範本。

在你為自己的訓練做出最終決定之前，不妨思考一下喬治·席翰博士曾說過的話：「我們皆是自我唯一的試煉。」

在跑步之外，你得選定一個適用於身體狀況、目標和生活的訓練菜單，也必須願意利用本書所學、個人經驗當成指南來調整菜單，好滿足自身對鍛鍊的需求。如果本章沒有任何一份菜單適用，那就自己設計一份吧！不論選擇哪一種方法，在開始新的健身之旅時，有幾點要留意：

1. **照片示範教學**：除非另外注明，菜單中的訓練動作都包含在本書的示範教學裡。

2. **鍛鍊份量／強度**：菜單並無建議增加個人鍛鍊的份量或強度。

3. **熱身／緩和運動**：做非常耗力的鍛鍊動作時，記得一定要加入熱身和緩和運動。

4. **配速**：如果你不知道某項訓練動作時的配速（比如說五千公尺的配速），那就利用重複跑步動作規則（請參考前一章）。

5. **復原力**：除非特別加注，不然請使用示範教學建議的恢復方法，如果有等級之分，請從最高（最久的）的動作開始，並在體能改善時，再選用最低的部分。

6. **訓練建議**：菜單中提供初學者阻力訓練、技巧訓練和增強式訓練的鍛鍊動作，訓練幾次後可以自由添加或減少。

7. **跑完步的練習**：特殊日子會建議做跑完步的例行練習和伸展，但你可能想在不同天安排這些練習，只要每週至少做兩次，那就沒問題了。

8. **預防受傷的訓練**：如果你正從受傷中康復或想避免受傷，那就在跑完步的練習或阻力訓練當中，另外增加四七七頁「預防和修復跑步傷害的運動訓練」當中的特定練習。

9. **休息**：如果你需要一天放鬆或休息一天，請儘管做吧！

10. **錯過的訓練**：如果漏掉一項訓練，不用補做，略過它就好。

11. **額外增加的訓練**：如果你想更換訓練或增加其他訓練內容（好比第十二章提到的跑步循環），請自行決定，但記得你必須在該週菜單中，

去掉一個耗力動作後，再添加新的耗力動作。不要在同一週做太多耗力訓練，使自己訓練過度。

12. **比賽**：本章提供比賽專用的菜單範本，如果你想在非比賽的時程期間進行比賽，那就跑吧！只要確保比賽前一週有休緩週，並在比賽完的下一週安排分量較輕的訓練內容，之後再回頭做一般的即可。

謹慎選用自己的時程，祝好運

訓練菜單

適用初學者及回歸跑者的 12 週訓練菜單——非競賽用

週	週日	週一	週二	週三	週四	週五	週六
1	休息	慢走 (10~15 分鐘)	休息	慢走 (10~15 分鐘)	休息	慢走 (10~15 分鐘) 初學者阻力訓練*	休息或慢走 (10~15 分鐘)
2	休息	慢走 (20 分鐘)	休息	快走 (15 分鐘)	休息	慢走 (20 分鐘) 初學者阻力訓練*	休息或慢走 (10~15 分鐘)
3	休息	快走 (15~20 分鐘) 伸展**	休息	慢走 (20 分鐘) 初學者阻力訓練*	休息	走路／慢跑 (15~20 分鐘) 初學者阻力訓練* 伸展**	休息或慢走 (20 分鐘)
4	休息	走路／慢跑 (20 分鐘) 伸展**	休息	慢走 (20 分鐘) 初學者阻力訓練*	休息	走路／慢跑 (20 分鐘) 初學者阻力訓練* 伸展**	休息或慢走 (20 分鐘) 或交叉訓練✘
5	休息	走路／慢跑 (20 分鐘) 伸展**	休息	慢走 (20 分鐘) 初學者阻力訓練*	休息	走路／慢跑 (20 分鐘) 初學者阻力訓練* 伸展**	休息或慢走 (20 分鐘) 或交叉訓練✘
6	休息	走路／慢跑 (20 分鐘) 伸展**	休息	慢走 (20 分鐘) 初學者阻力訓練*	休息	慢跑／輕鬆跑 (20 分鐘) 初學者阻力訓練* 伸展**	休息或慢走 (20 分鐘) 或交叉訓練✘
7	休息	慢跑／輕鬆跑 (20~30 鐘) 伸展**	休息	走路／慢跑 (20~30 分鐘) 跑者 360 (1 組)	休息	慢跑／輕鬆跑 (20~30 分鐘) 重訓練習 伸展**	休息或走路／慢跑 (20~30 分鐘) 或交叉訓練✘

BUILD YOUR RUNNING BODY

週	週日	週一	週二	週三	週四	週五	週六
8	休息	慢跑／輕鬆跑 (20~30 分鐘) 伸展**	休息	走路／慢跑 (20~30 分鐘) 跑者 360(1 組)	休息	慢跑／輕鬆跑 (20~30 分鐘) 重訓練習 伸展**	休息或走路／慢跑 (20~30 分鐘) 或交叉訓練✖
9	休息	慢跑／輕鬆跑 (20~30 分鐘) 伸展**	休息	慢跑／輕鬆跑 (15~20 分鐘) 加速跑 跑者 360(1 組)	休息	輕鬆長距離跑 (20~30 分鐘) 重訓練習 伸展**	休息或走路／慢跑 (20~30 分鐘) 或交叉訓練✖
10	休息	入門法特雷克 (10~15 分鐘) 伸展**	休息	慢跑／輕鬆跑 (20~30 分鐘) 跑者 360(1 組)	休息	輕鬆長距離跑 (20~30 分鐘) 重訓練習 伸展**	休息或慢跑／輕鬆跑 (20~30 分鐘) 交叉訓練✖
11	休息	長跑 (30~40 分鐘) 加速跑 伸展**	休息	慢跑／輕鬆跑 (20~30 分鐘 跑者 360(1 組)	休息	輕鬆長距離跑 (20~30 分鐘) 重訓練習 伸展**	休息或慢跑／輕鬆跑 (20~30 分鐘) 交叉訓練✖
12	休息	入門法特雷克 (15~20 分鐘) 伸展**	休息	慢跑／輕鬆跑 (20~30 分鐘 跑者 360(1 組)	休息	輕鬆長距離跑 (20~40 分鐘) 重訓練習 伸展**	休息或慢跑／輕鬆跑 (20~30 分鐘) 交叉訓練✖

以上動作詳見本書：

慢走（P.70）；快走（P. 70）；輕鬆跑（P.71）；長距離跑（P. 74）；跑者 360（P. 78）；重訓練習（P.84）；入門法特雷克（P.72）；加速跑（P. 76）；長跑（P. 172）；輕鬆長距離跑（P.72）

訓練時程注意事項：

*初學者阻力訓練

抬腿（1 組／P.85）；俄式傾斜旋轉（1 組／P.86）；腿部側抬（跑步循環／P.305）；伏地挺身（1 組／P.86）；深蹲（1 組／P.305）；徒手弓箭步（1 組／P.89）；舉踵—膝蓋打直（1 組／P.91）；啞鈴單臂平舉（1 組／P.88）

請注意：以上每種訓練動作，初學者應該以 1 組為先，或者也可做居家型預防運動後受傷訓練（P.137~140）來代替，但在該時程之下，不要直接做跑者 360 或重訓練習。

**只要做一種伸展動作：AIS（P.134）；PNF（P.95）或靜態伸展運動（P.102）

✖交叉訓練（P.207~214）；如果你選擇做交叉訓練，請維持有氧動作，配合指定跑步運動的力度／時間。

BUILD YOUR RUNNING BODY

適用初學者及回歸跑者的 12 週訓練菜單——競賽用

週	週日	週一	週二	週三	週四	週五	週六
1	休息	慢走 (10~15 分鐘)	休息	慢走 (10~15 分鐘)	休息	慢走 (10~15 分鐘) 初學者阻力訓練*	休息或慢走 (10~15 分鐘)
2	休息	慢走 (20 分鐘)	休息	快走 (15 分鐘)	慢走 (10~15 分鐘) 伸展**	休息	走路／慢跑 (20 分鐘) 初學者阻力訓練*
3	休息	走路／慢跑 (20 分鐘) 伸展**	休息	走路／慢跑 (20 分鐘)	慢走 (20 分鐘) 初學者阻力訓練*	休息	慢跑／輕鬆跑 (15~20 分鐘) 初學者阻力訓練*
4	休息	慢跑／輕鬆跑 (20 分鐘) 加速跑 伸展**	休息或 交叉訓 練✗	慢跑／輕鬆跑 (20 分鐘)	走路／慢跑 (20 分鐘) 初學者阻力訓練* 伸展**	休息	輕鬆長距離跑 (20~30 分鐘) 初學者阻力訓練*
5	休息	慢跑／輕鬆跑 (20 分鐘) 加速跑 伸展**	休息或 交叉訓 練✗	慢跑／輕鬆跑 (20 分鐘)	走路／慢跑 (20 分鐘) 初學者阻力訓練* 伸展**	休息	輕鬆長距離跑 (20~30 分鐘) 初學者阻力訓練*
6	休息	輕鬆長距離跑 (20 分鐘) 加速跑 伸展**	休息或 交叉訓 練✗	輕鬆長距離跑 (20 分鐘)	慢跑／輕鬆跑 (20 分鐘) 初學者阻力訓練* 伸展**	休息	長距離跑 (30 分鐘) 初學者阻力訓練*
7	休息	入門法特雷克 (10~25 分鐘) 伸展**	休息或 交叉訓 練✗	輕鬆長距離跑 (20~30 分鐘)	慢跑／輕鬆跑 (20 分鐘) 初學者阻力訓練* 或跑步後訓練≠	休息	長距離跑 (40 分鐘) 初學者阻力訓練* 或跑步後訓練≠
8	休息	5 公里公路和 山路重複跑 (1 分鐘 6 次) 伸展**	休息或 交叉訓 練✗	輕鬆長距離跑 (20~30 分鐘)	慢跑／輕鬆跑 (20 分鐘) 初學者阻力訓練* 或跑步後訓練≠	休息	長距離跑 (40 分鐘) 初學者阻力訓練* 或跑步後訓練≠
9	休息	5 公里公路和 山路重複跑 (2 分鐘 6 次) 伸展**	休息或 交叉訓 練✗	長距離跑 (20~30 分鐘)	輕鬆長距離跑 (20 分鐘) 初學者阻力訓練* 或跑步後訓練≠	休息	長跑 (45~50 分鐘) 初學者阻力訓練* 或是跑步後訓練 ≠

週	週日	週一	週二	週三	週四	週五	週六
10	休息	節奏跑 (10~15 分鐘 1次) 伸展**	休息或交叉訓練✕	長距離跑 (20~40 分鐘)	上坡加速跑 初學者阻力訓練* 或跑步後訓練≠	休息或輕鬆長距離跑 (20~40分鐘)	長跑 (45~50 分鐘) 初學者阻力訓練* 或跑步後訓練≠
11	休息	5 公里公路和山路重複跑 (3 分鐘 4 次) 伸展**	休息或交叉訓練✕	長距離跑 (20~40 分鐘)	輕鬆長距離跑 (20~30 鐘) 加速跑 初學者阻力訓練* 或跑步後訓練≠	休息或輕鬆長距離跑 (20~40分鐘)	長跑 (45~50 分鐘) 初學者阻力訓練* 或跑步後訓練≠
12	休息	5 公里公路和山路重複跑 (4 分鐘 3 次) 伸展**	休息或交叉訓練✕	長距離跑 (20~40 分鐘)	上坡加速跑 初學者阻力訓練* 或跑步後訓練≠	休息或輕鬆長距離跑 (20~40分鐘)	長跑 (50~60 分鐘) 初學者阻力訓練* 或跑步後訓練≠

以上動作詳見本書：

慢走（P. 70）；慢跑（P.71）；輕鬆跑（P.71）；長跑（P.172）；輕鬆長距離跑（P.72）；長距離跑（P.74）；5 公里公路和山路重複跑（P.175）； 上坡加速跑（P.77）；入門法特雷克（P.72）；加速跑（P.76）

訓練時程注意事項：

＊初學者阻力訓練

抬腿（P.85）；俄式傾斜旋轉（1 組／P.86）；腿部側抬（跑步循環／P.305）；伏地挺身（1 組／P.86）；深蹲（1 組／P.305）；徒手弓箭步（1 組／P.89）；舉踵—膝蓋打直（1組／P.91）；啞鈴單臂平舉（1 組／P.88）

請注意：以上每種訓練動作初學者應該先做一次，或者也可以做居家型預防運動後受傷訓練（P.137～140）來代替，但在該時程之下，不要直接做跑者 360 或重訓練習。

＊＊只要做一種伸展動作：AIS（P.134）；PNF（P.95）或靜態伸展運動（P.102）

✕交叉訓練（詳見 P.207～214）；如果你選擇做交叉訓練，請維持有氧動作，配合指定跑步運動的力度／時間。

≠跑步後訓練

居家型運動後預防受傷訓練（P.137）；重訓練習（P.84）；跑者 360（P.78）；選擇一種伸展動作：AIS（P.134）；PNF（P.95）或靜態伸展運動（P.102）

請注意：從上述三種訓練擇一即可，如果選定重訓練習或跑者 360，請再另外加上伸展。

適用中階跑者的 12 週訓練菜單——非競賽用

週	週日	週一	週二	週三	週四	週五	週六
1	休息	上坡跑 (30~40 分鐘)	輕鬆長距離跑 (20~40 分鐘) 跑步後訓練*	休息或長距離跑 (20~40 分鐘)	加速跑 跑步後 訓練*	休息或長距離跑 (20~40 分鐘)或 交叉訓練**	長跑 (40~50 分鐘) 跑步後訓練*
2	休息	5 公里公路和 山路重複跑 (1 分鐘 8 次)	輕鬆長距離跑 (20~40 分鐘) 跑步後訓練*	休息或長距離跑 (20~40 分鐘)	上坡加 速跑 跑步後 訓練*	休息或長距離跑 (20~40 分鐘)或 交叉訓練**	長跑 (40~50 分鐘) 跑步後訓練*
3	休息	節奏跑 (10~15 分鐘)	輕鬆長距離跑 (20~40 分鐘) 跑步後訓練*	休息或長距離跑 (20~40 分鐘)	訓練技 巧✘	休息或長距離跑 (20~40 分鐘)或 交叉訓練**	長跑 (40~50 分鐘) 跑步後訓練*
4	休息	上坡跑 (30~40 分鐘)	輕鬆長距離跑 (20~40 分鐘) 跑步後訓練*	休息或長距離跑 (20~40 分鐘)	加速跑 跑步後 訓練*	休息或長距離跑 (20~40 分鐘)或 交叉訓練**	長跑 (50~60 分鐘) 跑步後訓練*
5	休息	5 公里公路和 山路重複跑 (2 分鐘 6 次)	輕鬆長距離跑 (20~40 分鐘) 跑步後訓練*	休息或長距離跑 (20~40 分鐘)	上坡短 跑	休息或長距離跑 (20~40 分鐘)或 交叉訓練**	長跑 (50~60 分鐘) 跑步後訓練*
6	休息	節奏跑 (10 分鐘 2 次)	輕鬆長距離跑 (20~40 分鐘) 跑步後訓練*	休息或長距離跑 (20~40 分鐘)	訓練技 巧✘	休息或長距離跑 (20~40 分鐘)或 交叉訓練**	長跑 (50~60 分鐘) 跑步後訓練*
7	休息	上坡跑 (30~50 分鐘)	輕鬆長距離跑 (20~40 分鐘) 跑步後訓練*	休息或長距離跑 (20~40 分鐘)	加速跑 跑步後 訓練*	休息或長距離跑 (20~40 分鐘)或 交叉訓練**	長跑 (60~75 分鐘) 跑步後訓練*
8	休息	5 公里公路和山 路重複跑 (3 分鐘 4 次)	輕鬆長距離跑 (20~40 分鐘) 跑步後訓練*	休息或長距離跑 (20~40 分鐘)	上坡加 速跑 跑步後 訓練*	休息或長距離跑 (20~40 分鐘)或 交叉訓練**	長跑 (60~75 分鐘) 跑步後訓練*
9	休息	節奏跑 (15~20 分鐘)	輕鬆長距離跑 (20~40 分鐘) 跑步後訓練*	休息或長距離跑 (20~40 分鐘)	增強訓 練≠	休息或長距離跑 (20~40 分鐘)或 交叉訓練**	長跑 (60~75 分鐘) 跑步後訓練*
10	休息	上坡跑 (30~50 分鐘)	輕鬆長距離跑 (20~40 分鐘) 跑步後訓練*	休息或長距離跑 (20~40 分鐘)	加速跑 跑步後 訓練*	休息或長距離跑 (20~40 分鐘)或 交叉訓練**	長跑 (60~90 分鐘) 跑步後訓練*
11	休息	5 公里公路和 山路重複跑 (3 分鐘做 4 次)	輕鬆長距離跑 (20~40 分鐘) 跑步後訓練*	休息或長距離跑 (20~40 分鐘)	上坡短 跑	休息或長距離跑 (20~40 分鐘)或 交叉訓練**	長跑 (60~90 分鐘) 跑步後訓練*

週	週日	週一	週二	週三	週四	週五	週六
12	休息	節奏跑 (10 分鐘做 2 次)	輕鬆長距離跑 (20~40 分鐘) 跑步後訓練*	休息或長距離跑 (20~40 分鐘)	訓練技 巧✕	休息或長距離跑 (20~40 分鐘)或 交叉訓練**	長跑 (60~90 分鐘) 跑步後訓練*

以上動作詳見本書：

長跑（P.172）；輕鬆長距離跑（P.72）；長距離跑（P.74）；加速跑（P.76）；5 公里公路和山路重複跑（P.175）；節奏跑（P.169）；上坡加速跑（P.77）；上坡跑（P.77）；上坡短跑（P.286）

訓練時程注意事項：

*跑步後訓練

居家型預防運動後受傷訓練（P.137）；重訓練習（P.84）；跑者 360（P.78）；伸展，選擇一項：AIS（P.134）；PNF（P.95）或靜態伸展運動（P.102）

請注意：從上述三種訓練擇一即可，如果選定重訓練習或跑者 360，請再另外加上伸展。

✕交叉訓練（詳見 P.207~214）；如果你選擇做交叉訓練，請維持有氧動作，配合指定跑步運動的力度／時間。

✕INT. 無競爭力訓練技巧

墊步彈跳（P.275）；高墊步彈跳（P.275）；腳掌貼地抬腿走（P.276）；高抬膝（P.277）；快步跑（P.274）；踢臀跑—動態伸展（P.273）

≠中度增強訓練

雙腳跳躍（P.278）；屈膝跳箱（P.281）；快腳跳（P.283）

適用中階跑者的 12 週訓練菜單——競賽用

週	週日	週一	週二	週三	週四	週五	週六
1	休息或長距離跑(30~60 分鐘)或交叉訓練*	5 公里公路和山路重複跑(1 分鐘 8 次)	輕鬆長距離跑(30~50 分鐘)跑步後訓練**	長距離跑(30~50 分鐘)	上坡加速跑	休息或輕鬆長距離跑(30~40 分鐘)或交叉訓練*	長跑(50~60 分鐘)跑步後訓練**
2	休息或長距離跑(30~60 分鐘)或交叉訓練*	長距離跑(2 分鐘 8 次)	輕鬆長距離跑(30~50 分鐘)跑步後訓練**	長距離跑(30~50 分鐘)	上坡重複跑(30 秒10~15 次)	休息或輕鬆長距離跑(30~40 分鐘)或交叉訓練*	長跑(50~70 分鐘)跑步後訓練**

第三部 擬定跑步計畫：掌握四個原則，打造你的訓練菜單

BUILD YOUR RUNNING BODY

週	週日	週一	週二	週三	週四	週五	週六
3	休息或長距離跑(30~60分鐘)或交叉訓練*	5公里公路和山路重複跑(3分鐘6次)	輕鬆長距離跑(30~50分鐘)跑步後訓練**	長距離跑(30~50分鐘)	上坡重複跑(45秒8~12次)	休息或輕鬆長距離跑(30~40分鐘)或交叉訓練*	長跑(50~70分鐘)跑步後訓練**
4	休息或長距離跑(30~40分鐘)或交叉訓練*	節奏跑(10~15分鐘)	輕鬆長距離跑(40~50分鐘)跑步後訓練**	長距離跑(40~50分鐘)	訓練技巧✗	休息或輕鬆長距離跑(40~50分鐘)或交叉訓練*	長跑(50~70分鐘)跑步後訓練**
5	休息或長距離跑(30~60分鐘)或交叉訓練*	5公里公路和山路重複跑(4分鐘4次)	輕鬆長距離跑(40~50分鐘)跑步後訓練**	長距離跑(40~60分鐘)	上坡重複跑(60秒6~8次)	休息或輕鬆長距離跑(40~50分鐘)或交叉訓練*	長跑(60~75分鐘)跑步後訓練**
6	休息或長距離跑(30~60分鐘)或交叉訓練*	5公里公路和山路重複跑(4分鐘5次)	輕鬆長距離跑(40~50分鐘)跑步後訓練**	長距離跑(40~60分鐘)	上坡重複跑(90秒4~6次)	休息或輕鬆長距離跑(40~50分鐘)或交叉訓練*	長跑(60~75分鐘)跑步後訓練**
7	休息或長距離跑(30~60分鐘)或交叉訓練*	節奏跑(10鐘2次加3分鐘的慢跑休息)	輕鬆長距離跑(40~60分鐘)跑步後訓練**	長距離跑(50~60分鐘)	訓練技巧✗	休息或輕鬆長距離跑(40~60分鐘)或交叉訓練*	長跑(60~75分鐘)跑步後訓練**
8	休息或長距離跑(30~60分鐘)或交叉訓練*	長距離跑(5分鐘4次)	輕鬆長距離跑(40~60分鐘)跑步後訓練**	長距離跑(50~60分鐘)	跑道練習：以3000公尺配速跑200公尺12~16次(200公尺的慢跑恢復)	休息或輕鬆長距離跑(40~60分鐘)或交叉訓練*	長跑(60~90分鐘)跑步後訓練**
9	休息或長距離跑(30~60分鐘)或交叉訓練*	跑道練習：以1萬公尺配速跑400公尺12~16次	輕鬆長距離跑(40~60分鐘)跑步後訓練**	長距離跑(50~60分鐘)	上坡重複跑(90秒6次)	休息或輕鬆長距離跑(40~60分鐘)或交叉訓練*	長跑(60~90分鐘)跑步後訓練**

BUILD YOUR RUNNING BODY

週	週日	週一	週二	週三	週四	週五	週六
10	休息或長距離跑(30~60分鐘)或交叉訓練*	節奏跑(10分鐘2次加3分鐘的慢跑休息)	輕鬆長距離跑(50~60分鐘)跑步後訓練**	長距離跑(50~60分鐘)	跑道練習:以1500公尺配速跑200公尺12次(200公尺的慢跑恢復)	休息或輕鬆長距離跑(40~60分鐘)或交叉訓練*	長跑(60~90分鐘)跑步後訓練**
11	休息或長距離跑(30~60分鐘)或交叉訓練*	跑道練習:以5000公尺配速跑400公尺12~16次	輕鬆長距離跑(50~60分鐘)跑步後訓練**	長距離跑(50~60分鐘)	訓練技巧✗	休息或輕鬆長距離跑(40~60分鐘)或交叉訓練*	長跑(60~120分鐘)跑步後訓練**
12	休息或長距離跑(30~60分鐘)或交叉訓練*	跑道練習:以5000公尺配速跑1000公尺5~6次	輕鬆長距離跑(50~60分鐘)跑步後訓練**	長距離跑(50~60分鐘)	上坡重複跑(90秒4~6次)	休息或輕鬆長距離跑(40~60分鐘)或交叉訓練*	長跑(60~120分鐘)跑步後訓練**

以上動作詳見本書:

長跑（P. 172）；輕鬆長距離跑（P.72）；長距離跑（P. 74）；5 公里公路和山路重複跑（P. 175）；節奏跑（P. 169）；上坡加速跑（P.77）；上坡重複跑（P. 173）；跑道練習：3000公尺（P.162）；5000公尺（P.164）；10000公尺（P.166）

訓練時程注意事項:

*交叉訓練（詳見 P.207~214）；如果你選擇做交叉訓練，請維持有氧動作，配合指定跑步運動的力度／時間。

**跑步後訓練

居家型預防運動後受傷練習（P.137）；重訓練習（P.84）；跑者 360（P.78）；伸展，選擇一項：AIS（P.134）；PNF（P.95）或靜態伸展運動（P.102）

請注意：從上述三種訓練擇一即可，如果選定重訓練習或跑者 360，請再另外加上伸展。

✗INT. 非競賽訓練技巧

墊步彈跳（P.275）；高墊步彈跳（P.275）；腳掌貼地抬腿走（P.276）；高抬膝（P.277）；飛躍彈跳（P.277）；快步跑（P.274）；踢臀跑—觸發動作（P.273）；踢臀跑—動態伸展（P.273）

BUILD YOUR RUNNING BODY

適用進階跑者的 12 週訓練菜單——競賽用

週	週日	週一	週二	週三	週四	週五	週六
1	長距離跑 (60~70 分鐘) 伸展*或休息	長距離跑 (3 分鐘 6 次)	輕鬆長距離跑 (60~70 分鐘) 跑步後訓練**	長距離跑 (60~75 分鐘)	上坡重複跑 (30 秒 10~15 次)	長距離跑 (60~70 分鐘) 跑步後訓練**或交叉訓練***	長跑 (75~90 分鐘)
2	長距離跑 (60~70 分鐘) 伸展*或休息	長距離跑 (4 分鐘 5 次)	輕鬆長距離跑 (60~70 分鐘) 跑步後訓練**	長距離跑 (60~75 分鐘)	上坡重複跑 (45 秒 8~12 次)	長距離跑 (60~70 分鐘) 跑步後訓練**或交叉訓練***	長跑 (75~90 分鐘)
3	長距離跑 (60~70 分鐘) 伸展*或休息	節奏跑 (10 分鐘 2 次加3分鐘慢跑) 或是節奏跑 (15 分鐘)	輕鬆長距離跑 (60~70 分鐘) 跑步後訓練**	長距離跑 (60~75 分鐘)	訓練技巧✘	長距離跑 (60~70 分鐘) 跑步後訓練**或交叉訓練***	長跑 (75~90 分鐘)
4	長距離跑 (60~70 分鐘) 伸展*或休息	5 公里公路和山路重複跑 (5 分鐘 4 次)	輕鬆長距離跑 (60~70 分鐘) 跑步後訓練**	長距離跑 (60~75 分鐘)	跑道練習：以 1500~3000 公尺配速跑 200 公尺 12~16 次，緩慢開始快速結束加 200 公尺慢跑休息 O2R≠	長距離跑 (60~70 分鐘) 跑步後訓練**或交叉訓練***	長跑 (75~90 分鐘)
5	長距離跑 (60~70 分鐘) 伸展*或休息	跑道練習：以 5 公里配速跑 400 公尺 16 次	輕鬆長距離跑 (60~70 分鐘) 跑步後訓練**	長距離跑 (60~75 分鐘)	上坡重複跑 (60 秒 6~8 次) O2R≠	長距離跑 (60~70 分鐘) 跑步後訓練**或交叉訓練***	長跑 (90~105 分鐘)
6	長距離跑 (60~70 分鐘) 伸展*或休息	節奏跑 (10 分鐘 2 次加3分鐘慢跑) 或節奏跑 (20 分鐘)	輕鬆長距離跑 (60~70 分鐘) 跑步後訓練**	長距離跑 (60~75 分鐘)	上坡短跑 O2R≠	長距離跑 (60~70 分鐘) 跑步後訓練**或交叉訓練***	長跑 (90~105 分鐘)

週	週日	週一	週二	週三	週四	週五	週六
7	長距離跑 (60~70 分鐘) 伸展*或休息	跑道練習：以 5 公里配速跑 1000 公尺 5~6 次 ○2R≠	輕鬆長距離跑 (60~70 分鐘) 跑步後訓練**	長距離跑 (60~75 分鐘)	訓練技巧✗ ○2R≠	長距離跑 (60~70 分鐘) 跑步後訓練**或交叉訓練***	長跑 (90~105 分鐘)
8	長距離跑 (60~70 分鐘) 伸展*或休息	節奏跑 (10 分鐘做 2~3 次加3 分鐘慢跑休息) ○2R≠或節奏跑 20 分鐘 ○2R≠	輕鬆長距離跑 (60~70 分鐘) 跑步後訓練**	長距離跑 (60~75 分鐘)	上坡重複跑 (90 秒 4~6 次) ○2R≠	長距離跑 (60~70 分鐘) 跑步後訓練**或交叉訓練***	長跑 (90~120 分鐘)
9	長距離跑 (60~70 分鐘) 伸展*或休息	跑道練習：以 1500~3000 公尺的配速跑 400 公尺 10 次，緩慢開始快速結束 ○2R≠	輕鬆長距離跑 (60~70 分鐘) 跑步後訓練**	長距離跑 (60~75 分鐘)	上坡短跑 ○2R≠	長距離跑 (60~70 分鐘) 跑步後訓練**或交叉訓練***	長跑 (90~120 分鐘)
10	長距離跑 (60~70 分鐘) 伸展*或休息	節奏跑 (10 分鐘 2~3 次加3 分鐘慢跑休息) ○2R≠或節奏跑 (20 分鐘) ○2R≠	輕鬆長距離跑 (60~70 分鐘) 跑步後訓練**	長距離跑 (60~75 分鐘) ○2R≠	訓練技巧✗ ○2R≠	長距離跑 (60~70 分鐘) 跑步後訓練**或交叉訓練***	長跑 (90~105 分鐘)
11	長距離跑 (60~70 分鐘) 伸展*或休息	交互間歇訓練：訓練範本二○2R≠	輕鬆長距離跑 (60~70 分鐘) 跑步後訓練**	長距離跑 (60~75 分鐘)○2R≠	上坡重複跑 (90 秒 6 次) ○2R≠	長距離跑 (60~70 分鐘) 跑步後訓練**或交叉訓練***	長跑 (90~135 分鐘)

週	週日	週一	週二	週三	週四	週五	週六
12	長距離跑 (60~70 分鐘) 伸展*或休息	跑道練習: 以 5000 公尺跑速跑 400 公尺 20 次 (以 1:1/2 做恢復) O2R≠	輕鬆長距離跑 (60~70 分鐘) 跑步後訓練**	長距離跑 (60~75 分鐘) O2R≠	上坡短跑 O2R≠	長距離跑 (60~70 分鐘) 跑步後訓練**或交叉訓練***	長跑 (90~135 分鐘)

以上動作詳見本書：

長跑（P.172）；輕鬆長距離跑（P.72）；長距離跑（P.74）；5 公里公路和山路重複跑（P.175）；節奏跑（P.169）；上坡短跑（P.286）；上坡重複跑（P.173）；跑道練習：5000公尺（P.164）；1500～3000公尺（P.162）

訓練時程注意事項：

*選擇一項伸展：AIS（P.134）；PNF（P.95）或靜態伸展運動（P.102）

**跑步後訓練

居家型預防運動後受傷訓練（P.137）；重訓練習（P.84）；跑者360（P.78）；伸展，選擇一項：AIS（P.134）；PNF（P.95）或靜態伸展運動（P.102）

請注意：從上述三種訓練擇一即可，如果選定重訓練習或跑者360，請再另外加上伸展。

***交叉訓練（詳見 P.207~214）；如果你選擇做交叉訓練，請維持有氧動作，配合指定跑步運動的力度／時間。

×ADV.競賽型訓練技巧

墊步彈跳（P.275）；高墊步彈跳（P.275）；墊步長跳（P.276）；腳掌貼地抬腿走（P.276）；高抬膝（P.277）；踢臀跑─動態伸展（P.273）

≠O2R 即選擇性做第二輪：20～40 分鐘（輕鬆長距離跑）

適合有時間限制的跑者的 12 週訓練菜單——中階＆進階者

週	週日	週一	週二	週三	週四	週五	週六
1	休息	5 公里公路和山路重複跑 (1 分鐘 8 次)	休息	上坡加速跑	長距離跑 (20~30 分鐘) 跑步後訓練*或交叉訓練**	休息	長跑 (40~60 分鐘) 跑步後訓練*
2	休息	5 公里公路和山路重複跑 (2 分鐘 6 次)	休息	上坡重複跑 (30 秒 10 次)	長距離跑 (20~30 分鐘) 跑步後訓練*或交叉訓練**	休息	長跑 (40~60 分鐘) 跑步後訓練*
3	休息	節奏跑 (15~20 分鐘)	休息	訓練技巧✘	長距離跑 (20~30 分鐘) 跑步後訓練*或交叉訓練**	休息	長跑 (40~60 分鐘) 跑步後訓練*
4	休息	HIIT：吉巴拉第八式做 60 秒， 5000 公尺動力跑 (休息 75 秒)	休息	上坡重複跑 (45 秒 8 次)	長距離跑 (20~30 分鐘) 跑步後訓練*或交叉訓練**	休息	長跑 (40~60 分鐘) 跑步後訓練*
5	休息	5 公里公路和山路重複跑 (3 分鐘 4 次)	休息	增強訓練≠	長距離跑 (20~30 分鐘) 跑步後訓練*或交叉訓練**	休息	長跑 (40~60 分鐘) 跑步後訓練*
6	休息	節奏跑 (20 分鐘)	休息	訓練技巧✘	長距離跑 (20~30 分鐘) 跑步後訓練*或交叉訓練**	休息	長跑 (40~60 分鐘) 跑步後訓練*
7	休息	HIIT：吉巴拉第 10 式做 60 秒， 5000 公尺動力跑 (休息 75 秒)	休息	上坡重複跑 (60 秒 6 次)	長距離跑 (20~30 分鐘) 跑步後訓練*或交叉訓練**	休息	長跑 (40~60 分鐘) 跑步後訓練*
8	休息	5 公里公路和山路重複跑 (4 分鐘 3 次)	休息	上坡短跑	長距離跑 (20~30 分鐘) 跑步後訓練*或交叉訓練**	休息	長跑 (40~60 分鐘) 跑步後訓練*
9	休息	節奏跑 (15~20 分鐘)	休息	訓練技巧✘	長距離跑 (20~30 分鐘) 跑步後訓練*或交叉訓練**	休息	長跑 (40~60 分鐘) 跑步後訓練*

BUILD YOUR RUNNING BODY

週	週日	週一	週二	週三	週四	週五	週六
10	休息	HIIT：吉巴拉第12式做60秒，5000公尺動力跑（休息75秒）	休息	上坡重複跑（90秒4次）	長距離跑（20~30分鐘）跑步後訓練*或交叉訓練**	休息	長跑（40~60分鐘）跑步後訓練*
11	休息	5公里公路和山路重複跑（5分鐘2次）	休息	增強訓練≠	長距離跑（20~30分鐘）跑步後訓練*或交叉訓練**	休息	長跑（40~60分鐘）跑步後訓練*
12	休息	節奏跑（20分鐘）	休息	訓練技巧✕	長距離跑（20~30分鐘）跑步後訓練*或交叉訓練**	休息	長跑（40~60分鐘）跑步後訓練*

以上動作詳見本書：

長跑（P.172）；長距離跑（P.74）；5公里公路和山路重複跑（P.175）；節奏跑（P.169）；上坡加速跑（P.77）；上坡重複跑（P.173）；HIIT：吉巴拉（P.189）

訓練時程注意事項：

*跑步後訓練

居家型預防運動後受傷訓練（P.137）；重訓練習（P.84）；跑者360（P.78）；伸展，選擇一項：AIS（P.134）；PNF（P.95）或靜態伸展運動（P.76）

請注意：從上述三種訓練擇一即可，如果選定重訓練習或跑者360，請再另外加上伸展。

**交叉訓練（詳見P.207~214）；如果你選擇做交叉訓練，請維持有氧動作，配合指定跑步運動的力度／時間。

✕時間受限訓練技巧

墊步彈跳（P.275）；高墊步彈跳（P.275）；腳掌貼地抬腿走（P.276）；高抬膝（P.277）；飛躍彈跳（P.277）；快步跑（P.274）；踢臀跑—動態伸展（P.273）

≠時間受限增強式訓練

雙腳跳躍（P.278）；屈膝跳箱（P.281）；垂直深蹲跳躍（選擇性，P.280）；腳尖點步（P.282）；障礙物側向跳（選擇性，P.282）；快腳跳（P.283）

5 公里比賽的 6 週訓練菜單 —— 中階 & 進階跑者

週	週日	週一	週二	週三	週四	週五	週六
1	休息或長距離跑 (30~70 分鐘)	節奏跑 (10 分鐘 2 次加 3 分鐘慢跑休息) ○2R*	輕鬆長距離跑 (40~70 分鐘) 跑步後練習**	長距離 (50~75 分鐘) ○2R*	跑道練習：以時速 1500~3000 公尺的配速跑 200 公尺 12~16 次，緩慢開始快速結束 ○2R*	長距離跑 (30~70 分鐘)或交叉訓練	長跑 (60~120 分鐘) 跑步後訓練**
2	休息或長距離跑 (30~70 分鐘)	跑道訓練：以 5000 公尺跑速跑 400 公尺 12~16 次 ○2R*	輕鬆長距離跑 (40~70 分鐘) 跑步後練習**	長距離跑 (50~75 分鐘) ○2R*	上坡重複跑 (90 秒做 6 次) ○2R*	長距離跑 (30~70 分鐘)或交叉訓練	長跑 (60~75 分鐘) 跑步後訓練**
3	休息或長距離跑 (30~70 分鐘)	公路間歇跑 (未收錄在本書)：以 1500~3000 公尺所花的氣力做 30 秒動作 10~20 次，加上 1 分鐘慢跑恢復 ○2R*	輕鬆長距離跑 (30~50 分鐘) 跑步後練習**	輕鬆長距離跑 (30~50 分鐘) ○2R*	輕鬆長距離跑 (25 分鐘) 跨步(4~8 次) 伸展≠	慢跑／輕鬆跑 (20 分鐘)	模擬賽訓練：5 公里比賽
4	休息或輕鬆長距離跑 (30~70 分鐘)	長距離跑 (50~75 分鐘) 跑步後訓練** ○2R*	長距離跑 (50~75 分鐘) 或交叉訓練	節奏跑 (10 分鐘 2 次加 3 分鐘慢跑休息) ○2R*	輕鬆長距離跑 (40~60 分鐘)	長距離跑 (30~70 分鐘) 跑步後訓練**或交叉訓練	長跑 (60~120 分鐘)
5	休息或長距離跑 (30~70 分鐘)	跑道訓練：以巡航間歇跑 1000 公尺 4~6 次(根據時間做 1:1 比例的恢復) ○2R*	輕鬆長距離跑 (40~70 分鐘) 跑步後訓練**	長距離跑 (50~75 分鐘) ○2R*	跑道練習：以 1500~3000 公尺的配速跑 200 公尺 12 次，緩慢開始快速結束 ○2R*	長距離跑 (30~70 分鐘)或交叉訓練	長跑 (60~75 分鐘) 跑步後訓練**

BUILD YOUR RUNNING BODY

6	休息或長距離跑 (30~70分鐘)	跑道訓練：以5公里配速跑400公尺6~12次 ○2R*	輕鬆長距離跑 (30~50分鐘) 跑步後訓練**	輕鬆長距離跑 (30~50分鐘)	輕鬆長距離跑 (25分鐘) 加速跑 (4~8次) 伸展≠	慢跑／輕鬆跑 (20分鐘)	目標比賽：5公里比賽

以上動作詳見本書：

長跑（P.172）；長距離跑（P.74）；5公里公路和山路重複跑（P.175）；節奏跑（P. 169）；上坡加速跑（P.77）；上坡重複跑（P.173）；HIIT：吉巴拉（P.189）

訓練時程注意事項：

*O2R 即選擇性做第二輪：20-40 分鐘（輕鬆長距離跑）

**跑步後訓練

居家型預防運動後受傷訓練（P.137）；重訓練習（P.84）；跑者360（P.78）；伸展，選擇一項：AIS（P.134）；PNF（P.95）或靜態伸展運動（P.76）

請注意：從上述三種訓練擇一即可，如果選定重訓練習或跑者360，請再另外加上伸展。

×交叉訓練（詳見 P.207～214）；如果你選擇做交叉訓練，請維持有氧動作，配合指定跑步運動的力度／時間。

*只需選擇一項伸展動作：AIS（P.134）；PNF（P.95）或靜態伸展運動（P.102）

10000 公尺比賽的 6 週訓練時程——中階 & 進階跑者

週	週日	週一	週二	週三	週四	週五	週六
1	休息或長距離跑 (30~70分鐘)	節奏跑 (10分鐘2次加上3分鐘慢跑休息) ○2R*	輕鬆長距離跑 (40~70分鐘) 跑完步練習**	長距離跑 (50~75分鐘) ○2R*	跑道練習：以1500~3000公尺配速跑200公尺12~16次，緩慢開始快速結束 ○2R*	長距離跑 (30~70分鐘)或交叉訓練	長跑 (60~120分鐘) 跑步後訓練**
2	休息或長距離跑 (30~70分鐘)	跑道訓練：以1萬公尺配速跑400公尺12~20次 ○2R*	輕鬆長距離跑 (40~70分鐘) 跑完步練習**	長距離跑 (50~75分鐘) ○2R*	上坡重複跑 (90秒6次) ○2R*	長距離跑 (30~70分鐘)或交叉訓練	長跑 (60~120分鐘) 跑步後訓練**

週	週日	週一	週二	週三	週四	週五	週六
3	休息或長距離跑(30~70分鐘)	公路間歇跑(未收錄在本書)：以1500~3000公尺所花的氣力做30秒動作10~20次，加上1分鐘慢跑恢復 O2R*	輕鬆長距離跑(30~50分鐘)跑完步練習**	輕鬆長距離跑(30~50分鐘)O2R*	輕鬆長距離跑(25分鐘)加速跑(4~8次)伸展≠	慢跑／輕鬆跑(20分鐘)	模擬賽訓練：5000公尺比賽
4	休息或長距離跑(30~70分鐘)	長距離跑(50~75分鐘)跑步後訓練** O2R*	長距離跑(50~75分鐘)或交叉訓練	節奏跑(10分鐘2~3次加3分鐘慢跑休息)O2R*或快節奏：20分鐘 O2R*	輕鬆長距離跑(40~60分鐘)	長距離跑(30~70分鐘)跑步後訓練**	長跑(60~120分鐘)
5	休息或長距離跑(30~70分鐘)	跑道訓練：以巡航間歇跑跑1000公尺4~8次(根據時間做1:1比例的恢復)O2R*	輕鬆長距離跑(40~75分鐘)跑步後訓練**	長距離跑(50~75分鐘)O2R*	跑道練習：以1500~3000公尺配速跑200公尺12次，緩慢開始快速結束 O2R*	長距離跑(30~70分鐘)或交叉訓練	長跑(60~75分鐘)跑步後訓練**
6	休息或長距離跑(30~70分鐘)	跑道訓練：以1萬公尺跑速跑400公尺8~16次 O2R*	輕鬆長距離跑(30~50分鐘)跑步後訓練**	輕鬆長距離跑(30~50分鐘)	輕鬆長距離跑(25分鐘)加速跑(4~8次)伸展≠	慢跑／輕鬆跑(20分鐘)	目標比賽：1萬公尺比賽

以上動作詳見本書：

長跑（P.172）；長距離跑（P.74）；5公里公路和山路重複跑（P.175）；節奏跑（P.169）；上坡加速跑（P.77）；上坡重複跑（P.173）；HIIT：吉巴拉（P.189）

訓練時程注意事項：

*O2R 即選擇性做第二輪：20-40分鐘（輕鬆長距離跑）

**跑步後訓練

居家型預防運動後受傷訓練（P.137）；重訓練習（P.84）；跑者360（P.78）；伸展，選擇一項：AIS（P.134）；PNF（P.95）或靜態伸展運動（P.76）

請注意：從上述三種訓練擇一即可，如果選定重訓練習或跑者360，請再另外加上伸展。

BUILD YOUR RUNNING BODY

×交叉訓練（詳見 P.207～214）；如果你選擇做交叉訓練，請維持有氧動作，配合指定跑步運動的力度／時間。

*只需選擇一項伸展動作：AIS（P.134）；PNF（P.95）或靜態伸展運動（P.102）

半程馬拉松比賽的 6 週訓練菜單──中階＆進階跑者

週	週日	週一	週二	週三	週四	週五	週六
1	休息或長距離跑(30~70分鐘)	節奏跑(10 分鐘 2 次加 3 分鐘慢跑休息)○2R*或節奏跑(20~30分鐘)○2R*	輕鬆長距離跑(40~70 分鐘)跑步後練習**	長距離跑(50~75 分鐘)○2R*	跑道練習：以 1500~3000 公尺配速跑 200 公尺 12~16 次，緩慢開始快速結束○2R*	長距離跑(30~70 分鐘)或交叉訓練	長跑(60~120分鐘)
2	休息或長距離跑(30~70分鐘)	跑道訓練：以 5000 公尺配速跑 400 公尺 12~16 次○2R*	輕鬆長距離跑(40~70 分鐘)跑步後訓練**	長距離跑(50~75 分鐘)○2R*	上坡重複跑(90 秒 6 次)○2R*	長距離跑(30~70 分鐘)或交叉訓練	長跑(75~135分鐘)
3	休息或長距離跑(30~70分鐘)	節奏跑(10 分鐘 2 次加 3 分鐘慢跑休息)○2R*或節奏跑(20 分鐘)○2R*	輕鬆長距離跑(40~70 分鐘)跑步後訓練**	長距離跑(50~75 分鐘)○2R*	公路間歇跑：以 1500~3000 公尺所花的氣力做 30 秒動作 10~20 次，加一分鐘慢跑恢復○2R*	長距離跑(30~70 分鐘)或交叉訓練	長跑(90~150分鐘)
4	休息或長距離跑(30~70分鐘)	5 公里路跑&步道訓練(3 分鐘 6 次)○2R*	輕鬆長距離跑(30~50 分鐘)跑步後訓練**	輕鬆長距離跑(30~50 分鐘)○2R*	輕鬆長距離跑(25 分鐘)加速跑(4~8 次)伸展≠	慢跑／輕鬆跑(20 分鐘)	模擬賽訓練：5000 公尺比賽

週	週日	週一	週二	週三	週四	週五	週六
5	休息或輕鬆長距離跑(30~70分鐘)	長距離跑(40~60分鐘)	長距離跑(40~60分鐘)跑步後訓練**	節奏跑(10分鐘3次加3分鐘慢跑休息)O2R*	輕鬆長距離跑(40~60分鐘)	長距離跑(30~60分鐘)跑步後訓練**	長跑(60~75分鐘)加速跑(選擇性)
6	休息或長距離跑(30~70分鐘)	跑道訓練:以5公里配速跑400公尺6~12次O2R*	輕鬆長距離跑(30~50分鐘)跑步後訓練**	輕鬆長距離跑(30~50分鐘)	輕鬆長距離跑(25分鐘)加速跑(4~8次)伸展≠	慢跑/輕鬆跑(20分鐘)	目標比賽:半程馬拉松

以上動作詳見本書:

長跑(P.172);長距離跑(P.74);5公里公路和山路重複跑(P.175);節奏跑(P.169);上坡加速跑(P.77);上坡重複跑(P.77);HIIT:吉巴拉(P.189)

訓練時程注意事項:

*O2R 即選擇性做第二輪:20-40 分鐘(輕鬆長距離跑)

跑步後訓練

居家型預防運動後受傷訓練(P.137);重訓練習(P.84);跑者360(P.78);伸展,選擇一項:AIS(P.134);PNF(P.95)或靜態伸展運動(P.76)

請注意:從上述三種訓練擇一即可,如果選定重訓練習或跑者360,請再另外加上伸展。

≠交叉訓練(詳見 P.207~214);如果你選擇做交叉訓練,請維持有氧動作,配合指定跑步運動的力度/時間。

*只需選擇一項伸展動作:AIS(P.134);PNF(P.95)或靜態伸展運動(P.102)

馬拉松比賽的 8 週訓練時程——中階＆進階跑者

週	週日	週一	週二	週三	週四	週五	週六
1	休息或長距離跑(30~70分鐘)	節奏跑(15分鐘2次加3分鐘慢跑)O2R*	輕鬆長距離跑(40~70分鐘)跑步後練習**	長距離跑(50~75分鐘)O2R*	跑道練習:以3000公尺跑速跑2公尺16次O2R*	長距離跑(30~70分鐘)或交叉訓練跑步後訓練**	長跑(90~135分鐘)

2	休息或長距離跑 (30~70 分鐘)	跑道訓練：以巡航間歇跑跑 1000 公尺 6~10 次(根據 1:1 比例的時間恢復) O2R*	輕鬆長距離跑 (40~70 分鐘) 跑步後練習 **	長距離跑 (50~75 分鐘) O2R*	上坡重覆跑 (90 秒 6 次)	輕鬆長距離跑 (30~70 分鐘)或交叉訓練	長跑(105~ 150 分鐘)
3	休息或長距離跑 (30~70 分鐘)	跑道訓練：以 5 公里跑速跑 400公尺 12~16 次 O2R*	輕鬆長距離跑 (40~70 分鐘) 跑步後練習 **	長距離跑 (50~75 分鐘) O2R*	輕鬆長距離跑 (30~50 分鐘) 加速跑 (4~8 次) 伸展 ≠	輕鬆長距離跑 (30~70 分鐘)或交叉訓練	節奏跑 (60 分鐘)
4	休息或長距離跑 (30~70 分鐘)	輕鬆長距離跑(30~70 分鐘)	輕鬆長距離跑 (40~70 分鐘) 跑步後訓練 ** O2R*	長距離跑 (50~75 分鐘) O2R*	上坡重覆跑 (90 秒 6 次) O2R*	輕鬆長距離跑 (30~70 分鐘)或交叉訓練	長跑 (120 至 180 分鐘)
5	休息或長距離跑 (30~70 分鐘)	節奏跑 (10 分鐘 3 次加 3 分鐘慢跑休息) O2R*或節奏跑(30~40 分鐘) O2R*	輕鬆長距離跑 (40~75 分鐘) 跑步後訓練 **	長距離跑 (50~75 分鐘) O2R*	跑道練習：以 3000 公尺跑速跑 200 公尺 16 次 O2R*	輕鬆長距離跑 (30~70 分鐘)或交叉訓練	長跑 (135~ 210 分鐘)
6	休息或長距離跑 (30~70 分鐘)	跑道訓練：以 5 公里配速跑 400 公尺 6~12 次 O2R*	輕鬆長距離跑 (30~50 分鐘) 跑步後訓練 **	輕鬆長距離跑 (30~50 分鐘)	輕鬆長距離跑 (25 分鐘) 加速跑 (4~8 次) 伸展 ≠	慢跑／輕鬆跑 (20 分鐘)	模擬賽訓練：5 公里比賽

BUILD YOUR RUNNING BODY

7	休息或長距離跑 (30~70分鐘)	長距離跑 (40~60分鐘)	長距離跑 (40~60分鐘) 跑步後訓練 **	節奏跑 (10分鐘2次加3分鐘慢跑休息) O2R*	輕鬆長距離跑 (40~60分鐘)	輕鬆長距離跑 (40~60分鐘)	長跑 (45~85分鐘) 加速跑 (4~8次) 伸展≠
8	休息或長距離跑 (30~70分鐘)	長距離跑 (40~70分鐘) (選擇性:以目標馬拉松跑速再加2~4英里)	輕鬆長距離跑 (30~50分鐘) 跑步後訓練 **	輕鬆長距離跑 (30~50分鐘)	輕鬆長距離跑 (25分鐘) 加速跑 (4~8次) 伸展≠ 增加醣質(請見第19章)	休息&旅行 增加醣質 (請見第19章)	慢跑/輕鬆跑 (20分鐘) 增加醣質 (請見第19章)
9	目標比賽:馬拉松						

以上動作詳見本書:

長跑(P.172);長距離跑(P.74);5公里公路和山路重複跑(P.175);節奏跑(P.169);上坡加速跑(P.77);上坡重複跑(P.77);HIIT:吉巴拉(P.189)

訓練時程注意事項:

*O2R 即選擇性做第二輪:20-40分鐘(輕鬆長距離跑)

**跑步後訓練

居家型預防運動後受傷訓練(P.137);重訓練習(P.84);跑者360(P.78);伸展,選擇一項:AIS(P.134);PNF(P.95)或靜態伸展運動(P.76)

請注意:從上述三種訓練擇一即可,如果選定重訓練習或跑者360,請再另外加上伸展。

✕交叉訓練(詳見 P.207~214);如果你選擇做交叉訓練,請維持有氧動作,配合指定跑步運動的力度/時間。

*只需選擇一項伸展動作:AIS(P.134);PNF(P.95)或靜態伸展運動(P.102)

第三部 擬定跑步計畫:掌握四個原則,打造你的訓練菜單

第十六章

安排跑步恢復訓練

重點從不在於你做了多少訓練，而是身體得以恢復的訓練才是關鍵。

許多跑者認為他們用盡全力訓練時可以變得更強壯，其實不然，你會在訓練完恢復時變得強壯，也就是肌肉纖維修復、荷爾蒙被替代、肝醣儲存量補充、粒線體增倍、神經系統重新啟動，以及心血管系統正重整準備轉型成為高速輸氧公路系統的時候。

但是完整恢復需要的不只是跑完後坐在沙發上休息，還需要讓生理整體有所改善，同時讓心理狀態煥然一新——也就是維持能再次訓練的動力。

恢復是什麼？

恢復是生理上精疲力竭後，體內低調運行的活動。如果將恢復視為被動的時間流動，那就大錯特錯，恢復包含伸展、跑完步練習、肝醣替換、補充水分、恢復跑步、減壓活動，更重要的是還有完整的休息和睡眠。

要理解「恢復」，得先知道訓練期間究竟發生了什麼事。

鍛鍊並非銀行帳戶，你不可能將訓練動作（距離、節奏、阻力訓練等）存入訓練紀錄，然後在比賽當天再領出來。每一項訓練都能為身體的調適作業（體態改善）提供刺激（訓練），當這些調適活動逐漸累積時，跑步體魄就會開始轉型，打造出一個更強壯且更有耐力的你，不過轉型並非在訓練時發生，而是恢復時才出現。如果沒有完全恢復，身體就會缺乏調適的能力。

訓練的時候會出現不同程度的恢復狀態：

▶重複動作（間歇訓練、訓練、阻力訓練等）之間恢復
▶鍛鍊完後恢復
▶夜間恢復
▶用力訓練之間恢復
▶每日磨練的恢復
▶賽季之間恢復

許多跑者想跳過恢復階段，直接進入下一次的奮力訓練，這些人應該留意加州大學洛杉磯分校籃球校隊教練約翰‧伍登（John Wooden）的話，他曾帶領這隻棕熊隊伍奪下十座美國大學聯賽冠軍，其中有七次連續奪冠：「如果你

新手指導

就算你正好「感覺不錯」，也要避免在計劃要訓練的日子裡加緊鍛鍊的衝動，如果充分休息且恢復得當，你應該會覺得舒暢。不過感覺錯並不代表可以更賣力去跑，這樣只會讓你在下次鍛鍊或之後幾次鍛鍊時感覺「糟透了」。

沒有把握時間做正確的事，什麼時候還能重來呢？」

恢復的多種面向

每一次恢復訓練一定要確實做到兩點，一是刺激物（訓練）要能成功啟動理想調適行為，二是恢復必須先確保有調適行為發生。目前本書已討論過許多刺激物的種類，現在是該看六種重要的恢復方法了。

重複動作之間恢復

重複動作之間的間歇恢復是控制疲勞累積的工具，讓你得以在原本鍛鍊的速度下，完成接下來的重複動作。技巧性地做間歇恢復，能讓跑者把訓練重心轉至特殊的能量系統、肌肉纖維以及其他身體的跑步元素上。如果你還記得，間歇跑是指原來的跑步（請見第四章、第七章）利用恢復期，暫時讓流向心臟的血液增加，因此會增加脈搏跳動；然而大體來說，間歇性恢復可以控制疲勞，讓你累積更多快速鍛鍊的訓練。

鍛鍊完恢復

訓練完後的前十五至三十分鐘至關重要，這是身體最需要留意的時候。設定跑完步的訓練很重要，包含伸展（如果你有彈力繩或一同鍛鍊的夥伴，就可做 AIS 或 PNF）和某些肌力訓練的部分——請見第五章和第六章的幾種訓練方法。你不用每天都做跑完步訓練，一週三至四次剛好，至少要做到兩次。

利用補充水分和替換肝醣儲存來做跑步後訓練（或在不做跑步完訓練的那天跑步），不需一次就補充所有水分，但一兩杯水可以幫助身體調整到恆定狀態。訓練完期間，若能立即攝取碳水化合物（五十至一百克），可以讓肝醣替換的速度比平常快上兩、三倍，如果你想加上蛋白質，可以按照四比一的碳水化合物與蛋白質比例添加。

夜間恢復

睡眠是包含訓練在內的漫長一天後，身體最需要的東西。品質良好的一次睡眠可以修復損害的細胞、重整神經傳導物質、強化免疫系統、改善身體彈力、減少壓力，讓你煥然一新。一份為期十二年的英國研究發現，能睡上七至

九小時的人可以活得更長久。根據馬丁・米勒（Martin Miller）和賈德・畢雅希歐托（Judd Biasiotto）的研究，優秀的跑者視睡眠為日常訓練的核心部分，每晚會睡上九小時，比一般人還多一小時。既然如此長的睡眠時間比一般生活繁忙的人睡得還多，如果你希望能從鍛鍊中獲得最大益處，那麼睡眠目標至少該是七小時。

努力訓練之間恢復

恢復期可以讓身體適應經過奮力訓練後受到的刺激，也是身體替換荷爾蒙、酵素和能量的時候，包含修復肌肉纖維和結締組織。恢復訓練提供神經系統一個重新賦活（重新開機）的機會。恢復期間進行簡單跑步，可生成良好的生長荷爾蒙，同時刺激睪固酮。請參考表 16-1 和 16-2，找出高強度訓練間和比賽過後所需的恢復天數（恢復天數視你的年齡和體態而定）。

每日磨練的恢復

別忘記在平日常不跑步時，也要做好恢復，家庭生活、事業、財務決定、社會和社區義務、駕車、天氣、瑣事和家事、噪音、擔憂——這些全部都會影響你的身心。第一章曾提過傷害性壓力會對身體造成影響（好比發炎、生病、血壓上升和骨骼、肌肉密度降低），既然生理會受到影響，壓力也會降低你想鍛鍊身體的動機，那就找出壓力可以釋放之處吧！打球、讀書、看電影、跳舞、寫作、畫圖、到園子裡弄弄花草、放假，或者還有老派的方法：性愛。重新尋找日常生活中的快樂之事，可讓你成為更好的跑者——實際上你就像真的在跑步一樣快樂。

賽季之間恢復

優秀的跑者都有自己的跑步「季度」，即便是無心於競賽的跑者也有另一種版本的季度，通常包含一次重大的目標競賽（比如一場馬拉松），而且在這之前還會有幾場模擬賽。

不論你如何定義「季度」，都需要在完成後休息一下。物理法則本來就是有高有低，這也適用於個人的身體狀態。柯特納博士說過，「如果你沒有計畫性休息，就會發現自己處於預料之外的休息狀態。」

表 16-1　高強度訓練之間的恢復天數

跑者年齡	體能差	體能中等	體能好
20	4.0	3.0	2.0
30	5.0	4.0	3.0
40	5.5	4.5	3.5
50	6.0	5.0	4.0
60	7.0	6.0	4.5
70	8.0	7.0	5.0
80	9.0	8.0	5.5

表 16-1 提供了在高強度訓練（比如說重複訓練、上坡長距反覆跑、密集肌力訓練或是快節奏）之間你需要的恢復天數，健身程度不同的跑者所需的恢復天數不同。

因此在成功完成一季後，放個三週假祝賀自己吧！（肯亞裔選手會在比賽季後休息最多兩個月，期間什麼事都不做，就是賴在沙發上開始變胖），或是將訓練量調降百分之五十（或更多）。如果你選擇後者，至少每週要休息兩天，一週內還要限制自己做奮力訓練的跨步動作。

此外，投身其他活動像是登山或丟飛盤，飲食也可以輕鬆一點，在伸展或肌力訓練上偷吃一兩步，讓身體充分休息。如果你害怕自己的狀態會變糟，沒錯，一定會的，但這之後你會變得更好，因為你更能恢復，並有百分之百的動力準備好迎接新的計畫，身體、心理和精神方面亦然。

表 16-2　下次鍛鍊之前，在一場比賽後所需的恢復天數

比賽距離	簡單鍛鍊	中強度鍛鍊	高強度鍛鍊	年齡調整	
800	1.0	2.0	3.0	年齡	係數
1500（英里）	1.0	2.0	3.0	20～29	1.0
3000／3200	1.0	2.5	4.0	30～39	1.1
5000 公尺	1.0	3.0	4.5	40～49	1.2
8000 公尺	1.0	4.0	6.0	50～59	1.3
10000 公尺	1.0	6.0	9.0	60～69	1.4
15000 公尺	1.0	7.0	11.0	70～79	1.5
半程馬拉松	1.0	9.0	14.0	80～89	1.6
馬拉松	1.0	17.0	26.0	90+	1.7+

表 16-2 是你在下次鍛鍊之前，完成一場比賽後所需的恢復天數。比賽完後，隔天可以做簡單的恢復訓練或是定距跑，中強度鍛鍊（比如慢節奏）需要更多的恢復天數，至於高強度鍛鍊（例如時速 5000 公尺的重複跑步）的恢復期更久。最右邊兩欄顯示的是年齡調整，比如說一位50歲剛跑完 5000 公尺路跑的人，可以將 4.5*1.3，算出他／她在下次高強度鍛鍊之前需要近6天的恢復期。

第十七章

預防跑步受傷

　　如果跑者可以不受傷，這樣不是很好嗎？很抱歉，這是不可能的事。有研究指出，每年約有百分之五十至八十的跑者受傷，但也有研究認為，大部分跑者之所以受傷，是因為沒能在訓練時加進預防受傷的練習。

　　其實只要另外花十至十五分鐘（每週三至四次）做跑步完的伸展和訓練，就能降低受傷機率。

　　即便你真的受傷了，也可以利用類似的訓練加快復原速度，或是限定受傷帶來的影響，好繼續鍛鍊自己。

跑步受傷是什麼？

安比・伯福特（Amby Burfoot）在二〇一〇年《跑者世界》發表的文章〈預防受傷的十項法則〉指出，「不論是女性、男性，或是年老、年輕，還是俯撐動作做太多或太少，訓練過多或不足，都會在跑步時受傷。」換句話說，跑步或做阻力訓練、技巧訓練、增強式訓練時，都有可能受傷，對年紀大的跑者來說，從床上滾下來也可能受傷。

跑步受傷是指因為鍛鍊結果使身體受傷或疼痛，這類傷害有幾種型態：

▶訓練過量受傷：源自突然增加的運動量、訓練強度增大或兩者皆有而受的傷（比如說，一開始若訓練過量會導致延遲性肌肉痠痛），新手很容易出現這類受傷情形。

▶使用過度受傷：這是因壓力影響或破壞組織的重複動作。舉例來說，跑者膝蓋軟骨因股骨溝異常，不適而使軟骨受損時，就會出現膝蓋骨錯位（髕骨股骨疼痛症候群）。

▶慢性傷害：來自在未知長期壓力之下的重複動作，不僅會讓你感到疼痛且難以消除，通常會需要完整休息。例如阿基里斯肌腱炎就是長期過度使用阿基里斯腱而產生退化傷害和微創傷，需要特定的肌力訓練和服藥才能克服。

▶意外：可能是扭到腳踝、腳趾擠壓，或是肌肉痠痛等其他麻煩狀況。

▶訓練之後：疲勞的肌肉和累垮的結締組織，有時會在鍛鍊後的活動期間失控，比如快速或奇怪的動作，像從椅子上突然站起來或跌入泥巴

新手指導

受傷經常在面臨新的生理壓力時發生，太快增加訓練分量、快速增強訓練強度或改變訓練機制，好比改變跨步方法，這些都會造成身體負擔，導致受傷。因此，把自己當成是一艘遠洋客船：慢慢變更航向，在可能出現危險前，反向操作推進器。

BUILD YOUR RUNNING BODY

坑，都會使小腿和大腿後肌受傷。

▶抽筋：訓練完後抽筋會使肌肉受傷，任何一位曾在半夜因抽筋驚醒的跑者都可以作證。

▶代償性受傷：最慘的受傷狀況，就是在已受傷的情形下做訓練時又受傷，例如說你想好好復原身體一側的傷（好比阿基里斯滑液囊炎、足底筋膜炎或髖部疼痛），結果增加了另一側受傷的風險。

仔細推敲上述情況，你會發現這類傷害都有一個常見原因：跑者的錯。

身為跑者會犯下的大錯，就是等到真受傷後才加以處理。雖然要預防所有跑步傷害是不太可能的事，但簡單的跑完步訓練可以大大降低受傷的機會，你可以做伸展和由內至外強化身體的訓練，也就是所謂動力學鏈的部位，這些鍛鍊每週可以做三至四次（最少要兩次）。

警告：緊急且危害性命的傷害

閱讀接下來的預防受傷和處置內容前，你必須知道有些特定情況需要即刻且專業的處理。如果你在鍛鍊期間碰上突發或嚴重的傷害，像是猛然疼痛或使身體虛弱的意外時，就需要做醫療評估。

出現心律不整、呼吸困難、喪失方向感、突然停止出汗（中暑）、嚴重高燒或頭疼、視力模糊或其他可能威脅性命的症狀時，你得立即接受醫療照護。如果出現半月板裂傷、壓力性骨折、肌腱或韌帶斷裂，還有其他嚴重的結締組織受損狀況，也需要專業的醫療處置。

要繼續分析也可以，但暫且先這樣總結：如果你嚴重受傷或出現許多危險的症狀，別慢吞吞的，務必快速尋找專業醫師治療。

預防受傷的訓練

所有運動員幾乎都會在訓練期間受傷，受傷分成急性或慢性傷害，急性傷害（例如腳踝扭傷和大腿後肌拉傷）多是來自特殊且創傷性的意外；慢性傷害則是隨時間變化發展而來的傷勢，骼脛束症候群和阿基里斯肌腱炎多屬這類傷

害。至於像是足底筋膜炎和下背部疼痛，則可能是急性或慢性傷害。

急性傷害能確定病因，所以容易治療。如果你站在一顆大石上結果使足跟骨斷裂，那治療方式就是修復足跟骨。慢性傷害通常因無法確定病因所以難診斷，比如說，如果你的足底筋膜炎隨時間變化而更加痛苦，或許一開始只是腳跟有石子般大小的瘀青，最後慢慢整隻腳底部都是這種現象，那病因就很難準確判斷，是內旋過度，小腿肌緊繃？髖關節太弱？扁平足？本體感知衰弱？跑太久的跑道？還是深蹲、跨步或上搏時使力太重？在不知為何受傷的情況下，就難以規劃好的治療方案。

至於其他類型的受傷，像一般的臀部和膝蓋疼痛，有時無法即刻診斷，如果諮詢四位醫師，可能還會得到四種不同意見，以及四種不同的治療方法。

這就是預防受傷訓練之所以是最佳治療方案的原因，強化你自身的動力鏈，針對可能模糊難判的慢性傷害發展先行預防，這種強化措施反而能幫助你避免受到急性傷害。完善的訓練方針應當包含下列幾項（或全部）：

▶伸展
▶肌力訓練
▶平衡板
▶補充醣質和蛋白質
▶限量冰敷

以上可以整合成一組跑完步的訓練，或是分成兩次可替換使用的訓練內容，也可以組成另一項訓練。要獲得最佳效果，每一種動作、伸展或是其他鍛鍊部分，每週至少要做兩次。如果你本身有特別的傷勢，像是過去曾受過傷、覺得自己很難不會有新的傷（好比壯年跑者常有足底筋膜炎），那就利用四七七頁的表格「預防和修復跑步傷害的運動訓練」，來找出相關的特別訓練。

BUILD YOUR RUNNING BODY

兩種需避免的常見行為

預防受傷訓練也包含不該做的重要行為：

肌肉疼痛時的抗炎行為：發炎是治療的必經過程，可使特殊細胞（嗜中性白血球、巨噬細胞和單核白血球）清理受損的肌肉組織，並在生成更強壯持久的肌肉纖維時提供空間。發炎過程若受阻，則會阻礙身體恢復和調適的能力。

過量補充抗氧化物：自由基（帶電過多的氧分子會破壞細胞）產生的刺激會讓肌肉開始調適，使你成為更好的跑者。飲食當中若包含抗氧化物質豐富的食物，便會限制組成過多的自由基加速恢復過程，而許多綜合維他命和保健食品裡都有過量抗氧化物，會干擾改善身體狀態的刺激和後續的調適。

伸展

對多數跑者而言，簡單的 AIS 訓練（一三四至一三六頁）可為身體提供最好成效。AIS 不僅快速、容易操作，且能讓連串動作提升效用，這些改善的動作不僅降低肌肉和結締組織的受傷機率，也能減輕阿基里斯肌腱炎和滑液囊炎的疼痛感。

AIS 訓練可以減緩跑步完的肌肉僵硬感，甚至讓跑步量更大且鍛鍊強度更高的運動員在日常活動中自在運動。對某些跑者而言，AIS 唯一的缺點便是會減少爆發的肌力和力量。PNF 伸展（九十五至一〇〇頁）也能有效改善多種動作，但比起 AIS 會花上更多時間，要有最好的效果還得找同伴一起實行。

跑完步的靜態伸展運動（一〇二至一〇四頁）可以有效改善僵硬症狀，至於跑步之前的靜態伸展會使肌力和體力暫時無法大增，不過還是可以建議已經長期實行此訓練的跑者，因為如果不做反而會增加受傷風險。

肌力訓練

跑者比起一般人更常訓練到某部分的肌肉，這造成的問題是，肌肉狀態不平衡就容易導致受傷。跑步會使相對肌肉出現不均等的緊繃狀態，對軟骨和韌

帶造成壓力，並因不平衡而使跨步訓練成效下降。

你需要的是強化相對肌肉（例如股四頭肌和大腿後肌）和改善神經肌的傳導功能，要有完整且良好的全身肌力平衡訓練，跑者三六〇（七十八至八十三頁）提供動態訓練；想有更好的肌力，傳統的重量訓練（八十四至九十四頁）則可以幫助你。對於只想預防受傷，而不想增加肌肉的跑者而言，居家型預防運動後受傷訓練（一三七至一四〇頁）可以讓你保持健康。

平衡板

如果可以就使用平衡板吧！平衡板是鞏固動力鏈最棒的獨立訓練工具，保護你免於受傷（包括足底筋膜炎到跑者膝）或是協助治療。從基本訓練動作（一二一至一二二頁）重複五次開始做起，每週再慢慢增加次數。重複十次時可以停下，或是你也能繼續增加，直到一百次，不過通常都希望是以最少次數獲得最大獲益。

補充醣質和蛋白質

老一輩的人都會這樣做：如果你突然覺得腿部很重、感到疲倦，那就多吃碳水化合物和多喝水。肌肉肝醣（儲存起來的醣質）不足會使跑步變得吃力，補足肝醣後，幾天內就會好很多。蛋白質補充能有效幫助整合體內蛋白質，修復受損肌肉。關於更多蛋白質補充的資訊請見第十二章。

限量冰敷

冰敷是知名受傷處置方法的縮寫字母 RICE（休息、冰敷、壓迫、抬高受傷部位）的步驟之一，非常適合用在緊急受傷上。然而這種處置措施，卻無法保證能消緩肌肉不適和發炎情況（比如說常見的 DOMS）。「對大多數人來說，一般訓練下，你可能不需處理炎症，」「運動的科學」網站共筆作者強納森・杜加斯（Jonathan Dugas）博士說道，「即便是艱困訓練期間，只要在固

定休息時遵照標準訓練程序之外，其他什麼也都不用做。」

冰敷如同抗炎行為一樣，會阻礙身體正常的修復循環，另一方面冰敷是處理慢性結締組織受傷的方法。如果之後還有訓練，有時候減緩訓練後炎症是必要之事，千萬不要過度冰敷，十至十五分鐘就已足夠，若該部位周遭組織溫度過低就要立刻停止。幾近完全冰凍的組織，只會讓舊部位增添新的創傷。

關於交叉訓練

對於受了傷想康復，或是嘗試在慢性受傷狀態進行鍛鍊的跑者來說，交叉訓練是非常受歡迎的方法。此訓練可以在你被迫縮短跑步里程時，維持心血管健康，以及部分肌肉和結締組織的肌力。

既然你無法在跑步時鍛鍊同一塊肌肉纖維，那就要有微血管流失的心理準備，且粒腺體和其他細胞相關的得益也就不會產生（源自第五章提過的特殊性原則）。因此交叉訓練的內容，最好是挑選相似的訓練活動，包括水中跑步、橢圓機、ElliptiGo 自行車、跑步機、雪地健行和越野滑雪（請見第九章中每一個訓練動作的示範教學）。

請翻至四七七頁的「預防和修復跑步傷害的運動訓練」，了解一般常見的跑步受傷，包括每種傷勢的特徵和症狀，本書也針對如何避免此類受傷發生，以及即使發生也可有效協助治療的訓練指南（需要即刻專業救護的傷勢也有注記）。

第四部

讓你跑得更好的
六項飲食建議

第十八章

攝取全天然食物

　　超市走道兩旁整齊排列的加工食品，總是有種奇怪的科學美感。加工食品在實驗室裡設計調配，並在工廠裡大量製造，它們確實方便，卻不能稱為食品，至少不是天然的食物。加工食品可以放入嘴裡咀嚼然後消化，但這與吸收陽光和土壤滋養的食物相比還差得遠，更何況當中大部分的營養物質早已不復存在。

　　加工食品改變了食材原有的型態，不僅內含的營養物質早已流失，最後還變成難以分辨原來樣貌的東西，就好比一顆蘋果（完整的食物）變成蘋果醬（稍加處理過），再來出現了蘋果肉桂派（加工製造）。

　　身體需要全天然食品，由人工原料、防腐劑和過多的添加脂肪和糖分組成的飲食並不能帶來健康，看看遽增的肥胖、糖尿病和心血管疾病患病率就知道了。

對跑者而言，全天然食物之所以重要的理由很多，就好比你不可能會胡亂將顏料、Kool-Aid 飲料[1]和嬰兒油當成汽油加進車子裡，你也不該用有毒且毫無營養成分的物質組合的加工食品來補充體力，要鍛鍊跑步的身體需要複雜的生理運作機制相互合作，而過程則需仰賴天然食物中豐富的營養物質。

全天然食物是什麼？

全天然食物是指所有營養物質未被剔除的食物，而加工食品的製造過程設計是為了確保民眾的適口性，可以長期上架受民眾喜愛。對食品製造商而言，這種做法非常有效，但對你的身體來說則不然。這就好比製作麵粉時使用的全穀類麥果以及白麵包這兩者之間的差異，麥果一份一百五十卡熱量中，所含的營養物質除了其他營養素，還包括六公克蛋白質、六公克膳食纖維和百分之八每日建議攝取的鐵；而由精製麥粉製作、同樣一百五十卡熱量的白麵包僅有一公克膳食纖維、〇・五公克的蛋白質、少許的鐵，還有不到三十種的營養物質（請見右頁表格「流失的營養物質」瞭解更多範例）。

超級保健食品是什麼？

超級保健食品並沒有任何法定定義，一般來說主要是植物，且是抗氧化物、維生素或其他營養物質含量超高的食物。這類食物通常標榜具有抵抗疾病的能力，並以「驚人」、「奇蹟」等字詞形容，令人目眩神迷的「超級保健食品」是許多健康飲食配方最愛的寵兒，不論是食品製造商或行銷高手，每家公司都想使用行它，讓自己名號響亮。

超級保健食品成分中，引起最多討論的就是抗氧化物。美國國立衛生研究院認為抗氧化物是「可以保護細胞抵禦自由基影響的物質」，而自由基是體內分解食物產生能量時製造出來的分子（環境污染如吸菸也會產生自由基）。

---

1 譯者註：泛指即溶粉末加水混合的飲料。原本是指美國 Kraft Food 公司為了刪除運輸成本，把濃縮果汁去除水分後剩下來的粉末，如今則通用任何以即溶粉末調製而成的飲料。

營養面面觀

流失的營養物質

對照完整的食物和相關加工產品，就會發現加工食品中添加了多少的糖、鈉和脂肪，浪費了多少營養物質。

全去殼燕麥*vs. 即食燕麥片（以每 150-160 卡熱量計）

	纖維	蛋白質	糖
全去殼燕麥	5公克	6公克	1公克
即食燕麥片	3公克	4公克	12公克

糙米 vs. 白米（以每 200 卡熱量計）

	纖維	鉀	鎂	維生素 B6
糙米	3.5公克	84毫克	21%	15%
白米	0.06公克	55毫克	4%	4%

爆米花 vs. 玉米片（以每 160 卡熱量計）

	纖維	蛋白質	鐵	鈉	脂肪
爆米花	6公克	6公克	7%	3毫克	1.5公克
玉米片	1公克	2公克	0%	170毫克	10公克

草莓 vs. 草莓果汁軟糖（以每 130 卡熱量計）

	纖維	鉀	鎂
草莓	7公克	84毫克	21%
草莓果汁軟糖	0公克	0毫克	0%

（根據食品品牌不同營養成分會不同；百分比的計算根據是以 2000 卡熱量飲食為主的每日建議攝取量）

*沒錯，「去殼燕麥」這種聽起來像是狄更斯用來折磨筆下悲情主角的食物，但其實相當美味。請見 383 頁的食譜。

一九九〇年代，科學家首次認為自由基造成的身體傷害，與初期動脈阻塞粥狀硬化有關，他們假設自由基或許與其他疾病和慢性疾病有關，而研究似乎證明了這項說法，攝取含有大量抗氧化物的水果和蔬菜的人，發生嚴重慢性疾病的風險較低。然而後續研究卻無法證實抗氧化物能抵禦疾病，但哈佛公共衛生學院仍然總結出，「有大量的證據」指出食用富含抗氧化物和促進分子的食物，像是全水果、蔬菜和全穀等，可以保護這些因老化產生的痛苦病症。

儘管超級保健食物確實引人注目，重要的是要吃各種天然富含抗氧化物的水果和蔬菜，你也不需刻意吃外國進口的枸杞和最近流行的阿薩伊巴西莓（açai pulp），這樣不僅需耗時運輸，還得花上不少錢，普通藍莓和紅椒的營養就足夠了。

全天然食物 vs 保健食品

飲食對跑者來說至關重要，不論是為了減重、抗老、增進健康，或是縮短五千公尺的跑步時間，我們都需擔心營養攝取問題。不幸的是，人們容易著迷於有奇蹟功效的治療以及永保青春的神祕泉源。正如我們會想吃「超級保健食品」一樣，我們希望吸收到的營養物質能濃縮成單一劑量，因此保健食品工業伸出援手，伴隨每年約三百億營收，全美國有一半人口都著迷在這些藥丸、粉末或飲劑上。

膳食類的保健食品便是包含一種或多種膳食原料的產品，像是維生素、礦物質、香草或其他植物、胺基酸等，可以添加到日常飲食中，乳清粉奶昔、維生素錠和阿薩伊巴西莓汁就屬於這類產品。許多美國人誤以為保健食品在上市前已經過政府嚴格把關，其實並沒有，就像麻黃在使用上已有數千例反效果，甚至包括死亡案例，美國食品藥物管理局（FDA）仍耗時十年才得以成功禁止此成分的使用。

對於每日飲食中缺乏完整營養素的人來說，保健食品或許有用，但這種食品不能取代天然食物可以提供的完整營養。實際上，那些藥錠形式的高劑量抗

營養面面觀

適合跑者的八大簡單超級食物

為跑者挑選最健康的食物，就像要你從自己的孩子當中選一個最愛的一樣，大部分食物都很健康，只是這類食物有點不同，下列幾種是可以提供跑者特定益處、容易取得且方便準備的特別食物，它們非常厲害！

1. **杏仁**：杏仁是取得鈣、鎂、鉀、鐵、蛋白質和纖維的良好來源，有跑者需要的重要營養，同時也是α-生育酚維生素 E 的最佳來源之一，這種維生素 E 是有效抵禦跑步產生的抗氧化壓力（高活躍分子群組如自由基造成的細胞傷害）的抗氧化物。

2. **甜菜根**：甜菜根和甜菜根汁含有大量抗氧化物、葉酸和鉀，還是很好的無機硝酸鹽來源，人體可以將之轉換成亞硝酸鹽和硝酸，改善血流量、肌肉收縮、神經傳導和其他功能。一份二〇〇九年的研究指出，連續六天攝取甜菜根汁可以在做中度和重度運動時降低血壓，改善體能；另一份二〇一三年英國研究則指出，甜菜根汁「可以增加血流量中的亞硝酸濃度，降低血壓，或許還能有效影響身體對運動的生理反應」。

3. **藍莓**：許多研究證實它對身體健康帶來正面助益，事實上好處太多無法一一詳述；但其中有兩份研究對跑者特別有用，首先每天吃一杯藍莓的跑者比起沒吃藍莓的另一組人馬較不容易發炎，在長跑之後還有更好的免疫系統。第二份研究中，菁英跑者從藍莓當中獲取多酚，可以在運動後更持久地燃燒脂肪，並增加體內對抗氧化物的吸收量。

4. **希臘優格**：優格是讓身體攝取鈣質和保護腸胃益生菌（能夠讓腸胃維持安穩健康的「好菌」）的好方法。濃稠滑順的希臘優格比起相同熱量的一般優格，蛋白質多了兩倍且糖分減半，更棒的是，零脂的希臘優格（與其他零脂乳製品不同）還可以讓你不再哀嘆。

5. **小扁豆**：如同其他豆類，小扁豆富含大量的鉀、鈣、鋅、菸鹼和維生素 K，還有大量的膳食纖維、葉酸和鐵。與其他豆類不同的是，小扁豆在烹煮時不需隔夜浸泡和長久的煮時。

6. **紅甜椒**：與大眾認知不同的是，真正富含維生素 C 的模範水果不是橘子，而是紅甜椒。半杯生紅甜椒就含有一百四十二毫克的維生素 C，是橘子含量的兩倍，而且只有二十卡熱量。研究證實，維生素 C 可以減輕肌肉痠痛，並降低運動時的心跳率，使運動期間的費力與疲勞感知減少。

7. **鮭魚**：每當談到營養，鮭魚總是不遑多讓。這種魚是攝取優質蛋白質的絕佳來源（每四盎司有三十克蛋白質），也是全世界獲取 omega-3 在魚油、植物油和藻油當中含有必需脂肪酸的最好來源之一。Omega-3 脂肪有助於調節身體的炎症反應，二○○六年印第安納大學研究發現，連續三週攝取魚油保健食品可以改善因運動引起的氣喘症狀。

8. **地瓜**：如果你喜歡吃烤馬鈴薯來補充碳水化合物，或許可以偶爾改吃地瓜。這兩種薯類都富含熱量、碳水化合物、蛋白質和纖維，但地瓜的維生素 C 多了近百分之二十，比每日建議攝取的維生素 A 分量多了三‧八倍。既然地瓜富含鉀、錳和銅這類可以支撐肌肉功能的物質，應當能作為跑者的主食。

氧化物、礦物質、纖維和其他物質，並不能像水果、蔬菜、全穀和其他真正食物中的天然營養物一樣，有效改善身體健康。坦白來說，想吃得健康，跑者應該花更多的時間走進菜市場而非藥局。

真正的包裝食品

在完美的世界裡，我們都認為餐桌上的食物應該是直接從土壤裡取得，最好還帶有陽光照射的暖意，是悠閒逛著鄰近農夫市場期間買回家的農產品。

現在，請回到現實吧！

包裝食品和加工食品之所以受歡迎一定有原因，現代世界步調太過匆促，大部分的人根本很難多加思考，更不用說一天三次、親手準備新鮮且營養的餐點了。就算投身訓練課程，這想法也令人覺得荒謬。

包裝食品就是在這個階段出現。首先，我們談論的並非是大塊的加工食品，會讓你手指沾滿奇怪橘色粉末的神祕起司零嘴更不在這討論範圍內。不過，仍有一大堆包裝食品確實健康，可以讓人在繁忙世界中吃到完整的食物，但你必須先學會如何分辨好、壞和不健康的食物。

農產區

如果你向來會逛農產區，那就不可能出錯，雖然修整且包裝過的農產品比較昂貴，卻是值得的。比如說，跳過單顆萵苣，選擇裝有比較多種萵苣葉的綜合沙拉，每一種菜葉的營養價值略有不同，讓餐點內容更豐富。

一般來說，採買完整的水果和蔬菜比較好，但若是購買整理好的農產可以讓你吃更多，那也算是好的投資（請留意切好的蔬菜仍然會缺少部分營養素，且這類農產大多沖洗過氯，雖然安全，但是得另外思考其他部分）。

可以的話，最好購買在地種植且當季的農產。如果你住在農產豐富且氣候溫和的地區，這就是一個能確保自己全年吃到各類蔬果的好辦法；如果你住在氣候條件有限的地方，比如說緬因州的冬天，就可以用冷凍蔬果替代。罐裝蔬菜在製造過程中會流失營養（除了番茄和南瓜），相較之下，冷凍蔬菜反而比新鮮蔬果富含更多營養，因為用來冷凍的蔬菜會在熟成的階段處理，也就是大部分蔬果最營養的狀態。

食品標示邏輯

我們大多知道，食品標示會按照內容物的成分多寡依序列出，這是檢查原料成分比例的辦法，不過食物製造商通常還會耍一種詭計。因為原料會個別而非成組列出，有些東西可能含有三種糖，比如說玉米糖漿、蔗糖和麥芽糖，儘管少量但仍注記在標示上；如果你將它們成組來看就是糖，且一定很快列在第

BUILD YOUR RUNNING BODY

一行。你能說這算「漏洞」嗎？因此購買包裝食物時記得要明察秋毫。

全（穀）真相

第十九章會更詳細地討論全穀類，現在先知道精緻穀物和全穀之間的差異就行，這才是討論天然食物時的關鍵。穀物在製成烤食或點心之前，需要剝去麥糠（或米糠）、胚芽和胚乳，這段過程穀物確實是食物，但最後的成品就是空泛、是「原本可稱為食物之物」的部分而已。

食品工業撒了合法的漫天大謊，以標示宣稱的方法掩蓋這段轉換過程。比如說，「麥粉製造」並不表示該食品是用全麥製作，「包含全穀」可能僅含有百分之一的全穀，而「七種穀物」可能是七百種穀物，且如果它們不是全穀那也是白搭。此外，千萬別只看吐司麵包的外觀，那些帶有糖蜜呈棕色外觀或是上頭覆蓋一層燕麥的麵包，可能內裡仍然是白麵包。

要破解這種標示密碼，只需尋找標示成分上是否有「全」這個字，如果第一項原料名稱的穀物（任何穀物）之前有「全」字，那就恭喜你。全麥麵粉、全燕麥、任何有全字的東西，不論名稱多長，只要有「全」字就好。纖維含量也是另一項線索，至少含有三公克纖維量的穀物產品，一般來說都含有全穀。

低鈉攝取

鹽巴嚐起來很美味，正常飲食當中也確實重要。一般成人每日該攝取的鈉量不該超過兩千三百毫克，若拿這數字與美國人每天吃下的三千五百毫克（約一茶匙半）相比，你每天是怎麼吃下一匙半的鹽呢？答案就在加工食品上：罐頭食品、糖果、速食、燻製肉品和鹹味餅乾，分別占據了每日鹽量攝取的百分之七十五。跑者固然需要鹽分，但不需要高血壓，因此就別吃太多鹽吧！

剔除反式脂肪

一九五七年，美國心臟協會首次提出警告，指出飽和脂肪（例如奶油和豬油）對心臟來說負荷太重。到了一九七〇年代，飽和脂肪經證實會影響心臟病，食品製造業者便轉向反式脂肪，假設這類脂肪是從健康植物油加氫提煉出來（在植物油中添加氫，可以產生固體脂肪），因此比較健康。然而不幸的

是，他們反倒就此釋放了可怕的怪獸。

一九九〇年代的研究證實反式脂肪會降低對心臟有益的好膽固醇，增加容易造成動脈硬化的壞膽固醇。哈佛公共衛生學院的瓦特‧魏勒特（Walter Willet）在其著作《糧食管制：法律、科學、政策和實踐》（*Food Regulation: Law, Science, Policy, and Practice*）中，就曾估測氫化油是造成每年三萬件心臟病死亡案例的兇手，成為「史上最大的食物加工災難」。

反式脂肪運用廣泛，從瑪芬到微波可食的爆米花，還有「健康」的瑪琪琳都包含在內，但在二〇〇六年一月一日，所有列入 FDA 管轄範圍內的包裝食品，在標示上都必須列出反式脂肪的用含量，因此食品製造商便去除產品中的反式脂肪，但目前仍有相當多食品含有反式脂肪。為了安全起見，記得檢查原料說明上是否有「部分氫化」和「分餾」的字眼，這就表示含有反式脂肪，如果在標示上看到這些詞，就把該包食品留在架上。

有機 vs 傳統農產品

要討論天然食物，就不能不知道有機農產品和帶著農藥成長的農產品之間的爭論。最新的大規模研究，二〇一二年一份由史丹佛大學研究人員針對兩百三十七件有機農產、肉品和乳製品研究的分析報告總結，有機食物並沒能提供比傳統農產品更多的營養價值。另一方面，如果不想吃到設計用來殺死生命的物質，那有機食物或許正適合你，當然有機產品價格偏高，如果有經濟考量，可以研究哪種傳統作物農藥殘存最多，然後只購買該種作物的有機產品就好。

消費者倡議團體「環境工作組織（Environmental Working Group）」每年為消費者整理農產品和農藥指南，它們發行的《農產品污染導購指南》（Shopper's Guide to Pesticides in Produce™）便清楚列出該年的「十二髒」和「十五淨」，前者是十二種最髒的蔬果，後者代表農藥殘留最少的十五種蔬果。請注意：蘋果和橘子經常出現在「十二髒」裡，至於酪梨和萵苣則是「十五淨」中的常客。

營養面面觀

真正食物：運動飲料

很多運動員會依賴運動飲料來補充水分、碳水化合物和恢復體力，但他們卻少有人知道，還有許多健康食物可以替代這些擺在架上添加人工口味和色素的品牌名稱。不過我們並不建議在跑步當天第一次品嚐「天然食物」的運動飲料，反倒在日常鍛鍊時飲用更好。

▶ 椰子水：卡爾曼（Kalman）等人於二〇一二年研究發現，在補充水分和運動成效上，椰子水與運動飲料的效果一樣。此外，椰子水還非常營養！唯一要留意的是有些跑者在喝完椰子水後會脹氣或腸胃不適。

▶ 西瓜汁：一份二〇一三年的西班牙研究指出，在密集健身車測驗之前喝下西瓜汁的人，隔天都沒有腿部酸痛的回報通知；但是喝安慰劑的人則回報有痠痛情形；除此之外，喝下西瓜汁的人心跳率較低，這代表恢復力更好。製作西瓜汁只需將帶籽西瓜切塊放入果汁機，直接喝即可。

▶ 自行調配：沒錯，你可以自行調配運動飲料。每三杯半的水，加四分之一杯果汁、四分之一杯楓糖漿或蜂蜜，以及四分之一茶匙的鹽巴。攪拌均勻即可飲用，助你維持運動效果。

信任這回事

事實上，很多人都不再相信所吃的食物能否確實提供身體所需的營養，因此購買保健品、追求流行，讓模稜兩可的標示欺騙我們，購買那些保證健康但實際上毫無熱量的食品。天然的食物能給你保健品和過多零熱量食品不能做到的：健康的碳水化合物、蛋白質和脂肪、酵素、維生素、礦物質和所有其他鍛鍊跑步身體需要的東西。

「鍛鍊跑步身體」食譜說明

這些食譜是為了方便使用者而設計，烘烤是科學作用，烹飪則不然。鹽和胡椒的使用分量寫「適當調味」，因為有些人討厭太鹹或甚至需要留意鹽的使用，但其他人可能覺得不夠多；同理可推，墨西哥辣椒這類食材可能有不同的辣度，因此應該要試吃再予以調整。

你可以自由更換材料，食譜中的「芫荽」可以換成羅勒、薄荷或巴西利，杏仁可以用榛果代替，也可以用牛奶代替豆奶或椰奶。一般來說，所有材料會預設最適切的搭配選項，但你可以使用身邊任何現有食材（比如說，食譜寫「食用糖」，但你手邊只有白糖）。

也就是說，營養是根據你所使用的材料來計算（但要注意營養程度會根據食材品牌不同而有差異，成品的總熱量有時也會因原料中所含的不溶解纖維和四捨五入後的營養分解量，計算出不同的碳水化合物、蛋白質和脂肪攝取熱量），請將這些食譜當成基本配方，根據你喜歡吃的東西自由調整。

最好的燕麥和去殼燕麥

一看到「去殼燕麥」，大多數人的自然反應是逃之夭夭。但請勇敢一點，這個名稱聽來糟糕的燕麥片不過是帶殼的穀物（好比燕麥）而已，一般用在早餐穀片上。在所有早餐穀片當中，燕麥片是加工程序最少的穀片，燕麥粒是整個去殼燕麥切成小粒，燕麥片是去殼燕麥經過蒸煮、碾壓後做成容易烹煮的片狀，至於麥片則是碾壓過的燕麥再細切成碎片，而即溶燕麥片則是製成泥狀甚至接近粉狀。下列食譜中，去殼燕麥和燕麥粒的烹煮都不需等在爐邊攪拌三十至六十分鐘，但一樣好吃又美味！

熬煮一晚燕麥或去殼燕麥——慢燉鍋煮法（八人份）

水 ⋯⋯⋯⋯⋯⋯⋯ 6～8 杯　　燕麥粒或去殼燕麥⋯⋯2 杯

水果或糖 ⋯⋯⋯⋯⋯ 自行添加

若去殼燕麥煮的時間想少於八小時就用六杯水，要煮超過八小時就用八杯水（請看要煮的時間自行調整用量，比如八小時用七杯水）。在鍋中加入水、燕麥粒，必要時可以加水果或糖；蓋上鍋蓋後，以最低功率設定煮一整晚，隔天一早就能來碗溫暖美味的燕麥了。

清晨簡易燕麥或去殼燕麥——電鍋煮法（四人份）

水 ⋯⋯⋯⋯⋯⋯⋯ 4 杯　　燕麥粒或去殼燕麥⋯⋯1 杯

水果或糖 ⋯⋯⋯⋯⋯ 自行添加

使用電鍋時最好用分量較少的燕麥，才不會讓整鍋燕麥滿出來。在鍋內加入水、燕麥粒，可以自行添加水果或糖。蓋上鍋蓋燜煮的同時，你可以打理自己，為一整天即將要做的事作好準備。以最低功率燜煮，使用燕麥粒就煮三十分鐘，去殼燕麥就煮五十分鐘。

補充：在電鍋裡加入新鮮或冷凍水果，像藍莓、蘋果、梨子就能做出非常棒的水果燕麥粥。香蕉讓燕麥粥嚐起來更加滑順，秋天還可以試試南瓜。乾燥水果如櫻桃、小紅莓、葡萄乾、椰棗和無花果，均能使燕麥粥更加豐富，增添些許甜味。至於糖的部分可以選擇蜂蜜、楓糖漿、龍舌蘭蜜或蘋果汁（取代部分的水）。如果想加堅果類，最後再放入鍋中，因為堅果容易變得軟爛。

每一人份（以電鍋煮法為例，加一杯藍莓和一根香蕉）

使用去殼燕麥：含有兩百七十卡熱量、四十二克碳水化合物、八克蛋白質、三克脂肪。

使用燕麥粒：含有一百八十七卡熱量、三十九克碳水化合物、七克蛋白質、三克脂肪。

地瓜薯條（四人份）

地瓜是非常適合跑者的食物，最受歡迎的吃法是加上大量的奶油和糖並灑上棉花糖，最簡便又美味的吃法就是把地瓜放入烤箱，烤成健康酥脆的薯條。

地瓜 ···················· 5 顆　　　橄欖油 ···················· 一大匙
鹽、胡椒 ·············· 少許　　　番椒、咖哩粉或紅椒·自行添加

1. 以華氏四百五十度（攝氏二百三十度）預熱烤箱。
2. 保留外皮，洗淨後切片，切成四分之一吋粗的長條狀將地瓜塗上橄欖油，以鹽和胡椒調味。可自行加入番椒讓薯條風味更佳。
3. 將地瓜條平鋪在放有烘焙紙的烤盤上放入烤箱，不時翻面直到地瓜外表呈酥脆帶金黃色、內裡鬆軟，大約烤二十分鐘。

每一人份：含有一百五十九卡熱量、三十克碳水化合物、三克蛋白質、四克脂肪。

生薑汁汽水（二十四杯）

薑對跑者而言有神奇功效，二〇一〇年一份刊登在《疼痛期刊》（The Journal of Pain）的研究便指出，「每日攝取加熱生薑可以有效減緩因運動造成肌肉傷害的疼痛……更彰顯薑能有效止痛的作用。」汽水並不算真正的食物，但這份薑汁汽水的食譜可以讓你減緩疼痛。

新鮮嫩薑 ·············· 6 吋長　　　蜂蜜 ···················· 1 杯
水 ······················ 3 杯　　　氣泡水或熱水 ·········· 1 杯
冰塊 ···················· 少許　　　萊姆榨汁 ··············· 1 顆

薑切薄片（如果洗淨則不須去皮）後倒入小鍋中，與蜂蜜和水攪拌混合，接著以小火燉煮一小時，關火待冷卻後過濾，倒入乾淨的罐子中。飲用時可在氣泡水中加兩匙薑汁醬，攪拌均勻再加入冰塊即可。你也可以連同萊姆汁將薑汁醬加入熱水，成為酸甜又充滿香氣的熱茶。

每一人份：含有四十五卡熱量、十二克碳水化合物。

巧克力甜菜根蛋糕（八人份）

這份甜點添加甜菜根後可以為跑者提供大量營養。如果你細細品嚐確實能吃到甜菜根的味道，但更多是濃醇的巧克力香甜。

甜菜根	3 顆	筋麵粉	2 杯
食用糖	1¼ 杯	無糖可可粉	¼ 杯
小蘇打	1½ 茶匙	鹽	¾ 茶匙
苦味巧克力，切碎	3 盎司	雞蛋	1 大顆
水	¾ 杯	淡橄欖油或其他植物油 1 ¼ 杯	
純香草精	1 茶匙		

1. 挑揀甜菜根後去皮、切塊，接著水煮約三十分鐘，直到甜菜根非常軟。之後用食物處理機將甜菜根打成泥。

2. 以華氏三百五十度（攝氏一百八十度）預熱烤箱，在九吋圓形蛋糕烤模中抹油並灑上麵粉。

3. 拿只大碗，將剩下的麵粉、糖、可可粉、小蘇打和鹽混合均勻。加熱熔化一半的巧克力後，加進混合好的麵粉裡，另外再放入蛋、水、油、香草精和甜菜根泥。最後放入還沒熔化的巧克力，攪拌均勻。

4. 將攪拌好的材料全倒入烤模中，放入烤箱烤約四十五分鐘，或是烤到用牙籤戳進蛋糕拿出來沒有麵糊殘留的狀態。烤好後，將蛋糕拿出來放在架上冷卻二十分鐘後脫膜，接著繼續放著直到蛋糕完全變涼。

每一人份：含有三百四十五卡熱量、五十七克碳水化合物、五克蛋白質、十三克脂肪。

搭配建議：巧克力醬，在小鍋中放入二分之一杯椰奶和一茶匙蜂蜜後放爐上煮，接著另外倒入三盎司切碎的苦甜巧克力加熱熔化，攪拌直到巧克力變得滑順有光澤，放冷十分鐘後，淋在蛋糕上。也可以加甜菜根片，若你喜歡以鹹的東西搭配甜，就用商店裡賣的 Terra 牌甜菜根片。或是加巧克力薄卷：用削皮器在厚巧克力磚的邊上刨下長型薄片。

第十九章

攝取碳水化合物

　　蜂鳥需要消耗的體力非常大，甚至可能在醣質補充完後沒幾個小時就餓死，如果牠們選擇攝取低碳水化合物／高蛋白質的飲食，那你就會發現自己得閃避從空中掉下來的蜂鳥屍體。幸運的是蜂鳥對此非常有概念，你也該當如此，對跑者來說，碳水化合物是必需品。

　　碳水化合物也稱為醣類，是補充體能的三大營養素之一（另外兩個是蛋白質和脂肪），每種碳水化合物的主要成分是糖分子，會與碳、氫和氧結合（因此才叫做「碳水化合物」）。碳水化合物出現在很多食物裡，豆子、水果、爆米花、馬鈴薯、玉米、餅乾、義大利麵、餡餅和任何非純蛋白質或脂肪的食物都有。既然碳水化合物有很多種型態，其組成大多是糖，最常見的兩種就是澱粉和纖維，基本上就是糖分子串連起來的合成物（有些種類甚至包含數百種甚至數千種糖分子）。

　　碳水化合物是跑步體魄的主要能量來源，不誇張地說，如果沒有它們，你就會癱在沙發上起不來了。

醣類是什麼？

　　想瞭解碳水化合物，必需從科學層面開始，好好瞭解醣質家族是由四種不同類別的碳水化合物組合而成。

▶ 單醣：生物學上最基本的重要碳水化合物種類，是糖最簡單的樣貌，包括葡萄糖、半乳糖（出現在牛奶和乳製品中）、果糖（大部分蔬果都有）和其他種類。單醣相互聯結在一起，就會成為多醣。

▶ 雙醣：兩個單糖分子結合就是雙醣，例如牛奶中的乳糖（葡萄糖加半乳糖）、有些蔬菜和啤酒裡會有的麥芽糖（葡萄糖加葡萄糖），還有食用糖所含的蔗糖（葡萄糖加果糖）。

▶ 寡醣：這類糖是三至十個單糖分子組成的醣類，像是龍膽三糖和水蘇糖（植物都有這類糖），還有棉子糖（出現在豆子、萵苣、球芽甘藍和青花菜裡）——正因為我們無法自行消化棉子糖，所以才會放屁。

▶ 多醣：雙醣和寡醣都屬於多醣的一種，因為它們的組成分子不只一個，但這個詞通常是指超過十種單糖分子組成的串連，多醣可以是數萬個單醣分子組合而成。儲存用的多醣類好比澱粉和肝醣，而結構上的多醣類包括纖維素和甲殼素。

　　瞭解上述資訊後，再來探討碳水化合物在複雜型態和簡單型態上的差異。

複雜 vs 簡單的碳水化合物

　　過去我們所知道的是，碳水化合物被分成兩個類別：複雜和簡單。簡單的碳水化合物包括單醣和雙醣；複雜碳水化合物則包括所有的多醣。

　　複雜的碳水化合物就像是豆子、澱粉類蔬菜和全穀產品中的碳水化合物，被認為比水果、糖果和精緻穀物產品所含的簡單碳水化合物還要健康。事實上，複雜的碳水化合物有較多的營養素和纖維，它們進入體內後需要更長的時間才能分解。

　　然而，簡單的二分法還無法清楚說明醣質到底是什麼，消化系統的目標就

十大恢復體能的點心

　　訓練完的恢復若要得當就需要吃。多幸運哪！恢復時所吃的食物大多是攝取足夠的碳水化合物替代燃燒的肝醣。恢復的不二法門就是以四比一的比例攝取碳水化合物和蛋白質，儘管這數值可能會根據特定訓練而改變。請翻閱第十章的表格，瞭解每種運動分別有多少熱量和主要營養素，再從以下清單挑選食物：

1. **香蕉杏仁果昔**：剛鍛練完，你通常多懶得咀嚼，此時果昔就能達到最好的效果。將以下食材用果汁機打到滑順即可：二分之一杯低脂香草優格、一根香蕉、一大匙杏仁醬、二分之一杯低脂牛奶和一把冰塊（一杯含有三百三十五卡熱量、四十五克碳水化合物、十四克蛋白質、十一克脂肪）。

2. **Clif Bar營養棒**：如果你跑完步沒打算直接回家，那隨身包包裡就需要可以補充能量的東西。Clif Bar 是很不錯的包裝點心，是用加工較少且有機的原料，以四比一的碳水化合物與蛋白質比例製成（巧克力布朗尼口味一份含有兩百四十卡熱量、四十五克碳水化合物、十克蛋白質、四點五克脂肪）。

3. **雞蛋酪梨三明治**：恢復體能需要多一點蛋白質和脂肪，這道快速簡單的三明治很方便，只需兩片吐司麵包、四分之一顆酪梨以及一顆水煮蛋切片，簡單以鹽和胡椒調味即可（一份含有三百六十卡熱量、五十五克碳水化合物、十八克蛋白質、十六克脂肪）。

4. **香蕉和貝果**：最經典的比賽贈品也非常適用鍛練後恢復體能。此處的營養價值是以 Thomas 的全麥貝果為主，不過各種口味的貝果會有不同熱量，所以要警惕自己（一根香蕉加貝果含有三百五十五卡熱量、七十六克碳水化合物、十三克蛋白質、兩克脂肪）。

5. **無花果乾和羊奶起司**：有時鍛練完你會想來點比較有趣的點心，無花果和味道強烈的羊奶起司就是最好搭配！無花果乾就像碳

水化合物的發電所，光是它就含有大量的鈣、鉀、纖維、鐵和鎂（六顆無花果乾、一大匙羊奶起司：含有三百八十卡熱量、六十克碳水化合物、十二克蛋白質、十二克脂肪）。

6. **巧克力牛奶**：研究證實了跑者早就清楚明白的事：巧克力牛奶萬歲！一份二〇一一年德州大學奧斯汀分校的研究發現，低脂巧克力牛奶能提供「專業和業餘運動員」恢復體能的好處，包括使身體塑造更多肌肉和減少脂肪、運動成效改善，還有整體體態的提升（八盎司 Horizon 的盒裝有機巧克力牛奶：含有一百五十卡熱量、二十二克碳水化合物、八克蛋白質、二點五克脂肪）。

7. **冷掉的披薩**：在鍛鍊完之後直接從冰箱拿出的隔夜食物也有效（一片冷掉的蔬食披薩含有兩百六十卡熱量、三十四克碳水化合物、十克蛋白質、九克脂肪）。

8. **蘋果和起司**：香甜的蘋果與鹹味起司是完美的搭配，因為不含超大量的碳水化合物，這組搭配正好適合恢復體能時所需的蛋白質和脂肪（一大顆蘋果、一盎司起司含有兩百二十四卡熱量、二十二克碳水化合物、七克蛋白質、九克脂肪）。

9. **希臘優格和燕麥穀片**：希臘優格是能讓你吃下零脂食物，又不會痛苦的少數乳製品之一，如果買原味的優格，還能自行添加提升甜味的材料，試著用燕麥穀片和蜂蜜補充加碳水化合物吧（二分之一杯希臘優格、二分之一杯燕麥穀片、二分之一大匙蜂蜜：含有三百三十五卡熱量、五十七克碳水化合物、二十克蛋白質、五克脂肪）。

10. **花生果醬三明治**：這可能是最棒的鍛鍊美食，可以讓你回憶兒時的幸福感，不過成年人或許會選用天然的花生醬和全水果的果醬（兩片吐司麵包、一大匙花生醬、一大匙果醬：含有三百七十八卡熱量、四十二克碳水化合物、十二克蛋白質、十八克脂肪）。

是分解所有碳水化合物到葡萄糖的單一糖分子，也就是身體最主要的能量來源，而這時需要考量升糖指數，所以就不再簡單了。

升糖指數與升糖負荷

身體會將碳水化合物轉化成葡萄糖，進入血流中提升血糖值。當血糖上升，胰臟就會釋放讓肌肉和肝臟細胞吸收糖分（並儲存成肝醣）的胰島素；血糖下降時，胰島素釋放的量較少，一旦血糖值低於某個程度，胰臟就會釋出升糖素，這是一種能刺激肝臟將肝醣轉換成葡萄糖的荷爾蒙，能使葡萄糖進入血流中。但是，如果長時間下來，血糖值一直處於波動頻繁的狀態，問題就出現了。葡萄糖、胰島素和升糖素之間的蹺蹺板會導致肥胖、第二型糖尿病、心臟病和其他症狀，目前美國有一千七百萬名第二型糖尿病人口，還有數百萬人因胰島素阻抗而面臨罹患糖尿病的風險。

要降低血糖相關病症的發生風險辦法不少，比如說，天然的碳水化合物（例如水果、蔬菜、豆類、全穀等）與加工食品所含的碳水化合物相比，進入血中的速度較慢，可讓胰島素和血糖的增加速度緩和一些。此時就需要將升糖指數（GI）納入考量。碳水化合物會以不同速度進入血流中，升糖指數可用來量測不同碳水化合物刺激的血糖上升狀況，快速進入血中的碳水化合物會有較高的升糖指數，至於速度較慢的，因為分解時間較久，升糖指數較低。

食物的分量並不算在 GI 影響範圍內，但可能會誤導量測。舉例來說，西瓜是高 GI 的食物，但實際上其升糖負荷（食物所含的碳水化合物量）相對而言很低。因此，與 GI 相比，食物的升糖負荷指數會是更好檢測血糖影響的方法。升糖負荷指數一個單位大約等同於一公克葡萄糖影響的血糖值，這種情況之下，指數若為二十或以上就相當高，十一至十九還算適中，十以下的負荷指數則算低。

儘管升糖負荷較能估測碳水化合物對血糖的影響，GI 還是廣泛使用的基準，健康的碳水化合物升糖指數都比較低。低 GI 的食物包括牛奶、優格、小扁豆、義大利麵、堅果和北方氣候帶常見水果如蘋果和橘子；中 GI 的食物有

軟性飲料、燕麥和熱帶水果（比如香蕉和芒果）；高 GI 的食物則有精緻麵包、馬鈴薯、甜味的早餐穀片和運動飲料，後面這些食物對耐力活動有很好的效果，但看電視時食用則對身體不好。

想知道 GI 如何影響跑步狀態，應該思考下列幾點：

▶跑步前攝取低 GI 的食物：研究指出在鍛鍊前攝取低 GI 的食物，會比吃高 GI 食物更能維持血糖值。有份研究更總結，跑步前十五分鐘吃低 GI 的點心，可以延長百分之二十三的力竭時間。

▶跑步期間攝取中或高 GI 的食物：運動期間，能快速消化的運動飲料、運動果膠和能量棒可以快速提供能量。

▶跑步完後攝取高 GI 食物：高 GI 食物可以快速補足燃燒後的肝醣儲量，此類食物經證實可在鍛鍊後提升肝醣儲量，且速度是低 GI 食物的兩倍。

▶其他時間：幾乎所有研究都指出低 GI 的食物對維持身體健康較好。

你需要多少碳水化合物？

美國國家科學院認為，每人每日該攝取的總熱量應當平均取自碳水化合物、蛋白質和脂肪（也就是主要營養素適用範圍，簡稱 AMDR），其每日建議熱量當中應有百分之四十五至六十五是碳水化合物，百分之十至三十五是蛋白質，百分之二十至三十五是脂肪。以一天攝取兩千卡熱量來說，代表每日要攝取兩百二十五至三百二十五克的碳水化合物。

與運動量不大的普通人相比，運動員當然需要更多的碳水化合物和蛋白質。請見第十章的表格了解不同鍛鍊動作會分解多少碳水化合物和脂肪。一般而言，美國營養食品學會建議耐力運動員攝取的量是以自身體重計算，每磅是二・三至五・五克碳水化合物，這樣看來範圍似乎很大，不過每週跑十五英里和每週跑一百英里的跑者狀況不同，因此能燃燒的碳水化合物量也不同。

如何降低升糖負荷？

　　中至高的升糖負荷食物在跑者飲食中有其影響力，但一般來說，低升糖負荷的食物較好，以下是幾種使升糖負荷維持低度的方法：

▶早餐穀片選用燕麥、薏仁或麥糠，並食用最天然的，因為研磨和磨碎過後都會使升糖負荷劇增。

▶可以選擇時就吃全麥麵包。

▶吃大量的新鮮蔬果。

▶吃水果而不是喝果汁；要喝果汁就喝含果肉的果汁。

▶可以選擇時盡量吃糙米。

▶可以選擇時盡量吃全麥義大利麵。

▶約束自己別吃垃圾食物、加工食品、速食以及有太多添加物的食品。

攝取健康的碳水化合物，可以在你最需要的時候產生體能。

當碳水化合物方法失敗

　　如生活中許多事物一樣，談到碳水化合物難免會碰到各種情況，許多運動員仰賴碳水化合物，但也有其他人遇到不同情況：

▶增重：一克換一克，碳水化合物的熱量與蛋白質一樣（脂肪所含熱量的一半），但碳水化合物吸收時會伴隨水分重量。事實上，體內每一公克儲存的肝醣會吸收三克的水，因此有完備肝醣儲量的跑者，與他或她流失肝醣的時狀態相比，體重會增加約五磅，而許多包裝食品和加工碳水化合物產品所含的鹽分還會使這數字增加。因此在你下次要跑五千公尺路跑前，記得在攝取碳水化合物前多思考一下。

▶消化不良：某些非常好的碳水化合物纖維超級多，想想豆子、米糠和青花菜吧！纖維增加時會導致放屁、肚子絞痛、脹氣和拉肚子，因此

如果肚子開始咕嚕嚕作響，就要檢查自己吃了什麼以及纖維量。

▶血糖變化：攝取碳水化合物時會影響血糖值，血糖有問題的跑者應該在大啖碳水化合物之前詢問醫生建議。

無法適用這種碳水化合物攝取的終極跑者，有時會選擇高脂飲食而非碳水化合物，因為更多儲存能量還可從脂肪取得，而且體能的訓練速度以及跑步速度，幾乎需要以脂肪為主的有氧產製方可完成。

碳水化合物的攝取

運動員很早就知道碳水化合物有助運動成效，但直到一九六〇年代才有瑞典的研究人員找出背後原因：含有大量碳水化合物的飲食可以增加肌肉肝醣，也就是跑五千公尺時所需能量的百分之八十至九十，而半馬和馬拉松則可提供百分之六十至七十的能量。還有其他研究證實，高碳水化合物的飲食能增強跑者身體對重複重訓的適應能力，因此跑者與成堆美味義大利麵之間的關係總是密不可分。要瞭解更多碳水化合物攝取的部分，請見二二八頁專文。

纖維素

纖維與碳水化合物不同，它無法被身體分解成糖分子，相對的，它不被消化吸收而直接排出體外。雖然纖維無法提供營養，卻是身體健康的必要之物。纖維能協助調節身體的糖分使用，減緩消化過程的速度，引導更穩定的營養供應，維持長時間的飽足感。理想狀態而言，成年人應該每天攝取二十至三十克的纖維（每攝取一千卡熱量約十四克纖維），不過大多數美國人只攝取十五克而已。

纖維雖然非常好用，但可能對跑者造成困擾，也就是說，可能導致暫時性的腸胃不適（鍛鍊期間不太好受，跑步時更是惡夢），為此跑者必須謹慎攝取纖維。纖維需要約兩小時在身體內尋找方向，因此建議在跑完步後再攝取富含纖維的食物。此外，分多次在飲食中增加纖維量身體才能調適，可以從添加全

麥產品、一些水果和蔬菜開始，豆子也能當成肉類替代品。

跑者和碳水化合物之間的奇妙關係

　　跑步需要碳水化合物，就是如此簡單。若是在碳水化合物上不夠用心，就會使跑步成效低落、體力降低，還會胡亂思考。記住，所有密集訓練都得仰賴碳水化合物提供能量，無論長跑、快速跑步、阻力訓練、增強式訓練、鍛鍊和大部分本書談到的結締組織訓練，都是靠碳水化合物提供能量，因此請好好運用本章建議的方法，慎選碳水化合物後再食用。

給跑者的碳水化合物食譜

私房健康鬆餅（約十五片三吋鬆餅）

想吃一頓富含碳水化合物的餐點，美味的鬆餅就能滿足需求，方法在於讓鬆餅吃得健康，祕訣是神奇的白色全麥麵粉。本版本使用全麥味道較少、顏色較淺的麵粉因此負擔較輕。此份食譜還用優格和牛奶取代奶油，有誰會將新鮮的奶油放冰箱呢？但是你依然可以自由替換。

白色全麥麵粉	1 杯	發粉	½ 茶匙
小蘇打	½ 茶匙	食用糖	¼ 杯
低脂原味優格	1 杯	含脂量百分之二的牛奶	½ 杯
蛋	1 顆	奶油，融化備用	1 大匙
煎鍋用的奶油	少許		

1. 在大碗裡攪拌所有乾料，另拿一只碗混合濕料後，倒入乾料的碗中。
2. 稍微攪拌，不用非常均勻，鬆餅糊不需過度滑順。
3. 拿一只長柄平底煎鍋，開中火，刷上奶油。將麵糊倒入鍋中，直到鬆餅上頭出現小氣泡後，翻面續煎，快速起鍋放在溫熱的盤子裡，餘溫會持續加熱，直到鬆餅糊變熟。

每一片鬆餅含有：五十三卡熱量、八克碳水化合物、兩克蛋白質、一克脂肪。

鯷魚細扁麵（四人份）

全麥義大利麵可以做成很多種口味，這份食譜更是錦上添花，它以番茄和其他鮮明口味為主，可以搭配鹹味食材，如果你得留意鈉的攝取量（或是覺得吃鯷魚是種挑戰），可以將鯷魚和橄欖換成罐裝鮪魚和烤紅甜椒。若是你想吃鹹香十足的餐點（為什麼會有這種情況，請見第二十二章），且喜愛鯷魚，那就按照這份食譜做吧！

全麥細扁麵	1 磅	橄欖油	2 大匙

大蒜，略切 ⋯⋯⋯⋯⋯ 2 瓣	墨西哥辣椒 ⋯⋯⋯⋯ 自行選用
番茄，切碎 ⋯⋯⋯⋯⋯ 3 大顆	鯷魚罐頭一罐 ⋯⋯⋯⋯ 2 盎司
卡拉瑪塔橄欖，切碎 ⋯ ⅓ 杯	續隨子 ⋯⋯⋯⋯⋯⋯⋯ 2 大匙
調味用的鹽與胡椒 ⋯⋯⋯ 少許	

酸麵包丁、新鮮羅勒或帕馬森起司增味用 ⋯⋯⋯⋯⋯⋯ 自行選用

1. 根據義大利麵包裝上的指示煮麵。

2. 等待煮麵期間，在大只炒鍋中倒入橄欖油和大蒜（如果要用墨西哥辣椒請在此時加入），以中火燒熱。另外加入番茄和橄欖，不時攪拌，直到番茄開始變軟釋出茄汁。拌入鯷魚和續隨子調味，繼續翻炒直到變熟。

3. 瀝乾煮好的義大利麵，丟入炒鍋中與醬汁攪拌，另外加胡椒調味，需要的話可以多淋一點橄欖油。撒上酸麵包丁，讓義大利麵增加酥脆的口感，或是撒上新鮮的羅勒或少許帕馬森起司。

每一人份含有：五百一十四卡熱量、八十四克碳水化合物、十七克蛋白質、十四克脂肪。

辣味玉米餡餅佐費塔起司、玉米和黑豆（四人份）

這道料理從「青椒鑲肉（chiles rellenos）」改編，是獨具一格的健康美食。它是十足新鮮、味道鮮明又辛香的一道菜，不僅味道完美，也是非常好的碳水化合物和蛋白質來源，還能滿足你想吃墨西哥料理的需要。

辣椒（安納海、波布拉諾和乾辣椒適用） ⋯⋯⋯⋯⋯ 4 大顆	
中等大小的洋蔥，切丁 ⋯ 1 顆	玉米粒 ⋯⋯⋯⋯⋯⋯⋯ 1 杯
黑豆 ⋯⋯⋯⋯⋯⋯⋯⋯ 1 罐	費塔起司，撥碎備用 ⋯ 1 杯
卡拉瑪塔橄欖，切碎 ⋯ ⅓ 杯	續隨子 ⋯⋯⋯⋯⋯⋯⋯ 2 大匙
全麥玉米餅 ⋯⋯⋯⋯⋯ 4 片	原味零脂希臘優格 ⋯⋯⋯ 1 杯
莎莎醬 ⋯⋯⋯⋯⋯⋯⋯ 1 杯	磨碎的切達起司，增味用 ¼ 杯

1. 將辣椒放進烤箱用上火烤熟。待辣椒放涼後再去掉燒焦的外皮，這個步驟可以省略，好為整道菜添加非常棒的煙燻香味。

2. 以華氏三百五十度（攝氏一百八十度）預熱烤箱。在大碗中將洋蔥、玉米、黑豆和費塔起司攪拌均勻。

3. 把每顆辣椒去籽後縱向排列，然後將玉米黑豆餡填入辣椒中。用玉米餅一一包裹辣椒，讓辣椒的接合處朝上，玉米餅的接合處朝下。將每份玉米餅放入烤盤或燉鍋中排好。另外將莎莎醬和優格拌勻，淋在玉米餅上，撒上切達起司後，放進烤箱烤三十分鐘，或是烤到頂部呈金黃色且滋滋作響。拿出烤箱靜置五分鐘後即可上桌。

祕訣：這道菜可以搭配米飯，增加更多碳水化合物量。

每一人份含有：四百四十五卡熱量、六十七克碳水化合物、二十六克蛋白質、十二克脂肪。

辛辣楓糖熱巧克力（一杯）

在充滿涼意的天氣或下雨天清晨跑完步後，很少有比熱巧克力更舒心的點心；這與巧克力牛奶一樣，有同等的碳水化合物和蛋白質（巧克力牛奶被視為是地球上跑完步進行恢復的最佳飲品）。本食譜發想自美國南方的熱巧克力版本，添加了肉桂和辛辣風味，正好適合喜歡在大快朵頤之前想暖身的跑者。

含脂量百分之二的牛奶…1 杯	無糖可可粉……………2 大匙
楓糖漿……………2 大匙	香草精………………½ 茶匙
肉桂……………¼ 茶匙	辣椒粉………………1 大撮
鹽……………1 小撮	

將所有食材丟進鍋中，以中火加熱攪拌，直到混合均勻。

每一杯含有：兩百六十七卡熱量、四十七克碳水化合物、十克蛋白質、六克脂肪。

BUILD YOUR RUNNING BODY

第二十章

攝取蛋白質

蛋白質一直以來有「生命積木」之稱，這稱謂可是其來有自！蛋白質存在於人體細胞中，是肌肉、皮膚、器官和腺體的主要組成元件，並在生長、消化、組織修復、免疫系統反應、荷爾蒙傳遞和各種人體功能上扮演要角。

對跑者而言，蛋白質對肌肉修復和訓練後的恢復非常重要，國際運動營養學會（International Society of Sport Nutrition）曾警告，蛋白質不足會增加運動時受傷的風險。

蛋白質與酵素相似，皆能在產生有氧和無氧能量時運作；也與 MCT 一樣，可以在密集跑步期間將乳酸和氫離子帶離細胞；更與血紅蛋白一樣，運載著維繫人體生命的氧氣。若説碳水化合物和脂肪能補充身體跑步時的能量，蛋白質就是給予身體機房動力的型態和功能。

胺基酸是什麼？

胺基酸是建構蛋白質的積木，也是製作生命積木時需要的小積木。正式而言，胺基酸是由基本的氨基、羧酸基和有機的 R 基（側鏈）組成的有機分子，每個胺基酸各自不同，但你可以想成樂高積木，每個小積木堆疊組裝後，就成為一個完整精巧的蛋白質。

美國國家醫學圖書館曾列出二十一種身體用來製造蛋白質的胺基酸，人體可以自行產生其中十二種，但剩下九種必須仰賴食物補充，因此又被稱為「必需胺基酸」，就是必須從飲食攝取的胺基酸。與碳水化合物和脂肪不同的是，人體無法將胺基酸儲存起來備用，所以必需胺基酸就變成每日營養攝取的一部分。不過，大部分的正常飲食中已包含足夠分量。

胺基酸又分成三類：

▶ **必需胺基酸**：人體無法自行製造這類胺基酸，包括組胺酸、異白胺酸、白胺酸、離胺酸、甲硫胺酸、苯丙胺酸、羥丁胺酸、色胺酸和纈胺酸。

▶ **非必需胺基酸**：人體可以自行製造這些胺基酸，包含丙胺酸、天門冬醯酶、天門冬胺酸和麩胺酸。

▶ **條件必需胺基酸**：這類胺基酸，在生病或面臨壓力時，會變成必需胺基酸，包括精胺酸、半胱胺酸、麩醯胺酸、甘胺酸、鳥胺酸、脯胺酸、絲胺酸和酪胺酸。

完全蛋白質 vs. 不完全蛋白質

一想到蛋白質，多數人會聯想到動物，其實植物性蛋白質也非常多，只是大部分（並非全部）的植物性蛋白質都屬於不完全蛋白質。蛋白質的來源可以簡單分成兩種，若非整體皆為必需胺基酸，那就全部是非必需胺基酸。

完全蛋白質又稱為優質蛋白質，內含所有分量足夠的必需胺基酸，可支持身體的生理機能。以動物為主的食物，例如紅肉、禽肉、魚肉、牛奶、雞蛋和

起司等，都是完全蛋白質的來源。

另一方面，不完全蛋白質並不包含所有必需胺基酸，可能缺少一或數個必需胺基酸，或是這類胺基酸含量較少。大部分以植物為主的蛋白質來源，例如蔬菜和穀物就屬於不完全蛋白質。

幸好人體並不介意是否從單一來源獲取所有必需胺基酸，甚至還非常樂意從多種來源攝取完整的胺基酸。這對素食者來說是一大樂事，因為很少有植物性蛋白質是完全蛋白質。對肉食者來說也是不錯的消息，雖然動物性蛋白質有豐富的必需胺基酸，通常也伴隨大量不健康的飽和脂肪，而植物性蛋白質是比較健康的替代品，可以在不攝取大量脂肪的情況下，獲得多種重要的營養。

營養面面觀

蛋白粉是神奇奶昔還是行銷勒索？

蛋白飲料是運動營養產業的一部分，每年光在美國就可締造三十億美元的收益，它們還是最受年輕運動員歡迎的補給品。然而，這種飲料真的對人體有益嗎？蛋白粉非常容易取得，根據產品包裝說明，它還是成功練就六塊肌的必備良方，因此有愈來愈多研究抗議，主張此產品成為保健食品產業的行銷機器。

保健食品產業要你相信，蛋白質不足就是你成為奧運先生或小姐的阻礙（這產業沒有理由不囂張，二○○三年國際奧林匹克委員會報告指出，美國和英國境內販售的保健食品中，近百分之二十均摻有已遭禁用的體能增強物質）。然而，一般人在每日飲食中，早已獲取足夠的蛋白質，若攝取比每日建議攝取量多上好幾倍的劑量，其實是給身體過多不知如何處置的蛋白質而已。

第十二章曾解釋過攝取蛋白質可以啟動更穩定的合成代謝狀態，使身體恢復更快速，調適得更好，但是這跟自己埋在蛋白粉堆中期待得到比賽冠軍是完全不一樣的事。

大部分跑者應該謹記下列幾點：

▶蛋白補充品非常昂貴。

▶它們並非是完整的食物，也缺乏充足的營養素。

▶這類產品通常含有人工原料，且另外添加糖分。

▶二〇一〇年的《消費者報告》（Cconsumer Reports）發現，檢驗過的蛋白保健食品中，百分之二十含有超過美國藥典規定的重金屬含量（砷、鎘、鉛和汞）。

如果你還是想吃蛋白補充品，請服用能完成理想目標的必要用量即可，若你不確定用量，那就把那罐粉狀物放下，讀完本章吧！

互補蛋白質

互補蛋白質是指兩個或多個不完全（植物性）蛋白質結合後，產生一組完整的必需胺基酸。比如說豆子缺少甲硫胺酸和半胱胺酸，但有高含量的離胺酸，反而穀類缺少離胺酸，有大量甲硫胺酸和半胱胺酸；一起吃下這兩類食物，正如很多文化已實行好幾世紀的吃法，恭喜你獲得完整的植物性蛋白質。

如果你喜歡少肉或無肉飲食，那就要熟悉互補蛋白質。以前專家認為，互補蛋白質需要在同一餐裡一次吃完才能成功結合，但現在卻建議，在一天內個別吃下互補蛋白質，就能獲得完整的蛋白質營養。唯一的例外是鍛鍊完要恢復時所吃的蛋白質，因為這類蛋白質必須在特定時間內（鍛鍊完後的十五至三十分鐘內）攝取，好補充需要的營養，因此得一次吃下所有的互補蛋白質。

若想讓互補蛋白質完整結合，就需要你擔綱媒人一角，米飯和豆子是最經典的「完全蛋白質」配對，但還有其他選擇。你可以用豆類或乳製品搭配穀類、堅果或種籽，或是乳製品搭配豆類也行，下列是幾種幫助你瞭解的組合：

▶豆子與玉米或是全麥玉米餅

▶花生醬吐司

▶全麥捲心粉和起司

▶豆泥與椒鹽捲餅或玉米脆片

▶豆腐和米飯

▶鷹嘴豆泥與全麥口袋麵包

▶花生醬奶昔

▶烤起司三明治

▶優格與堅果或燕麥片

▶炸鷹嘴豆餅三明治

▶小扁豆或豆子湯搭配米飯、玉米或麵包

▶全穀早餐穀片加牛奶

▶披薩或千層麵！

▶義大利麵沙拉佐費塔起司和鷹嘴豆

當然有趣的部分就是可以自己創意搭配，只要互補蛋白質能起作用，便能在滿足蛋白質需求時發揮最大效益。

你需要多少蛋白質？

大部分人已攝取足夠的蛋白質，但研究指出運動員需要更多的膳食蛋白質，而非「好吃懶做」的朋友。國際運動營養學會也回應了這類說法，在二○○七年曾發表文章寫道，「此『USDA 所建議』蛋白質攝取量或許對不常運動的人來說剛好，但顯然這不足以補償運動期間氧化的蛋白質、胺基酸……也無法提供瘦肌肉組織或是修復因運動損傷的肌肉所需的基質。」

那麼，USDA 所建議的蛋白質攝取量是多少呢？以運動員所需的標準來看，每天人體每一公斤體重只需一點點蛋白質，八公克就已足夠（每一磅約○·三六公克）。與此相比，ISSN 鼓勵經常運動的人每天每一公斤體重就攝取一至兩公克的蛋白質。

營養面面觀

藜麥：超級明星種籽

藜麥（Quinoa，英文唸成「奇一諾一啊」，或是「金一瓦」）是近年才出現在美國食品櫃中的東西，但這種尺寸非常細小的種籽產於安地斯山脈，已為當地居民提供植物性蛋白質數千年之久。雖然藜麥有穀物的外表，但其實是藜屬，與甜菜根和莙薘菜（在雞尾酒宴會上不妨提一下這個詞，讓朋友刮目相看）來自同個家族。

這個味道溫和，帶有堅果香氣的種籽竟然是營養界的搖滾明星？為什麼呢？因為藜麥除了美味且方便料理之外，它還包含全部的必需胺基酸，很少有穀物和植物能做到這一點。對藜麥深感興趣的跑者來說，這種籽有豐富的離胺酸，是組織得以生長、修復的一種胺基酸；還有鎂，是提升肌力以及降低第二型糖尿病患病風險的重要礦物質。

ISSN 認為根據從事活動不同，會有不一樣的蛋白質需求量：

▶ 耐力訓練：每一天每公斤體重需要一至一·六公克的蛋白質（每一磅需要○·四五至○·七二公克）。

▶ 間歇性訓練：以本質屬高強度和間歇性的運動（例如足球、籃球、混合武術等）而言，每天你需要的蛋白質量為每一公斤體重攝取一·四至一·七公克的蛋白質（每一磅攝取○·六四至○·七七公克）。因為運動強度增加時會增加肌肉的壓力，所以必須攝取額外的蛋白質。

▶ 肌力／爆發力訓練：這時你會需要比耐力運動和間歇性運動還多的蛋白質，特別是在此訓練的初期階段和／或運動量增加期間。每一天所需的蛋白質請盡量攝取到每一公斤體重一·六至二公克蛋白質（每一磅攝取○·七二至○·九公克）。

如果想瞭解不同食物結合會有多少含量的蛋白質，請瀏覽接下來的清單，然後嘗試幾道能增加健康蛋白質的料理。

食物	蛋白質含量（公克）
3 盎司重的炙烤牛絞肉（含 80% 瘦肉）	22.04
12 液量盎司的啤酒	1.63
1 杯鷹嘴豆	14.53
烤去皮雞肉，含一半雞胸肉	26.68
1 杯巧克力牛奶	8.59
3 盎司重的罐裝蛤蠣	20.61
1 杯含脂量百分之一的茅屋起司	28.00
4 吋大小的肉桂葡萄乾貝果	8.72
煮熟的 1 杯小扁豆	17.86
煮熟的 1/2 片比目魚排	35.84
16 液量盎司的香草奶昔	11.22
10 個硬的椒鹽脆餅	6.20
1 盎斯重的烤南瓜籽	8.4
1 杯罐頭焗豆	13.63
1 杯綜合堅果	20.73
1/2 片煮熟的鮭魚排	39.37
1 杯煮熟的毛豆	22.23
1 杯冷凍菠菜	7.62
1 杯菠菜泥	10.73
1 杯豆子湯	16.35
1/4 個硬豆腐	6.63
3 盎司煮熟的黃鰭鮪魚	24.78
1 杯鮪魚沙拉	32.88
火雞漢堡，含一片漢堡排	22.44
3 盎司重的火雞胸肉，深淺色部位均有	18.13
素漢堡，含一片漢堡排	13.86
1 杯罐頭白豆	19.02

（資料來源：USDA 國家營養標準參考資料庫）

給跑者的蛋白質食譜

花生醬果昔（一杯）

要做出完美的果昔，其中一個祕訣是使用冷凍水果而非冰塊，因為冰塊溶解後會稀釋味道和口感，而冷凍水果不會。冷凍香蕉特別容易打出美味滑順又香濃的口感，準備一些剝皮切片的冷凍香蕉備用，你就能隨時喝到美味果昔。

低脂牛奶 ⋯⋯⋯⋯⋯⋯ 1 杯	零脂的香草口味希臘優格 1 杯
冷凍香蕉 ⋯⋯⋯⋯⋯⋯ 1 根	花生醬 ⋯⋯⋯⋯⋯⋯ 2 大匙
椰子粉 ⋯⋯⋯⋯⋯⋯ 2 大匙	

將所有材料倒入果汁機，打成滑順泥狀即可。

每一杯含有：三百四十卡熱量、四十四克碳水化合物、二十二克蛋白質、十一克脂肪。

現代魔鬼蛋六吃（按情酌量）

儘管雞蛋經常被批評會造成膽固醇問題，哈佛公共衛生學院卻指出，吃下不健康的脂肪，反倒更容易影響大多數人的膽固醇指數。此外，雞蛋的營養有助於降低心臟病風險，包含蛋白質、維生素 B12 和維生素 D、核黃素以及葉酸，而且雞蛋的蛋白質質量很好，通常科學家會以雞蛋作為測量其他食物蛋白質品質的參考標準。既然雞蛋有這些好處，我們就提供魔鬼蛋！但這不是添加美乃滋的經典版本，我們將美乃滋換成可以增加蛋白質的食材。

以下食譜的雞蛋處理方法，均是在鍋中放入六顆雞蛋，倒入冷水，然後放爐火上煮大約一分鐘或最多兩分鐘。關火後，讓雞蛋繼續留在熱水裡，蓋上鍋蓋靜置十五分鐘。從鍋中拿出雞蛋後，讓每顆蛋外表出現一些裂痕，再放入冷水中等待冷卻。接著，把殼剝掉後切半，把蛋黃挖出放在另一只碗中，接著就根據下列食譜製作，依照你選定的吃法準備材料即可：

芥末芝麻蛋

將六顆蛋黃與四分之一杯原味零脂希臘優格、一又二分之一茶匙芥末、一大匙芝麻、一大匙醬油混合攪拌，之後把拌料填回蛋白中，放上醃薑碎末點綴。每一顆蛋有：八十二卡熱量、一克碳水化合物、八克蛋白質、六克脂肪。

鷹嘴豆泥蛋

將六顆蛋黃與二分之一杯鷹嘴豆泥、兩茶匙橄欖油、檸檬、辣醬和鹽巴均勻攪拌調味。把拌料回填蛋白後，撒上番椒。每一顆蛋含有：一百一十七卡熱量、三克碳水化合物、八克蛋白質、九克脂肪。

鮭魚辣根蛋

將六顆蛋黃與四分之一杯零脂希臘優格、一茶匙辣根醬、四分之一杯煙燻鮭魚碎末、新鮮的蒔蘿、鹽巴和胡椒攪拌調味。把拌料回填蛋白後，再加一點新鮮蒔蘿增味。每一顆蛋含有：八十七卡熱量、無碳水化合物、九克蛋白質、六克脂肪。

酪梨莎莎蛋

將六顆蛋黃與一顆中等大小的酪梨、兩大匙莎莎醬、萊姆和鹽巴攪拌調味。把拌料填回蛋白後，加上切碎的芫荽增味。每一顆蛋含有：一百一十八卡熱量、三克碳水化合物、八克蛋白質、九克脂肪。

鮪魚醬雞蛋

將六顆蛋黃與一罐五盎斯重的含湯汁水煮鮪魚罐頭瀝乾、六條鯷魚、一大匙續隨子、一大匙橄欖油、檸檬、鹽巴和胡椒攪拌均勻調味。把拌料填回蛋白後，另外加上續隨子增味。每一顆蛋含有：一百一十二卡熱量、無碳水化合物、十一克蛋白質、八克脂肪。

經典重製蛋

將六顆蛋黃與三分之一杯低脂茅屋起司、一茶匙第戎芥末醬、海鹽攪拌均勻。把拌料填回蛋白後，撒上燻製過的紅椒或番椒。每一顆蛋含有：九十一卡熱量、一克碳水化合物、八克蛋白質、七克脂肪。

黑豆藜麥漢堡 (四人份)

　　一大份牛肉漢堡的漢堡肉或許能比這份健康替代品提供的蛋白質更多，但同時也有非常可觀的熱量。牛肉漢堡每一卡熱量，實際上就含同等重量的蛋白質；這份無肉漢堡含有更多肉漢堡所缺乏的纖維、維生素和營養素，分量也與正常漢堡相同，足以飽足。

洋蔥	1 小顆	大蒜	2 瓣
黑豆洗淨後瀝乾	1 罐	雞蛋	1 顆
紅甜椒切丁	¼ 杯	燻製紅椒	½ 茶匙
茴香	½ 茶匙	帕馬森起司，磨碎	¼ 杯
麵包丁	¼ 杯	鹽和胡椒	少許
煮熟的藜麥（根據包裝指示烹煮）椒			½ 杯

1. 在食物處理機中放入洋蔥和大蒜打成碎末，再加入一半的黑豆、雞蛋、紅甜椒、紅椒和茴香，直到打成泥狀。

2. 將 1. 的拌料放入一只大碗，倒入剩下的黑豆、藜麥、帕馬森起司和麵包丁，加鹽和胡椒調味，以及紅椒粉或你喜歡的調味料攪拌均勻。

3. 將拌料分成四等分，分別捏出漢堡排的形狀。

4. 豆泥漢堡排比較難定型，在入鍋前，先放入冰箱冰一個小時，可以讓材料定型，較不容易散開。如果你想用煎的或用上火烤，請先退冰；若你沒有時間退冰，直接用烤箱烤是最好的方法。

5. 用烤箱：將漢堡排放在塗好油的烤盤中，以華氏三百五十度烤二十分鐘，翻面後再繼續烤十分鐘。

6. 用煎鍋：將漢堡排放在以中小火燒熱的煎鍋中，每一面各煎六分鐘，讓表面酥脆且呈金黃色。

每一人份含有：兩百零六卡熱量、三十一克碳水化合物、十二克蛋白質、五克脂肪。

白豆海鹽布朗尼（十六塊兩吋方磚）

豆子不是只能用在墨西哥玉米捲餅和搭配辣椒。事實上，亞洲文化把豆子用在製作甜點的歷史非常悠久（例如紅豆冰淇淋）。豆子可以讓甜點增加蛋白質和纖維，而這份食譜將奶油、麵粉和雞蛋以白豆替代，成果是風味十足、口感綿密的布朗尼，兩百卡熱量的甜點卻有非常多的營養。

白豆	1 罐	全天然花生醬	½ 杯
純楓糖漿	¼ 杯	初級糖蜜	2 大匙
紅糖	⅓ 杯	香草精	2 茶匙
鹽	½ 茶匙	發粉	¼ 茶匙
小蘇打粉	¼ 茶匙	核桃	½ 半杯
甜度中等的巧克力豆	½ 半杯	海鹽	少許

1. 以華氏三百五十度預熱烤箱，並在八 × 八吋大小的烤盤裡塗上一點油。

2. 將白豆洗淨瀝乾，然後連同其他材料（除了巧克力豆、核桃和鹽巴）一同放入食物處理機打碎，直到呈現滑順的泥狀。

3. 在拌料中丟入巧克力豆和核桃攪拌，這兩種材料只各留一把的分量備用。接著將混合好的拌料放入準備好的烤盤，並把麵糊弄平整。接著將剩下的巧克力豆和核桃撒在麵糊上，另外再撒上一撮海鹽。

4. 放入烤箱後烤三十分鐘，或直到麵糊略呈棕色且變得酥脆，拿牙籤戳入拿出來沒有任何麵糊殘留即可。接著拿出烤箱後，再撒上一點海鹽，然後靜置冷卻。最後將成品切成兩吋大的方塊，此時布朗尼的質地有點黏稠，如果你喜歡硬一點的口感，那就留待隔天再享用即可。

每一塊方磚含有：兩百卡熱量、二十四克碳水化合物、五克蛋白質、九克脂肪。

第二十一章

攝取脂肪

你內心是否有個經常想大啖甜甜圈的荷馬·辛普森（Homer Simpson）[1]？你是否覺得零脂牛奶喝起來就像是稀釋粉筆的水？如果生活在一個不用擔心牛仔褲尺寸的世界裡，你是否會毫不猶疑地選擇洋芋片而非水煮甘藍菜？

上述答案如果為「是」，恭喜你！你喜歡的就是膳食脂肪，所以是正常人無誤。人類對於脂肪的喜好是演化而來的跡證，正是這種喜好讓我們的祖先找到高能量食物，而生存下來。

然而現代的生活裡，脂肪早已變成小商店販售的包裝點心，所以我們該調整一下演化的方式，謹慎思考該將哪一種脂肪和多少脂肪納入飲食當中。

1 譯者註：美國知名卡通《辛普森家庭》（The Simpsons）的主角之一，嗜吃甜甜圈，飲食習慣無肉不歡，無甜不嗑。

脂肪是什麼？

　　膳食脂肪是第三種可以補充體力的主要營養素（碳水化合物和蛋白質是前兩種）。脂肪主要由甘油酯（以及其他少量脂質）組成，可結合成為一大群水溶性分子。脂肪在近幾年已蟬聯全民公敵之冠，但這種說法不免有失公允，因為脂肪不僅能提供能量，對身體某些功能來說更是必需品。

　　脂肪是膳食能量最集中的來源之一，每一公克脂肪有九卡熱量，而蛋白質和碳水化合物則是每一公克含有四卡熱量。脂肪讓食物嚐起來美味，因為我們天生就喜愛它。人類對於脂肪的品味被認為是演化壓力之下的結果，為了生存，必須選擇高能量的食物。

　　實際上，含有大量脂肪的食物本來就比低能量的蔬果更使人愉悅，《脂肪偵測：口味、口感和消化後的影響》的第十一章中，安德魯・杜諾斯基（Andrew Dewnowski）和愛娃・阿爾米榮洛格（Eva Almiron-Roig）曾寫道：「脂肪帶來的快樂似乎與內源性鴉片系統有強烈關聯。」換句話說，大腦會因為我們選擇脂肪，而給出愉快的感覺作獎勵，所以快給我薯條！

　　問題在於，人體本來因應演化發展，在脂肪很少且難以取得時會渴望脂肪，如今我們雖然熱衷這些肥膩的食物，但大量攝取脂肪卻無法緩和吃的欲望。世界衛生組織曾指出，肥胖和過重是全世界人口死亡的第五項主要風險因素，每年至少帶走了兩百八十萬人的性命。全世界有十億五千萬名成年人過重，其中有五千萬人屬於肥胖。

脂肪有什麼好處？

　　有些論述說人類太愛脂肪，但這無從狡辯，因為確實需要。脂肪能儲存能量，保護重要器官，並協助蛋白質完成工作；它還可以讓你的皮膚和頭髮保持柔軟，協助吸收重要的脂溶性維生素（A、D、E 和 K），並啟動可以調節生長、免疫功能、再生和代謝的化學反應。

　　脂肪也含有必需脂肪酸，就像必需胺基酸一樣，這些物質無法由人體自行

製造，必須藉由飲食攝取。而必需脂肪酸中的亞麻油酸和次亞麻油酸，能確保大腦正常運作、監控發炎情形，並讓血栓形成降至最低。

要為低強度至中強度運動（包含大部分距離跑）補充能量，脂肪就是超級明星（詳見第十章，瞭解脂肪轉變成能量的脂肪分解內容）。

重要關鍵：跑者需要脂肪（每個人都需要），但脂肪有好有壞，能夠分辨出壞脂肪，規劃適當的脂肪攝取策略，才是讓飲食涵括健康脂肪的關鍵。

不飽和脂肪

根據美國公眾利益科學研究中心指出，一般人每年攝取的總脂肪量，比一九七年多了二十磅，而近年美國農業部報告中，美國人每天從添加的脂肪和油脂所攝取的脂肪量，是從六百四十五卡熱量算起，這還是在食物本身所含脂肪量之前的計算結果，因此瞭解脂肪好壞很重要。脂肪每一克有九卡熱量，但有些脂肪本身的化學結構會使該脂肪更健康。

不飽和脂肪本身含有一對或多對的脂肪酸鏈，屬於好脂肪，其中成雙成對的脂肪酸鏈，是碳水化合物兩兩結合並在脂肪酸鏈中形成的「扭結」（曲節），帶有比較少的氫分子（也就是未充滿氫），這類脂肪酸鏈比其他沒有扭結、穩固的飽和脂肪更不容易緊靠，因此你可以從室溫下仍然呈液體狀態的性質得知它是不飽和脂肪（比如橄欖油）。

研究發現不飽和脂肪可以減少低密度脂蛋白（LDL）膽固醇，並提升高密度脂蛋白（HDL）膽固醇。LDL 膽固醇或稱「壞的膽固醇」（此時應當出現「嗶嗶——」的聲音），是一種會在動脈壁上累積的脂肪物質，為製造血小板的物質，而血小板累積後就會造成動脈粥樣化，這是一種動脈窄縮、提高心臟病、中風和其他嚴重健康風險的疾病；HDL 膽固醇又有「好的膽固醇」之稱（耶！），是可以抓住壞膽固醇，將其甩到肝臟並加以處置的物質。

不飽和脂肪有兩種型態：

▶ **單元不飽和脂肪**：這類脂肪含有一對雙鍵，食用富含單元不飽和脂肪

營養面面觀

五大受歡迎的脂肪

　　想在每日排定的脂肪熱量中獲得最大幫助，就一定得攝取健康且能打擊 LDL 膽固醇的脂肪：

　　酪梨：一顆酪梨所含的三十克脂肪屬單元不飽和脂肪，也就是說酪梨不僅對身體好，還很美味！

　　雞蛋：過去雞蛋多被打上膽固醇炸彈的標籤，如今雞蛋卻是可以提升心臟健康的食物。當前的思維是，使 LDL 膽固醇增加的是食物裡的飽和脂肪，而非膳食膽固醇，而一顆雞蛋僅含有一點五公克的飽和脂肪。雞蛋除了是優質蛋白質的驚人來源，也含有膽鹼，這是可以調節大腦、神經系統和心血管系統的主要營養素。

　　橄欖油：你可曾想過，為何住在出產豐沛橄欖油的地中海國家人民都能如此長壽？有無數研究指出，橄欖油可以降低心臟病、高血壓和特定幾種癌症的罹病風險。將橄欖油當成每日脂肪攝取的一部分，或許你就能非常長壽！（請見第二十三章，以瞭解更多地中海飲食）

　　堅果：堅果含有不飽和脂肪，還有 omega-3 脂肪酸，因此經常食用堅果的人一般而言較瘦，且不容易發生第二型糖尿病，心臟病風險也能降低。如果不吃堅果，小心還會變笨。

　　魚油：油脂豐富的魚類包含鮭魚、鮪魚、沙丁魚、鯖魚；而富含 omega-3 脂肪酸的魚比如鱒魚。美國心臟學會建議每週至少要吃兩份。

的食物可以改善血中膽固醇量，並對胰島素和血糖控制有益。好的單元不飽和脂肪來源包括橄欖、花生和芥花油、酪梨，堅果有杏仁、榛果和胡桃，種籽則包括南瓜籽和芝麻。

▶多元不飽和脂肪：這類脂肪的雙鍵不只一對，主要出現在植物性食物和油脂中。攝取富含多元不飽和脂肪的食物可以改善血中膽固醇，並降低心臟病（以及第二型糖尿病）的罹病風險。

多元不飽和脂肪能進一步再細分成兩類：

▶omega-3 脂肪酸：這類必需脂肪酸可以減輕炎症和降低血壓，根據哈佛公共衛生學院指出，omega-3 可降低冠狀動脈疾病、中風的風險，並能避免心律不整，有助於控制狼瘡和類風濕性關節炎。omega-3 多出現在肥肉魚（魚油）中，但奇亞籽、核桃、綠葉蔬菜與亞麻仁籽、芥花和大豆裡也有。

▶omega-6 多元不飽和脂肪酸：這種必需脂肪酸（包含亞麻油酸）對大腦功能、代謝、再生和骨骼、皮膚、毛髮的生長非常重要。有些 omega-6 與炎症有關，不過亞麻油酸可以多次分解，產出實際能減緩發炎的物質（DGLA）。此類脂肪酸的膳食來源包括大豆油、葵花籽油、大部分的蔬菜油、雞蛋、堅果、穀片、椰子等。

飽和脂肪

如果你曾留意過任何與健康或飲食相關的文章（或是晚間新聞會出現的營養報導），那你一定聽過飽和脂肪的惡劣事蹟。原因在於：吃下含有飽和脂肪的食物，會增加體內「壞的」LDL 膽固醇；此外還有研究發現，某些乳製品和肉類所含的飽和脂肪，像是棕櫚酸和肉豆蔻酸會引起發炎並損害動脈。飽和脂肪一般而言在室溫下呈固態，例如牛肉上的大理石花紋（marble fat），主要是來自動物，而植物性的飽和脂肪有棕櫚油、椰子油和可可油。

不過並非所有飽和脂肪都如此惡名昭彰，比如黑巧克力（和某些肉）內含的硬脂酸就是無害的脂肪。另外，一直以來被認為是壞脂肪的椰子油其實含有月桂酸，是一種可增加好的 HDL 膽固醇、降低動脈粥樣硬化風險的脂肪酸。

避免攝取含有大量飽和脂肪的食物，這觀念當然正確，按照以往經驗來看每日營養攝取量百分比，若是食物的營養標示寫明百分之五就是含量少（雖然有時會以零顯示），百分之二十就是高含量。

令人驚訝的十種飽和脂肪來源

　　你可能知道起司漢堡和冰淇淋皆有高含量的飽和脂肪，不過你若是知道美國人平均飲食當中，哪些食物帶來最多的飽和脂肪，可能會更驚訝。以下是美國國家癌症中心整理出來，十種含有最多飽和脂肪的食物來源，這些食物是最可憎的敵人：

1. 起司——8.5%
2. 披薩——5.9%
3. 穀物為主的甜點——5.8%
4. 乳製甜點——5.6%
5. 雞肉和加有雞肉的菜餚——5.5%
6. 香腸、法蘭克福香腸、培根和肋排——4.9%
7. 漢堡——4.4%
8. 墨西哥菜餚——4.1%
9. 牛肉與加有牛肉的菜餚——4.1%
10. 減脂牛奶——3.9%

反式脂肪

　　反式脂肪（或反式脂肪酸）是氫化造成的結果，氫化是指不飽和脂肪添加了氫，讓這些脂肪酸更耐腐。

　　反式脂肪不僅被用來當成防腐劑，也容易塗抹，其燃點比不飽和脂肪高，所以方便用來烹飪食物。在食物加工產業紛紛於邁入二十世紀之際轉而愛戴反式脂肪後，這類脂肪被大量添加在包裝食品上，Crisco 這間公司在一九一一年首度推出第一種氫化後的全植物起酥油。

　　一九五○年代，開始有許多反式脂肪與心臟病增加有關的議論，但是要到一九九○年代才證實了反式脂肪會帶來最可怕的影響，此類脂肪經證實會提升壞的 LDL 膽固醇、降低 HDL 膽固醇、增加心臟病和中風的風險，以及可能會

增加第二型糖尿病風險。

雖然有改變標示說明、重新制定食品規範，甚至地區性禁用規定的種種努力，但反式脂肪仍出現在許多食品中，包括油炸食物、植物性起酥油、甜甜圈、餅乾、鹹味餅乾、冷凍披薩、微波爆米花、點心食品、瑪琪琳和咖啡奶精；即使美國人攝取的反式脂肪量已經減少，但每天仍吃了五點八公克的反式脂肪。根據美國疾病管制中心指出，反式脂肪攝取量若能再減少，就能避免每年一至兩萬例心臟病，以及三千至七千個因冠狀心臟病而死亡的案例。

跑步所需的脂肪

這個世界充斥著熱門的爭議議題，像滾石合唱團 vs.披頭四，還有金潔 vs 瑪麗安[1]，當然在跑者當中，也有低碳水化合物與高碳水化合物飲食的爭辯。

跑者向來偏好高碳水化合物、低脂肪的飲食，任何食物只要含有超過百分之二十的脂肪，就會因為不符跑步的能量需求（包括鍛鍊完的肝醣替換）而不吃。但過去二十年來的研究，讓許多耐力型跑者開始重新思考這項能量公理，全新且講究低碳水化合物的觀點於是出現：跑步（或任何運動）期間，人體會運用到兩種主要的儲存能量，肌肉裡的肝醣（碳水化合物）和脂肪，而既然肝醣有限（任何參加過馬拉松的跑者都能作證），脂肪實際上算是無限，任何以燃燒脂肪來鍛鍊身體的跑者，必然可在耐力競賽中撐比較久。

紐約州立大學水牛城分校在二〇〇〇年某份研究中，讓十二位男性跑者與十三位女性跑者分別花上四週，前者以百分之十六脂肪含量的飲食為主，後者是百分之三十一脂肪量的飲食，並拿兩組人馬的研究結果做比較。在力竭測試上，攝取百分之三十一脂肪量飲食的跑者，與攝取百分之十六脂肪量的跑者相比，多出了百分之十四的運動成效，但最大攝氧量並不受飲食影響。

另一份由芬卡特拉曼（Venkatraman）等人在二〇〇一年的研究也有近似

---

1 譯者註：兩位皆是美國六〇年代影集《夢幻島》（Giligan's Island）的女主角，金潔（Ginger）是美艷的電影明星，瑪麗安（Mary Ann）則是天真的鄰家女孩。「Ginger or Mary Ann」之後延伸成為經典的大眾心理測驗問題，詢問美國男子對於典型女性的想法。

結果，十四位經歷豐富的跑者花了四週時間進行三組連續的飲食計畫：先是百分之十五脂肪量、再來是百分之三十，最後是百分之四十脂肪量的飲食。以百分之三十脂肪量的飲食來看，跑者在低脂檢測上的力竭時間（最大攝氧量為百分之八十）確實改善，成效分別提升了百分之十九（女性）和百分之二十四（男性），而他們在百分之四十脂肪量飲食時的結果，大略與百分之三十脂肪量時的相同。

另一份同樣來自水牛城分校，由傑拉赫（Gerlach）等人在二〇〇八年進行的研究中，發現了女性跑者攝取脂肪量少與受傷風險之間的關係，證實脂肪攝取量能有效預測百分之六十四的受傷可能性，最常見的傷勢有壓力性骨折、肌腱炎和髂脛束症候群；同時還記錄有缺乏脂溶性維生素 K 和 E 的情形。該份研究總結，以低脂飲食為主的女性跑者（攝取量少於百分之三十），有百分之兩百五十的機率可能會受傷，因此建議跑者應該以百分之三十六脂肪量的飲食為主好避免受傷。

不過在你直接跟進這股脂肪浪潮之前，請思考一份二〇〇四年關於肯亞菁英選手及全球頂尖距離跑選手的研究，該份研究發現他們飲食中脂肪量僅有百分之十三，而大部分全球名列前茅的距離跑跑者（五千公尺至馬拉松）大多都使用像肯亞籍跑者這樣的飲食方式。

重要關鍵：當終極跑者和鐵人三項運動員，或是任何在耐力競賽中可以撐上四小時或更久的人，都知道要以脂肪作為主要能量來源之時（更多攝取脂肪的內容請見第十章），我們這些平常人更應該在飲食中適度攝取脂肪。如果你想嘗試以脂肪作為主要能量來源，請記得脂肪消化較慢，在轉化成能用的能量之前，還需最多六小時的消化時間，另外也別忘記，距離更短的短跑（五千公尺以下）大部分都是仰賴碳水化合物為主。

你能（應該）吃多少脂肪？

這才是你真正想知道的事吧？下列是美國民眾膳食指南最新的建議指標：

▶總脂肪量：總脂肪量限定為每日熱量攝取的百分之二十至三十五。以一天兩千卡熱量的飲食來看，大約是一天四十四至七十八克總脂肪量。

▶單元不飽和脂肪：沒有特別限定攝取量，但在吃含有大量此類脂肪的食物時，別忘記不能超過每日總脂肪量。

▶多元不飽和脂肪和 omega-3 脂肪酸：同上。

▶飽和脂肪：飽和脂肪量要限制在不超過總熱量攝取的百分之十，若可限定在百分之七以下，就能降低心臟病風險。以一天兩千卡熱量的飲食來看，百分之十的限制約是一天二十二克的飽和脂肪，而百分之七大概是一天十五克。飽和脂肪攝取量也要囊括在每日總脂肪量中。

▶反式脂肪：沒有特別限定的建議量，但愈少愈好。美國心臟學會建議限定反式脂肪攝取不得超過每日總熱量的百分之一，對多數人而言，這大約是一天少於兩公克。

少數做馬拉松訓練的跑者，或是地區性五千公尺路跑的跑者肯定確實做到了一天兩千卡熱量，因此你必須自行調整上述比例數字，以符合個人的熱量攝取；而容易受傷的跑者（或是單純介意會不會受傷的跑者）可把目標放在脂肪建議攝取量最多的飲食。另一方面，正在準備下一場馬拉松或較短路跑的跑者，要留意碳水化合物才是主要能量來源，因為身體在鍛鍊期間會仰賴自己最習慣的能量來源，才能達到最有效的成果。

給跑者的脂肪食譜

酪梨冷湯（四人份）

如果稱這道湯品為「酪梨莎莎醬果昔」也可以，我們將成品倒入碗中，以湯匙品嚐，稱之為湯；這樣一來，這道料理就從噁心瞬間變成美食！此道湯只需要幾分鐘就能完成，還可以迅速補充蛋白質和健康脂肪。

熟成酪梨，去核去皮（大約兩杯的量）⋯⋯⋯⋯⋯⋯⋯⋯⋯3〜4 顆

蔬菜高湯 ⋯⋯⋯⋯⋯⋯ 2 杯　零脂希臘優格 ⋯⋯⋯⋯⋯ 1 杯

芫荽切碎 ⋯⋯⋯⋯⋯⋯ ½ 杯　鹽巴 ⋯⋯⋯⋯⋯⋯⋯⋯⋯⋯ 少許

紅椒或辣醬 ⋯⋯⋯⋯⋯ 少許　新鮮萊姆汁 ⋯⋯⋯⋯⋯2 大匙

把酪梨、蔬菜高湯、優格和一半的芫荽倒入果汁機中，持續攪打直到變成濃稠的泥狀。加入鹽巴、紅椒和萊姆汁調味，冷藏兩小時。之後再試吃一次並調味，以剩下的芫荽點綴增味，趁冷上桌。

每一人份含有：兩百二十五卡熱量、十四克碳水化合物、八克蛋白質、十七克脂肪。

甜辣拌堅果（十六又四分之一杯）

堅果熱量非常高，所以我們經常被警告要謹慎食用，不過這些熱量都是人體需要的健康脂肪，適度攝取才是關鍵。將堅果做成又甜又辣的餐點，便會讓你又愛又恨，充分的甜味可以避免你吃過多，但另一方面又美味到讓你難以抵擋。接招吧；如果你還加上一杯乾櫻桃或其他水果，就更要小心了！

蛋白 ⋯⋯⋯⋯⋯⋯⋯⋯ 2 顆　食用糖（或紅糖）⋯⋯⋯½ 杯

薑泥 ⋯⋯⋯⋯⋯⋯⋯⋯ 1 茶匙　海鹽 ⋯⋯⋯⋯⋯⋯⋯⋯⋯⋯ 少許

自行挑選的無鹽堅果類（杏仁、腰果、開心果、胡桃都行，烤的

或生的都可以）·· 4 杯

紅椒粉（或根據你想要的辣度加更多）····························· ¾ 茶匙

1. 以華氏兩百五十度預熱烤箱。

2. 在大碗中倒入蛋白和少許水，打散到成泡沫狀後，加入剩下的材料攪拌均勻。將拌料均勻倒在已墊好烘焙紙的烤盤上（如果沒有烘焙紙，就在烤盤抹上油即可）。

3. 烤四十分鐘，不時攪拌一下；拿出烤箱後，將烤箱溫度調降至華氏兩百度，然後將烤盤放回烤箱再烤二十分鐘，或直到堅果酥脆。最後拿出烤箱時再次翻攪，好在堅果變黏稠之前方便拿取，靜置等待冷卻。

每一杯含有：兩百六十卡熱量、二十一克碳水化合物、七克蛋白質、十九克脂肪。

檸汁酪梨鮭魚燉飯（兩人份）

「Risotto」燉飯，這個字乍聽之下會聯想到有奴隸在爐火旁不斷地攪拌鍋中的食物。沒錯，這一道料理確實需要攪拌，不過並不會讓你累個半死。燉飯一般而言是以義大利的阿伯里歐米製作，但也可以用短粒米，而且如果你事先將米煮二十分鐘呈半熟狀態，那燉飯只需另外二十分鐘就可完成。確定是用你自己喜歡的蔬菜高湯，因為完成品中都會是這個風味。這道餐點或許含有很多脂肪，但就是要這樣，這些脂肪都是促進健康的單元不飽和脂肪，還包含魚肉才有的重要脂肪。

重的鮭魚，分成兩片·12 盎司　短粒糙米 ····················· 1 杯

橄欖油 ····················· 2 大匙　熱蔬菜高湯 ················· 4 杯

鹽和胡椒 ····················· 少許　檸檬 ························· 1 顆

哈斯酪梨 ····················· 1 顆　豌豆（冷凍豌豆也很棒）⅔ 杯

紅蔥頭（或是一顆中等洋蔥、一大根洗淨的大蔥），切丁··2 大顆

新鮮薄荷，部分葉子切碎，部分整片留下待最後增味用 ····· 少許

1. 將米放入水中煮二十分鐘，然後用瀝乾。

2. 處理鮭魚，將洗淨的鮭魚片放入烤盤中，抹上粗海鹽和胡椒。

3. 拿一只炒鍋放入橄欖油和紅蔥頭，以中火翻炒三至四分鐘直至蔥變軟。加入半熟的米，繼續翻炒幾分鐘。倒入三分之一杯高湯，攪拌直到湯汁被米吸收。重複添加高湯和翻炒，直到米粒完整吸收了所有高湯，大約需二十分鐘。加入適量的鹽和胡椒，倒入豌豆和切碎的薄荷葉，攪拌均勻。

4. 翻炒米飯之餘，在鮭魚上再拍些許海鹽，然後將烤盤放入烤箱，以上火烤八至十分鐘，或是直到魚肉頂端呈金黃色並烤熟。

5. 檸檬剖半，一半榨汁加入米飯裡，另一半利用刮刀或蔬果削皮刀刮些檸檬皮，剩下留著用來增味。

6. 將燉飯盛盤並放上鮭魚和酪梨，撒上薄荷葉與檸檬皮後即可上桌。

每一人份含有：五百七十五卡熱量、三十六克碳水化合物、四十三克蛋白質、二十六克脂肪。

紅柑杏仁蛋糕（八至十片）

這道迷人的漂亮蛋糕是介於突尼西亞香橙杏仁蛋糕，和奈潔拉・洛森（Nigella Lawson）柑橘蛋糕之間的版本，同樣美味、無添加麵粉且均以杏仁作為口感的主要架構，這道充滿柑橙香氣的蛋糕就是一道溫熱的鬆軟甜品。雖然製作過程不難，但需要燉煮柑橘約兩小時，會讓整間屋子充滿香氣，不過對有時間壓力的人而言不算方便，因此以下會有省時的作法說明。

柑橘（或是一夸脫含果肉橘子汁）⋯⋯⋯⋯⋯⋯⋯⋯⋯⋯5 顆

蛋 ⋯⋯⋯⋯⋯⋯⋯⋯ 6 顆　　食用糖 ⋯⋯⋯⋯⋯⋯⋯⋯ 1 杯

蜂蜜 ⋯⋯⋯⋯⋯⋯⋯⋯ 2 大匙　　細切杏仁片 ⋯⋯⋯⋯⋯⋯ 2 ⅓ 杯

小蘇打粉 ⋯⋯⋯⋯⋯⋯⋯ 1 茶匙

1. 將所有柑橘放入鍋中，加水淹過煮滾。之後關小火燉煮兩小時，取出柑橘瀝乾，靜置冷卻，再把分別切半後去籽備用。若想用更快的方法，拿含果肉的果汁把果肉濾掉，然後再把果汁倒入裝有柑橘的鍋

中，十六盎司應該就足夠。

2. 以華氏三百七十五度預熱烤箱，在八吋蛋糕烤模中輕刷上油，然後鋪上烘焙紙。

3. 在食物處理機中加入蛋、糖、蜂蜜、杏仁和小蘇打粉，攪打直到杏仁變得非常細，接著再加入去皮的柑橘，繼續攪拌至所有拌料變得滑順。這麵糊雖然不比其他蛋糕麵糊濃稠，但是不用擔心。

4. 將麵糊倒入烤模中，放入烤箱烤四十五分鐘，接著將蛋糕拿出烤箱，蓋上一層鋁箔紙，繼續放入烤箱烤十五分鐘。當你拿牙籤戳入蛋糕，拿出時沒有任何麵糊殘留就是完成了，待冷卻後即可上桌。

每一片含有：三百四十五卡熱量、三十六克碳水化合物、十一克蛋白質、十九克脂肪。

第二十二章

攝取跑步所需的營養

數千年以來，壞血病曾經是水手、探勘者，以及因饑荒、戰爭頻仍而受苦的地區居民的夢魘。這個人類所知最古老的疾病之一，病徵是牙齒鬆脫、雙眼流血、發燒、抽搐、骨頭疼痛、抑鬱，最終死亡，造成十七、十八世紀期間一百萬名水手喪失性命，近代舊金山淘金熱時期也有一萬人因此死亡。然而，壞血病也是最容易治癒的病痛之一，它其實是營養不良，缺乏維生素 C 而已，只要一天吃一顆橘子就能遠離壞血病。

如今，我們被每種已知維生素和礦物質的研究資訊轟炸，也被各種行銷手法和媒體強迫購買。每件讓你苦惱的事都有神奇的保健藥丸，不論是骨關節炎到癌症或老化，這些都難以抵擋，有誰不想像傑森一家（Jetson's）[1]的飲食一樣，需要的東西都會變成比例分配好的藥丸送到眼前呢？不幸的是現在並非二〇六二年，要在超市貨架堆疊的保健食品和加工食品中找到隱藏的真正營養素就像尋寶，不過別擔心，本章就是你需要的藏寶圖。

---

1 譯者註：為美國六〇年代知名電視卡通《傑森一家》（The Jestons）的主角家庭，故事背景是二〇六二年的烏托邦社會，科技非常發達。

營養素是什麼？

營養素包含食物中所有成分（包含水和氧氣！），這些成分可為跑步的身體提供營養。前面幾章已經討論過蛋白質、碳水化合物和脂肪，這一章將探討維生素和礦物質。

維生素

維生素是必要的有機分子（從植物和動物取得），有調節蛋白質、碳水化合物和脂肪代謝的功能，除此之外，對於生長、維護組織和預防疾病上扮演重要角色。人體雖然會在產製能量時使用維生素，但它們卻非能量來源。

維生素分成兩大類：脂溶性和水溶性，脂溶性維生素（包含維生素 A、D、E 和 K）由消化完的膳食脂肪吸收，適量儲存在體內，是維持正常代謝和生化功能的重要工具；另一方面，水溶性維生素需要在身體吸收之前由水溶解，這類維生素有九種，包括維生素 C 群和 B 群，是身體會在尿液排出之前加以利用的維生素。

礦物質

礦物質是天然形成的非有機物質，可以從植物（從水和土壤中吸收礦物質）、動物、乳製品、魚肉、禽肉、堅果和許多食物種類中取得。礦物質非常重要，它們會影響代謝，所以人體需要大量的主要礦物質（例如鈣、鉀和鎂）以及少部分微量礦物元素（好比鉻、鐵和鋅），以維持健康。

保健食品

人類過去數千年以來確實在糧食方面有不錯表現，我們知道要吃有營養的東西，避免觸碰有毒的事物，甚至找出如何烹調、食用龍蝦和朝鮮薊的方法。

但是過去這一世紀，食品產業開始闖入我們「吃得健康」的集體意識，恣意散播任何混淆視聽的消息，結果就是全球四分之三的食物產銷都是加工食品。現在我們樂於享用由人工添色及高果糖玉米糖漿調合的水果，以零食點心替代蔬菜，精緻化所有營養豐富的穀物，直到攝取不到任何熱量為止。

營養面面觀

保健食品的黑暗面

運動員通常會以保健食品補強飲食，畢竟吃了無傷大雅，不是嗎？但是面對這種謬誤百出的說法，先別這麼想，原因在於：

▶ 保健食品沒有規範限制：膳食保健食品與食物、處方藥和成藥不同，它在上市前並未真的經過政府檢驗，FDA 只能在不安全的保健食品上架後採取行動，可是這些食品一旦上架，要下架其實非常困難。

▶ 某些保健食品中的處方藥：有些保健食品製造商會以處方用藥來增強產品效用，二〇〇八年以來就回收了四百種強化產品，這些產品大多標榜能健身、增強性慾和減重。

▶ 保健食品功效過強：許多含有活性成分的產品會對人體產生強大生理效果，不僅有害，甚至會威脅性命。

▶ 保健食品可能造成體內礦物質和維生素過量：攝取過多的礦物質或維生素會造成體內嚴重失衡。比如說，鋅片會降低鐵、鎂、銅、鈣和鉻的吸收，如果你吃強化食物，像是早餐穀片和 PowerBars，同時還吃了礦物質的保健食品，那絕對是過量攝取了某些物質（有些人對過多的鈣或鐵產生不良反應）。

▶ 保健食品疑慮很多：《消費者報告》曾指出，二〇〇七至二〇一二年間，FDA 曾收到多件保健食品投訴，提及超過一萬〇三例的可怕影響，包括一百一十五例死亡，超過兩千一百例目前仍在院觀察，一千例重傷或生病，九百例的緊急居家救護，還有四千例有其他醫療狀況。最重要的是，FDA 懷疑尚有最嚴重但還沒回報的問題存在。

人類吃的食物如今由幾間跨國食品公司主導，它們主張要剔除人體內的脂肪、糖、鹽和人工添加物，最後就出現容易產製、運輸方便，更重要的是還會讓人上癮的加工食品。所以保健食品產業就此出現。我們購買營養物質被處理

掉的食品，然後再花錢購買濃縮了所有營養物質的藥丸，還自認這樣才健康合理，這難道不是很奇怪的事嗎？此外，如果保健食品真能把所有被處理掉的營養物質補充回來就算了，但實際上食物仍舊比保健食品健康，也才能保護身體抵禦疾病。

身為跑者的你成為行銷策略鎖定的目標，這些策略要你相信，只有服用保健食品才能獲得最棒的運動成果，而且這策略非常成功，研究指出，百分之三十至五十的菁英和非菁英耐力運動員都吃保健食品，將近百分之百的鐵人三項運動員都使用這種產品，使市值數十億美元的美國保健食品業因此大賺一筆。

保健食品真的有用嗎？根據美國運動醫學會的研究可不然，他們強調：「沒有確實的科學證據能支持，正常服用維生素和礦物質保健食品可以改善運動成效；只有缺乏某種營養素或營養不足的運動員，才可能從含有限定營養素的保健食品獲得助益。」

維生素和礦物質

要從食物而非藥丸中攝取營養素需要一點時間，但別擔心，能吃就是福！不過你得先知道哪種營養素對跑者特別重要。

維生素 B6

B6 在製造紅血球、使神經功能正常和代謝蛋白質上扮演要角，後者讓 B6 在製造肌肉上很重要。有些說法認為 B6 可減緩密集運動後的關節疼痛和肌肉疲勞，一份二○○三年的研究發現，類風濕性關節炎患者多半缺乏 B6；儘管 B6 不足的案例非常少，但避孕藥會損耗 B6，因此有服用口服避孕藥的女性得注意。如果你吃了含有 B6 的保健食品，則要留意攝取太多可能會損害神經。

維生素 B6 最佳來源：烤馬鈴薯、香蕉、雞肉、鮪魚、鮭魚等。

維生素 B12

這種「能量」維生素向來以快速補充體力著名，但其主要功能是維持人體內神經元和紅血球的健康。B12 在能量代謝以及 DNA 再生上扮演重要角色。

大部分的人可從一般飲食中攝取 B12，但此維生素多出現在動物性食物來源，嚴謹的素食者體內可能欠缺這類維生素。

維生素 B12 最佳來源：動物性食物、乳製品和雞蛋。許多素食產品會特別加強此維生素（記得檢查標示說明）。

維生素 C

維生素 C 又有抗壞血酸之稱，最重要的功能是作為抗氧化劑（保護細胞免於因氧化受損），當然還有預防壞血病。對跑者而言，維生素 C 可以支撐關節、縮短恢復時間，或許還能加快激烈運動後的恢復時程。人體需要維生素 C 來製造膠原（結締組織），提升從植物性食物中吸收鐵質的能力，以及強化免疫系統。

維生素 C 最佳來源：紅甜椒與青椒、柑橘類水果、奇異果、青花菜、草莓、哈密瓜、烤馬鈴薯和番茄。

維生素 D

維生素 D 是鈣最好的朋友，如果沒有它就無法順利吸收鈣，骨頭也會非常難受，缺少維生素 D 的跑者發生壓力性骨折的風險也會增高。迪娜·卡斯特（Deena Kastor）在北京奧運馬拉松比賽上摔斷腿後，檢查發現她體內雖有大量維生素 C，但維生素 D 含量卻非常少。這種維生素可幫助肌肉活動、神經傳導訊號，以及讓免疫系統成功抵抗細菌和病毒侵擾。

含有維生素 D 的食物並不多，所以你購買的食物大多會在這部分予以加強，身體也會在皮膚直接接觸到陽光時自行製造維生素 D。二〇〇九年，《內科醫學誌》（*Archives of Internal Medicine*）發表一份研究，發現美國青少年與成年人當中，僅有百分之二十三的人體內含有最少維生素 D 量；而二〇〇八年另一份來自達拉斯古伯醫院（Cooper Clinic in Dallas）的研究指出，平均每週跑二十多英里的跑者，其中百分之七十五的人維生素 D 不足。

如果你擔心體內維生素 D 含量，可以請醫生檢查。我們建議在早上十點至下午三點期間，接觸陽光約五至三十分鐘，不要用防曬乳，因為它會阻礙維

生素 D 的製造過程（這部分請諮詢醫生了解相關的風險因素）。

維生素 D 最佳來源：野生鮭魚、鮪魚、鯖魚、沙丁魚、蝦、雞蛋、牛肝和菇類。幾乎所有美國的鮮奶均有加強維生素 D，許多早餐穀片和特定品牌的橘子汁亦然。

維生素 K

關於維生素 K 你可能知道的不多，其實這是另一種與骨骼有關的維生素。體內含有大量維生素 K 的人，骨質密度較高；維生素 K 較不足的人，容易有骨質疏鬆的問題。研究指出維生素 K 可以改善骨骼健康、降低骨折風險，特別對已經停經的女性更有效。

以跑者來說，維生素 K 可以加強運動員的骨骼健康，而一篇二〇〇六年由美國風濕病學會進行的研究，便指出血中維生素 K 含量低與手部和膝蓋骨質疏鬆風險增加有關，且提出維生素 K 理論上會對「關節軟骨和軟骨下骨有非常大的影響」，或許可以有效避免相關疾病——讓許多跑者無法再跑的惡夢。要確保自己不會缺少這類維生素，請記得吃綠葉蔬菜，好比有充足維生素 K 的甘藍、菠菜和羽衣甘藍。

維生素 K 最佳來源：深綠色蔬菜、青花菜、球芽甘藍、梅子、蘆筍、酪梨、鮪魚和藍莓。

鈣

身體需要鈣才能維護骨骼強度，同時鈣也能用在肌肉收縮、血壓調整、神經系統功能、荷爾蒙分泌和酵素調節上。對運動員來說，鈣可以維護骨骼健康、降低壓力性骨折風險（若你沒能從飲食中取得足夠鈣質，那身體就會從骨骼中攝取），或許還可以增加瘦肌肉量。停經的女性雖然大多缺乏鈣質，但保健食品並非是唯一解答。一篇二〇一二年的研究在平均十一年期間追蹤了兩萬四千名成年人，結果發現經常服用鈣片的人與沒有服用保健食品的人相比，還多了百分之八十六罹患心臟病的風險。

鈣質最佳來源：牛奶、優格和起司是最好的來源。其他還包括甘藍、青花

菜、芥蘭、高菜、沙丁魚和鮭魚罐頭（帶骨）、強化鈣質的橘子汁、早餐穀片、大豆、堅果奶以及豆腐（詳見第六章「十大強化骨骼的食物」，了解對骨骼健康特別有用的食物選擇）。

鐵

世界衛生組織已將缺乏鐵質定為全世界排行第一的營養不足現象。鐵質讓血液呈紅色，出現在可以傳輸氧氣的血紅素中，並在細胞生長、免疫功能、代謝、預防貧血和其他攸關性命的重要功能上扮演重要角色。

跑者若缺乏鐵質會造成疲勞、運動表現不佳以及免疫功能低落；另一方面，若鐵質過多則會中毒甚至死亡。雖然缺乏鐵質在富裕的工業化國家來說不是重大問題，但此情形確實存在（經常出現在素食者和消耗大量體能的女性身上，後者更是危險，因為女性會有月事且多半攝取熱量較少，從食物中攝取的鐵質也很少）。如果你發現自己有不明原因的疲勞症狀，就可能需要驗血檢查鐵質含量。

鐵質最佳來源：見下頁「十五種富含鐵質的食物來源」。

鉀

鉀是一種與鈉配對的電解質，可以調節細胞膜（鈉鉀幫浦對神經和肌肉功能非常重要）和體液平衡。雖然很多食物中都含鉀，但流汗時就會耗損；鉀不足會讓你容易疲勞、肌肉衰弱或抽筋，鉀含量過少也會影響葡萄糖代謝，使血糖上升。大部分運動飲料可以補足耗損的鉀，像是開特力耐力配方（Gatorade Endurance Formula）就含有一百四十毫克的鉀，但攝取過多的鉀可能會使體液失去平衡，造成心律嚴重不整。

鉀質最佳來源：香蕉、烤馬鈴薯、地瓜、印度南瓜、牛奶、優格、哈密瓜、斑豆、鮭魚、大豆製品、豌豆、梅子和菠菜。

鈉

我們經常被警告要留意鈉危機，因為攝取過多會導致高血壓，而多數美國人確實吃了太多的鈉。鈉對於維持體液平衡也很重要，有助於控制血壓和血

營養面面觀

十五種富含鐵質的食物來源

食物含有兩種鐵質：血鐵質和非血鐵質。血鐵質來自血紅色素，多出現在動物性食物中，特別是紅肉和軟體動物；非血鐵質存在於植物性食物中，且不如血鐵質那般容易消化，血鐵質的消化速度比非血鐵質快上兩至三倍。

鐵質的每日建議攝取量，十八歲以上的男性是每日八毫克，十九至五十歲的女性每日應該攝取十八毫克，五十一歲以上的女性則是每日八毫克。富含血鐵質和非血鐵質的食物有：

1. 罐裝蛤蠣瀝乾，三盎司重：二十三・八毫克
2. 乾燥的強化早餐穀片，一盎司重：十八至二十一・一毫克
3. 煮熟的牡蠣，三盎司重：一〇・二毫克
4. 煮熟的內臟，三盎司重：五・二至九・九毫克
5. 強化的燕麥片，一包：四・九至八・一毫克
6. 煮熟大豆，二分之一杯：四・四毫克
7. 烤南瓜籽，一盎司重：四・二毫克
8. 罐裝白豆，二分之一杯：三・九毫克
9. 黑糖蜜，一大匙：三・五毫克
10. 煮熟的小扁豆，二分之一杯：三・三毫克
11. 新鮮煮好的菠菜，二分之一杯：三・二毫克
12. 帶骨牛肩肉，三盎司重：三・一毫克
13. 牛後腿肉，三盎司重：二・八毫克
14. 煮熟的腰豆，二分之一杯：二・六毫克
15. 沙丁魚罐頭，三盎司重：二・五毫克

量。此外，肌肉需要鈉才能發揮正常功能，神經也需要鈉才能運作。鍛鍊身體時，汗水中最主要的電解質正是鈉，有些人可能在流汗量大的運動訓練期間，每小時就流失了三千毫克的鈉（每日建議攝取量是一天兩千三百毫克）。

如果你是非常容易流汗的人，像在大熱天跑完步後發現自己身上有殘留的鹽晶，那你可能需要在跑步前或期間吃些鹹味點心，含鈉的運動飲料也是很好的選擇。耐力運動員若一次訓練超過五小時，也應該在鍛鍊期間吃些鹹食。

跑步期間流失的大量鹽分可能會引起抽筋，但這狀況也與低鈉血症有關，即水分流失過多而使血鈉質偏低的症狀，鮮少發生卻可能致死，這也有「水中毒（water intoxication）」的說法，通常是在大量流汗的同時又喝下過多的水所產生的結果（想想耐力競賽）。

鈉最佳來源：美國飲食裡全都有鈉，但健康的鈉來源有橄欖、番茄汁、低脂茅屋起司、椒鹽捲餅和鹹味堅果。

水

就像室內植物會因為水太多或太少而痛苦（根部腐爛死掉不算），人類也是如此，水分太少會脫水，太多水分則會導致低血鈉症（請看上述說明）。幸好可以用兩種簡單的方法來檢測身體的保濕狀態：

▶ 尿液的顏色和多寡：顏色清澈且尿多代表水分充足，深色而尿少則是欠缺水分。
▶ 體重的變化：在運動前後分別測量體重的百分比，水分充足是百分之負一至一，水分稍顯不足是百分之負一至三，缺乏水分則是百分之負三至負五，至於嚴重脫水則是大於百分之五。

進行訓練和比賽期間，記得適時補充水分。稍微水分不足還算安全，你還是可以完成訓練計畫，但這也意味著不能再脫水，做完訓練後的幾小時內一定要補充水分。

保健食品的其他資訊

如果你的目標是增加營養攝取，除了藥片、藥粉或藥劑還有以下選擇：

1. **無花果：**若說香蕉和蘋果能在人氣比賽中奪冠，無花果可能就像害羞的鄰家小妹突然變成會跳騷莎舞的神經科醫生，技高一籌。無花果含有驚人的纖維量，比其他常見水果（以同等重量相比）多上無數倍的鈣質，也比香蕉多了百分之八十的鉀、與大多數水果相比也含有較多的鐵，更有豐富的鎂，而這些全都包含在一顆三十卡熱量的無花果中。

2. **營養酵母粉：**某種程度來說，這比較像是你不想吃而非放進嘴裡的東西。但來自糖蜜，使酵母停止發酵後製成的營養酵母粉，其實是多數素食者的美食救星，帶有堅果香氣且香濃的味道，營養酵母粉確實添加了許多鮮味（第五味覺），也是很好的帕瑪森起司替代品。素食者喜愛它富含優質蛋白質和維生素 B 群，還加有強化的 B12，非常美味！試著加在爆米花、披薩、青醬和義大利麵等需要起司的食物上吧！

3. **瀉鹽浴：**很多跑者喜歡偶爾泡個瀉鹽浴，顯然這也有營養物質！瀉鹽含有鎂和硫酸鹽，泡瀉鹽浴更是可以同時增加兩種礦物質的安全方法（會經由皮膚直接吸收）。大部分美國人所攝取的鎂含量比一般建議的少，這不是件好事，因為鎂在人體內超過三百種酵素系統的生化反應調節（比如蛋白質合成、肌肉和神經功能，以及血糖控制）上扮演重要角色。你可以在溫熱的洗澡水中加入兩杯瀉鹽，泡上至少十二分鐘，一週大約三次。要瞭解更多保健食品資訊，可先行諮詢醫師。

給跑者的營養食譜

香蕉奇亞籽早餐布丁（兩人份）

你可能已經從那款可以長出奇亞的陶製「奇亞寵物[1]」得知奇亞籽，但在這個超級食物的年代中，奇亞籽已從原本只是有趣可愛的東西，搖身成為營養豐富的超級明星。奇亞籽不但有豐富蛋白質和 omega-3 脂肪酸，也含有大量植物性化合物、磷、錳、纖維、鈣質和維生素 C。奇亞籽在液體中會膨脹呈凝膠狀，如果放其浸泡在液體中，可以將果汁或牛奶變成黏稠的布丁。

奇亞籽	¼ 杯	無糖杏仁奶（或是牛奶）	1 杯
純香草精	½ 茶匙	蜂蜜	1 大匙
香蕉切片	1 根	新鮮莓果（增味用）	1 杯

將所有食材倒入一夸脫容量的罐子中，用力搖晃混合均勻後，放入冰箱冷藏一晚。隔天將成品倒入碗中，擺上莓果就是完美的早餐。

每一人份含有：兩百六十卡熱量、四十三克碳水化合物、五克蛋白質、十二克脂肪。

甘藍三吃

甘藍呈深綠色，是非常健康的蔬菜，但它曾被認定為是最不好的蔬菜之一，後來由美食主義者推廣，再度成為時尚且受大眾歡迎的蔬菜。甘藍非常可口！它是少數擁有大量鈣質的蔬菜之一，鎂含量特別多（一杯甘藍就可達到每日建議攝取量的百分之四十），此外它也含有非常多的維生素 A，以及植物性化學物質葉黃素和玉米黃質，以下是三種料理這種多功蔬菜的方法：

1. 快炒

橄欖油	1 茶匙	新鮮大蒜切碎	少許

---

1 譯者註：一九八二年美國發行一種可以長出奇亞的寵物玩具，經常用來送禮。原理是在泡過水的陶製玩偶（以動物造型為主）上抹上拌有奇亞籽的泥土，不到兩週時間就能長出奇亞，濃密恍如動物身上的毛。

甘藍葉，洗淨去梗後完全擦乾 ⋯⋯⋯⋯⋯⋯⋯⋯⋯⋯⋯ 1 大把

海鹽和鮮磨黑胡椒 ⋯⋯⋯ 少許

在炒鍋中倒入橄欖油燒熱，放入大蒜，以中大火翻炒至大蒜變得金黃，接著放入一把甘藍葉，翻炒幾下直到菜葉開始變軟，再加入一把，重複此動作。放菜的速度要慢，確保釋出的水分炒乾後再繼續放，這可以避免蔬菜太濕。在所有甘藍葉都倒入鍋中後，撒些海鹽和新鮮的黑胡椒再翻炒一下即可上桌。

2. 慢燉

橄欖油 ⋯⋯⋯⋯⋯⋯ 1 茶匙　　　大蒜切細末 ⋯⋯⋯⋯⋯⋯ 1 瓣

甘藍葉，洗淨切段 ⋯⋯ 1 大把　　　蔬菜高湯 ⋯⋯⋯⋯⋯⋯⋯ 1 杯

甘藍菜很耐煮，因為其結構複雜所以不容易變糊，燉煮後，其自然的燻香味會更豐富溫潤。要將甘藍菜的風味提升到極致，可以將橄欖油和大蒜攪拌在一起，再放入甘藍、蔬菜高湯，以中小火燜煮約二十分鐘，記得不時攪拌，如果太乾就加入更多高湯，完成時高湯應當有些許收乾，剩下來的就是濕潤溫和（但不是完全爛掉）又美味的綠色蔬菜。

3. 烘烤

甘藍葉，洗淨擦乾後去梗 ⋯⋯⋯⋯⋯⋯⋯⋯⋯⋯⋯⋯⋯⋯ 1 大把

橄欖油 ⋯⋯⋯⋯⋯⋯ 1 茶匙　　　海鹽 ⋯⋯⋯⋯⋯⋯⋯⋯ 少許

甘藍薯片絕對是現在非常「夯」的食物，可惜它不便宜。因此我們用烤箱來烘烤甘藍，這與甘藍薯片類似，只是外表沒有厚厚的營養酵母粉麵衣、人工添味和其他亂七八糟的物質。最簡單的備料方法是拿一把甘藍葉，洗淨然後擦乾，平鋪在烤盤上，淋上橄欖油和些許鹽巴，然後以華氏三百七十五度烤十五分鐘，適時翻面並確保甘藍葉沒有燒焦。一旦甘藍葉變得酥脆、但仍軟香且葉片邊稍呈棕色時就大功告成。

每一份含有：四十八卡熱量、一克碳水化合物、三克蛋白質、四克脂肪。

BUILD YOUR RUNNING BODY

麥果沙拉佐無花果和費塔起司（四人份）

麥果是全麥的核仁，也是鉀、磷、纖維、蛋白質、鐵和維生素 B 的絕佳來源，這道菜餚加入無花果後，營養價值更可為提升。這種穀物有濃厚的堅果香氣，同時有軟嫩口感和嚼勁。通常要浸泡一整晚，但也不是非得這樣做。

硬麥果 …………… 1 ½ 杯	鹽 …………… ½ 茶匙
西洋芹，切段 …… 2 根	酸蘋果切丁 ………… 1 顆
酸櫻桃乾 ………… ⅓ 杯	松子 …………… ¼ 杯
費塔起司 ………… ¾ 杯	橄欖油 ………… 1 大匙
巴薩米克醋，調味用 … 少許	迷迭香，增味用 ……… 少許
新鮮現磨的黑胡椒 …… 少許	

無花果乾（或新鮮無花果），切碎 …………………………… 5 個

1. 在鍋中混合麥果、五杯水和二分之一茶匙鹽，煮滾後關小火，蓋上鍋蓋持續燜上五十分鐘，或是直到麥果變軟。你也可以將麥果、水和鹽放在慢燉鍋中，以最低功率加蓋燉煮至少八小時，最多十二小時。

2. 將麥果瀝乾放冷，之後與其他所有材料混勻，攪拌完將沙拉靜置三十分鐘，讓味道慢慢散發，等到溫度適中時再食用。

每一人份含有：四百三十卡熱量、七十克碳水化合物、十五克蛋白質、十二克脂肪。

杏仁櫻桃派燕麥棒（十二塊）

好吧，我們沒有要騙人，這份食譜吃起來的確與櫻桃派不一樣。儘管如此，這甜點仍是充滿杏仁和櫻桃的香甜和營養，是想吃甜點又想獲得營養時的完美選擇。

燕麥片 …………… 2 杯	蘋果醬 …………… ½ 杯
杏仁醬 …………… 2 大匙	蜂蜜 …………… ¼ 杯
紅糖 …………… ¼ 杯	櫻桃醬 …………… 2 大匙

淡蔬菜油 ················ 1 大匙	海鹽 ················ 1 茶匙
杏仁精 ················ 2 茶匙	櫻桃乾 ················ 1 杯
杏仁片 ················ 1 杯	半甜巧克力豆 ········· 1½ 杯

1. 以華氏三百五十度預熱烤箱，在大碗中攪拌所有材料。

2. 將拌料平鋪在刷過油的八×九吋烤盤中。

3. 烤三十分鐘，或直到拌料表面呈金黃色，周邊稍微呈焦色。

4. 將成品拿出烤箱，靜置冷卻二十分鐘後，切成十二塊方磚大小，再完全放冷，然後裝入可隔絕空氣的容器中。

每一塊含有：六十五卡熱量、四十一克碳水化合物、五克蛋白質、一克脂肪。

第二十三章

擬定跑步減重計畫

有些人跑步是為了減重，有些人則減重好跑得更快，還有其他人單純只是為了想吃更多餡餅才選擇跑步。不論你跑步的動機是什麼，跑步絕對與體重管理密不可分。

絕對沒有適合每位跑者的完美體重，但不論你的體重目標是多少，或是想維持在幾公斤，重要的是要採取一個能達到目標體重的理性策略，並且瞭解超出該數字時會有什麼後果，畢竟你也不想在跑步時，感覺腰部、臀部和大腿像被綁上四十根奶油棒吧！所以為什麼要讓身體脂肪多了十磅呢？（奶油棒的熱量實際上大約等同於四分之一磅的身體脂肪）

健康減重可以提升最大攝氧量，降低使用肌肉和結締組織後帶來的衝擊力，並提升跑步經濟性；簡單來說，透過巧妙的減重就能提升耐力。

健康的體重是什麼？

跑者在體重最接近體重範圍下限時跑得最好，想知道自己的體重是否健康，快速的檢測方法便是測試身體質量指數（BMI），要記得 BMI 沒有計算骨骼和肌肉量，因肌肉發達的人多半 BMI 指數偏高，美國國立衛生研究院提供了下列計算 BMI 的方法：

▶以七〇三乘以自己的體重（以磅計）。

▶將上述結果除以自己身高（以英寸計）。

▶再將上述結果再次除以自己身高（以英寸計）。

接著按照下表，檢查自己的體重之於身高是否健康：

BMI	分類
<18.5	過輕
18.5-24.9	健康
25.0-29.9	過重
30.0-39.9	肥胖
>40	非常或高危險肥胖

當然，就如同肌肉發達的人 BMI 指數偏高一樣，過瘦的跑者可能會發現自己 BMI 值落在最低點。二〇一二年奧運雙冠王（五千公尺和一萬公尺）莫‧法拉的 BMI 值是二十一點一，而短跑明星尤賽恩‧波特測量結果為二十四‧九，有些優秀的馬拉松選手和超馬選手屬於「過輕」的範圍，指數低於十八‧五，但大部分頂尖馬拉松跑者的指數範圍大略在十九至二十一之間。這代表什麼呢？就算你目前不在健康範圍內，但只要 BMI 指數是十八‧五至二十四‧九之間那就可以，低一點或多一點不需要太過擔心。

另一種測量健康體重的方法，就是檢查身體脂肪比例（如果你有皮摺脂肪鉗或用來做水中測重的特製水箱）。以下是美國運動協會（American Council on Exercise）所提供的身體脂肪範圍與分類（「必要脂肪」是指維持健康所需的最少脂肪比例）。

分類	男性	女性
必要脂肪	2%-5%	10%-13%
運動員	6%-13%	14%-20%
健身	14%-17%	21%-24%
平均	18%-24%	25%-31%
肥胖	25%以上	32%以上

　　就經驗來看，大多數跑者都能找到自己最佳跑步狀態時的體重範圍，超出此範圍時會讓他們懶散，低於此範圍則會使自己的肌力和體力流失；同時重要的是了解如何減重。

每週減一磅

　　對跑者而言，要減去身上的「幾根奶油棒」並非像是果汁排毒、只吃培根不吃其他東西，或萵苣濃湯喝到飽那樣簡單，要鍛鍊身體和補充訓練期間流失的營養，就需要熱量，快速減重通常是瘋狂開始、暴瘦然後遇上撞牆期。減重太多或太快可能會比一開始先增重更傷害跑步體魄，你需要有技巧的減重，目標大約是每週減一至兩磅。

　　每週減一磅的方法很簡單：身體脂肪每一磅約有三千五百卡熱量，只要減少三千五百卡熱量的攝取，就能減掉一磅。你可以減少熱量（節食）攝取或是運動（燃燒更多熱量）減少熱量，要做到每週減掉一磅，每日熱量攝取要比燃燒的量再少五百卡，不論是少吃或是多做運動，或者結合這兩種做法更好。

　　現在來說說免責聲明吧：其實這種做法並非真的很簡單，因為身體藏有玄機。根據「定點」理論，你的身體會想維持一定體重而自行降低（或提升）代謝、補償不足或抵銷暫時超出的熱量（就好比身體不論氣溫高低都有調節體溫的機制一樣）。要改變自己的定點就需要時間，以及長期的生活方式調整，而跑步當然可以促進這項改變。

　　如同第一章所提，跑步與減重之間有相當獨特的關係，跑者與走路的人儘管運動後消耗的熱量相同，但跑者能減去的重量往往是徒者的兩倍，這就表示

運動強度大的跑步行為對定點有直接效果，讓你的體重減得更快，熱量燃燒更多。重要關鍵：跑步可以讓你減少熱量攝取並提升運動量，好達到每週減輕一磅的目標，同時還能讓你維持健康飲食，繼續支持跑步。

營養面面觀

八種健康可交替食用的點心

節食大多敗於點心，它們實在太誘人、太有魅力，甚至還有支配我們的神祕力量。隨時準備一些蔬果在手邊，藉此反抗甜食的攻擊，這種建議説簡單，但老實説吧：當你渴望吃洋芋片的時候，芹菜絕對無法替代，以下便是幾種當生胡蘿蔔無法抑止食慾時，可以用來替代的營養美味點心。

▶米餅替代多力多滋玉米片：米餅雖然不含豐富營養，但它們多是全穀糙米製成，而且味道十足，比起重度加工過的玉米片來説是更好的選擇。

▶早餐穀片棒替代蛋糕：大部分的早餐穀片棒帶有焦糖、花生醬和巧克力豆，糖分含量過多，因此非「健康食物」，但是比起營養空虛的蛋糕，這些穀片棒確實含有較多營養素，還能立即滿足想吃甜食的嘴。

▶健康餅乾取代劣質餅乾：如果你真的要吃餅乾，千萬不要吃奧利奧（Oreo），選擇用水果、全穀和黑巧克力豆等健康食材做成的餅乾，美味的乾櫻桃黑巧克力燕麥餅便是能滿足你食慾和健康需求的選擇。

▶烤玉米片取代炸玉米片：製作烤玉米片很簡單，將整片玉米餅切成三角形大小放在烤盤上，以華氏三百五十度烤十分鐘左右，要小心玉米餅不能烤太焦，大約有點柔軟的程度最好。這樣不會太鹹又不油膩不像你在墨西哥餐廳吃到的那種玉米片，只要再加上一點莎莎醬根本就難以分辨有什麼不同。

▶爆米花替代奇多起司條（Cheetos）：爆米花算是全穀類，所以可以安心地吃。最好的方法是放在爐上烤，或使用爆米花機（微波爐包通常添加調味料和油脂），之後加上帕瑪森起司和燻製紅椒調味。如果倒入一點橄欖油或奶油也比吃奇多好。

▶黑巧克力能量棒：黑巧克力的抗氧化素對身體很好，比單純的糖果更健康，記得要選擇可可含量至少百分之三十五的巧克力，而且別吃超過一‧五盎司的分量。如果這樣還不能飽口腹之欲，那就找含有黑巧克力的乾果、花生、椒鹽捲餅等。

▶烤海苔點心取代洋芋片：點心食物產業最令人驚奇的成功故事就是烤海苔片。更驚訝的是海苔片的味道和它帶來的飽足感！這種沒加什麼添加物卻略帶鹹味的點心還不含任何脂肪呢！

▶冷凍優格替代冰淇淋：冷凍優格或許沒有冰淇淋滑順口感，但也相差不遠。有些冷凍優格品牌的產品熱量與冰淇淋一樣多，但也有其他冷凍優格的熱量很少。冷凍優格可以增加鈣質、比冰淇淋要少的飽和脂肪，以及非常重要的益生菌，這就是冷凍優格之所以健康的原因。

流行的飲食計畫和跑步

雖然每週三千五百卡熱量的辦法輕鬆簡單，但不是每個人都擅長計算熱量。有些人需要規劃完善的減肥計畫，但是哪一種比較好呢？亞馬遜網路書店上的減肥書籍超過七萬本，跑者又要從哪一本著手？這一本，就從本書開始，以下是五種最受歡迎的減肥方法，以及減肥者給予的評價。

阿金減肥法和其他的蛋白質減肥法

一九七二年《阿金斯博士的減肥大革命》（Dr. Atkin's Diet Revolution）出版時，全世界掀起一股只吃牛排、雞蛋和培根減肥的風潮，這種減肥法（和其他類似的減肥計畫）以醣類不好的概念為主，只要大量減少攝取醣類，吃更多蛋白質和脂肪，就能把原本消耗碳水化合物的能量，用來燃燒儲存的脂肪

（酮症），因此達到減重。真的可以靠全蛋白質的飲食減肥嗎？可以的。那這種方法健康嗎？完全不，研究發現低醣飲食會增加心臟病風險。那這種方法對跑者有用嗎？如果你不知道這問題的答案，請參考第十九章。

區域飲食法

《區域飲食》（Enter the Zone）（一九九五年出版）是芭麗・席爾斯（Barry Sears）博士的著作，這位原本在麻省理工學院擔任生物科技研究員的學者，主張這種方法不僅對健康有益，還可以使身材變好，並指出「讓身體達到完全平衡的革命性生活計畫」。說實在話，有誰不想達到這種狀態呢？區域飲食法主張只要採納百分之四十碳水化合物、百分之三十蛋白質和百分之三十脂肪的方法，就能改造你體內的代謝機制。這種飲食方法確實不錯，它主張選用蔬菜、豆類、全穀和水果，讓實行此法的人遠離簡單碳水化合物，不過如果要用來作為運動員使用的減肥方法，其限制碳水化合物的部分會使大多數的跑者成效有限。

得舒飲食

美國國家心肺血液研究所創造了能預防和控制血壓的得舒飲食法（DASH，防治高血壓的飲食方法），這種飲食法經常是《美國新聞與世界報導》每年飲食法排行榜的第一名，美國農業部（USDA）也建議使用這項飲食方案。得舒飲食重點內容包含水果、蔬菜、零脂或低脂乳製品、全穀產品、魚肉、雞肉和堅果，此外不建議攝取瘦的紅肉、甜食、人工甘味和含糖飲料。跑者通常喜歡這種富含鉀、鎂和鈣的食物選項，此方法的飲食目標是百分之五十五碳水化合物、百分之十八蛋白質和百分之二十七的脂肪（傳統跑步飲食則是百分之六十碳水化合物、百分之十五蛋白質、百分之二十五脂肪）。

邁阿密飲食法

心臟科醫師亞瑟・蓋斯頓（Arthur Agatston）與營養專家瑪麗・艾爾莫（Marie Almo）在看到許多患者和客戶採納一般建議的低脂高醣飲食又復胖後，於一九九〇年代初期一同創造了邁阿密飲食法。「我們嘗試過不同的方法，」蓋斯頓醫生說，「強調脂肪和碳水化合物質量，而不管相對分量的飲食

法……邁阿密飲食法的基本原則是攝取良好的脂肪、好的碳水化合物、瘦的蛋白質來源以及豐富纖維。」此種飲食法分成三個階段，第一階段是去除「壞」碳水化合物，包括渴望吃糖和精緻食物的需求來源；第二階段是開始攝取「好」碳水化合物，維持這種方式，直到採用者確實達到他或她的目標體重；第三階段是終生持續使用這方法並納入更多的健康食物選擇。跑者在低醣的第一階段可能稍感困難，但只要達到第三階段，就能盡可能選用健康的食物，自行設定碳水化合物、蛋白質、脂肪的比例。

Weight Watchers 飲食法

Weight Watchers 飲食法是一種點數系統計畫，儘管它成功的大部分原因是計畫營造的團體共同感：經常性聚會、每週由工作人員進行測重，以及為那些成功達到維持目標體重的人設置的終身會員制度。此外，終身會員的體重差距若能維持在其健康體重範圍的兩磅以內（以上或以下），就能免費參加 Weight Watchers 聚會，這也是另一種能讓終身會員繼續與共同參加體重管理社群聯繫的方法。

Weight Watchers 的點數計畫（PointPlus plan）中並沒有飲食限制，點數是根據食物內容計算：熱量集中、脂肪較多且碳水化合物簡單的食物點數較高，至於富含蛋白質和纖維的食物則點數較少。此飲食法鼓勵參加者盡可能在三餐和點心多吃健康食物，對於跑者需要的能量部分也有其彈性。此飲食法的主要營養素比例，正好與美國國家科學院公布的比例相同：百分之四十五至六十五碳水化合物、百分之十至三十五蛋白質，以及百分之二十至三十五的脂肪。

「拒絕食物」的飲食藝術

我們生活在一個拒絕食物的世界，這種是無麩質的、那個是素肉，這項不含堅果，那類是非乳製品；但不論是哪種原因讓人拒絕吃這類食物，包括敏感、疾病、口味、健康、道德觀、恐懼症等都有一樣的問題：這些過分謹慎的飲食限制是否為跑者帶來壞處？這三個人分別給了答案：史考特・傑瑞克

（Scott Jurek）、艾咪・尤達博格利（Amy Yoder Begley）和提姆・凡沃登（Tim VanOrden）。

傑瑞克是全世界頂尖的超馬選手之一，他曾在許多超馬的越野和公路競賽上多次獲勝，包含連續七年的美西一百英里耐力賽冠軍（一九九九至二〇〇五年），更曾入選《超跑》（UltraRunning）雜誌年度超馬選手三次，他同時也是非常狂熱的素食愛好者。尤達博格利是兩次一萬公尺競賽的美國冠軍，曾參加奧運，更曾十六次參加美國全國大學聯賽的田徑比賽，不過她患有乳糜瀉所以不能吃麩質食物。

凡沃登曾榮獲兩次美國跑山錦標賽年度跑者，並多次在不同距離的美國越野跑錦標賽獲勝，包括一萬公尺、一萬五千公尺、半程馬拉松、馬拉松和五萬公尺，此外他奉行「生素食」飲食法，在跑步時，僅吃溫度不超過華氏一百度的植物性食物來補充體能（大部分的生素食允許食物加熱至華氏一百一十八度，但凡沃登認為「食物在加熱超過華氏一百度之後，便會開始分解，流失營養」）。

重點是：跑者有很多補充能量的方法，但成功就是正確選擇營養的食物，如果你想維持攝取適當的主要營養素比例，就要確認自己能獲得足夠熱量和營養物質，這樣一來就能做好，並維持下去。

地中海飲食的好處

對地中海地區的住民而言，生活在美麗的地中海沿岸不是唯一的福利，他們不僅能吃到豐盛美味的食物，還可藉此降低心臟病和癌症的死亡風險，並減少帕金森氏症和阿茲海默症的發病率。這就是地中海飲食，此飲食法不只是一項飲食和運動計畫，還是從義大利、希臘、西班牙和摩洛哥傳統飲食模式當中獲得靈感的飲食方式。

這種飲食包含的食物有蔬菜、水果、豆子、全穀、堅果、橄欖和橄欖油、起司、優格、魚肉、禽肉和蛋，所有食物均包含微量營養素、抗氧化物質、維

加工食品的攝取量則是盡可能地少，健康脂肪的攝取則毫不設限（可以大把大把倒橄欖油），還能適度飲用酒。

對跑者來說這種飲食法簡直就是天堂，如果你想減重，從加工食品改成吃營養集中的食物，就能做到每週少吃三千五百卡熱量的減重目標。此外，你還可以自行設置最適合自己的主要營養素「醣類、蛋白質、脂肪」攝取比例。地中海飲食攝取的零熱量食物不多，因此每種食物都非常誘人、美味，還提供特定的營養物質。這是現實生活可以做到的方法，確實將前面五章說明的營養物質都包含在內，而且還可能是最能協助鍛鍊跑步體魄的飲食方式。

營養面面觀

狡詐的糖

老實說，食品製造業者喜歡把糖藏入糖本來不該出現的地方（一個 Dunkin Donuts 的燕麥瑪芬就含有四十公克的添加糖）。美國心臟學會建議女性每天不該攝取超過一百卡的添加糖，男性則不該超過一百五十卡，但是從營養標示上根本無法分辨添加糖和天然糖（比如水果本身的糖分），所以你需要自行偵查標示，找出添加糖，以下是狡詐的糖躲進你所吃食物時使用的假名：

▶大麥芽　　　　　　　　　▶焦糖

▶甜菜糖　　　　　　　　　▶玉米甘味劑

▶紅糖　　　　　　　　　　▶玉米糖漿

▶蔗糖結晶　　　　　　　　▶玉米糖漿粉

▶葡萄糖　　　　　　　　　▶糖粉

▶高果糖玉米糖漿　　　　　▶刺槐豆糖漿

▶蜂蜜　　　　　　　　　　▶細白砂糖

▶糖霜　　　　　　　　　　▶椰棗糖

▶蔗糖

▶聚葡萄糖

▶右旋糖（葡萄糖）

▶蒸煮甘蔗汁

▶果糖

▶果汁

▶濃縮果汁

▶葡萄糖

▶葡萄糖粉

▶金黃糖

▶金黃糖漿

▶轉化糖

▶麥芽糖糊精

▶麥芽糖

▶麥芽糖漿

▶甘露醇

▶粗粒黑糖

▶楓糖漿

▶糖蜜

▶黑糖

▶棕櫚糖

▶原糖

▶精製糖

▶糙米糖漿

▶山梨醇

▶高粱糖漿

▶蔗糖

▶糖

▶糖漿

▶糖蜜（英式用法）

▶天然粗糖

▶黃糖

營養面面觀

吃得像希臘奶奶，就能跑得飛快

地中海飲食的基礎其實相當簡單，謹記以下根據梅約診所的建議原則，你的跑步體魄肯定有所回報。

▶農產、農穫或農產品：蔬菜和水果（新鮮完整的最好）每一餐都要攝取，點心也是。

▶把目前所有的烤食、早餐穀片、義大利麵和米飯全替換成全穀類。

▶不要拒絕吃堅果，可以練習吃點堅果類，雖然堅果富含熱量，但它們也有豐富的健康脂肪和蛋白質。

▶拒絕奶油，擁抱橄欖油。橄欖油吃得愈多，就會愈愛這種油脂的豐厚氣味（而且你還能恣意大吃）。

▶好好運用香料和香草。這些配料不僅能提升風味，它們本身也對健康有很大的好處。

▶一週至少吃兩次魚肉：新鮮或水煮罐頭包裝的鮪魚、鮭魚、鱒魚、鯖魚和鯡魚都是很健康的食物，如果你擔心汞含量，可以到 nrdc.org 網站上的「健康」頁面瞭解更多資訊。

▶跳過紅肉。不是要你完全放棄它，只是限制自己一個月只吃幾次就好；如果你很想吃紅肉，那就選擇瘦肉、分量少一點。不要吃香腸、培根和其他加工肉品。

▶選擇低脂乳製品。選用低脂牛奶或零脂希臘優格，並嘗試以雪酪替代冰淇淋。

給跑者的減重食譜

烤蘆筍佐水波蛋（兩人份）

與其他食物搭配相比，這種組合非常簡單，提供的滿足感遠遠超出其兩百卡的熱量。在所有蔬菜當中，蘆筍不僅是富含葉酸的佼佼者，更是攝取鉀、維生素 B1 和 B6 非常好的來源，它也是最棒的芸香苷來源之一，可以強化毛細血管壁。至於蛋則是非常好的蛋白質、膽鹼、黃體素和玉米黃素來源。

蘆筍 ························· 20 支　　橄欖油 ····················· 1 茶匙
鹽和胡椒（調味用）···· 少許
松露油、片狀帕馬森起司或是新鮮香草（自行選用）········ 少許

1. 以華氏四百度預熱烤箱。

2. 把蘆筍一端粗糙的蒂頭去掉（留下來煮湯）後以橄欖油攪拌，再平鋪放在烤盤上，撒上鹽與胡椒。放入烤箱烤二十分鐘，視情況翻面，直到蘆筍表面有焦色、看起來軟嫩但保有原來樣貌的程度。

3. 烤蘆筍的同時可以製作水波蛋。做水波蛋的方法有很多，如果你有自己愛好的做法，就用吧！如果沒有，那就所有方法都試試，看看哪一種最適合你。我們建議的簡單方法是拿一口鍋，放入至少三吋深的滾水，將蛋先打入一個杯子，再慢慢倒入滾水中，另外再煮上三至四分鐘。如果你很怕失敗，隨便煎個蛋也可以，炒蛋也不錯，這總不會失敗了吧！

4. 將蘆筍從烤箱拿出來，分成兩盤，每一盤上放兩顆蛋，隨自己喜好再添加鹽或胡椒，需要時可淋上松露油、帕馬森起司或香料。

每一人份含有：一百九十卡熱量、六克碳水化合物、十六克蛋白質、十二克脂肪。

自製鷹嘴豆泥（八杯份量）

鷹嘴豆泥在抹醬的世界中所向無敵，超市裡有上千種不同口味的鷹嘴豆泥可供選擇，所以就別選了吧！因為自己做會更有趣，你能依喜好做出約有一百卡熱量，但富含營養且風味十足的抹醬，只要成功作出基底豆泥，之後就能添加不同風味。

鷹嘴豆 ………………………… 1 罐　　　大蒜 ………………………… 2 瓣

中東芝麻醬 ………………… 3 大匙　　　檸檬 ………………………… 2 個

橄欖油 ……………………… 1 大匙　　　調味用的鹽 …………… 少許

瀝乾罐頭裡的鷹嘴豆，保留豆汁備用。在食物調理機中倒入鷹嘴豆和其他材料，攪打至拌料變成抹醬狀態，然後看情況倒些豆汁，直到抹醬成為完美的豆泥，滑順、香氣濃厚且方便塗抹即可。

每四分之一杯含有：一百卡熱量、十一克碳水化合物、四克蛋白質、六克脂肪。

補充說明：

在將剩餘鷹嘴豆汁倒入食物調理機前，可以嘗試添加以下配料：

烤紅甜椒和墨西哥辣椒；可另加芫荽增味。

新鮮的薑和薄荷；可另加石榴籽增味。

味噌和芥末；可另加芝麻增味。

鰻魚和番茄乾；可另加新鮮奧勒岡增味。

黑橄欖和續隨子；可另加新鮮巴西里增味。

野菇千層麵（六人份）

沒錯，減重也能吃千層麵！雖然這道食物在各階段吃好像都不太對，但其實再正確也不過。只要使用全麥義大利麵，這道餐點其實非常健康，比起一般千層麵來說更好（而且全麥麵食與蕈菇類超級搭！）。本食譜將比重很多的莫札瑞拉起司、力可達乾酪等，全替換成低脂的替代品。

橄欖油 ⋯⋯⋯⋯⋯⋯⋯⋯ 少許　　全麥千層麵麵皮⋯1 包 12 盎司重

大蒜 ⋯⋯⋯⋯⋯⋯⋯⋯ 1 大瓣　　橄欖油 ⋯⋯⋯⋯⋯⋯⋯⋯ 1 大匙

鹽和胡椒，調味用 ⋯⋯⋯ 少許　　半脫脂力可達乾酪 ⋯ 1 ½ 杯

無脂希臘優格 ⋯⋯⋯⋯ 1 ½ 杯　　剁碎的羊奶起司 ⋯⋯⋯⋯ 1 杯

磨碎的新鮮帕瑪森起司 · 1 杯

兩磅重的綜合蕈菇（白色蘑菇、波特菇、香菇等），切片 ⋯⋯ 少許

1. 以華氏三百七十五度預熱烤箱。

2. 根據千層麵包裝指示煮麵備用。

3. 大蒜切細末後與橄欖油一起放入炒鍋，以中大火翻炒燒熱，加入野菇（如果鍋子不夠大就分批放入）並視情形以鹽巴調味。快速翻炒直到菇類釋出水分，菇肉微乾為止。

4. 拿另一只碗，把力可達乾酪和優格攪拌均勻。

5. 在長寬為八乘十二吋的烤盤裡抹上一點橄欖油（如果你只有八乘八或是九乘十三大小的烤盤，也不用感到氣急敗壞，只要能放入材料就行），接著擺入一層麵皮，接著放三分之一的力可達乾酪拌料、三分之一的炒菇以及三分之一的羊奶起司；以此類推直到所有材料用完，接著放上最後一層麵皮，上頭灑滿帕瑪森起司。

6. 放入烤箱烤四十五分鐘，或直到表面成焦色開始冒泡為止；拿出後靜置十五分鐘，再與烤過的甘藍菜搭配著吃（請見四三五頁）。

每一大份含有：三百九十三卡熱量，三十三克碳水化合物，二十六克蛋白質，十七克脂肪。

奶油南瓜（或南瓜）布丁（四人份）

　　每到秋天，所有餐點都會加上「南瓜」，從咖啡、瑪芬、啤酒、甜甜圈、蛋糕到馬丁尼，任何你想得到的食物都有。既然如此，何不來製作味道豐厚、香甜的布丁呢？這份食譜使用的是奶油南瓜，因為處理比較容易（味道幾乎與南瓜一樣），如果你希望更簡單一點，可以使用罐頭南瓜醬，這些南瓜都含有豐富的維生素 A、維生素 C、維生素 B6、鉀和葉酸。

奶油南瓜醬（或一罐十五盎司重的南瓜醬）⋯⋯⋯⋯⋯⋯⋯ 1¾ 杯	
椰奶 ⋯⋯⋯⋯⋯⋯⋯ 1⅓ 杯	玉米澱粉 ⋯⋯⋯⋯⋯⋯ 3 大匙
楓糖漿 ⋯⋯⋯⋯⋯⋯ 2 大匙	糖蜜 ⋯⋯⋯⋯⋯⋯⋯ 1 大匙
原糖 ⋯⋯⋯⋯⋯⋯⋯ ¼ 杯	肉桂 ⋯⋯⋯⋯⋯⋯⋯ ½ 茶匙
肉豆蔻 ⋯⋯⋯⋯⋯⋯ ½ 茶匙	鹽 ⋯⋯⋯⋯⋯⋯⋯⋯ ½ 茶匙

1. 使用新鮮的奶油南瓜，以刨刀削皮後剖半，去籽再切成塊狀，加水煮十五至二十分鐘或直到南瓜變軟，然後放到果汁機或食物調理機中打至滑順漿狀（一定還會有剩下的南瓜，可以留著加進湯裡）。

2. 把南瓜漿和所有材料攪拌均勻。

3. 拌料全都倒入一個中型鍋裡，然後以中小火烹煮，攪拌直到變濃稠，時間大約八分鐘。

4. 將濃湯倒入湯碗或湯杯裡，放入冰箱冷藏靜置，或是放一整晚，或至少一個半小時。

　　每一杯含有：兩百四十八卡熱量，三十五克碳水化合物，三克蛋白質，十一克脂肪。

第五部

研擬比賽策略

第二十四章

確立比賽方法

對於比賽，你需要瞭解的第一件事是：比賽只不過是一場你用全力去跑的跑步。事實上，你可以待在起跑線上不動，直到有人對你喊「快跑！」，然後拚命的跑，直到停下。你或許能夠堅持兩百公尺，如果幸運的話，大概是賽程的一半，接著你會感到肺部灼熱、雙腿移動困難使你步履蹣跚，最後雙手放在膝蓋上，停了下來（額頭緊貼跑道地面），一邊想著究竟是什麼原因讓你認為要做這件事；可是你已經做了，你已經在比賽了。

建立跑步比賽方法不過就是指導身體如何把兩百公尺延伸為五千公尺、半程馬拉松或馬拉松；這也是把專注的重心從改善體態，轉到比賽所需的體態，你要為比賽的特殊挑戰做好心理準備，這就是最棒的地方：只要有適合自己的比賽方法，就能在結束第一次五千公尺或半程馬拉松比賽時，比自己當初第一天跑完兩百公尺時感到更加舒暢。

比賽方法是什麼？

有些跑者為了比賽進行訓練，其他人參加比賽則是為了讓自己的訓練有更好的成果和更大的目標，還有很多人從來沒參加過比賽。比賽並非訓練的必要收穫，而是一種選擇，一旦你做了選擇，不論目標是完成特定賽程、想創下個人紀錄和同齡組別的獎牌或只是分享團體經驗，你都需要規劃。

鍛鍊時的跑步與跑步比賽之間的差異在於：比賽中你會跑得更賣力，或是更遠（或兩者皆有）。認為比賽與一般訓練不同，那可是大錯特錯，比賽中你會展示出比平常跑步訓練時還要好的成果，但並非是超越跑步體魄經過訓練所能承受的極限。事實上，只要比賽方法適當，你會發現比賽只不過就是一種機會，讓你做出平時訓練不能做的挑戰：為重新鍛鍊好的強大跑步體魄再次訂下極限。

對適當訓練過的跑者來說，挑戰並不在競賽而是準備工作。

兩種比賽方法

本書提供的訓練菜單可以協助你鍛鍊跑步體魄，進行任何賽程的比賽，你只需多做幾項調整，確保自己能有最棒的比賽經驗。第一步驟就是訂定比賽目標，大部分跑者面對比賽時，心中都有以下兩種目標之一：

▶完成比賽：完成這段挑戰你體魄的賽程（比如半程馬拉松）。

▶精采競賽：想跑得比其他參賽者更快更好。

以上兩種比賽目標（每一個都有各自的原因）需要的訓練方法略有不同。

新手指導

對許多跑者來說，第一個比賽失誤往往發生在距離比賽日還很早的時候，而且是用盡全力鍛鍊時發生。千萬不要這樣做，因為身體無法分辨你在鍛鍊時用的全力或是比賽時會用的全力，而且用百分之百努力時成效有限，鍛鍊時就拚盡全力做的跑者，往往在比賽起跑線之前就用光跑步的可能性。

BUILD YOUR RUNNING BODY

為「完成比賽」做訓練

完成一定賽程的訓練通常是新手跑者的目標，同時也是有經驗跑者想尋求新挑戰的目標（例如一位能跑一萬公尺的參賽者，通常會想挑戰馬拉松）。如果這你是其中之一，請謹記下列三個原則：

1. 一定要有充裕時間準備，如果跑五千公尺，身體需要準備幾週時間，那跑馬拉松就需要幾個月準備。

2. 比賽準備工作要循序漸進。在訓練計畫中慢慢增加跑時和強度，等到真的要比賽時，只需再略增加這兩個部分即可。

3. 不要準備過多。太過賣力的訓練只會讓你受傷、生病和疲乏。

記得這些原則後，你只需在訓練過程中納入下列特殊調整措施即可：

▶增加長跑距離：長跑的距離一定要漸進式增加，直到接近你目標比賽的賽程為止。以五千公尺路跑來說，你需要慢慢跑到最多兩至三英里；至於賽程距離更長的比賽好比馬拉松，你可能需要利用跑時而非距離來當作訓練量測標準。

▶練習比賽強度：若你覺得自己比賽配速會比平常定距跑的速度還快，那就需要花點時間做配速的訓練：

● 短距比賽：以比賽配速分成幾次訓練。

● 長距比賽：包括後段加速跑法在內，這種訓練裡前半部的長跑要用平時的定距跑速度，後半段則跑快一點。

● 馬拉松限定：以目標馬拉松的配速跑步，並用不同後段加速跑法跑好幾英里（比如說二十英里長跑中，可以用後段加速跑法跑十二至十八英里）。運動科學家兼顧問葛雷格‧麥克米蘭（Greg McMillan）稱此為「快速完結式」（fast-finish）長跑，在最後三十至九十分鐘內慢慢增加配速，最後以接近百分之百努力的速度跑向終點。

▶進行模擬賽：請見本章後續提供的指南內容。

二〇一二年，美國總共有超過一千五百萬名成功完成比賽的跑者，因此你一定也能成為其中一位。

為「精采競賽」做訓練

激烈的比賽需要特定的準備功夫，身心方面你都需要做足準備才能發揮百分之百的努力。這類特定訓練一定要有：

▶ 相同跑時：距離較短的比賽（半程馬拉松或更短的路跑）需要納入定距跑訓練，且至少要與目標比賽的時間相同；馬拉松的訓練應該包含符合跑時（最多三點五小時）的跑步訓練，定距跑則非必要。

▶ 相同努力：不論比賽距離多長，你需要以目標在比賽能發揮的努力（或節奏）做重複訓練。

▶ 目標配速：距離比賽當週愈來愈近時，你需要把注意力從用比賽氣力做重複訓練和節奏跑，轉向用目標比賽配速。這會增加比賽配速的跑步經濟性，並讓身體在生理和感官上知道如何維持配速。

▶ 加速跑步：以超出比賽配速的速度做重複訓練（比如為五千公尺路跑做訓練時，便以跑一千五百公尺的配速做兩百公尺的重複訓練）可以增加體內的無氧化酵素，徵召大區域的肌肉纖維，讓比賽跑速感覺起來「比較緩慢」且更好掌控。

▶ 熱身運動：現在就是建立標準熱身運動的時候，每次鍛鍊前一定要熱身（例如重複訓練、上坡重複跑或一般訓練），這樣一來到了比賽日當天，你對熱身的熟悉程度將有助你穩定比賽前的緊張，提升自信。

▶ 模擬賽事：請見本章後續的指南說明。

為了能有精采比賽而訓練不能紙上談兵，你需要確實鍛鍊好跑步體魄，這樣就能利用特別的比賽訓練調整身體，在起跑線之前做好萬全準備。

減量訓練

不論你的比賽目標為何，接近比賽的前幾天甚至前幾週都需做減量訓練。減量訓練是指將訓練強度減輕，讓肌肉和結締組織可以完全修復的一段時期，這類訓練也能讓身體有機會囤積肌肉裡的肝醣、荷爾蒙、酵素和神經傳導物質。五千公尺的比賽，減量訓練可能只需要幾天即可，至於傳統上馬拉松的減量訓練需要三週時間；儘管如此，不同運動員會自行找出適合自己的減量訓

練，包含下列幾種：

▶ 傳統五千公尺減量訓練：在比賽的前一週末把長跑取消（或縮短），並在賽前四至六天持續做單一重複訓練，維持一般的重複訓練強度，但次數慢慢減少百分之三十三至五十，接著把跑距漸漸縮短直到比賽當天，此外要連續兩至三天另外加一組八至十次滑步。比賽前一天要輕鬆地跑，或乾脆休息不要跑。

▶ 傳統馬拉松減量訓練：馬拉松的減量訓練是在比賽前三週開始，從最後一次（且最久）的長跑開始算起。

● 剩三週──縮短百分之二十至三十的跑距和優質訓練（也就是比較耗力的訓練如重複訓練和快節奏）。訓練期間要維持平時出力的狀態，這三週期間，後一週的跑距要比前一週長跑少百分之五十。

● 剩兩週──再縮短另外百分之二十至三十的跑距和強度，一樣維持平時出力狀態，最後一次優質訓練應該是在馬拉松比賽日往前算第十天時做。第二週結束時的跑距不能多於上次長跑的百分之四十。

● 剩一週──將跑距減少到平日跑步量的百分之二十五，有些跑者會在一週練跑時，另外以馬拉松配速跑上兩至四英里。比賽前一兩天要完全休息，並在跑步前兩三天增加攝取碳水化合物，占飲食的百分之七十。

▶ 緩和減量訓練：有些跑者發現，傳統約百分之四十至六十的減量訓練會讓他們容易在比賽日當天感冒、過敏甚至感到無精打采。對這些跑者來說，在五千公尺比賽日的前兩三天，或是馬拉松日的前兩三週，只需減少百分之二十至二十五的訓練量，會有更好的效果。

關於減量訓練的警告：每一週仍在提升自己體能的新手跑者最好跳過減量訓練，只需在比賽前一天充分休息即可。

訓練週期

你可能曾聽過有豐富經驗的跑者談起訓練週期，週期裡訓練會分成幾個階

段。對多數運動員而言，訓練週期從基本訓練開始，也就是有氧基礎和提升肌肉和結締組織肌力，基本訓練後，有些運動員會加入賽季前的肌力建設，專心在山坡練習、一般訓練和無氧訓練上，也有其他人會直接進入競賽階段，此階段他們會做比賽的跑步練習，通常是為了達到最大的比賽目標。

最近還出現了修復階段，跑者在此階段會在高強度鍛鍊後，進行完整的休息或大幅減少鍛鍊量。訓練週期對只參與某些賽季的優秀跑者確實有用，不過大部分選擇整年參加路跑的跑者，最好還是採行一般非賽季的訓練方法。

訓練面面觀

比賽恐慌症

每個人在比賽前都容易感到緊張不安，但是比賽恐慌症這種讓跑者聞之色變的惡夢，並非只有在比賽當天才會發生。以下是會嚴重影響比賽前幾週的幾種比賽恐慌症徵兆，會危及訓練，使比賽表現失去水準。

▶ 幻想受傷：你突然發現自己好像受傷，從腱炎到下背部疼痛，還有突發性滑液囊炎等。沒錯你是受傷了，不過這只是伴隨鍛鍊而來的正常疼痛，通常你會忽略它們，直到因比賽而產生的焦慮感會讓你更憂慮，把任何細小的事放大成真正的受傷。別因此而煩躁，這種幻想的受傷在比賽當下會消失。

▶ 鍛鍊決定比賽結果：比賽日逼近時，你會突然對自己的身體失去信心，並決定要進行限時練習或全力以赴做間歇練習，檢視自己的身體狀況。停下來，不要真的這樣做，百分之百的鍛鍊就是比賽當日，若你這樣做會讓身體的體力來源流失，無法為真正的比賽做好準備。

▶ 事後諸葛症狀：距離比賽只剩一週，你認為自己準備的方法錯誤，你應該還要再做一次節奏跑，或是間歇練習，或是一般鍛鍊，你在想自己是否該在比賽日前做完這些訓練。一週練習不會讓你跑得更快，而且也無法讓比賽結果有任何改變。如果你

還是想做訓練調整，那就在比賽之後做吧！

▶ 比賽就是鍛鍊：若能把比賽當成鍛鍊就能緩和這種焦慮感，這樣一來你就不用減量，也不必擔心是否有適當休息和攝取足夠營養，你也不會想在隔天完全放鬆。千萬別這樣想，比賽就該百分之百努力去做，不論比賽前後都該如此，如果沒有適當的減量訓練和修復策略，身體就得被迫承受無法負荷的風險。

▶ 達到完美狀態再說：因為很怕出糗，除非達到完美狀態，否則你不會參加比賽。問題在於：比賽正是讓自己達到完美的內化過程，它能訓練你的大腦，比起鍛鍊更可施壓於跑步體魄，此外，所謂「完美狀態」根本就是未來烏托邦，對多數跑者而言幾乎是難以達到的境界。

▶ 自以為是的飲食方法：你決定要利用食物來提升比賽成果。如果這是指長期健康的飲食選擇，那你很聰明，但如果只想在比賽那一週改變飲食，期望能有明顯變化就不對了。新的飲食方法可能使腸胃產生不同反應，因此改變飲食需要在比賽週以前測試很長一段時間，不然可能在比賽時反讓原本能吸收碳水化合物的體質，變得很難攝取碳水化合物。

▶ 改變例行鍛鍊：為了更好的休息和做好比賽準備，你改變了例行的鍛鍊模式。你跳過幾項動作，不再做例行練習，還避免走樓梯和向來持續練習的伸展。「你沒想嘗試要如何做時大多會有很好的成果」顧問傑克·丹尼爾曾如此說道。他說得一點也沒錯，繼續進行例行鍛鍊，相信自己的訓練，相信你自己。

最終，應付比賽恐慌的最佳辦法就是繼續堅持恐慌前的計畫。

模擬賽

模擬賽是想在目標賽事裡有最佳成績的必要訓練，百分百努力的比賽可以產生鍛鍊時沒有的生理刺激，同時訓練大腦讓身體能在未來再努力一點。除此之外，模擬賽是所有比賽相關事物的演練，包含停車、起跑遲到、流動式廁所

的狀況等等，最後這些模擬賽會根據你的體能給予回饋，讓你針對訓練進行調整。賽距不同的比賽需要不同的模擬賽策略。

五千公尺與一萬公尺

這兩種常見跑步比賽中，你可以用五千公尺做模擬賽練習，通常模擬賽練習最好是比目標比賽賽距還短，而比五千公尺還短的路跑並不多。如果你無法決定模擬賽要跑多少，可以用這些替代：一千五百公尺或英里測時跑；以目標配速跑一千公尺五次，加上四百公尺的恢復慢跑；以五千公尺配速跑一英里兩次，加上一次四百公尺的恢復間歇訓練。

半程馬拉松

八千公尺和一萬公尺都很適合做半程馬拉松的模擬賽練習，如果你能跑超過一萬公尺（比如一萬五千公尺），就要考慮把快速節奏跑時的努力縮減用在模擬賽上。半程馬拉松的模擬賽替代方案有：一次二十至三十分鐘的快速節奏跑；以比賽時的努力程度跑兩英里（三千兩百公尺）三次，加上三至四分鐘的恢復訓練；或者是一次五千公尺至一萬公尺（三至六英里）的測時跑。

馬拉松

五千公尺到半程馬拉松各距離都適合用來做馬拉松的模擬賽訓練。在參加馬拉松賽事之前，應當要做完半程馬拉松的跑步鍛鍊（長達五至六週），而馬拉松比賽前一週你可以跑五千公尺。替代的模擬賽練習方案有：以慢節奏跑速跑六十分鐘；以馬拉松的力氣跑十三英里；還有五千公尺至十英里的測時跑。

只要選擇適合的比賽方法，你的身心就能為比賽日做好萬全準備，剩下的就是往前跑而已。

第二十五章

今天就是正式比賽，你已經做完該做的訓練，減量訓練完成，飲食合宜，水分也補足了，現在剩下的就是跑步。

每年有數百萬名跑者在美國和世界各地的起跑線開跑，如今你也是其中的一份子，問問自己，那些跑得好且達成目標的跑者與失敗者有什麼不同。這與基因完全無關，也和天分沒有關係，出現這種差異只有兩個原因：訓練以及了解如何比賽，你已經非常了解前者，而後者其實也不難，只要知道如何去做，更重要的是知道哪些不能做。

建立比賽觀念

比賽是什麼？

就如第二十四章解釋過，比賽是指用百分之一百的努力。比賽的特殊挑戰並不是生理而是心理上的挑戰，任何人都能跑到筋疲力盡，訣竅在於把你的百分百努力平均分攤在整趟賽距上。聽起來很簡單嗎？抽象思考是很簡單，但實際比賽可不盡然，你全身的血管會充滿腎上腺素，同時四周都是和你一樣興奮的跑步同好，接著你就得煩躁地等在起跑線上，槍聲（或空氣喇叭聲）作響時全力衝刺；群眾開始歡呼，跑者一個個從起跑線上往外衝，所有人摩肩擦踵，你只會想著跑、跑、用盡全力跑……就是這個時候你需要一個演練過的比賽策略，以及足夠的信心去實踐它。

比賽策略

跑步比賽可能是人類所知最簡單的運動競賽，而對應的最佳比賽策略也同樣簡單，選定一個有自信能維持的跑速，並根據身體的回饋反應在比賽中調整（也就是你在多次長跑和間歇訓練時重複演練的事），當終點線標幟進入眼簾，你就得發揮剩下的所有精力，用盡全力衝破終點線。

然而在實際操作上，要順利實踐這項策略非常難。

重點並不在於如何聰明地找出自己能否從頭到尾維持下去的最快跑速，訓練有素的跑者得知道如何拒絕任何會分心的事物，包括其他參賽者、一旁加油鼓舞的觀眾、你自己內心的聲音等，才能維持跑速。以下是幾種幫助你輕鬆做到此任務的基本法則：

新手指導

最好的比賽策略就是以「好」的比賽為目標，而非是「很棒」的比賽。若想跑出一場很棒的比賽，通常會引起災難，因為這種比賽會鼓勵你用過快的速度去衝，而忽略身體的反應，相反地如果是跑場好的比賽，就能增加自信心，因為你在跑自己做好準備的比賽，當你跑

到一半時就會覺得自己變得強大，當你完成後半段路程而感到激動和
強壯時，會更加驚喜。

▶ 非衝刺加速：起跑時可以全力加速到你期望的跑速（但不能更快），
但不要衝刺，前一百公尺衝刺就等於最後一百公尺得用爬的，如果你
想在比賽期間改變跑速，就要慢慢做。衝刺以及跑速調整過頭，反而
會用掉更多的力氣。

▶ 不要起衝突：千萬別與其他參賽者推擠，這不僅浪費時間還很蠢，而
且你絕對會因為這種非君子之道而後悔。

▶ 維持一定的用力程度：整趟比賽過程中保持一致的努力（衝刺時不
算），這就是顧問丹尼爾說的「平均強度（even intensity）」。這並非
是要你在整段比賽中花一樣的力氣，因為前半段會讓你覺得簡單，但
後半段要繼續這樣做就難了，這裡是指你該以一定的速率來消耗氣
力，才能維持一定的跑速。

▶ 符合規定的捷徑跑法：比賽時盡量跑直線距離，並且擁抱彎道吧！要
超越其他參賽者時千萬別跑之字形，在迎接下一個彎道要從路邊一側
跨到另一側，切記兩點之間最短的距離就是直線。

▶ 擋風（Draft）：跑在一位參賽者後方或與他們並肩同行會有兩種優
勢：生理上而言，每英里你可以快四至八秒（風阻較小時用同樣力氣
會跑得更快）；至於心理方面，你會讓其他人有調整跑速的壓力。

▶ 做好監測規畫：持續監測自己的體能和疲勞指數。問問自己：「我目
前的狀態能完成比賽嗎？」如果答案可以，那就繼續堅持下去，如果
不行，就回歸衝刺之前的跑速。

▶ 縮短痛苦時間：維持適當且能延續的努力程度，這可以延遲嚴重疲勞
的發生時間點（之後就會很痛苦）。這樣一來你可以縮短疼痛的時
間，因為如果你在比賽中途就感到疼痛，就很難堅強完成它。

▶ 最後衝刺：延遲衝刺，直到你確定能堅持狀態到終點線再做。如果你

在終點線之前完全沒力氣衝刺，你就會在爬向終點時失去更多本來加快跑速時獲取的時間。

▶ **跟自己比賽**：這句老話其來有自，每個參加比賽的人都有各自的體態、天賦和比賽策略，有些人的方法對他有用，但不見得適合你。

▶ **根據比賽日當天狀態去跑**：並不是每場比賽都能創下個人紀錄，如果你沒有達到目標加速次數，也沒增加跑速，那就別管個人紀錄，盡你所能地用力往前跑。就算沒有紀錄，你也能獲得身體回饋，加進訓練中調整。

根據上述法則，你就能做好比賽，有時候還可以跑出很好的賽果。

氣力 vs. 配速

我們在這一章談了很多的「氣力」和「配速」，你或許想知道它們是否代表不同的策略方法，是否就像硬幣的正反面是不同的東西，又或者它們是不同但可在比賽時結合的兩種概念。

答案：以上皆是。

先來看看這兩種概念的意涵：

1. **配速**：你能預測自己的目標配速，並針對該配速進行訓練，然後期望能在比賽期間達到該速度（換成表格來看也就是四種賽距，根據每英里所花時間，分成五千公尺到馬拉松；請見本章最後表格 25-1）。

2. **氣力**：利用鍛鍊了解自己不同賽距時的氣力程度，以及這種「感覺」在疲勞時會有何變化。接著根據經驗，在比賽中找出能監控到的疲勞指數，以及伴隨的體能消耗量。

跑者在比賽時會以自己喜歡的那一種為主，但醜話得說在前頭：這兩種概念並非像歷史上哈特非爾德與麥考伊（Hatfields and the McCoys）[1] 兩個家族相

---

1 譯者註：指 1863-1891 年間，居住在美國西維吉尼亞和肯塔基州邊界谷地一帶相互惡鬥的兩大家族。如今此兩家族的名稱已發展為特定語彙，具有黨派社群之間相互明爭暗鬥的象徵意義。

互惡鬥，當然多數跑者確實會選邊站，而大部分的人都選擇跑速，但不論跑者要選擇哪一邊，都會在比賽時同時運用這兩種概念不同層次的手法。

配速為主的比賽包含預測自己跑完比賽的時間，然後嘗試根據該跑時平均中斷的時間來跑加速跑（比如跑五千公尺時預估跑每英里所需的時間）。

舉例來說，以十八分四十八秒跑完五千公尺正好是六分鐘的英里測時跑跑速，因此你需要以六分鐘完成第一英里，十二分鐘跑完兩英里，然後十八分鐘跑完三英里。要鍛鍊這種配速，你需要重複做六分鐘英里測時跑的練習（比如以九十秒跑完四百公尺十二次，加上兩百公尺的簡單恢復慢跑）。

只要重複演練這配速，就可同時改善此配速的跑步經濟性，更了解自己在比賽時維持該配速身體會有的反應（特別是視覺反應）。

配速為主的比賽會有兩種缺點，一是身體可能無法在比賽日做好相同跑速的準備，如果當天狀況不好跑速會太快；當天狀況不錯那可能會使賽果受限。再來，比賽現場、天氣、比賽條件和其他因素可能會改變練習時的跑速，如此一來在上坡跑或天氣非常炎熱時要維持預測跑速，就會比平時環境條件不錯時做的平地跑步練習更加困難。

氣力為主的比賽則包含在起跑線時，就決定能以一定速率消耗能量的努力程度，你需要利用內在和外在線索（也就是身體反應和場地、天氣等因素的感覺評估）來調整所需氣力的強度。遇到爬坡時你的配速可能會稍緩，但基本上消耗的體能大略一致。

這並非是指你感到自己持續在用同樣的氣力，因為一開始跑，總會比最後結束時來得輕鬆。這種比賽方法的缺點在於需要非常豐富的經驗。新手跑者通常會誤以為，比賽前三分之一階段時可以輕鬆一點，因此就提高氣力強度；至於有經驗的跑者，則容易在預防疲勞時跑得比較慢。

務實的跑者通常會同時運用這兩種方法，他們不僅會做以氣力（公路或跑道的重複練習、法特雷克、節奏跑）和配速（跑道重複跑、計時跑、模擬賽）為主的鍛鍊，還會在比賽時利用氣力引導自己的耗力，甚至會做加速跑來重新

評估氣力消耗程度。

　　初學者以及經驗不多的跑者應該堅持以跑速為主的比賽方法，直到他們已經熟悉明白自己的跑步體魄能做與不能做的事。

訓練面面觀

跑者會犯的錯

　　根據經驗，很少有跑者能從起跑到終點都維持完美配速，有太多跑者因為興奮或焦慮作祟而放棄本來的比賽規畫。發生這種情況時，就會出現下列失誤：

▶ 比賽日當天改變熱身方法：看到奧運五千公尺和一萬公尺冠軍選手莫·法拉的熱身方法是短距間歇訓練，所以你覺得自己也應當這麼做。但不行，你得非常冷靜地重複以往在高強度鍛鍊之前做的練習，從慢跑、滑步到伸展依序進行。而且莫法拉在那揮汗時，你只會覺得自己是笨蛋，因為你才發現他也看到了。

▶ 起跑時衝得太快：比賽時會用到的生理法則與鍛鍊時一樣，你不會在十英里路跑的第一英里就用英里比賽的配速，就算是五千公尺的第一英里也不會，如果真的這樣跑，頂多也只能跑一英里而已。

▶ 以不均等跑速跑步：優秀的肯亞定距跑選手最出名的，就是他們能在比賽初期就迅速做出配速設定、多次全力衝刺並把對手的所有動作活用自如。因此若你是一位優秀的肯亞定距跑者，那就別看這本書，其他人的話，請停止做出像是優秀肯亞跑者的行為！比賽裡只有一條終點線，而那就是最終目的地，要最快到達那裡的最佳辦法就是以均衡氣力往前跑。

▶ 比賽中途發生零星衝突：就如前一個失誤一樣，比賽只有一條終點線，那就是最終目的地；比賽當中與某人發生衝突只會讓其他人有更多機會贏你們。

▶ 想太多：不要煩心在計算配速、天氣報告、特定訓練、裝備檢查或是擔心你已經無法參加的比賽。過分思考比賽只會事與願違起不了任何作用，因為有太多事情無法預料，好比起跑時被絆倒，鞋帶鬆掉或是轉錯彎。相信自己的能力予以調整就好，而且要接受「自己能百分百盡力」這件事，有些跑者做不到此點，但成功的跑者往往都能達到。

▶ 過度分析自己不好的表現：每次路跑比賽你都能有所學習，但這並不表示每次比賽就是印證自己訓練方法是否正確的機會，有時候一場跑不好的比賽並不代表真的很糟糕。因此從比賽中學習，調整必要的訓練方法，繼續堅持下去就好。

你不可能跑一場非常完美的比賽，但若能避免不必要、耗時耗力和自殺式的失誤，就是參加好比賽的第一步。

完美的比賽

沒有所謂完美的比賽，也沒有完美的比賽策略。本書鼓勵的方法在本章一開始就表明了：平均強度的鍛鍊，對自己的鍛鍊有信心，遵照自己的比賽規畫走，並就比賽日當天的狀態盡全力去跑。

當然還有其他的比賽方法，美國的定距跑傳奇選手史提夫·普里方騰（Steve Prefontaine 他的粉絲都喜歡叫他 Pre）在一九七五年跑步事業正值顛峰之時，於一場車禍中意外身亡。

他曾說過這段名言：「許多人參加路跑比賽是為了證明自己跑得最快，我跑步則是看看誰最帶種，是誰願意用筋疲力竭的速度跑步懲罰身體，甚至在最後階段折磨自己。」他也曾說，「或許有些人能擊潰我，但他們勢必要付出很大的代價。」

不過這就是 Pre，他會成為傳奇跑者是有原因的。

對大部分人而言，比賽不只是看看誰能承受最大痛苦，因為這是鍛鍊過程的

里程碑，只要成功就是一次體能提升，以及我們加入的運動團體歡慶的時候。

比賽結束時，我們會從中學習，加緊鍛鍊，然後再次參加比賽。

這正是我們如何提升跑步狀態的方式，也是鍛鍊自己跑步體魄的辦法。

沒有人天生就是完美的跑者，我們也不可能成為那樣的人，不過只要循序漸進鍛鍊自己，就能成為跑得更好的跑者，那也是這種運動最美妙的地方：要成功沒有捷徑，我們並沒有任何天賦，我們是靠自己的雙腳贏取每一英里和每次跑步的賽果。

表 25-1 配速比較表：每英里 4:00 至 15:59

配速	5000 公尺	10000 公尺	半程馬拉松	馬拉松
4:00	12:26	24:51	52:26	1:44:53
4:05	12:41	25:22	53:32	1:47:04
4:10	12:57	25:53	54:37	1:49:15
4:15	13:12	26:24	55:43	1:51:26
4:20	13:28	26:56	56:48	1:53:37
4:25	13:43	27:27	57:54	1:55:48
4:30	13:59	27:58	59:00	1:57:59
4:35	14:14	28:29	1:00:05	2:00:10
4:40	14:30	29:00	1:01:11	2:02:21
4:45	14:45	29:31	1:02:16	2:04:32
4:50	15:01	30:02	1:03:22	2:06:43
4:55	15:17	30:33	1:04:27	2:08:55
5:00	15:32	31:04	1:05:33	2:11:06
5:05	15:48	31:35	1:06:38	2:13:07
5:10	16:03	32:06	1:07:44	2:15:28
5:15	16:19	32:37	1:08:49	2:17:39
5:20	16:34	33:08	1:09:55	2:19:50
5:25	16:50	33:39	1:11:01	2:22:01
5:30	17:05	34:11	1:12:06	2:24:12
5:35	17:21	34:42	1:13:12	2:26:23

配速	5000 公尺	10000 公尺	半程馬拉松	馬拉松
5:40	17:36	35:13	1:14:17	2:28:34
5:45	17:52	35:44	1:15:23	2:30:45
5:50	18:07	36:15	1:16:28	2:32:57
5:55	18:23	36:46	1:17:34	2:35:08
6:00	18:38	37:17	1:18:39	2:37:19
6:05	18:54	37:48	1:19:45	2:39:30
6:10	19:10	38:19	1:20:50	2:41:41
6:15	19:25	38:50	1:21:56	2:43:52
6:20	19:41	39:21	1:23:02	2:46:03
6:25	19:56	39:52	1:24:07	2:48:14
6:30	20:12	40:23	1:25:13	2:50:25
6:35	20:27	40:54	1:26:18	2:52:36
6:40	20:43	41:25	1:27:24	2:54:48
6:45	20:58	41:57	1:28:29	2:56:59
6:50	21:14	42:28	1:29:35	2:59:10
6:55	21:29	42:59	1:30:40	3:01:21
7:00	21:45	43:30	1:31:46	3:03:32
7:05	22:00	44:01	1:32:51	3:05:43
7:10	22:16	44:32	1:33:57	3:07:54
7:15	22:31	45:03	1:35:03	3:10:05
7:20	22:47	45:34	1:36:08	3:12:16
7:25	23:03	46:05a	1:37:14	3:14:27
7:30	23:18	46:36	1:38:19	3:16:38
7:35	23:34	47:07	1:39:25	3:18:50
7:40	23:49	47:38	1:40:30	3:21:01
7:45	24:05	48:09	1:41:36	3:23:12
7:50	24:20	48:40	1:42:41	3:25:23
7:55	24:36	49:12	1:43:47	3:27:34
8:00	24:51	49:43	1:44:53	3:29:45
8:05	25:07	50:14	1:45:58	3:31:56
8:10	25:22	50:45	1:47:04	3:34:07
8:15	25:38	51:16	1:48:09	3:36:18

配速	5000 公尺	10000 公尺	半程馬拉松	馬拉松
8:20	25:53	51:47	1:49:15	3:38:29
8:25	26:09	52:18	1:50:20	3:40:40
8:30	26:24	52:49	1:51:26	3:42:52
8:35	26:40	53:20	1:52:31	3:45:03
8:40	26:56	53:51	1:53:37	3:47:14
8:45	27:11	54:22	1:54:42	3:49:25
8:50	27:27	54:53	1:55:48	3:51:36
8:55	27:42	55:24	1:56:54	3:53:47
9:00	27:58	55:55	1:57:59	3:55:58
9:05	28:13	56:26	1:59:05	3:58:09
9:10	28:29	56:58	2:00:10	4:00:20
9:15	28:44	57:29	2:01:16	4:02:31
9:20	29:00	58:00	2:02:21	4:04:43
9:25	29:15	58:31	2:03:27	4:06:54
9:30	29:31	59:02	2:04:32	4:09:05
9:35	29:46	59:33	2:05:38	4:11:16
9:40	30:02	1:00:04	2:06:43	4:13:27
9:45	30:18	1:00:35	2:07:49	4:15:38
9:50	30:33	1:01:06	2:08:55	4:17:49
9:55	33:49	1:01:37	2:10:00	4:20:00
10:00	31:04	1:02:08	2:11:06	4:22:11
10:05	31:20	1:02:39	2:12:11	4:24:22
10:10	31:35	1:03:10	2:13:17	4:26:33
10:15	31:51	1:03:41	2:14:22	4:28:45
10:20	32:06	1:04:13	2:15:28	4:30:56
10:25	32:22	1:04:44	2:16:33	4:33:07
10:30	32:37	1:05:15	2:17:39	4:35:18
10:35	32:53	1:05:46	2:18:44	4:37:29
10:40	33:08	1:06:17	2:19:50	4:39:40
10:45	33:24	1:06:48	2:20:56	4:41:51
10:50	33:39	1:07:19	2:22:01	4:44:02
10:55	33:55	1:07:50	2:23:07	4:46:13

BUILD YOUR RUNNING BODY

配速	5000 公尺	10000 公尺	半程馬拉松	馬拉松
11:00	34:11	1:08:21	2:24:12	4:48:24
11:05	34:26	1:08:52	2:25:18	4:50:35
11:10	34:42	1:09:23	2:26:23	4:52:47
11:15	34:57	1:09:54	2:27:29	4:54:58
11:20	35:13	1:10:25	2:28:34	4:57:09
11:25	35:28	1:10:56	2:29:40	4:59:20
11:30	35:44	1:11:27	2:30:45	5:01:31
11:35	35:59	1:11:59	2:31:51	5:03:42
11:40	36:15	1:12:30	2:32:57	5:05:53
11:45	36:30	1:13:01	2:34:02	5:08:04
11:50	36:46	1:13:32	2:35:08	5:10:15
11:55	37:01	1:14:03	2:36:13	5:12:26
12:00	37:17	1:14:34	2:37:19	5:14:37
12:05	37:32	1:15:05	2:38:24	5:16:49
12:10	37:48	1:15:36	2:39:30	5:19:00
12:15	38:04	1:16:07	2:40:35	5:21:11
12:20	38:19	1:16:38	2:41:41	5:23:22
12:25	38:35	1:17:09	2:42:46	5:25:33
12:30	38:50	1:17:40	2:43:52	5:27:44
12:35	39:06	1:18:11	2:44:58	5:29:55
12:40	39:21	1:18:42	2:46:03	5:32:06
12:45	39:37	1:19:13	2:47:09	5:34:17
12:50	39:52	1:19:45	2:48:14	5:36:28
12:55	40:08	1:20:16	2:49:20	5:38:40
13:00	40:23	1:20:47	2:50:25	5:40:51
13:05	40:39	1:21:18	2:51:31	5:43:02
13:10	40:54	1:21:49	2:52:36	5:45:13
13:15	41:10	1:22:20	2:53:42	5:47:24
13:20	41:25	1:22:51	2:54:48	5:49:35
13:25	41:41	1:23:22	2:55:53	5:51:46
13:30	41:57	1:23:53	2:56:59	5:53:57
13:35	42:12	1:24:24	2:58:04	5:56:08

BUILD YOUR RUNNING BODY

配速	5000 公尺	10000 公尺	半程馬拉松	馬拉松
13:40	42:28	1:24:55	2:59:10	5:58:19
13:45	42:43	1:25:26	3:00:15	6:00:30
13:50	42:59	1:25:57	3:01:21	6:02:42
13:55	43:14	1:26:28	3:02:26	6:04:53
14:00	43:30	1:27:00	3:03:32	6:07:04
14:05	43:45	1:27:31	3:04:37	6:09:15
14:10	44:01	1:28:02	3:05:43	6:11:26
14:15	44:16	1:28:33	3:06:49	6:13:37
14:20	44:32	1:29:04	3:07:54	6:15:48
14:25	44:47	1:29:35	3:09:00	6:17:59
14:30	45:03	1:30:06	3:10:05	6:20:10
14:35	45:18	1:30:37	3:11:11	6:22:21
14:40	45:34	1:31:08	3:12:16	6:24:32
14:45	45:50	1:31:39	3:13:22	6:26:44
14:50	46:05	1:32:10	3:14:27	6:28:55
14:55	46:21	1:32:41	3:15:33	6:31:06
15:00	46:36	1:33:12	3:16:38	6:33:17
15:05	46:52	1:33:43	3:17:44	6:35:28
15:10	47:07	1:34:14	3:18:50	6:37:39
15:15	47:23	1:34:46	3:19:55	6:39:50
15:20	47:38	1:35:17	3:21:01	6:42:01
15:25	47:54	1:35:48	3:22:06	6:44:12
15:30	48:09	1:36:19	3:23:12	6:46:23
15:35	48:25	1:36:50	3:24:17	6:48:35
15:40	48:40	1:37:21	3:25:23	6:50:46
15:45	48:56	1:37:52	3:26:28	6:52:57
15:50	49:12	1:38:23	3:27:34	6:55:08
15:55	49:27	1:38:54	3:28:39	6:57:19
15:59	49:39	1:39:19	3:29:32	6:59:04

使用本表格時，請在表格上找出你跑 5000 公尺、10000 公尺、半程馬拉松或馬拉松時所花的時間，每種賽距的英里跑速會出現在左欄標有「跑速」的分類下方。

請注意：所有以斜體字標記的時間比當前各賽距的世界紀錄還快。

預防和修復跑步傷害的運動訓練

　　以下內容是幾種針對因跑步造成特定傷害，予以預防或修復的訓練方法（你應該在經過專業醫生處理後，才做這些修復練習）。請注意，完整強化身體和預防受傷計畫應當是你鍛鍊時的首選規畫，如果是突發受傷，並伴隨刺痛或嚴重疼痛、難以行動、發高燒或其他嚴重的警示反應，請即刻諮詢專業醫師。另外還須留意的是，在預防或修復訓練當中使用的藥物包括布洛芬在內，其劑量和使用時間都需事先諮詢醫師。

患部	患部說明	運動訓練	頁數	注釋
阿基里斯腱滑囊炎	因滑液囊（位於阿基里斯腱與跟骨之間）發炎引起腳後跟疼痛。	主動單一肌群伸展法 AIS—小腿（腓腸肌）	135	跑步完冰敷可以減患慢性炎症
		平面（例如地板）做腳跟點水	139	
阿基里斯肌腱炎	阿基里斯腱因過度使用而受傷，伴隨發炎疼痛。	AIS——小腿（腓腸肌）	135	冰敷或抬高或有幫助。短時間使用跟墊和布洛芬可以暫緩疼痛。請骨科醫師、足科醫師或物理治療師評估距下關節調整。
		平衡板——前後運動	121	
阿基里斯肌腱病變	阿基里斯腱退化而受傷，導致未發炎的慢性疼痛。	腳跟點水	139	不可冰敷或服用任何抗炎藥物，因為肌腱並無發炎。請骨科醫師、足科醫師或物理治療師評估距下關節調整。
		AIS——小腿（腓腸肌）	135	
		平衡板——前後運動	121	
前十字韌帶（ACL）受傷	連接股骨和脛骨的膝蓋中間韌帶扭傷或撕裂傷。	拉力走／拉力跑	124	如果發現 ACL 受傷請立即諮詢專業醫師。
		倒退拉力走／拉力跑	125	
		拉力跳躍	125	
		拉力側跳	126	

BUILD YOUR RUNNING BODY

患部	患部說明	運動訓練	頁數	注釋
腳踝扭傷	腳踝因韌帶（或部分韌帶）撕扯拉傷而疼痛、發炎、變色且難以行動。	單腳平衡	284	如果腳踝扭傷請諮詢專業醫師。
		站平衡板取得平衡	285	
		平衡板——前後運動	121	
		平衡板——左右運動	122	
		平衡板——順時針運動	122	
		踝關節內旋	128	
		踝關節外旋	128	
腳指甲變黑	腳指甲疼痛且變色（黑色）。指甲從甲床（因體液或血液堆積）翻起而慢慢脫落。			如果出現紅腫代表發炎，此時請諮詢醫師；如果沒有紅腫則疼痛感會自行消除。要預防指甲變黑，確保鞋子趾箱空間足夠。
水泡	偶爾因摩擦和刺激，使皮膚下方體液阻塞而產生有疼痛感的泡狀物。			用消毒過的針頭或別針刺破水泡外圍，吸乾水分後用水泡貼或其他能圍住水泡四周的貼片，另外以紗布和透氣膠帶覆蓋，避免跑步期間再次刺激患部。
小腿緊繃&拉傷	小腿感到疼痛，通常是在密集訓練（比如重複訓練、上坡跑或一般訓練）之後出現的狀況。	瑜珈滾輪——小腿	131	如果患部非常疼痛則冰敷 10-15 分鐘。AIS 或 PNF 擇一做即可。
		舉踵——膝蓋打直	91	
		AIS——小腿（腓腸肌）	135	
		PNF—小腿伸展（一）	96	
		PNF—小腿伸展（二）	97	
擦傷	皮膚因摩擦或衣物摩擦產生疼痛感。			塗抹凡士林或其他有潤滑作用的油狀物質減少摩擦。記得使用不會沾染衣物的產品。在患部貼上創可貼能避免疼痛或流血，或是隨身攜帶護唇膏，可以快速塗在患部上暫緩症狀。
肺寒	在非常冷的環境下跑步導致肺部疼痛。			用保暖頭套或圍脖包住口部可讓吸入的空氣溫暖且濕潤，這樣肺部不容易過寒（因為空氣流通到肺部時已差不多溫暖），不過呼吸道可能會因為暴露在非常冷且乾燥的環境中而感到痛苦。

BUILD YOUR RUNNING BODY

預防和修復跑步傷害的運動訓練

患部	患部說明	運動訓練	頁數	注釋
腔室症候群	結締組織（骨頭、肌膜）無法擴展使肌肉產生壓力，導致訓練長達一段時間後小腿開始劇烈疼痛。			請諮詢專業醫師。如果確診，請充分休息或動手術。
DOMS（延遲性肌肉痠痛）	因為訓練強度和鍛鍊時間改變而產生的肌肉疼痛。可能是肌肉收縮異常。	輕鬆長距離跑	72	布洛芬、冰敷和按摩可以消緩疼痛，但也會因此延遲修復和恢復。做簡單定距跑直到 DOMS 改善或試著完全休息。
腹股溝拉傷	腹股溝或大腿內側疼痛，特別是膝蓋抬高時會突然或慢慢出現疼痛感。	PNF 臀肌伸展	98	疼痛可能來自五種髖內收肌或 CT 診斷時造成的傷害。冰敷和布洛芬可以暫緩症狀。預防和修復措施包括伸展和肌力訓練。
		PNF 股四頭肌伸展	99	
		PNF 髖內收肌伸展	98	
		前後擺腿	101	
		怪獸走路	124	
		髖關節內收（彈力帶）	126	
		側向跨步（彈力繩或彈力帶）	123	
腿後肌緊繃＆拉傷	腿後肌感到疼痛，通常會阻礙行動。	跑者 360	78	嚴重的腿後肌受傷需要充分休息（最多可達數週）。在患部外使用布洛芬或冰敷可能控制疼痛，阻力訓練則是最好的預防措施。PNF 或 AIS 擇一做即可。
		瑜珈滾輪——腿後側肌	131	
		徒手弓箭步	89	
		空氣椅	90	
		舉踵——膝蓋微彎	92	
		PNF 腿後側肌群伸展	96	
		PNF 髖內收肌伸展	98	
		腿後側肌AIS	134	
中暑	因為氣溫過高、濕度高或用力訓練而產生過熱狀況，可能會有抽筋、噁心感、頭痛的症狀。			中暑可能會發展成熱衰竭而造成性命危險。此時應停止鍛鍊，到陰涼的地方休息，並補充水分。

BUILD YOUR RUNNING BODY

患部	患部說明	運動訓練	頁數	注釋
熱衰竭	因長期暴露在高溫或高濕度、或在高溫下運動而可能致命的症狀。通常伴隨下列症狀：發燒（高於四十度）；皮膚乾燥、發熱、發紅；意識不清；呼吸短促；脈搏快但虛弱；痙攣以及失去意識。熱衰竭可能造成腦部和其他器官受損，導致休克甚至死亡。			NIH 建議：有人出現熱衰竭症狀時應當躺在陰涼處，並將其雙腿抬高十二寸，在患者皮膚上放冰涼濕潤的衣物。如果該名患者有意識和知覺，可以提供運動飲料或加鹽飲料（約一公升放一茶匙鹽）；切記一出現熱衰竭癥兆時就要打電話報警求救。
鐵腿	雙腿感到非常沈重且動作困難，此時你的體能低落且沒有幹勁。鐵腿通常是因為突發或長期訓練過度造成。	輕鬆長距離跑	72	簡單定距跑是最好的療方，長跑（跑速非常慢）也有療效。有時需要完全休息，補充水分和碳水化合物有時也能改善症狀。
		長跑	172	
髖部疼痛 &不穩定	髖部出現不明疼痛。	跑者360	78	除非你感到劇烈疼痛，否則不建議冰敷，因為髖部疼痛通常會擴散，更難找出疼痛的源頭。一般的肌力訓練是最好的預防和恢復方法。可以做跑者 360 或是多種重訓訓練，伸展運動則可提升動作範圍，舒緩壓力。
		登階	88	
		下階梯	139	
		時鐘弓箭步	130	
		空氣椅	90	
		硬舉	93	
		側向跨步	123	
		怪獸走路	124	
		髖關節內收（彈力帶）	126	
		PNF 髖內收肌伸展	98	
		臀肌AIS	136	
		前後擺腿	101	
		側邊擺腿	101	

預防和修復跑步傷害的運動訓練

BUILD YOUR RUNNING BODY

患部	患部說明	運動訓練	頁數	注釋
髖部滑液囊炎，即大轉子滑囊炎	髖部外的肌膜骨頭隆凸處出現疼痛。	抬腿	85	冰敷和布洛芬能暫緩疼痛，預防和修復則需要核心與穩定訓練。
		俄式傾斜旋轉	86	
		側棒式抬腿（取自跑者360）	80	
		雨刷式（取自跑者360）	82	
髂脛束（IT）症候群	膝蓋外側或髖部外側因為髂脛束緊繃而產生疼痛，通常原因多包括髖外展肌脆弱。	髂脛束伸展	104	冰敷和布洛芬能暫緩疼痛，但要預防和修復則需放鬆（伸展）髂脛束以及訓練髖內收肌肌力。
		瑜珈滾輪——髂脛束	132	
		平衡板——左右運動	122	
		平衡板——順時針運動	122	
		側向跨步	123	
		腿部側抬（取自跑步循環）	305	
膝蓋疼痛（一般情況——請見下方的「跑者膝」）	膝蓋前端因外力傷害或結構損傷（看不見是否有腫脹或受傷）產生的一般或劇烈疼痛。	登階	88	膝蓋疼痛很難診斷時，多半是神經受損而造成的疼痛（也就是錯誤的運動方式）。預防和修復則需要髖部和股四頭肌肌力訓練。
		下階梯	139	
		側向跨步	123	
		腿部側抬（取自跑步循環）	305	
		髖關節內收（彈力帶）	126	
精神萎靡（失去幹勁）	對於接下來的鍛練感到煩躁，一點都不想做訓練。			心理感到疲累通常就是生理疲累的第一徵兆，你可能鍛練過度。如有需要可以放鬆一週，或是完全休息（至少幾天時間）。補充水分和碳水化合物有時能改善症狀。
下背部疼痛&僵硬	下背部出現疼痛或僵硬感，通常會影響滑步動作，且難以從事日常活動。	橋式跨步（取自跑者360）	83	下背部僵硬時可以嘗試做白日夢者來快速緩和，也可以做左列任何運動，來強化、放鬆維持背部肌肉的靈活度。
		俄式傾斜旋轉	86	
		PNF 臀肌伸展	98	
		瑜珈滾輪——下背	133	
		軀幹伸直肌（下背）AIS	136	
		白日夢者	140	

BUILD YOUR RUNNING BODY

患部	患部說明	運動訓練	頁數	注釋
內側副韌帶（MCL）和外側副韌帶（LCL）受傷（副韌帶）	膝蓋側部疼痛腫脹，通常伴隨失衡的狀況。原因多來自讓膝蓋側移的外力。	登階	88	如果發現有 MCL 或 LCL 扭到或拉傷的情況，請諮詢專業醫師。可以加強周遭肌肉的肌力（特別是股四頭肌）來預防。
		徒手弓箭步	89	
		空氣椅	90	
		平衡板——左右運動	122	
		平衡板——順時針運動	122	
半月板撕裂	膝蓋側邊或中心疼痛腫脹，通常是因為（足部不動）扭轉的動作傷害了保護膝蓋的纖維軟骨。			如果發現半月板撕裂的現象請諮詢專業醫師。症狀包括：受傷那一刻有爆裂感，嚴重時會腫脹或膝蓋卡住，或無法保持平衡。
莫頓氏神經瘤	腳趾第三趾和第四趾底部感到疼痛和燒灼感，有時這種感覺還會擴散到小趾和第二趾。			這是因為第三和第四趾的神經發炎。冰敷和布洛芬能夠暫緩疼痛。趾箱空間足夠的鞋能幫助（穿太緊的鞋會造成此狀況），建議在鞋內患部位置另外加鞋墊。趾間分隔（特殊襪子或家裡拿可以分隔腳趾的紗布／衣料）可以緩和。必要時可能需要動手術，所以一定要看專業醫師。
肌肉抽筋	肌肉突然出現收縮太久因而產生疼痛感、無法放鬆。	腿後側肌群伸展（靜態伸展）	102	抽筋時可以做靜態伸展克服這問題，動作做過久會取消伸展反應，因此可以鬆弛肌肉；伸展久一點直到肌肉放鬆。另外還可嘗試負重踝關節背屈（比如說拉腳趾／站姿時腳的前端抬高）。
		小腿伸展（靜態伸展）	103	
骨關節炎	因軟骨磨損而關節疼痛、腫脹且行動不便（對跑者而言通常是膝蓋或髖部）。			大部分的骨關節炎與基因有關，年齡和外力傷害也可能是原因，但跑步並不會造成骨關節炎。厲害的跑者應該做 X 光檢查軟骨厚度，如果軟骨變薄就要做自己身體能負荷得了的訓練和比賽。
鵝足滑囊炎（膝蓋中央）	下膝蓋內側出現疼痛感（大約是膝蓋骨下方幾寸處）。	腿後側肌AIS	134	冰敷（10-15 分鐘）和布洛芬能減緩初期症狀。預防和修復部分應該要包括伸展（特別是腿後肌）以及肌力訓練。
		PNF 臀肌伸展	98	
		下階梯	139	
		時鐘弓箭步	130	
		空氣椅	90	

BUILD YOUR RUNNING BODY

預防和修復跑步傷害的運動訓練

患部	患部說明	運動訓練	頁數	注釋
梨狀肌症候群	臀肌（臀部）往上約中間圖然有猛烈疼痛、刺痛或是麻痺感，且這種感覺可能延伸到臀部下方和腿後肌。	瑜珈滾輪——臀肌	133	源自梨狀肌壓迫到坐骨神經。治療初期可以使用冰敷和布洛芬減緩梨狀肌發炎的情形。預防和修復措施需要做髖外展肌伸展，擴展臀肌活動範圍，以及放鬆髖內收肌和下背部。
		瑜珈滾輪——下背	133	
		PNF 臀肌伸展	98	
		PNF 臀肌伸展	98	
		股四頭肌（靜態伸展）	103	
		臀肌AIS	136	
		前後擺腿	101	
		側邊擺腿	101	
		腳掌貼地抬腿走	276	
		側向跨走	123	
		側棒式抬腿（取自跑者 360）	80	
足底筋膜炎	疼痛感出現在腳跟時容易被誤認為瘀青；從根部蔓延到足弓；足弓全面；或是足部其他地方。	腳趾拉浴巾	137	足底筋膜炎會讓你無法跑步，甚至長達數月（或數年）。冰敷和布洛芬可暫時舒緩疼痛。原因可能是突發遇上外力傷害，或是慢慢發展的病症。請整形外科醫師、足科醫師或物理治療師評估距下關節調整。
		拇趾彈琴	138	
		腿部訓練	137	
		小腿（腓腸肌）AIS	135	
		平衡板——前後運動	121	
		平衡板——左右運動	122	
皺襞症候群	膝蓋內部（內側）有部分感到疼痛，有時會伴隨發炎或猛然疼痛的現象。	登階	88	初期治療可以使用冰敷和布洛芬緩和炎症。走路姿態（跨步）的問題也與此症有關，所以建議要做臀部和股四頭肌肌力訓練。
		下階梯	139	
		側向跨走	123	
		腿部側抬（取自跑步循環）	305	
		髖關節內收（彈力帶）	126	
		腿後側肌AIS	134	
		股四頭肌AIS	135	
肌肉拉傷（一般情況）	「pulled muscle」是肌肉拉傷的另一種說法，會感到疼痛、緊繃，有時也會行動困難，患部變色（瘀青）。	跑者 360	78	冰敷和布洛芬能治療初期疼痛和癌症。預防措施應該納入規律性的阻力訓練和伸展。
		跑者重訓訓練	84	
		瑜珈滾輪訓練	131-133	
		AIS 伸展	134-136	
		PNF 伸展	96-100	

BUILD YOUR RUNNING BODY

患部	患部說明	運動訓練	頁數	注釋
股四頭肌疼痛	股四頭肌肌肉有疼痛感，但與外力傷害無關（相對於因為訓練過度造成的DOMS）。疼痛的情形可能是慢性或急性疼痛，都會導致不能跑步，甚至上下樓梯時也會痛。	下坡跑	77	冰敷和布洛芬能用來暫緩疼痛。許多跑者會以節奏跑時的氣力來做下坡跑或是下坡加速跑，好預防和治療這種情況；肌肉收縮異常反而能有助於適應。
		上坡短跑（下坡）	286	
		PNF股四頭肌伸展	99	
		股四頭肌AIS	135	
		股四頭肌——瑜珈滾輪	132	
		踢臀跑——動態伸展	273	
跑者膝，即髕骨關節綜合症，也就是髕骨軟化症	軟骨發炎或膝蓋骨（髕骨）下方退化而感到膝蓋疼痛。	跑者360	78	冰敷和布洛芬能用來治療初期炎症。強化臀部和大腿肌肉可以調整你的髕骨循軌問題。
		跑者重訓訓練	84	
		怪獸走路	124	
坐骨神經痛	下背部、臀部和腿後肌通常會感到疼痛、刺痛（像針扎到），或麻痺的情況，但這種不是也會擴散到小腿肌和足部。這種病症很可能導致行動不便。	瑜珈滾輪——臀肌	133	因為坐骨神經發炎而產生。脊骨神經科醫師提供的治療可為許多跑者帶來福音。此外物理治療師可能會堅持要做核心肌群肌力和穩定性的運動訓練計畫。炎症和緊繃感消緩也能有所幫助，但完整的休息不見得每次都有用。
		瑜珈滾輪——下背	133	
		臀肌——AIS	136	
		PNF髖內收肌伸展	98	
脛骨疼痛（內側）——即脛骨內側壓力症候群	脛骨內部（內側）有刺痛感。	踝關節背屈	127	冰敷和布洛芬能暫緩疼痛。請整形外科醫師、足科醫師或物理治療師評估踝骨關節調整。
		踝關節蹠屈	127	
		腿部訓練	137	
脛骨疼痛——前端（脛骨外側）	脛骨外側（前端）有刺痛感。	踝關節背屈	127	冰敷和布洛芬能暫緩疼痛。
		坐姿腳趾彈琴	138	
		腿部訓練	137	
側腹疼痛	肋骨正下方出現刺痛感——通常是右側，但左側也可能發生。雖然側腹疼痛的病因尚未明朗，但可能是因為橫隔膜痙攣導致。	抬腿	85	適時補充水分和健康體態為主要的防護措施。四次呼吸法可以緩和症狀：連續兩次吸氣（同時做兩次滑步）讓肺部完全擴張，接著嘟起嘴巴連續兩次吐氣並滑步；重複10-20次。如果沒用，在比賽前兩小時服用布洛芬可以有效避免側腹疼痛，但鍛鍊期間服用藥物前一定要先諮詢醫師。

BUILD YOUR RUNNING BODY

患部	患部說明	運動訓練	頁數	注釋
運動型疝氣	核心肌群（腹斜肌）受傷，使下腹部、腹股溝和（男性）睪丸出現慢性疼痛現象。	俄式傾斜旋轉	86	腹壁受傷／撕裂傷不像傳統疝氣會有腫塊或凸起。預防措施包括腹斜肌（側腹部）的肌力練習，恢復可能要動手術。
		蠍式戰鬥姿（取自跑者360）	80	
		側棒式抬腿（取自跑者360）	80	
		抬腿	85	
壓力性骨折（脛骨）	從踏出第一步到最後一步，沿著脛骨有刺痛感（感覺像是嚴重的脛骨疼痛）。	跑者360	78	如果有壓力性骨折，請諮詢足科醫師、骨科醫師或其他專業醫師。預防措施包含全面肌力訓練，限制自己漸進式地增加訓練里程和強度，並做小腿肌肉的特殊強化訓練。
		踝關節背屈	127	
		踝關節蹠屈	127	
		坐姿腳趾彈琴	138	
		腿部訓練	137	
壓力性骨折（蹠部）	足部出現刺痛感。你可能會覺得足部有一大範圍都會痛，但如果你正好壓在骨折處，疼痛感會大增且劇烈。			如果發現蹠部有壓力性骨折現象，請諮詢足科醫師、骨科醫師或其他專業醫師。你可能需要穿戴護具或是鞋具。預防措施包括適當的鞋（能有效支撐足弓的鞋）、限制自己漸進式增加訓練里程和強度，並避免過快赤腳跑步（或是腳趾部分露出，模擬赤腳跑步）。如果患了蹠部壓力性骨折，就得休息一至三個月。
壓力性骨折（其他部位）	足部其他部位像是腓骨、股骨（特別是女性）、骨盆等有刺痛感。			如果有壓力性骨折，請諮詢足科醫師、整形外科醫師或其他專業醫師。某些部位的壓力性骨折會比其他部位恢復得慢，還有一些壓力性骨折的狀況也代表有其他健康問題。

專有名詞

A

阿基里斯肌腱炎
（achilles tendinitis）

過度使用阿基里斯腱而受傷，伴隨發炎疼痛。

阿基里斯肌腱病變
（achilles tendinosis）

阿基里斯腱細胞退化性受損，導致無發炎的慢性疼痛，是大多數阿基里斯腱疼痛的肇因。

阿基里斯腱（achilles tendon）

小腿內連接小腿肌肉（腓腸肌、比目魚肌和蹠肌）與足跟骨頭（跟骨）的肌腱。

阿基里斯腱撕裂／斷裂
（achilles tendon tear/rupture）

阿基里斯腱有部分或整體撕裂導致急性傷害。撕裂傷的疼痛感通常是突然斷裂、腳跟後方突然被射中，結果只得跛行覺得無力。

酸中毒（acidosis）

肌肉纖維內部產生無氧能量期間，氫原子累積而使酸鹼值低於七‧〇的狀態。有酸中毒的人在高強度跑步運動期間會出現疲勞和疼痛，可能會出現全身無力的情況。

肌動蛋白（actin）

肌肉纖維內部的兩種肌原纖維之一，結合時可使纖維變短（肌肉收縮）。肌動蛋白是比較細薄的肌絲，會在肌肉收縮時滑過肌凝蛋白（粗的肌絲）。

急性傷害（acute injury）

因單次傷害而受傷，通常患部會受創且需立即治療（例如肌肉拉傷、骨折還有腳踝扭傷）。

有氧（aerobic）

需要氧氣運作的過程。

有氧能量（aerobic energy）

因為有氧運作而產生的能量，細胞內部的有氧能量是由稱為粒腺體的迷你胞器製造。

氧化酵素（aerobic enzymes）

可增加粒腺體內部化學反應的蛋白質，藉此提升粒腺體產生有氧能量的能力。

傳導回饋（afferent feedback）

從感知神經發送到中樞神經系統，用以回應外部刺激的信號。

年齡成績（age grading）

跑步比賽中以符合參賽者年齡的最佳

理想成績百分比來計算成績的方法，最高成績為百分之一百。年齡成績計算上，每個年齡層的最佳成績是以所有年齡族群在各種賽距的世界紀錄曲線變化來決定。

主動單一肌群伸展
（Active Isolated Stretching , AIS）

利用收縮相對肌肉，使肌肉做出伸展姿勢，並借力（例如拉繩子）來增加伸展範圍的伸展方法。為了避免出現牽張反射，AIS 所有動作的維持（或固定）從來不會超過兩秒。

鹼性（alkaline）

酸鹼值高於七・〇，相反即是酸性。

高原帳篷（altitude tent）

可模擬海拔八千英尺至一萬兩千英尺地區低氧環境的市售帳篷。

肺泡（alveoli）

肺部裡二氧化碳和氧氣交換的迷你囊狀空間。肺泡周遭是稱為微血管的小型血管，能幫助氧氣交換。

胺基酸（amino acids）

打造蛋白質的積木。胺基酸是由基本的氨基、羧酸基和有機的 R 基（側鏈）組成的有機分子，每一個胺基酸各自不同，人體會使用到的胺基酸有二十一個，但其中只有十二種能自行製造。

無氧（anaerobic）

不需要氧氣的運作過程。

無氧能量（anaerobic energy）

醣解和磷酸肌酸系統運作時不需氧氣就能產生的能量。肌肉纖維的無氧能量是在肌漿製造。

無氧化酵素（anaerobic enzymes）

可分解碳水化合物補充醣解所需能量的酵素；沒有酵素就無法產生醣解。

前十字韌帶
（anterior cruciate ligament）

位於膝蓋中間連接股骨（大腿骨）和脛骨（小腿骨）的韌帶。十字韌帶可協助穩定脛骨前後動作和關節旋轉。

抗氧化物（antioxidants）

能抵消自由基影響的分子（例如維生素 C 和維生素 E），可以安穩地提供自由基電子，阻止自由基連鎖效應傷害細胞。

主動脈（aorta）

人體內最大的動脈，心臟打出去的有氧血液也是經由此動脈流通全身。

動脈（artery）

從心臟（自心臟運輸無氧血至肺部的肺動脈除外）運送含氧血液的大型血管。

關節軟骨（articular cartilage）

骨頭表面覆蓋的一層平滑物，可讓骨頭相互滑動，並在關節內部作為彈性保護墊。

三磷酸腺苷

（Adenosine Triphosphate , ATP)

有氧和無氧能量最後產製的物質，為所有身體活動提供能量。每個 ATP 分子在人體內每日會回收近五百至七百五十次。

心房（atrium）

心臟的上半部構造。右心房會接收身體循環回來的無氧血液，左心房則是接收肺部運送過來的有氧血液。

軸突（axon）

一種長型的神經纖維，可傳送神經細胞信號至軸突末端，並經由突觸發送給其他神經元、肌肉或腺體。

B

赤腳跑步（barefoot running）

不穿鞋子跑步。一種更自然的跑步方法，倡議者認為這種跑步方式較健康且更有效率，但目前尚未有研究證實這項假說。

基礎鍛鍊（base training）

目標在於提升有氧狀態，改善肌肉和結締組織肌力的訓練時期。

身體熱能（body heat）

製造 ATP 同時增加的能量。在分解碳水化合物、脂肪和蛋白質製造 ATP，以及 ATP 用來收縮肌肉時會釋放能量，此時就會產生身體熱能。不過此階段增加的能量最多會有百分之七十五無法成功運用，便流竄在身體內形成熱能。

骨頭（bone）

構築人體骨骼架構的硬質結締組織，是會不時更新的活組織。

骨骼重塑（bone remodeling）

骨頭破損後更新的過程。骨骼重塑期間，蝕骨細胞會挖除老舊受損的組織，成骨細胞則會形塑新的骨頭，這種循環大約會花三至四個月的時間。

撞牆期（bonk）

耐力競賽期間耗盡能量。「撞牆期」一般而言是肝醣用盡、過度疲勞、嚴重缺水或體溫過高致使的結果。

緩衝劑（buffers）

可以中和肌肉纖維內部氫原子影響（酸性）的物質，例如磷酸鹽、碳酸氫鹽和某些蛋白質。

C

小腿肚（calves）

小腿後方的大型肌肉組織，包括腓腸

肌和比目魚肌。

微血管（capillaries）

人體內最小的血管，是由（動脈供給的）微動脈供給血液，之後血液會流入小靜脈，再到靜脈中。

微血管增生（capillarization）

肌肉纖維周遭微血管增生。

微血管床（capillary beds）

血流與細胞交換氧氣、二氧化碳、營養物質和細胞廢物的區域。

碳水化合物（carbohydrates）

也稱為醣類，三大主要營養素之一。碳水化合物是包含碳、氫、氧在內，由簡單糖分子結合而成的物質。

肝醣超補法（carbo-loading）

耐力競賽之前增加碳水化合物攝取，減少攝取脂肪和蛋白質，提升肌肉肝醣儲存量。現代的運動飲料、能量凝膠和其他肝醣替代方法均簡化補充碳水化合物的重要性。

心肌（cardiac muscle）

心臟才有的特殊肌肉組織，人終其一生心肌都會持續跳動（收縮和放鬆）。

心輸出量（cardiac output）

一分鐘內，心臟可以打出的血量是根據心臟搏擊一次的力道和心跳率而決定。

耐力訓練（cardio）

心血管系統訓練的常見說法，如今此行話已等同於任何種類的耐力訓練。

心血管系統（cardiovascular system）

由心臟、血液和血管組織而成的血液配置網，專門傳輸身體內的氧氣、營養物、荷爾蒙、老廢物質等。

軟骨（cartilage）

一種牢固的結締組織。人體所有骨頭都是自子宮內的軟骨開始增長，成人的軟骨分布在耳部、鼻子、支氣管、肋骨和關節之間。

中樞神經系統
（Central Nervous System ,CNS）

大腦和脊髓的合稱。

大腦皮質（cerebral cortex）

又稱「灰色物質」，大腦皮質位於大腦組織最外層，與高階的大腦活動有關，包含理性、語言和感知。

慢性傷害（chronic injury）

沒有發炎症狀的疼痛，或是因為使用過度、肌肉失衡、穿了不適當的鞋襪或長達一段時間施力錯誤而產生的狀況，例如骼脛束症候群、阿基里斯肌腱炎和非急性的足底筋膜炎都屬慢性傷害。

膠原纖維（collagen fiber）

結締組織中，特別是肌腱和韌帶的主

要成分，是堅韌有彈性的纖維。

互補蛋白質
（complementary proteins）

兩種或多種不完全（植物性）蛋白質結合而產生的必需胺基酸。

完全蛋白質（complete protein）

也稱為優質蛋白質，是全由必需胺基酸組成的蛋白質，依照適當比例可支撐身體的不同生理功能。

條件必需胺基酸
（conditional amino acid）

生病或面臨壓力期間，可以變成必需胺基酸的非必需胺基酸。

結締組織（connective tissue）

連接身體肌肉、器官、血管、神經和其他組織的組織——可以用來包覆、支撐、強化、保護和儲存能量。

肌肉收縮速度（contraction velocity）

一束肌肉纖維達到最大收縮（或縮短）狀態所花費的時間。

對流（convection）

在跑步時，熱能從肌肉轉入血液，最後蒸發於空氣中的過程。當空氣溫度高於華氏九八·六度時，人體大多會從空氣中吸熱。

對話的速度（conversational pace）

跑步時可以邊跑邊談話的速度。可視

之為安全還能保持有氧狀態的跑速，為所有規律跑和簡單定距跑最常見的跑速。

核心肌群（core）

肚子、鼠蹊部、髖部、中背部和下背部的肌肉，可在鍛鍊時加強、穩定姿態、姿勢和動作。

柯氏循環（cori cycle）

乳酸鹽轉化成肝醣的過程。

皮質醇（cortisol）

有代謝和抗炎作用的荷爾蒙。跑步時皮質醇會分解較虛弱的肌肉組織，好讓強壯的肌肉組織代替，並減少高強度鍛鍊時的炎症反應，加速脂肪利用節省肝醣消耗。

磷酸肌氨酸（creatine phosphate）

也稱為磷酸肌酸，磷酸肌氨酸是磷肌氨酸系統的能量來源。

交叉訓練（cross education）

訓練某一側時，另一側未經訓練的肢部也能強化肌力。

巡航間歇跑（cruise intervals）

用一般跑者一小時內能賣力跑步的同等力量做重複跑步（通常是四百至兩千公尺），可以用來替代節奏跑。

D

去極化（depolarization）

肌肉纖維內部和外部空間之間的電流差異消長。有疲勞論述主張去極化會使肌肉收縮更無力。

擴散（diffusion）

某物質從集中率高的區域移動至集中率低區域的過程。

距離跑（distance）

「固定距離跑步」的簡稱，指的是以穩定且非最大跑速——這通常是指傳統跑素，來跑少數幾英里至很多英里。距離跑在耐力型跑者訓練計畫中占很大比例。

擋風（drafting）

在其他跑者身後或是並肩一起跑，取得生理或心理優勢。

動態伸展（dynamic stretching）

讓肌肉可以做出最大幅度動作（但不超過肌肉本身的動作範圍或維持該動作姿態）的控制動作，包括雙腿擺動、抬腿訓練、後踢腿訓練，以及其他可同時訓練伸展肌肉的動作。這些動作經證實可改善跑步成效，最好是在訓練前或比賽之前做這些伸展運動。

握力計（dynamometer）

一種可測量握力的工具，有助於監測神經系統疲勞狀態（漸趨疲勞時，握力下降）。

E

離心收縮（eccentric muscle contractions）

肌肉在用力時被迫同時要拉長（也就是用力又拉長）時產生的收縮狀態。比如說，跑步時四頭肌會在足部接觸地面時同時收縮和舒緩。

瘦形體型（ectomorph）

菁英定距跑選手常見的體型，特色包括四肢修長、胸部平坦、肩膀距離與髖部同寬，還有體脂肪指數低。

彈性纖維（elastic fibers）

組織形成彈力蛋白質的纖維，可延伸出比自身長一點五倍的長度，經常見於像是皮膚和肌膜的結締組織中，也有少部分會出現在軟骨和韌帶裡。

彈性回縮（elastic recoil）

結締組織每次伸展時可以儲存能量的能力，並在肌肉收縮和結締組織縮短時能釋放能量做以回應。跑步時回彈力可以提供每一步最多百分之五十的推進力。

電子傳遞鏈（electron transport chain）

粒腺體內部的部分有氧能量系統。電

BUILD YOUR RUNNING BODY

子傳遞鏈可以接收因克氏循環產生 NADH 和 FADH2 時出現的電子，啟動一連串能產製 ATP 的大部分有氧動作，最後會以氧分子作為最終的電子接收器。

內分泌腺（endocrine gland）

分泌荷爾蒙的腺體。

內分泌系統（endocrine system）

製造荷爾蒙這種化學信使的系統，內分泌腺常見於多種組織中。

腦內啡（endorphins）

運動時由垂體和下視丘分泌的荷爾蒙，此類荷爾蒙會產生「跑者的愉悅感」，也就是跑者有時會在耐力訓練期間感受到的興奮愉快感。

內共生理論（endosymbiotic theory）

主張粒腺體內含有十億年前細菌侵入後殘留下來的物質。該論述主張正是這種侵略行動，生命才得以發展。

能量途徑／來源（energy pathway）

從攝取的食物（碳水化合物、脂肪和蛋白質）製造 ATP 的有氧或無氧過程，而三大能量系統——醣解、磷酸肌酸和有氧系統——每一種都含有多個能量取得步驟。

腎上腺素（epinephrine）

亦稱為腎上腺激素，是一種可以增加心跳率、放鬆呼吸道、使皮膚血管收縮且同時刺激分解肌肉肝醣和脂肪產製能量的荷爾蒙。

紅血球生成素（Erythropoietin , EPO）

刺激骨髓生成紅血球的荷爾蒙，可改善神經系統和認知功能。整體來看是一種廣泛用來加強運動成藥的藥物，可以提升百分之五至十五的耐力成果。WADA 明令禁止使用 EPO，且此藥也與多件運動員死亡案例有關。

必需胺基酸（essential amino acid）

身體無法自行製造的胺基酸，因此必需要從食物中攝取。

必需脂肪酸（essential fatty acid）

人體無法合成的脂肪酸，必需要從飲食中攝取。

雌性激素（estrogen）

也稱為「雌性荷爾蒙」，雌性激素可在男女身上找到，只是男性體內含量較少。跑步時，雌性激素可分解儲存的脂肪，當作能量使用。

細胞外基質（extracellular matrix）

由纖維、蛋白質、碳水化合物、礦物質、鈉、液體和其他元素混合而成的複合物質，可包覆在結締組織細胞四周，提供結構支持。

F

肌膜（fascia）

包覆在肌肉、神經、器官、骨頭、架構、體腔和組織四周的結締組織。是由膠原蛋白和彈力纖維組成，會以膜狀、片狀、腱和軟骨形式呈現。

肌束（fascicle）

數條肌肉纖維結合，以構成骨骼肌。

快速醣解（fast glycolysis）

大部分的人討論無氧能量時會想到無氧能量過程。快速醣解是利用醣解所產生的丙酮酸鹽分子，來產製乳酸鹽和 NAD+好加速醣解過程，藉此便能用比有氧能量產製速度快上一百倍的時間來生產 ATP。不過快速醣解僅能做一次完整一分鐘的全力能量產製。

快縮肌纖維
（fast-twitch muscle fiber）

人體的三種類型肌肉纖維之一。這些大型纖維收縮比較快，也比其他慢縮或中型快縮肌纖維更有力。此類肌肉纖維對於需要短暫增強力量的衝刺、跳躍和其他活動特別有效，嚴格來說這多是指 IIx 型肌肉纖維。

疲勞（fatigue）

想要維持或增加力氣時肌肉產生力量的能力減退。有許多理論提出各種說法，包括酸中毒或是鈣細胞流失，但真正造成疲勞的原因目前尚未明朗。

增加脂肪（fat-loading）

運動員準備參加耐力競賽前，在飲食內增加脂肪攝取的比例，維持超過四小時時間。在比賽前七至十天維持高脂飲食，可讓運動員增加最多百分之五十的燃燒脂肪效率。

脂肪（fats）

三大主要營養素之一（加上碳水化合物和蛋白質），同時也是最濃縮的膳食能量來源，每公克脂肪就含有九卡熱量，碳水化合物和蛋白質每克僅含四卡熱量。脂肪主要是由甘油酯和少數的其他脂質組成。

股骨（femur）

大腿骨。人體內部最大的骨頭，股骨能支撐人體體重最多三十倍的重量。

纖維轉變（fiber conversion）

因為鍛鍊或不運動而使某種肌肉纖維轉變成另一種類肌肉纖維；大部分的「轉變」多是因為某纖維開始出現另一種纖維的特徵（也就是說纖維並非真正變成新的纖維種類，只是具備了其他纖維的完整生理性質）。

纖維軟骨（fibrocartilage）

形構（膝蓋）半月板外側和內側的密集結締組織，也是緩衝脊椎骨和許多關節的組織。身體通常會利用具有強大張力和回復力的纖維軟骨來修復損害的關節軟骨。

挑戰或逃避反應
（fight-or-flight response）

感知危險時會立即影響神經系統和內分泌系統做出回應的反應，讓身體準備好要「挑戰」或是逃離該危險，這種情況會增加力氣和速度，對於準備要比賽的跑者來說非常有用。

腳掌和中足著地
（forefoot and mid-foot strike）

在每次跑步時以前腳或是中足著地。極簡主義者和倡導赤腳跑步的人均認為，這種方式可以減少衝擊力，較能減少跑步受傷的發生。

自由基（free radical）

以單數非成對電子組成的原子或分子，一般會在代謝期間氧氣與其他分子互動時形成。自由基會因為要「竊取」其他分子的電子所以損害該分子，引起連鎖反應，最後破壞細胞。

G

間隙連接（gap junctions）

電脈衝從神經移到突觸間隙，再到目標組織的迷你圓柱式通道。

升糖素（glucagon）

刺激肝臟分解肝醣，並在血糖下降時釋出葡萄糖的荷爾蒙。升糖素能促進脂肪燃燒，長跑時非常有用。

葡萄糖（glucose）

人體多用來製造能量的一種碳水化合物。葡萄糖是醣解需要的基質，為肌肉纖維內部（經由醣解系統）產製有氧和無氧能量的第一步驟。

升糖指數（Glycemic Index, GI）

檢測血糖上升的方法。血糖上升指數是根據葡萄糖進入血流時的速度來判定，葡萄糖本身的升糖指數為一百。

升糖負荷（Glycemic Load, GL）

在碳水化合物消化之後估測血糖上升指數，GL一單位大約等同葡萄糖一克的影響。

醣解（glycolysis）

細胞內的多重化學反應，可產生兩個或三個 ATP 分子加上兩個丙酮酸分子。丙酮酸可以回收產製無氧能量，或傳送至粒腺體製造有氧能量。

醣解系統（glycolytic system）

肌漿內一種仰賴醣解的無氧能量系統（或途徑）。醣解過程可以在不需氧氣之下產生兩種或三種 ATP 分子，屆時會出現「快速」醣解或「緩慢」醣解現象。

H

半衰期（half-life）

指某一數量（比如透過訓練可以增加

的微血管數）要減到初始數值一半所需的時間。

腿後肌（hamstrings）

一般是指大腿後方的大束肌肉（股二頭肌、半膜肌和半腱肌）。嚴格來說，腿後肌通常會指連接這些肌肉和脛骨和腓骨的肌腱，可從膝蓋後方位置感受（看見）。

心跳率（heart rate）

心臟一分鐘跳的次數。

熱衰竭（heat exhaustion）

跑步時，與高溫相關的病症通常是因為接觸高溫（特別是同時具備非常潮濕的條件），而導致水分嚴重不足或缺乏鹽分。

中暑（heat stroke）

可能會威脅性命安全的熱疾病，其定義為體溫超過華氏一百零四至一百零六度（攝氏四十至四十一度），不做處理的話會導致多重器官損害，包含大腦、心臟和腎臟。

腳跟伸屈（heel dips）

抬高蹠骨球後再慢慢將足跟下放或放到比蹠骨低的小腿運動。這動作通常是在平台、階梯等地方做，是目前所知唯一對阿基里斯肌腱炎有效的處理方法。

腳跟著地（heel strike）

跑步時每一步都以足跟著地。

血容比（hematocrit）

總血漿量中由紅血球組織的容量比。

髖外展肌（hip abductors）

幫助腿部離開身體運動的肌肉，包括臀中肌和臀小肌。

髖內收肌（hip adductors）

協助腿部往身體中線的肌肉，包含內收短肌、內收長肌、內收大肌、恥骨肌和股薄肌。

髖伸肌（hip extensors）

使大腿和軀幹間角度能增加的肌肉（也就是腿部後擺），包含臀大肌和腿後肌。

髖屈肌（hip flexors）

使大腿和軀幹間角度能縮小的肌肉（即抬高膝蓋的肌肉），包括腰大肌、髂肌、股直肌和縫匠肌。

撞牆（hitting the wall）

長跑比賽中參賽者耗盡肌肉肝醣必須利用脂肪來產能的時候，會造成跑速變慢，增加疲勞。

恆定（homeostasis）

不論外部環境條件為何，身體可以維持內部環境穩定和平衡的能力。

荷爾蒙（hormones）

人體內的化學信使，管理所有身體的生理功能。

人類生長激素
（Human Growth Hormone，HGH）

從垂體釋出，能促進蛋白質生物合成、肌肉肥大、骨質密度和強化軟骨韌帶等現象的荷爾蒙。在運動員的跑步成果上，這泛指由 WADA 明令禁用的提升成效的藥物。

氫原子（hydrogen ions）

無氧能量產製時累積在肌肉纖維的質子，會引起酸中毒現象。氫原子也是電子傳輸鏈（有氧能量產製）的必要組成元素。

甲狀腺功能亢進（hyperthyroidism）

因為甲狀腺裡產生過多甲狀腺激素而導致的荷爾蒙病症。

肥大（hypertrophy）

指涉肌肉時是指肌肉變大，多在肌肉纖維肌漿量增加或肌肉纖維內肌原纖維增加時發生。

低血鈉症（hyponatremia）

血液中鈉濃度嚴重變低的生命危險狀況，通常是因為比賽前後補充過多水分（喝太多水）導致。

甲狀腺功能低下（hypothyroidism）

因為甲狀腺裡沒能產生足夠甲狀腺激素而產生的荷爾蒙病症。

I

脈衝（impulses）

神經元發送的電子化學信號。這些信號的傳送速度可達每秒兩百到三百九十呎。

不完全蛋白質（incomplete protein）

缺乏一種或多種必需胺基酸或是這類胺基酸含量過少的蛋白質。

磷酸鹽（inorganic phosphate）

亦稱為「Pi」，是攝取 ATP 過後的其中一種產物。密集運動期間，ATP 會消耗得比攝取還快，導致磷酸鹽增加，是造成疲勞的其中一個說法。

島葉皮質（insular cortex）

位於大腦裡層層大腦皮質內，與潛意識、情緒和身體自我察覺部分有關。島葉皮質經許多研究證實，是導致疲勞的主要因素之一。

胰島素（insulin）

引導細胞從血流中吸收葡萄糖，並以肝醣形式，儲存在肌肉和肝臟的荷爾蒙。

中型快縮肌纖維
（intermediate fast-twitch muscle fiber）

大於慢縮肌纖維，小於快縮肌纖維，但同時具備前二者特徵的肌肉纖維。這類肌肉纖維可以在有氧情況或無氧情況下運作，還可以藉由訓練產生耐

力和加速，更適合做中距跑步。嚴格來說這多指 IIa 型肌肉纖維。

間歇（interval）

重複跑或間歇鍛鍊期間，某次重複動作後的休息時段，也可以用來替代「重複跑」一詞。

間歇鍛鍊（interval training）

與間歇休息一起做的重複動作，會根據鍛鍊目標不同而有不同速度。

金字塔訓練法
（inverted pyramid training）

比賽目標是「完成比賽」的跑者採用的訓練方法。其訓練是從少量且強度有限的動作開始，之後慢慢往比賽預期的運動量和強度增強。

J

行話（jargon）

專指單一活動或團體所使用的語彙和說法（比如跑步裡「PR」是指跑者的個人紀錄。）。

關節空間（joint space）

關節內區隔骨頭的空間，多由軟骨填充。軟骨磨蝕會使關節空間愈變愈窄，導致骨質疏鬆。

K

最後衝刺（kick）

比賽中最後一次的衝刺跑，或者是指疲勞的中樞控制模式中，在比賽最後百分之十的路程，增加氣力（配速）衝刺。

動力學鏈（kinetic chain）

肌肉、神經、結締組織和其他身體組成結構相互連接的鏈接，其運作可以讓關節移動，使身體做出動作。

運動能量（kinetic energy）

因為動作而產生的能量。

克氏循環（krebs cycle）

也稱為檸檬酸循環，是有氧能量產製的一部分，出現在粒腺體中。緩慢醣解期間形成的兩個丙酮酸分子，此時會轉化成乙醯輔酶（acetyl CoA）和二氧化碳，而乙醯輔酶分子進入克氏循環時會產生兩個 ATP 分子。

L

乳酸鹽（lactate）

無氧快速醣解完成後的最後成品，可讓細胞、比鄰的細胞或距離遠的細胞用來當作產製有氧能量的醣類能源。一旦乳酸鹽進入血流中，肝臟也可經由克氏循環將之轉化成葡萄糖。

乳酸穿梭（lactate shuttle）

乳酸鹽轉入（細胞內）粒腺體、移出細胞，以及在細胞之間移動的過程。一移出細胞，乳酸鹽便能轉移至鄰近肌肉纖維或血流中，接著再移動至距離較遠的肌肉、器官（比如心臟和大腦）或是肝臟。

乳酸（lactic acid）

跑步界的「魔神仔」，長久以來被認為是造成疲勞、疼痛甚至 DOMS 的兇手。目前生理學家大多否定乳酸會影響能量產製的這種說法，近期還有學說指出人體肌肉纖維從未產製過乳酸，但有些生理學家依舊主張，肌肉纖維會在迅速分裂成乳酸鹽和氫原子之前快速形成乳酸。

外側副韌帶
（lateral collateral ligament）

沿著膝蓋內部（內側副韌帶）和外部（外側副韌帶）垂直伸展的一對韌帶之一，能限制該關節側邊的動作。這類韌帶損傷時，會破壞膝蓋的穩定度。

左心室（left ventricle）

心臟左下方部位，從左心房接受含氧血，並將含氧血液打入主動脈。

韌帶（ligament）

連接骨頭藉以固定關節的結締組織。

韌帶鬆弛（ligament laxity）

拉長韌帶，通常是因為韌帶反覆受損而起，可能會造成關節不穩，有時也會稱作「關節鬆動」。

脂解（lipolysis）

脂肪分解作為有氧能量產製的能源。儘管此過程會比利用碳水化合物補充的 ATP 產製來得慢，但脂解能提供更多的 ATP，光是一個棕櫚酸鹽脂肪酸就能產生一百二十九個 ATP 分子。

傾聽你的身體（listen to your body）

近代跑步領域的物理哲學家喬治・希翰博士曾說的名言，他深信只要跑者願意主動認識和回應自己的身體，它便能根據體態、疲勞、受傷和更多生理現象給予有意義的反應回饋。

M

跑步靈丹（magic bullet）

可以一次搞定原來不適、難受或行動有限的組織的解決辦法。跑步靈丹療法（例如赤腳跑步或是步伐調整）可以有效改善體態、跑步成果或是減緩傷勢，並可在跑步時不用多花時間兼顧非常複雜的生理或心理狀態。

超跑選手
（masters competitors）

田徑賽事上指年齡三十五歲以上的運動員；路跑和美國境內的全國賽事上是指年齡四十歲以上的運動員；至於國際賽

事中，超跑賽是開放給年齡三十五歲以上的運動員參加。

最大心跳率
（maximum heart rate）

心臟一分鐘能跳的最大次數。一般來說，估測最大心跳率的方法是利用這個公式：二二〇減去個人年齡。最大心跳率是由基因決定，不會受到訓練影響。

內側副韌帶
（medial collateral ligament）

可沿著膝蓋內部（內側副韌帶）和外部（外側副韌帶）垂直伸展的一對韌帶之一，能控制該關節側邊的動作。這類韌帶損傷時會破壞膝蓋的穩定度。

半月板（meniscus）

墊式的纖維軟骨，可吸收衝擊力，為膝蓋提供結構支持。成人的半月板斷裂處理通常得做手術才能修復或移除受損的軟骨。

整合分析（meta-analysis）

複查有共同主題的多份研究、實驗或論文，以找出共有且統計相關的研究結果。

里程數（mileage）

跑者跑步的里程數，一般而言是一週計算。大部分跑者的所有「里程」會包括暖身、放鬆運動、距離跑、滑步、重複跑、重複期間的間歇慢跑等。不過有些跑者僅計算「數量」，暖身、放鬆運動、慢跑和恢復跑則不計入。

礦物質（minerals）

一種可作為協助酵素的輔因子的無機物質，可影響所有型態的能量代謝。

極簡（minimalism）

一種運動鞋的設計款式──及訓練方法，強調回歸更自然的步伐來跑步。極簡鞋能使足部更貼近地面，減少足跟和前腳高度之間的差距，且多屬輕量並彈性十足，趾箱空間也較寬廣。（某些極簡鞋可以模擬赤腳跑步，好比 Viabram 五趾鞋。）

粒腺體（mitochondria）

細胞內部的微型構造，可利用基質和氧氣來製造有氧能量。

粒腺體生合成
（mitochondrial biogenesis）

肌肉纖維內粒腺體數量增加的過程，包括整體粒腺體數，以及個別粒腺體的大小。特定訓練（比如節奏跑）可以促進粒腺體生合成。

單羧基運輸蛋白
（monocarboxylate transport proteins，MCTs）

特定的傳輸型蛋白質，可以移動乳酸鹽（以及氫原子）。MCT 在細胞內可以將乳酸鹽移動至粒腺體，或是協助

將其移出細胞，這種蛋白質也能從細胞外輸入乳酸鹽，當作能源使用。

運動神經元（motor neurons）

脊椎神經內部控制肌肉的神經元，每一個運動神經元能控制單一肌肉內的特定肌肉纖維群。

運動單位（motor unit）

包含運動神經元和所有控制的肌肉纖維。一個運動單位中所有的肌肉纖維定是同類，並可同時運作。

肌肉（muscle）

請見心肌、平滑肌和骨骼肌的說明。

肌肉平衡（muscle balance）

相對肌群（好比腿後肌和四頭肌）呈現力量完美（平衡）、彈性、和諧且健康的狀態。

肌肉纖維階梯（muscle fiber ladder）

指理論上人體肌肉纖維徵召的過程。慢縮肌纖維會先行組織，當力氣慢慢增加，中型快縮肌纖維會加入，最後在最大力氣達到百分之六十五時，會再加上快縮肌纖維。慢縮肌纖維在快縮肌纖維加入時仍會持續運作。

肌肉纖維類型
（muscle fiber type）

肌肉纖維分成慢縮型、中型快縮型或快縮型，每種特定纖維都有各自特性。

肌梭（muscle spindle）

位於肌肉內沿著肌肉纖維平行排列的伸展感受器（感知器官）。肌梭能感受到肌肉長度的變化，在跑者身上還可經由牽張反射限制步長，藉以強迫肌肉收縮，以免過度伸展而受傷。

肌腱區（musculotendinous zone ）

肌肉慢慢交付肌腱運動的區域，同時也是肌肉纖維和肌腱接觸的地方，整體成為所謂的肌腱單位。

肌絲（myofilaments）

肌肉纖維內部的蛋白肌絲，通常是指肌動蛋白和肌凝蛋白，根據「肌絲滑動說（sliding filament thoery）」，蛋白肌絲會互動創造出肌肉纖維——因而使肌肉收縮。

肌凝蛋白（myosin）

肌肉纖維內的其中一種肌絲，整體運作能使纖維縮短（收縮）。肌凝蛋白是肌肉收縮期間，肌動蛋白（瘦肌絲）理論上會滑過去的「厚肌絲」。

肌肉肌腱連接處
（myotendinous junction）

單一肌肉纖維各自與肌腱接觸的地方，也被認為是肌肉脆弱之處（因為大多數肌肉拉傷都發生於此）。

N

神經系統（nervous system）

人體內兩大訊號溝通網絡之一（另一個是內分泌系統），是由中樞神經系統和周邊神經系統組成。

神經路徑（neural pathway）

神經衝動傳導的路徑，有些簡單的路徑如反射是固定的，其他如跑者跑步時的神經衝動，則是發展用來回應鍛鍊過程，基本上鍛鍊的目的就是為了提升神經路徑的效用。

神經元（neuron）

即神經細胞。

神經傳遞質（neurotransmitters）

神經元釋放出來的化學物質，負責向所有突觸傳送訊號。

非必需胺基酸

（nonessential amino acid）

人體可自行製造的胺基酸。

正腎上腺素（norepinephrine）

也稱為「去甲腎上腺素（noradrenaline）」，是一種在「挑戰或逃避」反應中作用的荷爾蒙和神經傳遞質，會提升心跳率，增加流向骨骼肌的血流，以及提升血中葡萄糖值。

營養素（nutrients）

所有食物都有的組成元素，加上水和氧氣，就能提供人體營養。

O

胞器（organelles）

細胞的一小部分，就如同器官之於人體的存在。

骨質疏鬆（osteoarthritis）

退化性的關節疾病，兩兩骨頭接觸的關節空間變得狹窄，使關節發炎、疼痛、行動力下降，甚至會部分難以行動。骨質疏鬆與軟骨受損、年齡和基因有關。

成骨細胞（osteoblasts）

透過生成新骨頭，填補蝕骨細胞挖除的空洞，來修復受損骨頭的細胞。

蝕骨細胞（osteoclasts）

把骨頭上老舊、受損組織挖除，留下迷你孔洞的細胞。

訓練過度（overtraining）

鍛鍊量過多、密集度太高或是兩者皆有的訓練情況。訓練過度會導致疼痛、慢性疲勞、心理疲乏以及突然發生跑步成效低落的情況，嚴重時需要六至十二週的休息才能恢復。

氧氣傳輸系統

（oxygen transport system）

心血管系統會從肺部汲取氧氣，然後將氧氣傳送至骨骼和心肌細胞，範圍包括心臟、血液和血管。

P

棕櫚酸（palmitate）

膳食脂肪攝取當中大略占一〇%至二〇%的常見脂肪酸。

訓練週期（periodization）

將鍛鍊過程分成幾個階段，通常會有基礎訓練期、肌力建設期、比賽期和恢復期。

周邊疲勞理論
（peripheral fatigue theory）

主張疲勞是運動期間肌肉無法施力時產生的論述。如果任此疲勞繼續發展，會導致生理上的「災難」（好比酸中毒、體溫過高等），迫使運動員速度變慢或停下。

周邊神經系統
（Peripheral Nervous System , PNS）

中樞神經系統外部的所有神經，包括會使身體個角落訊號延遲送達中樞神經系統，回報感官接收到刺激的感知神經元。

酸鹼值（pH）

跑步生理學上是指身體內氫原子的估算。如果氫原子多會使身體成酸性（酸鹼值低於四·〇），如果氫原子較少則會使身體成鹼性（酸鹼值高於四·〇）。人體略呈鹼性最好（以酸鹼值一至十四來看，落於七·三五至七·四五之間）。

磷酸肌酸系統（phosphagen system）

仰賴磷酸肌酸為能量來源的無氧能量系統，肌肉纖維 ATP 變少時會第一個出現反應。此系統在最大容量時可以最多維持十秒，可為短距加速跑、跳躍和重力拉提時提供大部分的能量。

安慰劑效應（placebo effect）

相信某種療法的效用而非真正的藥物、療法、訓練等確實的助益，因而提升或感知到健康、表現或行為改善的狀態，最經典的範例便是患者在吃下指示的糖衣錠後康復。

增強式訓練（plyometrics）

利用不常見的收縮來刺激做出更強力的集中收縮（比如從箱子上深蹲跳躍）。強度較弱的跳躍動作和訓練也可視為增強式訓練，儘管從著地到跳起來時，快速變換較有更好的適應效果。

本體感覺神經肌肉促進伸展
（proprioceptive neuromuscular facilitation stretching）

將肌肉拉伸至最大的動作幅度，然後維持約五至八秒的收縮的伸展方法，接著可以再做拉伸的動作。

姿勢跑法（pose method）

一種調整跑步姿勢的技巧，訓練頭部、肩膀和髖部整體垂直，並在高速、短促的步伐時腳掌著地讓身體向前微傾，好讓跑者在「落下」時使用

重力來幫助前進動作。

後十字韌帶
（posterior cruciate ligament）

位於膝蓋中間用來連接股骨（大腿骨）和脛骨（小腿骨）的韌帶。十字韌帶可協助穩定股骨前後動作和關節旋轉。

細胞電力廠
（powerhouses of the cell）

指粒腺體。

個人紀錄（Personal Record , PR）

也有「PB（個人最佳成績）」的說法，個人紀錄是指跑者在特定跑距記錄上最好的跑時——或是某年齡在特定跑距上的記錄。不同的路跑比賽有特定的個人紀錄，比如說田徑賽事的個人紀錄並不代表路跑時個人紀錄的兩倍。

加工食品（processed food）

已經改變本質的食物，通常多流失了營養素和其他有益性質。

本體感覺（proprioception）

相對於外在環境，神經系統得以追蹤身體所處空間位置，並視情況予以調整。本體感覺是由分布在肌肉、韌帶、器官和內耳的感官神經所組成的神經網絡運作。

蛋白質（protein）

三大主要營養素之一（還有碳水化合物和脂肪）。蛋白質是由胺基酸組成，人體內每一個細胞都有，還是皮膚、肌肉、器官和腺體主要的組成元素。

質子（proton）

氫原子。

丙酮酸鹽（pyruvate）

醣解產生的分子，可透過快速醣解循環生成乳酸鹽和 NAD+，或是透過慢速醣解傳送至粒腺體，作為有氧能量產製的基質使用。

Q
股四頭肌（quadriceps）

大腿前方的大型肌群，是由股直肌、股外側肌、股內側肌和股中間肌組成。

R
編碼速率（rate coding）

神經衝動從運動神經元傳送至肌肉纖維的速率。編碼速率增加時可提升肌肉收縮的力量和維持時間。

真實食物（real food）

加工過程中，本身營養素沒有流失的食物。

恢復運動（recovery）

在體能消耗後進行的低強度練習，恢復運動包括伸展、跑步後訓練、肝醣替代、補充水分、恢復跑、舒壓練習，除此之外還有完整的休息和睡眠。訓練後要成功調適需要恢復訓練。

徵召肌肉纖維
（recruit muscle fibers）

活絡肌肉纖維。

徵召模式（recruitment patterns）

決定肌肉纖維在運動期間如何徵召的神經路徑。以跑步來說，訓練可會使神經路徑的發展更有效，同時所有纖維類型的徵召效果也比較好。

紅血球（Red Blood Cells , RBCS）

紅血球運載著人體需要使用九八％的氧氣，也會將二氧化碳傳送到肺部。紅血球通常能存活一百二十天，但在經常鍛練身體的運動員體內僅存活 70 天。

減緩抑制（reduced inhibition）

肌肉收縮時讓相對肌肉的肌力減少。肌肉收縮時與其相對的肌肉必須放鬆（比如二頭肌和三頭肌），沒有完全放鬆的相對肌肉即便只是稍加沒放鬆一點，也會影響跑步成效。

重複跑（repetition）

在固定距離下重複力氣動作，重複跑或間歇訓練通常會有設定好的目標跑速。重複跑的距離範圍多在一百五十公尺至兩英里（很少會比這還長），並有原地站立間歇休息、走路或慢跑，好在下一組重複跑前使身體有恢復空間。

呼吸系統（respiratory system）

讓血液補足氧氣、帶走二氧化碳的系統。呼吸系統是由肺部、呼吸道和輔助呼吸的肌肉組成。

跑者膝（runner's knee）

也稱為「髕骨骨股疼痛症候群」和「髕骨軟化症」，指膝蓋骨下方軟骨退化或摩擦導致膝蓋疼痛。

跑步經濟性（running economy）

根據跑者在指定跑速下消耗氧氣的效率，來評斷其身體狀態的方法。跑步經濟性由多種因子決定，包括基因和神經系統效率，在非最大跑速時，特別重要。

S

竇房結（SA Node）

右心室內的一組特別細胞群，這些細胞能傳送第一個讓心室收縮，將血液打入心房使心房收縮，再把無氧血液輸送至肺部，有氧血液輸送至主動脈的電脈

衝。寶房結第一次發送的效率端看心跳率。

醣類（saccharides）
碳水化合物。

肌漿（sarcoplasm）
凝膠狀的肌肉纖維（等同於其他細胞的細胞質）。

大小原則（size principle）
在運動上，是指大型（快速）肌肉纖維徵召時結合許多肌肉纖維數，進而使力量相對增加。

骨骼肌（skeletal muscle）
使身體可以活動且占據人體三分之一肌肉量的肌肉類型。骨骼肌包括像是二頭肌、腿後肌、腹肌和小腿。

慢速醣解（slow glycolysis）
醣解產生兩種丙酮酸鹽分子時的路徑之一（另一種是快速醣解）。丙酮酸鹽會傳送至粒線體，作為有氧能量產製時需要的能源。

慢縮肌纖維
（slow-twitch muscle fiber）
收縮較慢且力量比中型快縮肌纖維和快縮肌纖維還少的小型肌肉纖維。這類肌纖維充滿微血管和粒線體，其產製的高容量有氧能量是耐力運動時的最佳良伴。嚴格來說這多指第一型肌肉纖維。

平滑肌（smooth muscle）
人體三大肌肉類型之一，平滑肌能控制非自主功能，好比消化以及血壓；此類肌肉（除了其他地方之外）多出現於腸胃和血管中。

訓練法的特殊性原則
（specificity of training rule）
運動員會以他們將在比賽時使用的跑步方法為主，來訓練特定的肌肉纖維。（好比說用定距跑以及比賽跑速做重複跑，為一萬公尺路跑比賽做準備。）

速度練習（speed work）
一般而言是指更短、且強度密集的重複跑步訓練，例如以八百公尺比賽跑速來做兩百公尺的重複跑、以一英里比賽跑速來做四百公尺重複跑，還有以百分之九十至九十五的氣力來做短距山坡加速跑。

分段點（split）
比賽中的間隔時間點，比如說在一千五百公尺路跑比賽中，每四百公尺，或是在一萬公尺路跑比賽中每一英里分段計時。分段跑也指重複跑／間歇訓練期間，單一重複練習的時間點。

腳踝扭傷（sprained ankles）
踝部因過度伸展或一個（或多個）韌帶撕裂而受傷，通常會致使關節不穩固。

靜態伸展（static stretching）

使一個肌肉伸展到最大的活動範圍，接著維持動作一段時間（通常是三十至六十秒）。靜態伸展可減緩跑步後的僵硬感，但鍛鍊之前做會使力量減少。

類固醇激素（steroid hormones）

來自類固醇的荷爾蒙（比如睪固酮、皮質）。

牽張反射（stretch reflex）

在過度伸展或是伸展動作維持在最大活動範圍超過兩秒時，會出現的非自主性肌肉收縮。

心搏量（stroke volume）

右心室或左心室在每次心搏時能打出的血量，在跑步裡多指左心室打出的血量。

非最大跑步速度
（submaximal running speed）

任何不超過百分之一百最大攝氧量之下跑步的力道。

基質（substrate）

能量系統中與每種能量路徑相關的能源（比如碳水化合物，特別是醣解所需的葡萄糖和肝醣）。

加成作用（sucking wind）

因為神經衝動指示肌肉纖維加快收縮速率，而使肌肉收縮力道同時增加。

超級食物（superfoods）

主要是指含有大量抗氧化物、維生素或其他營養物質的植物性食物。超級食物通常會被宣導可以抵抗疾病和抗老化，但由研究資料來看這些宣稱多毫無根據。

突觸，突觸間隙（synapse, synaptic cleft, synaptic gap）

使神經元與其他神經元和肌肉細胞分開的小型隔間；神經元可藉此發送信號與其他組織溝通。

T

TABATA 間歇訓練
（tabata intervals）

一種由二十秒的重複訓練動作加上十秒間歇休息的訓練方法。這是根據運動生理學家田畑泉於西元一九九六年所發表的腳踏車測功儀研究，所發展出來的訓練方法。TABATA 間歇訓練經證實可增加無氧容量，藉以改善最大攝氧量，但對於心血管發展上則毫無影響。

減量訓練（tapering）

比賽的前幾天或前幾週開始減少訓練量，這可是身體完整修復肌肉和結締組織，另外還能重新儲存肌肉內的肝醣、荷爾蒙、酵素和神經傳遞質。

BUILD YOUR RUNNING BODY

節奏跑（tempo）

以自己能維持至少一小時的速度做快速跑（長達十至四十分鐘），通常是以半程馬拉松，或是馬拉松的跑速進行。

肌腱（tendon）

連接肌肉和骨頭的結締組織。肌腱可將肌肉產生的力量轉而利用來移動關節，進而活動身體。

肌腱勁度（tendon stiffness）

伸展肌腱時需要多少力氣的判准。肌腱勁度對回彈力非常重要，因為力量愈大，就能有更好的回彈力。不過回彈力大於百分之四至六時的伸展會很危險。

睪固酮（testosterone）

可增加肌肉量和骨質密度的荷爾蒙。通常會稱為「雄性激素」，不過女性體內也含有睪固酮，只是大約是男性體內含量的一〇%。睪固酮被廣泛運用在已被 WADA 下令禁用的提升成效藥物中。

肌僵直（tetanus）

肌肉持續收縮不動。神經衝動的速率增加（編碼速率）到最大加成作用（肌肉纖維最大的收縮力道）時，肌肉就會呈現僵直狀態。

甲狀腺激素（thyroid hormone）

一般是指甲狀腺荷爾蒙，儘管甲狀腺荷爾蒙替代療法通常指針對 T4 處理（請見下一個詞條說明）。

甲狀腺素（Thyroxin , T4）

血液中濃度最高的甲狀腺荷爾蒙，甲狀腺素在細胞內會轉化成 T3，對所有人體細胞的代謝非常重要。請見甲狀腺功能低下和甲狀腺功能亢進兩個詞條，了解此荷爾蒙的相關疾病。

脛骨（tibia）

小腿骨，也就是小腿部位中，連接膝蓋和踝骨之間的大型支撐骨。

限時跑（time trial）

在特定距離中用全力跑步，通常是與比賽相同的距離或是部分的比賽距離。跑者會利用限時跑來為比賽做準備，也會藉此估測自己的身體狀態。

訓練調適（training adaptation）

回應訓練刺激（鍛鍊）而產生的生理或心理方面變化。訓練調適累積之後就能改善體態。

訓練刺激（training stimulus）

挑戰當前自身體態的訓練或運動。訓練壓力若大於平日壓力時，身體會壯大做回應，要做適當的恢復。

三碘甲狀腺素
（Triiodothyronine , T3）

更強大的甲狀腺荷爾蒙。血流中循環的 T3 僅有 T4 含量的四十分之一，其

中只有五分之一的 T3 能在甲狀腺裡生
成，大部分的 T3 則是靠甲狀腺外的
T4 轉換而來。

U

不飽和脂肪（unsaturated fats）

脂肪酸鏈上僅有一對或多對雙鍵的脂
肪。不飽和脂肪被視為「好」的脂
肪，因為可以減少有害的 LDL 膽固
醇，提升有益的 HDL 膽固醇，這類脂
肪通常在室溫下為液態。

V

靜脈（vein）

往心臟運載無氧血液的大型血管（除
了從肺部運送有氧血液到左心房的肺
靜脈之外）。

心室（ventricle）

心臟下方的空間。右心室會往肺部打
出無氧血液，左心室則會從左心房接
收有氧血液，然後將之打進動脈。

Vibram 五趾鞋
（vibram fivefingers）

有趾套的極簡鞋。研究證實跑者換穿
這種鞋的過渡期期間，骨頭受傷的可
能性會增加。

黏性（viscosity）

阻力。肌肉黏性可在暖身運動（能改
善神經傳送信號到肌肉的效率，增加
肌肉的溫度和柔軟度，還可刺激關節
釋出滑液等）之後減少；血液黏性是
指因紅血球數量變多或是血漿變少而
造成紅血球內部阻力變大的濃稠度，
除了其他因素，這現象可能是因為缺
少水分或是使用 EPO 受到不自然刺激
而產生。

維生素（vitamins）

在調節代謝、成長、組織維護和預防
疾病上扮演重要角色的必需有機分
子。維生素本身並非能量來源，且必
須透過飲食攝取（少數幾種非必需維
生素如維生素 D 和生物素可在體內自
行製造）。

最大攝氧量（VO₂ max）

人體一分鐘內可消耗的最大氧氣量。

WADA（World Anti-Doping Agency）

世界反禁藥組織。

致謝

這本書在許多人直接或間接協助下完成，開始是數百名教練、運動員、科學家和其他對運動有任何創新貢獻的人，全部列舉的話還可以寫另一本書，因此我們作者群打算全體一併致謝。

接著，我們要感謝實驗出版的老闆兼發行人馬修‧羅爾（Matthew Lore），感謝他很早就對本書充滿熱情，當然還有將本作品印刷出版，我們也要謝謝編輯尼可拉斯‧席捷克（Nicholas Cizek），謝謝他的編輯技巧、指導和無比的耐心。

說到充滿熱情，由衷地感謝你，我們的經紀人大衛‧維利亞諾（David Vigliano），謝謝你看見本書的獨特之處，幫助我們把這種發想做成提案，也謝謝馬休‧卡里尼（Matthew Carlini）和其他協助維利亞諾的工作夥伴。

本書有部分內容是先刊登在《跑步時間》（Running Time）雜誌，所以我們要感謝此雜誌和其主編強納森‧貝佛利（Jonathan Beverly）允許我們共享他們的想法、方法、描述、文句摘錄，甚至是直接借用那些文章原本的標題。

另外要大大感謝審稿人史都華‧卡德伍德（Stuart Calderwood），他幫我們潤飾手稿裡大大小小的文句，還提供好比馬拉松那般長的補充說明。

如果沒有 Nike 這間公司的熱情和贊助，就不可能順利完成本書的照片示範教學部分，感謝凱文‧保爾克（Kevin Paulk）和維妲‧拉比札德（Vida Rabizadeh）；彈力帶提供要特別感謝克里希‧福斯特（Chrissy Foster）；水中浮力帶要感謝史蒂夫‧伯斯特朗姆（Steve Bergstrom）；帕薩德納地區的經典搏擊運動要特別向莫里西歐‧龔薩雷斯（Mauricio Gonzales）致謝；至於加州拉肯涅達（La Cañada）的 Anytime Fitness 和 PerLung 健身房的場地提供，則是感謝卡洛琳‧莫爾斯（Carolyn Morse）。

我們還要謝謝比爾格林恩和 Sports Tutor 公司讓我們使用倉庫和場地進行照片拍攝，還讓我們使用燈光、背景、地墊等長達數週，直到我們完成作業。

預防受傷的規劃、訓練和照片若沒有 PT 麥可‧帕欽森（Michael P. Parkinson），以及 MPT 碧安卡‧古茲曼（Bianca Guzman，還花時間擔任模特兒）的建議、投入和監督，就不可能成功。還有斐爾‧華頓（Phil Wharton，whartonhealth.com）和 GB 理查茲（GB Richards）貢獻的照片和運動。

本書內容上有很多的部分是訪問內容，採訪對象包括史迪夫‧馬格內斯（scienceofrunning.com）、傑‧強森（coachjayjohson.com）、傑夫‧登傑特（Jeff Dengate，runnersworld.com/person/jeff-dengate）、克里斯多福‧史考特（Christopher B. Scott）博士（usm.maine.edu/ehss/chris-scott）、西恩‧韋德（Sean Wade，kenyanway.com）、艾力克斯‧哈欽森博士、羅伯特‧蒙格梅里（Robert Montgomery）博士、湯姆‧柯特納博士、杰夫‧高岱特（Jeff Gaudette，runnersconnect.net）、傑夫‧史尼特（Jeff Sneed）和羅傑‧塞爾（Roger Sayre）。

我們也摘錄了彼得‧麥吉爾（Peter Magill）於《跑步時間》的訪談稿和專欄文章，還有傑佛瑞‧布朗博士（houstonendocrinology.com）、強納森‧杜加斯博士、喬‧魯比歐（Joe Rubio，runningwarehouse.com）、史丹佛醫學院的詹姆斯‧福萊斯（James Fries）和還有 DPM 理查德‧拉普（Richard L. Rupp）。

本書是以照片示範教學為主要內容，而這項主題若沒有這群超級棒的模特兒付出時間心力下也完成不了：艾迪‧安德雷（Eddie Andre）、西恩‧布洛思南（Sean Brosnan）、克利斯坦‧庫辛穆雷（Christian Cushing-Murray）、凱思琳‧庫辛穆雷（Kathleen Cushing-Murray）、納森尼爾‧庫辛穆雷（Nathaniel Cushing-Murray）、蕾貝卡‧庫辛穆雷（Rebecca Cushing-Murray）、查克雷‧庫辛穆雷（Zachary Cushing-Murray）、愛彌（Emii）、卡莉‧格林恩、西恩‧麥吉爾、麥特‧尼爾森（Matt Nelson）、黃潔西卡（Jessican Ng）、葛雷絲‧帕迪拉（Grace Padilla）、賈克斯‧薩伯格（Jaques Sallberg）、安琪‧史都華（Angie Stuart）和譚雅‧澤弗賈恩（Tanya Zeferjahn）。

另外非常感恩艾德‧墨斐（Ed Murphy）和 Cal Coast Track 俱樂部協助我們整理出跑速表；約翰‧嘉德尼爾（John Gardiner）、洛伯‧阿森納特（Rob Arsenault）和其他 Cal Coast Track 俱樂部會員提供許多建議（內容包括跑步風潮到跑步恐慌）。

此外，還要謝謝麗茲‧帕摩爾（Liz Palmer）提供肌力訓練的建議，弗萊德‧萊孟迪（Fred Raimondi）對於照片編輯的見解，約翰‧菲爾（John Fell）為第四部分的內容拍攝食物照，還有美國運動醫學學會（ACSM）讓我們採納它們的模板來製作表格，還有美國運動協會允許我們複製其圖表，「男女性的身體脂肪比例範例」（版權©2011，美國運動協會；保留所有權利；經許可後轉載），還有史考特‧道格拉斯對於本書製作計畫初期階段提供的重要回饋。

最後，我們要向參與本計畫的兩位特別人士致上最高的謝意。第一，非常感謝你，安迪・狄孔蒂（Andy DiCondi），謝謝你協助我們設計本書目次綱要，以及不厭其煩地讓本計畫夢想成真。第二位，我們真的要好好向原本只能撥空兩小時，最後卻花無數時間協助我們做攝影前置、拍照（兩次攝影結果變成數次攝影），還有照片編輯，更不用說協助校稿和提供更多編輯建議的攝影師狄安娜・艾南德斯（Diana Hernandez）。

HealthTree
健 康 樹 健康樹系列073

跑步的科學：掌握關鍵數據，調校 9 大身體機能引爆動力鏈，讓你突破瓶頸，超越自己！

Build Your Running Body: A Total-Body Fitness Plan for All Distance Runners, from Milers to Ultramarathoners - Run Farther, Faster, and Injury-Free

作　　　者　彼特‧馬吉爾(Pete Magill)、湯瑪斯‧舒華茲(Thomas Schwartz)、梅莉莎‧布瑞兒（Melissa Breyer）
攝　　　影　狄安娜‧艾南德斯（Diana Hernandez）
譯　　　者　張簡守展、游卉庭
總　編　輯　何玉美
副 總 編 輯　李嫈婷、陳永芬
責 任 編 輯　李嫈婷
封 面 設 計　比比司工作室
內 文 排 版　菩薩蠻數位文化有限公司

出 版 發 行　采實出版集團
行 銷 企 劃　黃文慧‧鍾惠鈞‧陳詩婷
業 務 經 理　林詩富
業 務 發 行　張世明‧楊筱薔‧鍾承達
會 計 行 政　王雅蕙‧李韶婉
法 律 顧 問　第一國際法律事務所　余淑杏律師
電 子 信 箱　acme@acmebook.com.tw
采實粉絲團　http://www.facebook.com/acmebook

I　S　B　N　978-986-9331-98-2
定　　　價　520元
初 版 一 刷　2016年09月8日
劃 撥 帳 號　50148859
劃 撥 戶 名　采實文化事業有限公司
　　　　　　104台北市中山區建國北路二段92號9樓
　　　　　　電話：02-2518-5198　傳真：02-2518-209

國家圖書館出版品預行編目資料

跑步的科學：掌握關鍵數據，調校9大身體機能引爆動力鏈，讓你突破瓶頸，
超越自己！ / 彼特.馬吉爾,湯瑪斯.舒華茲,梅莉莎.布瑞兒著；張簡守展, 游卉庭
譯. -- 初版. -- 臺北市：采實文化, 民105.09
　　面；　公分
　　譯自：Build your running body : A total-body fitness plan for all distance runners,
from milers to ultramarathoners' run farther, faster, and injury-free
　　ISBN 978-986-93319-8-2(平裝)
　　1.賽跑 2.運動訓練

528.946　　　　　　　　　　　　　　　　　　　　105014513

采實出版集團
ACME PUBLISHING GROUP
版權所有，未經同意不得
重製、轉載、翻印